军民协同创新丛书

西部军地产学研合作技术创新研究

Study of Western Military-Regional Industry-University-Research Cooperative Technology Innovation

丁德科 等著

西北工业大学出版社

西安

【内容简介】 本书围绕怎样才能使西部军地两种产学研资源深化合作,共享共用,发展共赢,形成高新技术产业高地问题,对陕西、四川、云南、贵州、甘肃、青海、宁夏等省区进行了深入分析,着力研究了西部军地产学研合作技术创新的现状,存在问题和障碍,发展战略,进一步促进军地产学研合作技术创新的切入点与切入途径、重点领域与重点产品,重大举措及相关政策环境等一系列问题,力求具有明显的开创性、前瞻性和可操作性特点,对西部军地产学研合作技术创新具有积极的参考作用。

本书适合从事经济、军民融合等相关实际工作和理论研究的干部、学者和研究生阅读,也可供相关专业大学生、研究生参考。

图书在版编目(CIP)数据

西部军地产学研合作技术创新研究/丁德科等著. —西安:西北工业大学出版社,2021.3
ISBN 978 − 7 − 5612 − 6423 − 2

Ⅰ.①西… Ⅱ.①丁… Ⅲ.①企业经济-产学合作-研究-西北地区 ②企业经济-产学合作-研究-西南地区 Ⅳ.①F279.274 ②F279.277

中国版本图书馆 CIP 数据核字(2021)第 042143 号

XIBU JUNDI CHAN XUE YAN HEZUO JISHU CHUANGXIN YANJIU
西 部 军 地 产 学 研 合 作 技 术 创 新 研 究

责任编辑:蒋民昌	**策划编辑**:蒋民昌
责任校对:朱辰浩	**装帧设计**:李 飞

出版发行:西北工业大学出版社
通信地址:西安市友谊西路 127 号　　**邮编**:710072
电　　话:(029)88491757,88493844
网　　址:www.nwpup.com
印 刷 者:兴平市博闻印务有限公司
开　　本:710 mm×1 000 mm　　1/16
印　　张:19.75
字　　数:387 千字
版　　次:2021 年 3 月第 1 版　　2021 年 3 月第 1 次印刷
定　　价:80.00 元

如有印装问题请与出版社联系调换

前 言

　　军地(民)产学研合作技术创新,是贯彻落实军民融合国家战略和创新驱动发展战略的重要支点,是军地产生创新"共振效应"乃至"倍增效应"的主要方式,是实现"全要素、多领域、高效益军民融合深度发展格局"的关键抓手。西部是国防科技经济集中区域,聚集着与航空、航天、核能、兵器、船舶等研发制造企业和相关的科研院所、高等院校,是重要的国防科技工业基地。西北地区科技经济经过长期的建设发展,特别是改革开放时期的建设发展,取得了重大成就。怎样才能使西部军地两种产学研资源深化合作,共享共用,发展共赢,形成高新技术产业高地,持续促进国防科技经济和区域科技经济协调发展,成为社会各方面共同关心的"热点""焦点"。

　　为此,我们申请并承担了"西部军地产学研合作技术创新"课题研究。课题研究工作由陕西省国防科技与经济发展研究中心学术委员会名誉主任丁德科教授主持。课题组由西安财经大学、西北工业大学、西安交通大学、空军军医大学、空军西安飞行学院、渭南师范学院和陕西省科技厅有关同志组成。课题组基于对西部地区的陕西、四川、云南、贵州、甘肃、青海、宁夏等省区深入调研,查阅相关文献资料,认真分析讨论,汲取国内外经验,着力研究了西部军地产学研合作技术创新的现状,存在问题和障碍,发展战略,进一步促进军地产学研合作技术创新的切入点与切入途径、重点领域与重点产品,重大举措及相关政策环境等一系列问题。该研究成果具有明显的开创性、前瞻性和可操作性特点,在国内同类研究中达到先进或领先水平,对西部军地产学研合作技术创新具有积极的参考作用。

　　为了进一步宣传、推广该研究成果,我们进行了认真地疏理、系统地总结,并编写了《西部军地产学研合作技术创新研究》一书。

军民协同创新丛书包括《西部军地产学研合作技术创新研究》《翔式道路——西部技术产业军地融合发展路径研究》《中国国家安全经济导论》《装备采办》《装备经济学》。

本书编写的具体分工：

第1章：丁德科、杨太康、苑彬；第2章：邱丕群、段淑芳；第3章：李慧、张菊香；第4章：赵广信、刘敏；第5章：赵滨、李淑惠、缪露；第6章：刘总理、许宁宁；第7章：吴旺延、刘勇；第8章：王亚玲、杨易霖；第9章：李颖、郭杰。全书由丁德科、郭杰统稿。

另外，王云、曾慧、曹咏、郝新军、周雪梅等同志参与了调研、研讨、撰稿和资料收集整理工作。

本书编写中曾参阅了相关文献资料，在此，谨向其作者深表谢忱。

由于水平所限，书中难免存在问题，敬请读者批评指正。

著　者

2018年7月

目　录

第 1 章　导论 …………………………………………………………………… 1
  1.1　技术创新是推动区域发展的根本途径 ……………………………… 2
    1.1.1　区域创新发展的由来 …………………………………………… 2
    1.1.2　加强区域合作创新是增强区域竞争的必由之路 …………… 4
    1.1.3　区域创新能力是区域经济发展竞争优势的决定因素 ……… 5
    1.1.4　区域创新体系的构建与区域创新能力的提升 ……………… 7
    1.1.5　区域创新对促进区域产业发展的重要作用 ………………… 9
  1.2　西部创新与区域竞争力的提升 …………………………………… 10
    1.2.1　从分布格局分析西部创新能力与竞争力 …………………… 10
    1.2.2　从空间布局关系分析西部创新能力与竞争力 ……………… 13
    1.2.3　从发展阶段分析西部创新能力与竞争力 …………………… 17
    1.2.4　提升西部创新能力与竞争力的对策建议 …………………… 19
  1.3　西部军地产学研合作技术创新基础问题研究 …………………… 21
    1.3.1　西部军地产学研合作技术创新是西部创新体系构建的
　　　　　　主体 ……………………………………………………………… 21
    1.3.2　西部军地产学研合作技术创新的路径选择 ………………… 25
    1.3.3　西部军地产学研合作技术创新的关键是产学研的有机
　　　　　　结合 ……………………………………………………………… 28

1.3.4 西部军地产学研技术合作技术创新必须注意解决的主要
    问题……………………………………………………………… 29
  1.3.5 西部军地产学研技术合作的创新模式……………………… 30

第2章 西部军地产学研合作技术创新的理论依据与实证借鉴 …………… 32

 2.1 西部军地产学研合作技术创新的理论分析……………………… 33
  2.1.1 西部军地产学研合作技术创新的背景研究………………… 35
  2.1.2 西部军地产学研合作技术创新现状分析…………………… 36
  2.1.3 西部军地产学研合作技术创新的国际借鉴………………… 38
  2.1.4 西部军地产学研合作技术创新的基本条件………………… 41
 2.2 西部军地产学研合作技术创新的理论基础……………………… 42
  2.2.1 创新环境理论………………………………………………… 42
  2.2.2 协同效应理论………………………………………………… 43
  2.2.3 能力要素整合理论…………………………………………… 44
  2.2.4 冲突与绩效理论……………………………………………… 46
  2.2.5 知识分享模型………………………………………………… 49
 2.3 西部军地产学研合作技术创新形式……………………………… 52
  2.3.1 "模块化"构建西部军地产学研合作技术创新模式的
    思路…………………………………………………………… 53
  2.3.2 西部军地产学研合作技术创新形式分析…………………… 54
 2.4 西部军地产学研合作技术创新的实证分析……………………… 56
  2.4.1 军地产学研合作技术创新国外实证………………………… 57
  2.4.2 西部军地产学研合作技术创新的国内实证………………… 62
  2.4.3 国内外军地合作技术创新的启示…………………………… 65

第3章 西部军地产学研合作技术创新的障碍 ………………………………… 67

 3.1 西部军地产学研合作技术创新主要障碍因素分析……………… 68
  3.1.1 西部军地产学研合作技术创新指标体系设计……………… 68
  3.1.2 西部军地产学研体制与现状………………………………… 76
  3.1.3 西部军地产学研合作创新的障碍因素……………………… 81
 3.2 西部军地产学研合作创新障碍因素的原因分析………………… 85
  3.2.1 市场发育滞后,机制不健全………………………………… 86

3.2.2　条块分割,协调机制不健全 …………………………………… 87
　　3.2.3　受传统观念束缚,思想认识滞后 ………………………………… 88
　　3.2.4　结合模式不够灵活,与市场衔接不紧 …………………………… 89
　　3.2.5　科技研发与生产结合不紧,成果转化不畅 ……………………… 90
　　3.2.6　人才机制不完善,优秀人才作用难以发挥 ……………………… 90
　　3.2.7　投融资机制梗阻,技术创新投入不足 …………………………… 92
　　3.2.8　内外环境不宽松,联合研发活动开展少 ………………………… 93
　　3.2.9　体制改革滞后,内部管理不协调 ………………………………… 94

第4章　西部军地产学研合作技术创新战略 ………………………………… 95

4.1　西部军地产学研合作技术创新的战略思路 ……………………………… 96
　　4.1.1　建立军地产学研合作技术创新机制 ……………………………… 96
　　4.1.2　加强研究与开发 …………………………………………………… 99
　　4.1.3　强化产业集群 ……………………………………………………… 101
　　4.1.4　培育名牌产品 ……………………………………………………… 106
　　4.1.5　发展技术创新联盟 ………………………………………………… 107
　　4.1.6　市场化运作及政府推动相结合 …………………………………… 109
4.2　西部军地产学研合作技术创新的战略目标 ……………………………… 110
　　4.2.1　建立西部军地产学研合作技术产品创新平台 …………………… 110
　　4.2.2　西部军地产学研合作技术创新与地方经济、国家经济同步
　　　　　协调发展 …………………………………………………………… 113
　　4.2.4　提高武器装备打击能力与民品竞争能力 ………………………… 116
　　4.2.5　形成军地复合型人才基地 ………………………………………… 118
4.3　西部军地产学研合作技术创新的阶段任务 ……………………………… 119
　　4.3.1　近期任务 …………………………………………………………… 119
　　4.3.2　中期任务 …………………………………………………………… 121
　　4.3.3　长期任务 …………………………………………………………… 121

第5章　西部军地产学研合作技术创新的切入点与切入途径 ……………… 122

5.1　西部军地产学研合作技术创新的切入点 ………………………………… 123
　　5.1.1　寻找切入点的基本原则 …………………………………………… 123
　　5.1.2　西部军地产学研合作技术创新切入点的寻找思路 ……………… 124

5.1.3　西部军地产学研合作技术创新的切入点 …………… 127

5.2　西部军地产学研合作技术创新的切入途径 ………………… 133

　　5.2.1　以重大科研项目及其产业化为中心,建立西部军地产学研合作技术创新联盟 ……………………………………… 133

　　5.2.2　以龙头企业为中心,建立西部军地产学研合作技术创新产业链 ……………………………………………………… 141

　　5.2.3　做好规划设计,形成西部军地产学研合作技术创新成果转化科技园区 ………………………………………… 147

第6章　西部军地产学研合作技术创新的重点领域、重点产业与重点产品 ……………………………………………………… 154

6.1　确定合作技术创新领域、产业与产品的原则、依据和方法 ……… 155

　　6.1.1　确定合作技术创新领域、产业与产品的基本原则 ……… 155

　　6.1.2　确定合作技术创新重点领域、重点产业与重点产品的依据 …………………………………………………… 157

6.2　西部军地产学研合作技术创新的重点领域 …………………… 159

　　6.2.1　能源领域 ……………………………………………… 159

　　6.2.2　电子信息领域 ………………………………………… 160

　　6.2.3　装备制造(交通运输装备)领域 ……………………… 162

　　6.2.4　航空航天领域 ………………………………………… 163

　　6.2.5　现代医药领域 ………………………………………… 164

　　6.2.6　新材料领域 …………………………………………… 165

　　6.2.7　环保科技领域 ………………………………………… 166

　　6.2.8　化工领域 ……………………………………………… 168

　　6.2.9　现代农业领域 ………………………………………… 168

6.3　西部军地产学研合作技术创新的重点产业 …………………… 169

　　6.3.1　软件业 ………………………………………………… 171

　　6.3.2　电子产业 ……………………………………………… 172

　　6.3.3　汽车制造业 …………………………………………… 174

　　6.3.4　航空产业 ……………………………………………… 175

　　6.3.5　航天产业 ……………………………………………… 177

  6.3.6 有色金属加工业 ·· 178

  6.3.7 煤、油、天然气深加工产业 ································· 180

  6.3.8 核能利用产业 ··· 182

  6.3.9 特色农业 ·· 183

  6.3.10 生物医药及现代中药业 ······································ 185

  6.3.11 环保产业 ·· 185

  6.3.12 农化工业 ·· 186

 6.4 西部军地产学研合作技术创新的重点产品 ····················· 187

  6.4.1 半导体材料、关键元器件、芯片、软件和高端电子产品 ····· 187

  6.4.2 稀土产品开发 ··· 189

  6.4.3 军用和民用重型汽车、微型轿车 ······························ 189

  6.4.4 军用飞机、民用支线飞机 ······································· 190

  6.4.5 航天飞行器、航天动力、航天材料 ··························· 191

  6.4.6 钼、镍、钛金属加工 ··· 192

  6.4.7 黄金勘探、加工 ··· 192

  6.4.8 煤产品 ··· 193

  6.4.9 石油产品 ·· 195

  6.4.10 天然气产品 ·· 196

  6.4.11 核能利用产品 ··· 198

  6.4.12 农产品 ··· 199

  6.4.13 医药产品 ·· 200

  6.4.14 环保产品 ·· 201

  6.4.15 钾、磷肥产品 ··· 201

第7章 促进西部军地产学研合作技术创新对策建议 ················ 202

 7.1 加强西部军地产学研合作技术创新的组织领导 ··············· 203

  7.1.1 构建西部军地产学研合作技术创新的组织机构 ·········· 204

  7.1.2 规范军地产学研合作技术创新项目的运行管理 ·········· 207

  7.1.3 选择适当的合作技术创新发展模式 ························· 208

  7.1.4 组织重大技术的产学研联合攻关,加大产学研联合开发

     工程的实施力度 ··· 209

7.2 加快建设西部军地产学研合作技术创新平台 ……………………………… 209
　　7.2.1 合作技术创新平台的内涵 ………………………………………… 209
　　7.2.2 西部军地产学研合作技术创新平台的构成 ……………………… 210
　　7.2.3 西部军地产学研合作的产业技术创新平台建设现状 …………… 211
　　7.2.4 加快西部军地产学研合作的产业技术创新平台建设 …………… 215
7.3 完善西部军地产学研合作技术创新金融支持政策 …………………………… 217
　　7.3.1 建立完善风险资本的投融资机制 ………………………………… 217
　　7.3.2 建立完善多层次资本市场 ………………………………………… 220
　　7.3.3 扩大西部企业债券发行额度 ……………………………………… 223
　　7.3.4 建立国家西部科技发展银行 ……………………………………… 223
7.4 支持鼓励非公有制企业参与西部军地产学研合作技术创新 ………………… 224
　　7.4.1 非公有制经济的发展、非公有制企业壮大为其参与创新
　　　　　创造了条件 ………………………………………………………… 225
　　7.4.2 支持并鼓励非公有制企业参与创新，有利于建立军民融合、
　　　　　寓军于民新体制 …………………………………………………… 227
　　7.4.3 支持鼓励非公有制企业参与创新的措施 ………………………… 228
7.5 支持西部军工企业建立现代企业制度，为军地产学研合作技术
　　创新奠定基础 ……………………………………………………………………… 232
　　7.5.1 现代企业制度的相关概念 ………………………………………… 232
　　7.5.2 西部军工企业在建立现代企业制度中存在的问题 ……………… 232
　　7.5.3 西部军工企业建立完善现代企业制度的对策建议 ……………… 235

第8章　促进西部军地产学研合作技术创新的重大举措 …………………… 238

8.1 建设意义与总体思路 …………………………………………………………… 239
　　8.1.1 建设意义 …………………………………………………………… 240
　　8.1.2 遵循原则 …………………………………………………………… 241
　　8.1.3 基本设想 …………………………………………………………… 242
　　8.1.4 产业推进层次 ……………………………………………………… 243
8.2 建设军地融合综合配套改革经济区生产力基础与路径趋向 ………………… 244
　　8.2.1 关中、成渝、南贵昆地区建设军地融合综合配套改革
　　　　　经济区的生产力基础分析 ………………………………………… 244

8.2.2　建设关中、成渝、南贵昆军地融合综合配套改革经济区的路径趋向 ············· 247
8.3　关中、成渝、南贵昆军地融合综合配套改革经济区建设方案 ······ 250
　　8.3.1　优势整合与整体推进 ············· 250
　　8.3.2　产业发展与结构升级 ············· 253
　　8.3.3　改革创新与对外开放 ············· 261
　　8.3.4　联动发展与辐射带动 ············· 265

第9章　打造西部军地产学研合作技术创新的良好环境与文化氛围 ········ 273

9.1　西部军地产学研合作技术创新的制度环境建设 ············· 274
　　9.1.1　建立适应西部军地产学研合作技术创新的新体制 ············· 274
　　9.1.2　转换经营机制，建立现代企业制度 ············· 275
　　9.1.3　引入竞争机制，发挥市场配置资源的基础性作用 ············· 276
9.2　西部军地产学研合作技术创新的政策法律环境建设 ············· 277
　　9.2.1　政策环境建设 ············· 277
　　9.2.2　法律环境建设 ············· 278
9.3　西部军地产学研合作技术创新的信息环境建设 ············· 279
　　9.3.1　加强信息环境建设的政策支持 ············· 280
　　9.3.2　加强西部信息网络建设 ············· 280
　　9.3.3　增强信息公开的透明度 ············· 282
9.4　西部军地产学研合作技术创新的融资环境建设 ············· 282
　　9.4.1　建立多元融资渠道，为企业发展提供资金保证 ············· 282
　　9.4.2　强化政府服务职能，引导投资健康发展 ············· 283
9.5　西部军地产学研合作技术创新的知识产权保护环境建设 ············· 284
　　9.5.1　现阶段西部军地知识产权保障体系的战略选择 ············· 285
　　9.5.2　西部地区知识产权的建立应以解决地区重点问题为目标 ············· 285
　　9.5.3　提高知识产权保护意识 ············· 286
　　9.5.4　加大知识产权保护的执法力度 ············· 286
　　9.5.5　加强知识产权人才的培养 ············· 286
9.6　西部军地产学研合作技术创新的科研成果转换环境建设 ······ 287

- 9.6.1 加大政策引导力度,强化成果转化的政府行为 …………… 287
- 9.6.2 建立西部军地科技工业成果转化中心 …………… 288
- 9.6.3 建立西部地区军民两用高新技术孵化基地 …………… 288
- 9.6.4 注重配套联动效应,确保成果转化的成功率 …………… 289
- 9.6.5 建立适合西部军地企业需要的政府采购制度 …………… 290
- 9.7 西部军地产学研合作技术创新的文化环境建设 …………… 291
  - 9.7.1 在全社会进行创新教育 …………… 291
  - 9.7.2 培育企业创新文化 …………… 292
  - 9.7.3 文化环境建设中应避免的几个误区 …………… 292
  - 9.7.4 提高公众科学文化素质 …………… 293
- 9.8 西部军地产学研合作技术创新的人才环境建设 …………… 294
  - 9.8.1 利用国家人才激励政策,稳定西部军地技术骨干人才 …… 294
  - 9.8.2 实施西部军地人才培养计划 …………… 295
- 9.9 西部军地产学研合作技术创新的良性互动环境建设 …………… 295
  - 9.9.1 建立西部军地产学研合作技术创新的区域平台 …………… 295
  - 9.9.2 完善西部军地产学研合作技术创新的科技协调体制 …… 296
  - 9.9.3 建立西部军地产学研合作技术创新的企业平台 …………… 296

参考文献 …………… 297

第1章 导 论

知识经济背景下的区域经济一体化发展和我国新的产业结构调整、升级使得区域创新理论成为解释和瞻望西部区域经济发展的重要依据。习近平同志在党的十九大报告中提出:"优化区域开放布局,加大西部开放力度。"2018年3月12日,习近平同志在出席解放军和武警部队代表团全体会议时再次强调,"要加强国防科技创新,加快建设军民融合创新体系,大力提高国防科技自主创新能力,加大先进科技成果转化运用力度,推动我军建设向质量效能型和科技密集型转变。"国防科技工业在促进西部大开发,实现西部区域经济跨越式发展战略中扮演着举足轻重的角色,军地产学研合作技术创新是西部区域创新的战略选择,也是西部军地结合和军民互动的基本路径。在此前提下,我国西部地区作为我国重要经济区域,存在一个立足区位优势,由以自然资源禀赋为基础的经济形态向以知识创新为基础的经济形态转变,尤其应大力发展中、高技术产业,切实调整发展战略,探求又快又好发展对策,走跨越式发展道路的问题。研究军地产学研合作技术创新,是解决这一问题的战略选择。

1.1 技术创新是推动区域发展的根本途径

1.1.1 区域创新发展的由来

在现代经济学研究中,常见的有区域主义、经济区域化和区域发展竞争等概念。所谓"区域主义",通常是指地理上彼此相连的国家或地区之间,通过政府间的合作和组织机制,加强地区内社会和经济互动发展的意识。按照一般的国际政治理论,地区意识和地区认可、区域化、区域内合作等均属于区域主义(regionalism)的范畴。美国学者詹姆士·米特尔曼,提出了三个不同层面的"区域主义"分类法,即宏观区域主义、次区域主义和微观区域主义。在区域主义思想指导下,经济区域化趋势呈强劲态势。有国家间形成的宏观区域的组织联合体,如"亚太经合组织""东盟""欧盟"等;有小范围的、被认可为一个单独经济区域的跨国界或跨区境形成的次区域多边经济合作体,如图门江地区的次区域经济合作、澜沧江-大湄公河地区的次区域经济合作等;有一国内部的出口加工区、工业园区或省际、地区间的区域合作,如我国环渤海地区(包括京津冀地区、辽中南地区以及山东半岛地区)、长江三角洲地区、珠江三角洲地区、闽东南地区等。

事实上,经济区域化与经济全球化相伴而生,是在经济全球化浪潮推动下演变生成的。当今世界经济格局是一个全球化和地区化并行、全球主义和区域主义同在的时代。伴随经济全球化带来的机遇和挑战,地区认同与合作意识日益觉醒,区域主义和经济区域化正在崛起,经济全球化的区域效应以及对区域关系的影响作用日渐凸现。区域主义和经济区域化,一方面使国际分工不断深化,各个区域间的相互依赖、相互渗透的程度不断增加;另一方面使得各个区域间的发展竞争更加激烈。区域经济发展已经简单的由资本、劳动和技术推动的过程,走向复杂的社会—经济—技术过程,并且与时代背景和区域条件关系很大。[①] 实际工作者和学术研究者逐渐以全面客观的视角理解区域主义、经济区域化和区域发展竞争,重视对区域发展过程中经济、社会、技术等因素活动关系的研究。其中,区域创新问题引起学者们的特别关注和高度重视。研究者认为,区域发展在很大的程度上要看该地区的制度学习、制度模仿和制度创新的潜质和能力,并且将网络、技术和制度创新、制度环境联系在一起,以解释区域经济增长,强调构建区域创新体系(Regional Systems of Innovations)。认为区域创新系统是区域创新网络与区域创新环境有效叠加而成的系统。为取得独特的区域竞争优势,必须加快建立区域创新体系,培育和提高区域创新能力,打造区域整体发展竞争力。

在中国特色社会主义进入新时代,中国经济发展进入新常态的历史条件下,知识经济的发展和蔓延不可逆转。但在这一过程中,尽管各地区经济日益紧密地联系和融合在一起,然而在全国范围内并未出现各区域经济"匀质"归一化特征。相反,资源占有的区域性日益明显,区域经济多元化和独特性与区域经济一体化并行。在此背景下,我国区域经济格局也正在发生着深刻的变化,出现了新的产业空间重构过程。无论是发达的东部沿海地区还是发展中的西部地区,都出现了一些快速发展中的具有较高创新能力的产业集群和产业带,并成为各自区域经济发展的引擎。现实表明,新的社会经济背景正改变着我国区域经济发展的动力和机制,并促使许多区域和地区由以自然资源为基础的经济转向以技术创新和区域创新为基础的经济体系,它使得各地区必须相应调整其区域产业发展政策,寻求新的区域经济发展途径。

---

① 美国哈佛大学的波特在《竞争论》一书中,提出所谓的"地点的悖论",认为"经济地理在全球竞争的时代里,涉及一个悖论:当一个经济体拥有快速的运输和通信,很容易接近全球市场时,地点仍是竞争的根本。……更高层次的竞争仍然有其他地域界限。进入21世纪后,地点只会更重要。"波特认为,区域内产业集群的诞生、发展和衰亡与其所在地点的竞争能力息息相关。地点的竞争能力的高下,关键又与区域内每一政府能否更好地发挥作用,积极制定合理的产业集群政策有很大关联。

1.1.2 加强区域合作创新是增强区域竞争的必由之路

近年来,围绕建立区域创新体系成为理论研究的一大成果,也是解释和展望区域经济发展的重要理论。[①] 经济学研究和以创新为特征的区域经济发展充分证明了这一点。改革开放以来,经济区域化已成为我国社会经济快速发展中的重要现象。原有的东部、中部、西部经济空间格局,在政府和市场的双重推动下,正在发生新的分化和重组,出现了一些新崛起的经济区域,如长江三角洲地区、珠江三角洲地区、京津唐地区、胶东半岛和沈(阳)大(连)等地。同时,国家实施的西部大开发战略和振兴东北老工业基地战略等,也发挥着促进区域经济发展的积极作用。随着科学发展观提出和"五个统筹"的贯彻落实,协调区域经济发展已经成为我国经济发展中的重大问题。

当前,随着经济区域化不断深化,各个经济区域之间相互依赖、相互渗透的程度不断深化,各个区域间的竞争更加激烈。这种区域间的竞争,在形态上已不再是传统意义上的资源禀赋等比较优势的竞争,更多地表现为各个区域地方政府谋求竞争优势层次上的竞争。区域竞争力的高下,又与区域内是否拥有创新能力及与此相对应形成的具有竞争优势的产业集群和产业带有很大关联。因为,区域经济发展已经不是一个简单的由资本、劳动和技术推动的过程,而是一个复杂的社会—经济—技术各系统创新与整合过程。由此,如何取得区域竞争优势,打造区域整体竞争力,在区域创新的前提下进行区域内产业空间重构,就成为一个核心的问题。[②]

习近平同志指出:"创新是引领发展的第一动力。"在一国尤其是大国的经济发展中,区域的进步与发展离不开区域竞争力的支撑,而区域创新又是区域竞争

---

① 经济学领域相互对立的新古典经济学与演化经济学(evolutionary economics)相互补充地论述了这一问题。斯密认为,在自由市场经济发轫之际,政区间(communities and jurisdictions)的竞争是客观存在,不可避免的。诺思等经济史学家证明,共同体和政区间的竞争不断引导着公民和企业的规则及其变革。这种区域间的政区竞争(inter-jurisdictional competition),集中体现为辖区间政府为了获得资源实现一定目标,围绕制度、政策和公共物品与公共服务的竞争。新古典经济学前者采用"工具主义方法论"和近乎完美的假设,关注社会经济生活中的静态均衡。演化经济学基于达尔文的社会演化思想,关注历史的动态均衡,认为人类社会充满竞争,从竞争中识别出于己特别有益的事物——制度,从而学习、发现、探索更好的制度安排。新制度学派基于演化经济学的理论基础,进一步提出政区竞争理论。

② 谢名家.互联互动、优势互补、协调发展——关于泛珠三角区域合作的思考[N].人民日报,2004-11-9.

力的源泉。在创新理论中,创新被认为是不仅将新知识商业化的过程,更是一个经济—社会—技术创新的复合过程,它是一个由客户、厂商、各种中介组织参与并相互学习技能和交流知识的复杂过程,并受社会发展环境的制约;而区域创新则是一个区域性社会经济创新互动过程。其中,创新网络和互动学习过程在区域创新中具有重大作用。创新网络内不同组织和个人间的相互沟通、互动学习、合作和协调是创新过程的必要因素,它使以促进区域创新为目标的区域经济发展方式向更加网络化的方向转变。在知识经济和区域创新条件下,区位因素的成分和重要性发生了变化,以自然资源为基础的经济中所重视的资源禀赋、地理位置、丰富而廉价的劳动力资源等因素退而居次,而科学、技术、管理、人才、信息、基础设施等成为决定性的因素。此外,非实物因素如社会资本、社会网络等在区域发展和创新中的作用凸现出来,区域发展业绩所表现的差异性越来越多地受制于区域发展的非物质、非贸易的区位因素,它们构成区域创新的环境内容,而创新环境的质量和优势则决定了区域创新的基础条件即区域吸引和留住各种流动性资源的黏性。[①]

与此同时,对知识的学习成为区域创新的最重要过程,并成为建立、巩固和提高区域优势的重要途径,而区域内产业地理邻近性、产业空间集聚因其有利于学习过程而备受重视。在学习过程中,参与区域创新的各主体间面对面直接交流的重要性,相互学习和共同学习的要求,知识与技术向邻近地区的扩散,区域内在知识、信息的搜寻、交流与共享方面降低交易成本的要求,以及区域专业化分工水平,都对产业空间集聚提出了要求,并使得企业空间集聚的特征更加明显。此外,区域创新的路径依赖和锁定特性,以及具有的创新示范效应,使得区域得以保持其以往的发展路径,积累以往的发展特征并呈现区域差异。在我国,无论是先发地区之间(如我国珠三角和长三角之间)的发展竞争,还是先发与后发地区之间(如东部和中部、西部之间)的发展竞争,以及后发地区之间追赶式的发展竞争,都始终贯穿着区域创新能力的提高,而区域创新能力的提高则依赖于创新体系的建立和发展。

1.1.3 区域创新能力是区域经济发展竞争优势的决定因素

目前,学界关于区域创新和区域创新能力问题的研究不仅涉及区域创新的

[①] 李晓西,张琦.中国区域收入差距与收入流动性研究[J].改革,2005(2).

具体内涵,也涉及创新环境、创新网络、产业集聚和创新支持体系等区域创新的一系列因素和过程。梳理国内外学者的研究成果,笔者认为,区域创新体系应涵盖下述几方面内容。

首先,创新是一个经济—社会—技术过程。经济学家论述的创新理论,认为创新不仅是将新知识商业化的过程,更是一个经济—社会—技术过程,它是一个由客户、厂商、各种中介组织参与并相互学习技能和交流知识的复杂过程,并受社会环境的制约。其次,区域创新是一个区域性、社会性的互动过程。区域创新体系包含地方性互动创新网络,重视各种经营团体和政府治理结构在促进创新上的作用。创新网络内不同组织和个人间的相互沟通、互动学习、合作和协调是创新过程的必要因素。再次,区域创新应正视区位因素的成分和重要性的变化。经济中所重视的以自然资源为基础的资源禀赋、地理位置、劳动力资源等因素退而居次,技术、知识、人才、信息、基础设施等因素显得更加重要。不仅如此,社会资本、社会网络等非物质因素的作用,在区域创新中的作用凸现出来,直接关系到创新环境的质量和优势,进而关系到区域创新体系的能力和水平,关系到区域创新体系吸引和留住各种流动性资源的黏性程度。另外,地理的邻近和经济动态集聚,对区域创新具有重要意义。知识经济使得个人及其集体无不认识到相互学习、合作的重要性,无不认识到地理邻近区域经济主体相互依存、相互促进的必然和重要。现实事实和理论研究都表明地理邻近性、空间集聚有利于相互学习,更有利于相互借鉴与合作发展。经济主体间有条件面对面直接交流,知识、技术和信息的搜寻、交流与共享,有利于区域专业化水平的提高。发展竞争得益于空间集聚,又对空间集聚不断提出新的要求,使得经济主体的空间集聚特征更加突出。最后,创新能力对于区域创新是最关键的因素。关于能力(capacity),2002年联合国开发计划署《为能力发展提供制度创新》的报告是这样定义的:"发挥功能、解决问题和达到目标的能力",包括社会/国家、机构、个体三个层次。创新能力是指为实现创新所具备的能力,侧重于创新的区域、社会条件,如创新环境、社会网络、科技产出能力等方面。在美国,一些研究机构用高技术产业占就业人数的比例、工程技术人员占总劳动者的比例、每千名劳动者所拥有的专利数、产业对R&D的投入占全部R&D投入的比例、风险投资占本地区总产出的比例5个指标,度量美国114个大都市区的创新能力。这些结论体现了知识、技术、产品等产出能力的区域差异,与美国高技术产业和创新活动的地理分布一致。在我国,比较有代表的研究成果是中国科技发展战略研究小组完成的《中国区域创新能力报告》(2001年和2002年),以知识创造、知识流动、企业技术创新能力、创新环境和创新的经济绩效5个指标分析国内各省、市(区)、的创新能力,结果表明创新能力与区域发展水平的分布一致。

综上,区域创新能力主要由知识创造、知识流动、企业的技术创新能力、创新环境、创新的经济绩效等方面组成。西部区域创新能力是西部区域创新体系的体现,也是各种创新要素在形成西部区域整体竞争力过程中相互作用的结果,它为建构西部区域竞争力提供动力机制,为西部区域竞争力的实现提供技术、产业集聚、制度组织网络等方面的保证。主要表现如下:

(1)西部区域创新能力为西部区域竞争力提供技术创新支持和产生区域内的产业集聚效应,从而使西部各类生产要素得到合理流动和优化配置,进而使西部区域整体竞争力提高。因为区域创新活动可以增加区域内 R&D 的人员流动、资金投入,提高知识创造的水平和知识产权的保护力度以及对区域内投资的开放度,从而提高区域内教育水平和增加人均国民生产总值。

(2)西部区域创新能力对西部地区长期竞争力的提升和缩小与中东部区域经济发展的差距起着决定性的作用。在区域创新过程中,技术创新能力通过知识创造能力、知识流动能力、企业的技术创新能力的提高,实现增强区域的潜在竞争力。这种由技术创新能力为主要内容的区域差别将决定未来不同区域竞争力的区域布局和竞争力格局的演化态势。

(3)区域创新下的产业整合和空间重构是西部区域竞争力获取可持续发展的根本动力。西部地区竞争力取决于西部形成自己的产业竞争优势。区域创新能力对西部区域竞争力发展演化的作用,主要表现在通过推动西部产业重构与促进西部技术合作创新能力的开发使西部区域竞争力形成比较优势。

(4)区域创新环境在西部区域竞争力的各组成要素中,是关乎西部整体竞争力提高的基础。西部地方政府管理体制创新可以更好地满足西部区域经济适应市场经济的变化和现代科学技术发展的需要,从而保障西部地区在国际化、市场化方面竞争力的提升。

1.1.4 区域创新体系的构建与区域创新能力的提升

综合目前研究来看,区域合作技术创新的概念表述很多,但普遍认为它最早是在 1992 年由英国卡迪夫大学的菲利普·库克提出,比较一致的观点认为。所谓区域创新体系是一个区域内特有、与地区资源相关联的、推进创新的制度组织网络,其目的是推动区域内新技术和新知识的产生、流动、更新和转化。区域创新体系以参与技术开发和扩散的企业、大学和研究机构为主,并有市场中介服务组织广泛介入和政府适当参与的互动创新网络系统,服务于知识、技能及新产品的创造、储备和转让。区域创新体系的三个基本要素是面向市场的科技资源;不断衍生和壮大的、机制灵活的新型企业;新的经济政策和政府治理。区域创新体系充满活力与生机,区域生产中的合作者组成互动、动态的结构,使区域经济各主体充分发挥和扩展才能,进而对致力于建立认知能力和构筑企业间网络的政府和组织发生引导作用。其中,国家创新体系是指一个国家内各个有关部门和机构(企业、大学和科研机构、教育培训、中介机构、政府部门等)相互作用而形成的推动创新的网络体系。国家创新体系作为各种创新能力在层次结构、体制、机制更新等方面形成的有机网络系统,是由政府和社会各部门组成的一个组织和制度网络,其活动目的在于推动技术创新。而区域创新体系则是指区域内相互关联的技术创新行为主体,以及相应体制和机制构成的开放性网络系统,它是国家创新体系有机组成部分。

区域创新体系与国家创新体系相比,更具有地方性、独特性、开放性,在体现与国家创新的共性时更能体现出区域特质。具体表现为:①它更依赖于当地的知识结构和存量,特别是地方性、隐性知识,这是形成区域优势和竞争力的重要来源;②区域创新的主体是区域内参与创新活动的政府、企业和个人,与当地社会网络和区域经济、制度、技术环境高度适应和耦合;③地方政府和咨询机构能够提出适宜当地的创新战略和创新政策,它们与国家创新战略和政策在重点上、方向上、目标上不尽相同;④区域创新是中观层次的创新问题,它不仅有赖于当地的创新网络和创新环境,也有赖于与其他地区的相互作用,包括资源流动、知识扩散、制度学习,即与创新有关的广泛的合作与竞争。在区域创新系统内,区域内各创新主体之间的相互作用对创新的影响与研发(R&D),对创新的影响同样重要。其中,技术知识和信息在人与人之间、企业与机构之间的流动是技术创新过程的关键;教育体制、创新人才、全球化的信息网络和必要的科技投入是区域创新体系的资源基础;政府和市场将分别在资源配置、战略引导、政策调控、法制保证、文化环境和舆论建设等方面发挥其作用。其主要职能在于制定科技政策和长远的宏观发展战略,增加和引导社会对科技的投入,支持基础和战略性研究事业的发展,改善科学和教育基础设施建设,发展教育,培养人才,对科技活动进行宏观的监督和评价,在全社会营造尊重知识、尊重人才、鼓励创新的舆论和文化氛围,推动科学的普及,弘扬科学精神;社会需要和市场将对科技发展尤其是高技术发展和转化起主导作用和基础作用,同时也是政府制定科技政策和规划的主要依据;企业是技术创新和投入的主体。目前我国创新体系建设中R&D能力与机构建设存在的问题:①创新机构之间相互作用的网络体系远未形成,国家创新体系还存在明显的薄弱环节,结构性缺陷亟待加以弥补和完善;

②大、中型工业企业约有一半没有技术开发活动，40%左右的企业研发机构没有稳定的经费来源，众多中小企业难以获得必要的技术支持；③公益性科研机构和力量相对薄弱；④中介服务机构不健全。一些中介机构服务能力不足，对政府的依赖性较强，经济欠发达地区中介服务机构发展更为滞后。

在区域竞争力的各组成要素中，整体竞争力的提高是区域发展的真正动力。区域创新体系是构建区域竞争力的动力机制，也是区域竞争力实现的保证，而区域创新能力是区域竞争力的核心。主要表现在：①区域创新体系是技术创新的保证，提高区域产业积聚效益，并有利于提高政府管理水平、促进生产要素的合理配置。因为区域创新能力的提高可以吸引增加区域内的 R&D 的人员、资金，保护知识产权，提高国际投资的开放度，形成区域长期竞争力增长的潜在因素。②区域创新能力对地区长期竞争力和经济发展的差距起着决定性的作用。在区域创新能力中，技术创新能力通过知识创造能力、知识流动能力、企业的技术创新能力的提高，增强区域的潜在竞争力。技术创新能力决定未来区域竞争力。③区域创新下的产业整合是区域竞争力获取可持续发展的根本。产业本土化研究与开发能力在区域竞争力中更具有优势，高技术产业的发展、现代技术的更新速度，决定区域竞争力的可持续性。④区域创新环境在区域竞争力各要素中至关重要。地方政府管理创新，可以使区域经济发展适应市场经济变化和信息技术发展需要。这是区域竞争力成长的关键。

1.1.5　区域创新对促进区域产业发展的重要作用

为提高国家竞争力，许多国家特别是一些欧美国家十分重视区域创新体系的建设和区域创新战略的制定和实施。德国在 1995 年由政府资助建立区域生物技术集群，以提高德国生物技术的商业化水平，并在慕尼黑、科隆-杜塞尔多夫、巴登-海德堡等地获得成功。英国自 1998 年起政府便着眼于建立知识经济发展，并通过加强区域发展和促进产业集群发展推动创新。美国形成了以区域内主导产业为核心、连同上、下游行业企业共同形成的创新密集网络，创造了新集聚经济效应，提高了区域竞争力。

党和国家高度重视科技创新工作，习近平同志在 2018 年 5 月 28 日中国科学院第十九次院士大会、中国工程院第十四次院士大会的讲话中强调，"中国要强盛、要复兴，就一定要大力发展科学技术，努力成为世界主要科学中心和创新高地。"许多学者也认识到，区域创新视角下的产业发展，是以区域创新环境为基础、以创新网络为平台，通过网络内成员的互动学习，并有赖于企业空间集聚而进行的,是实现产业在产品、工艺、管理、组织等方面的创新,是促使产业结构变化和区域经济发展的过程,是由参与产业活动的各主体共同完成的创新实践。各级政府也将区域创新与区域产业发展作为关系我国区域经济协调发展的重大问题高度重视。改革开放40年来,我国区域经济形态发生了深刻变化,这在某种程度上推动了区域创新体系形成和发展。经过不断的创新探索,各地区经济发展的总体水平和质量都有了很大提高,在保持沿海、中部、西部地区这样一个历史上已经形成的经济空间格局下,各区域经济带在发生新的不同程度的分化。而且在未来,我国区域创新体系发展程度较高的长江三角洲地区、珠江三角洲地区、京津唐地区、胶东半岛和沈(阳)大(连)等地,率先成为我国技术和制度创新的中心以及先进制造业的基地。这表明,区域创新促进产业发展已成为国内外发展的重要趋势,任何地区要争取产业以及整个经济的较快发展,都要研究区域经济创新;要实现产业以至整个经济比较快、比较大的发展,更离不开区域创新。

1.2 西部创新与区域竞争力的提升

1.2.1 从分布格局分析西部创新能力与竞争力

从全国范围来看,西部区域创新能力、区域竞争能力,与东、中部地区特别是与沿海发达省份相比,存在一定差距。我国区域创新能力和竞争力的分布格局,都具有明显的区域差异和特定的区域分布格局,①这决定着我国经济的地域格局和发展模式及趋势。

---

① 区域的进步与发展离不开区域竞争力的支撑,而区域创新又是区域竞争力的源泉。在知识经济时代,国家(区域)的创新能力,是决定该国(地区)在国际竞争和世界总格局中地位的重要因素。国家竞争力的高低不仅表现在本国的自然禀赋、现实经济实力,同样重要地是吸引国际资本、人才、技术的能力和水平。就是说,一个国家或地区的竞争力取决于经济环境。根据波特关于竞争力研究的理论,决定竞争力的经济环境主要有五个因素,即生产要素条件、需求条件、相关支持产业、企业战略、结构和竞争对手的情况等。它们之间相辅相成,并且随着不同的经济发展阶段表现出不同的特征。其中,生产要素是最基本的决定因素。随着竞争力发展阶段的不同,上述五个要素在竞争力中的作用和地位也相应发生变化。竞争越进入高级化阶段,先进要素(通过一定技术手段改变的要素)所起的作用将越来越重要,基本要素的作用会逐渐失去优势。

1. 创新能力分析

根据国家科技部的有关研究报告,区域创新能力主要由知识创造、知识流动、企业的技术创新能力、创新环境、创新的经济绩效等方面组成。以此为依据计算,2002年我国东、中、西部地区的创新能力分数值如下:

东部各项指标综合得430.19分、知识创造327.24分、知识流动429.39分、企业创新能力576.37分、创新环境387.99分、创新的经济绩效391.01分(东部/全国:51.87%、57.17%、60.96%、48.88%、48.86%、53.24%);中部各项指标综合得分203.63分、知识创造124.36分、知识流动157.09分、企业创新能力311.12分、创新环境206.82分、创新的经济绩效159.59分(中部/全国:24.55%、21.72%、22.30%、26.38%、26.05%、21.73%);西部各项指标综合得分195.6分、知识创造120.79分、知识流动117.91分、企业创新能力291.72分、创新环境199.22分、创新的经济绩效183.86分(西部/全国:23.58%、21.10%、16.74%、24.74%、25.09%、25.03%)。①

对我国东、中、西部地区各省的创新能力,可做出下述判断:

(1)综合创新能力分布情况。以北京和上海列第一类;东部沿海省份为第二类;部分东部地区、中部大部分地区和西部的陕西为第三类;综合能力最低的是西部大部分地区和一些中部省市为第四类。总体上表现为明显的东部与内地的巨大差别。

(2)知识创新能力的分布情况。北京为第一类,第二类为上海,第三类包括东、中、西部的14个省区市,第四类是其他的15个省区市。基本表现为北京优势极为突出,自东向西呈均衡递减格局。

(3)知识流动能力的分布情况。第一类有北京、辽宁、天津、山东、广东、上海、江苏、浙江等8个省市,且分值比较均匀;第二类也有8个省市,梯度变化较大;第三类包括13个省市,差别变化较小;最后一类仅有2个省份,但区域差异较大。其中科技合作以天津为首,占全国的7.36%。

(4)企业创新能力分布情况。第一类为上海、北京、江苏、山东、广东5省市,以上海为首;第二类7个省份;第三类地区17个省市;最后仅有2个省份。其中,企业研究开发投入以陕西为最多,占全国的5.18%,大型企业多的省份占优势。东部地区得分占全国的42.32%,中部占28.89%,西部占28.79%,地区分布总体水平都比较接近。

(5)创新环境分布情况。第一类为北京、上海;第二类包括东部的江苏、浙江、广东、山东4个省份;第三类的15个省市东、中、西部都有分布;第四类则是海南和西部地区大部分地区共10个省份。其中,基础设施以浙江为最好。东部

---

① 中国科技发展战略研究小组:《2002中国区域创新能力报告》,第21页。

占全国的41.07%,中部占29.70%,西部占29.23%。东部仍然领先,中、西部水平接近。市场需求方面以上海为大,东部占全国的48.77%,中部占25.34%,西部占25.89%。劳动者素质方面,北京、上海领先,陕西、西藏、甘肃、黑龙江在发达之列。东部占全国47.01%,中部占24.75%,西部占28.24%,表现出东、西、中的递减顺序。

(6)创新的经济绩效情况。北京、上海、天津、广东为第一类地区;第二类地区包括黑龙江、辽宁、吉林、山东、江苏、浙江、福建、陕西、重庆、新疆等10个省区市;第三类有8个省份;第四类有9个省份,其中以贵州分值为最低。产业结构方面,以北京、上海、天津最好,陕西、吉林、重庆、西藏、黑龙江也在前10名。东、中、西在全国的比例分别是49.51%、21.85%、28.64%。区域分布格局为东、西、中的排列顺序。产业国际竞争力方面,以广东为最强,得分占全国的18.06%。东、中、西在全国的比例分别是68.10%、16.57%、15.33%,呈现出东部水平较高,中、西部地区水平接近。

2. 竞争力分析

国际经济论坛和瑞士洛桑国际管理学院的世界竞争力年鉴对区域竞争力的评价体系中,一级指标分为四大类:经济运行总量、政府效率、商业效率和基础设施。根据我国经济的具体情况和现实问题,以及指标数据的统一性与可计算性,对于经济运行总量,选择了国内生产总值(GDP)、全社会固定资产投资、进出口总额三项指标,均等对待其权重;对于政府效率选择各地区地方财政收入综合指标为依据,以涵盖其他专业指标;对于商业效率,选择各地区企业年营业收入总额为具体指标,以代表其他商业效率方面的指标;对于基础设施,其规模和条件主要取决于固定资产的投资,因此选择对交通运输和科研方面的投资代表竞争力中基础设施的能力。

根据《中国统计年鉴2003》和第二次全国基本单位普查数据,将各指标的具体得分用该指标的实际数值占全国的比例来表示,计算出各项指标以及综合得分,可以看出我国区域竞争力在四方面的具体表现:东部最强,依次是中部和西部。东部地区(北京、天津、河北、辽宁、上海、江苏、浙江、福建、山东、广西、海南)总分:综合得分260.66,经济运行总量70.60,地方财政收入66.29,企业营业额72.09,基础设施51.68;东部/全国所占相关指标比例依次为:65.17%、70.60%、66.29%、72.09%、51.68%。中部地区(山西、内蒙古、吉林、黑龙江、安徽、江西、河南、湖北、湖南)各项指标总分:综合得分80.75,经济运行总量18.44,地方财政收入20.42,企业营业额17.68,基础设施24.21;中部/全国所占相关指标比例依次为:20.88%、18.44%、20.42%、17.68%、24.21%。西部地区(重庆、四川、贵州、云南、西藏、陕西、甘肃、青海、宁夏、新疆)各项指标总分:综合得分58.59、经济运行总量10.96、地方财政收入13.28、企业营业额10.23、基础设施24.11；西部/全国所占相关指标比例依次为：13.28％、10.96％、13.28％、10.23％、24.11％。

综上分析，我国区域竞争力地区分布呈现以下特点：

(1)区域竞争力高度集中于东部沿海地区，广东、江苏、山东、上海、浙江、北京六省市各项指标除基础设施外，其余均占全国50％以上。东部沿海省市是我国竞争力的主要集聚所在，区域竞争力地区分布很不平衡，内部因素使用和结构分配也不均衡。

(2)区域差距表现为东部地区与中、西部地区的巨大差距，尽管地区差距存在着由东向西依次递减的趋势，但地区之间的差异程度显示，东部地区遥遥领先，中、西部地区普遍较为落后。

(3)从各地区内部差异来看，东部地区内部差异较大，中、西部地区内部差异小。其中，东部地区经济运行总量内部偏差是3.23，政府绩效的偏差是2.82，企业效益是3.52，基础设施是2.08。中部地区四方面的平均偏差分别是0.58、0.62、0.59和1.02。西部地区的平均偏差分别为0.62、0.77、0.63和1.51。

1.2.2 从空间布局关系分析西部创新能力与竞争力

1. 西部区域创新能力

在区域创新能力方面，西部各省份的情况见表1.1。

表1.1 西部各省市在全国各省(区、市)创新能力具体得分情况

	综合得分	知识创造	知识流动	企业创新能力	创新环境	创新的经济绩效
重庆	23.64	13.68	14.62	38.22	21.01	22.80
四川	23.57	17.81	19.84	35.02	24.14	15.66
贵州	17.10	11.08	10.44	32.02	15.61	9.84
云南	16.38	10.97	12.30	23.43	17.07	12.55
西藏	12.79	5.97	5.97	7.41	19.37	21.65
陕西	28.75	22.39	13.11	44.87	28.77	25.06
甘肃	20.02	10.02	13.30	31.81	22.71	14.43
青海	18.04	11.42	9.53	28.24	15.48	19.85
宁夏	16.67	7.91	5.95	26.67	16.77	18.64
新疆	18.64	9.54	13.03	24.03	18.29	23.38
西部总和	195.6	120.79	117.91	291.72	199.22	183.86
西部/全国	23.58％	21.10％	16.74％	24.74％	25.09％	25.03％
全国总和	827.42	572.39	704.39	1 179.21	794.03	734.46

资料来源：中国科技发展战略研究小组，《2002中国区域创新能力报告》第21页。

由表1.1可以看出：①综合创新能力分布。陕西为第一类，重庆、四川、甘肃为第二类，综合能力最低的第三类依次是新疆、青海、贵州、宁夏、云南、西藏，地区分布的总体平均偏差为8.83；②知识创造能力分布。研究开发投入方面，陕西、四川等高等教育和科研力量最强；专利方面，贵州与大部分东部地区水平接近；科研论文方面，陕西、青海等省在全国名列全国前十名；科技投入产出方面，陕西位居第一。地区分布的总体平均偏差为8.38；③知识流动能力的分布。科技合作和技术转移以四川为第一，重庆、陕西、甘肃、新疆居第二类，云南、贵州位居第三，青海、宁夏、西藏列最后，地区分布的总体平均偏差为12.02，显示西部地区间发展的极不平衡；④企业创新能力。陕西的企业研究开发投入最多，重庆、四川、贵州、甘肃、青海、宁夏、新疆、云南、西藏依次排列，地区分布的总体分布的平均偏差为11.06，总体差距较大；⑤创新环境的分布。陕西、四川、甘肃为第一类，重庆、西藏为第二类，地区分布的总体平均偏差是7.11，其他西部省份间差距不大；⑥创新的经济绩效。陕西、新疆、重庆、西藏位居西部各省前列，其他西部省份之间差距较小，其地区分布的总体平均偏差是8.80。

2. 西部区域竞争力

西部各省份区域竞争力情况见表1.2。

表1.2 西部各省(区、市)在全国区域竞争力具体得分的分布情况

	综合得分	经济运行总量	地方财政收入	企业营业额	基础设施
重庆	8.28	1.40	1.48	1.33	4.08
四川	14.24	3.06	3.43	2.80	4.95
贵州	4.39	0.88	1.27	0.66	1.58
云南	8.22	1.40	2.43	1.66	2.72
西藏	0.95	0.14	0.09	0.04	0.69
陕西	10.02	1.45	1.77	1.38	5.42
甘肃	4.05	0.79	0.90	0.79	1.58
青海	1.52	0.29	0.25	0.20	0.79
宁夏	1.50	0.30	0.31	0.25	0.63
新疆	5.42	1.24	1.37	1.13	1.67
西部总分	58.59	10.96	13.28	10.23	24.11
西部/全国	14.65%	10.96%	13.28%	10.23%	24.11%
全国总分	400	100	100	100	100

资料来源：《中国统计年鉴2003》。

由表1.2可以看出：①区域综合竞争力综合得分，四川、陕西最高，其余省市

都在 10 以下。综合竞争力非常弱,表现为西部地区与沿海省市的巨大差异;②经济运行总量竞争力。经济运行总量包括国内生产总值、全社会总投资和进出口总额,是一个地区经济现实能力的反映。而统计数据表明,西部地区各省市的总得分仅为 10.96 分,显示出西部地区与东部,尤其是与沿海地区的巨大差距;③政府绩效。该指标反映各地区对经济发展的贡献和经济发展后对地方政府的回报。数据显示,西部各省市仅占全国的 13.28%,地区差距较大;④企业绩效。这里以我国最新和最具权威的全国第二次基本普查数据为依据,西部各省份企业的经营业绩仅占全国的 10.23%,表明企业经济效益的低下;⑤基础设施。基础设施建设包括基本设施、技术设施、科研设施、健康与环境等内容。这里选择对交通运输和科研方面的总投资代表基础设施的建设能力。数据表明,西部地区与中部地区相同,与东部差距较小。其中,陕西、四川、重庆最好。

可以概括出,我国西部区域地区竞争力的地区分布特点主要为:①区域竞争力的地域集中度相对较高,主要集中在少数几个西部省份,如陕西、四川、甘肃、重庆等;②西部宏观经济的三个方面,即经济运行总量、政府和企业竞争力方面地区水平接近,平均偏差分别为 0.62、0.77、0.63 和 1.51,宏观经济运行的主体缺乏;③西部区域竞争力各项指标对经济贡献率不同。前三项宏观指标对综合得分的贡献分别为 91.79%、94.92% 和 92.03%,而基础设施建设对综合得分的贡献仅为 83.18%。

3. 西部区域创新与竞争力的关系

西部区域创新与西部竞争力的关系,可在全国范围审视(见表 1.3)。

表 1.3 全国地区区域创新对竞争力的贡献率 （单位:%）

省份	对经济运行的贡献率	对政府绩效的贡献率	对企业效率的贡献率	对基础设施建设的贡献率
北京	28.40	15.24	27.78	−75.91
天津	36.36	123.70	81.80	−34.86
河北	−133.10	−220.38	−95.94	(33.83)
辽宁	−39.52	−54.83	−33.41	(19.70)
上海	−46.08	−19.13	−40.29	(328.49)
江苏	−0.10	−0.18	−0.12	−0.07
浙江	30.01	48.28	25.11	−73.45
福建	−100.90	(2726.30)	−53.17	−48.21
山东	−7.77	−20.95	−7.14	−3.83
广东	−65.64	−286.07	−49.77	(46.83)
广西	2.42	45.62	11.87	20.42
海南	−364.73	−565.24	−141.41	(230.69)
东部平均	−54.22	149.36	−22.89	36.97

续表

省份	对经济运行的贡献率	对政府绩效的贡献率	对企业效率的贡献率	对基础设施建设的贡献率
山西	183.18	206.36	135.43	-135.15
内蒙古	18.00	33.21	18.33	-52.24
吉林	-153.35	-272.50	-109.76	-155.81
黑龙江	53.10	66.14	57.11	-63.82
安徽	-54.44	-192.06	-44.18	(33.81)
江西	-18.78	-61.82	-23.61	-11.73
河南	51.03	47.45	37.69	31.94
湖北	-39.08	-61.82	-24.51	-15.33
湖南	11.62	11.05	6.42	18.05
中部平均	5.70	-24.88	5.88	-38.92
重庆	1.75	1.13	1.21	0.11
四川	-56.00	-147.97	-41.30	-136.83
贵州	10.11	15.94	8.40	5.80
云南	-146.58	-157.92	-97.77	(140.96)
西藏	-85.62	-91.12	-230.01	-22.75
陕西	65.30	69.36	44.21	12.05
甘肃	38.62	51.70	37.11	31.46
青海	257.37	319.51	253.54	24.50
宁夏	-152.85	89.64	-25.26	(31.68)
新疆	13.93	-13.65	-28.66	-21.35
西部平均	-5.40	13.66	-7.85	6.56
全国平均	-18.80	-26.80	-15.12	-43.55

注:表中括号内的数值表示区域创新和竞争力要素都为负值时的贡献率。
资料来源:中国科技发展战略研究小组,《中国统计年鉴2003》和《2002中国区域创新能力报告》。

由表1.3可以得出以下结论:

①区域创新对经济运行的贡献。西部地区重庆、贵州、陕西、甘肃、青海区域创新对经济运行的贡献率有许多为正值,西部地区虽然平均数值为-5.40%,但相比较于东部的-54.22%和全国的-18.80%,情况明显好于全国其他地区;②区域创新对政府绩效的贡献。从表1.3中可以看出,西部区域创新对地方政府绩效的贡献为13.66%。其中,贡献率最大的是青海、宁夏、陕西、甘肃,相较于全国的平均-26.80%,西部地区许多省份表现较好;③区域创新对企业效率的贡献。在西部区域创新对企业效率的贡献率上,表现最好的是青海、陕西、甘肃,虽然西部平均水平为-7.85%,但相较于全国平均水平的-15.12%,西部情况明显好于全国;④区域创新对基础建设设施的贡献。区域创新对西部竞争力基础设施的贡献率,云南、宁夏、甘肃、青海为最好,其总体分值为正。

可见,区域创新对全国各地区竞争力的贡献在地区分布的特点主要表现为:

一是中、西部地区大于东部地区;二是地域分布规律不明显;三是与竞争力和经济实力的空间分布存在着很大的不重合。因此,从区域创新对竞争力的贡献角度分析,区域创新对西部竞争力的提升起着举足轻重的巨大作用。

1.2.3 从发展阶段分析西部创新能力与竞争力

从发展阶段的不同表现形势来看,当前中、西部地区的区域竞争力水平与东部地区特别是沿海省份相比相差悬殊,存在着相当大的地区差距。①

---

① 竞争力的发展是一个漫长的过程。在这个过程中,根据不同时期的发展特点,可以划分为不同的阶段。其实,不同地区的竞争力发展特点也同样具有阶段性。竞争力研究之父麦克尔·波特将国家(区域)竞争力的发展历程划分为:要素驱动、投资驱动、创新驱动和财富驱动四个阶段。这四个阶段主要是根据一个国家(地区)企业在国际上的竞争优势的具体表现,强调了国家(地区)竞争力的整体状态。它比实际的竞争力更能反映竞争力的内部状况,因而成为指引和改善国家(地区)竞争力的标志。各阶段的主要特征如下:要素驱动是竞争力发展的初步阶段。在该阶段中,竞争力的优势资源是基础要素,即自然资源、劳动力资源等。产业结构比较单一,核心技术主要来源于国家(地区)之外,高档产品的设计和技术都来源于引进或通过国外直接投资获得。产品以初级加工为主,进口消费品也成为时尚。经济对国际市场具有比较强的依赖性。一般来说,发展中国家属于此阶段,一些自然资源丰富的发达国家,由于其基本要素在竞争力中具有比较重要的地位,因而,也属于这个阶段,如加拿大、澳大利亚等。投资驱动阶段,竞争优势主要表现为大规模的投资。而且,这种投资是自愿的和在经济发展到一定程度后具备了大规模投资能力的基础上进行。企业的投资行为一般表现为在全球市场上具有技术领先、规模巨大、设备先进等项目上的大量投资,合作投资方式呈现主流。对于整个国家(地区)来说,投资的主要作用之一是对基本要素的技术改造和提升。如,通过教育投资,将非熟练或半熟练工人改造成为具有熟练技能的劳动力;通过投资建设现代化的基础设施。企业在国际市场上具有稳定的销售渠道。企业在技术和资产中的投资成为主要投资前提。这个阶段,竞争优势主要来自于资本和经济实力。创新驱动阶段,产业部门比较完整,各部门之间已形成比较复杂的网络关系。生产要素的低成本已不具有竞争优势,竞争主要通过技术改进和提升生产要素。因此,创新因素成为竞争的驱动力。企业、市场、产品等不仅表现为对技术和方法的改进,更多地表现为"创造"。竞争优势体现为技术对劳动生产率的提高。财富驱动是一个逐渐走向衰退的阶段,各种生产要素都失去了其优势。竞争的驱动力来自过去已经创造的财富。在这种情况下,作为投资者、管理者动力的可持续创新与投资增长都已失去。产业部门开始缩小,主要集中于奢侈品生产、基础科学和艺术领域、区域特色产业和具有历史继承性财富的领域。由于一个国家内部各地区经济发展阶段的特点不同、资源禀赋各异,各地区所具有的竞争优势资源是不同的,也具有不同阶段的发展特点。从我国区域竞争力的状况来看,我们属于发展中国家,其整体竞争优势表现为以基础资源为主的生产要素。核心技术主要来源于国外,创新驱动力和创新成果也主要通过FDI等形式从国外获得。出口产品在市场销售地主要处于低档次,而进口产品在国内属于高档次。

1. 我国区域竞争力的划分

我国区域竞争力，广东、江苏、上海、北京、山东、浙江六省市是我国竞争力的一类地区，竞争力综合得分都超过 26.36 分，地区总分数占全国总分数的 50.05%；其余省市为二类地区，最高得分值仅为 16.77 分（辽宁），地区总分数占全国总分数的 49.94%，西部省份在二类地区属于更弱地位。

2. 两类地区竞争力的特征

这两类地区的各方面都存在很明显的地区差距，表现出不同的竞争力特点。

第一类地区：除基础设施以外，其他三项得分都超过了全国总值的 50%（见表 1.4）。其中，经济运行得分中，进出口总额占全国的 78.61%，GDP 占全国的 41.83%，固定资产投资额占全国的 43.47%；科技建设投入占全国的 38.30%。另外，FDI 占全国的 66.07%。因此，第一类地区的竞争力与第二类地区相比，主要表现为通过 FDI 来引进技术。竞争力优势在于具有经济实力和通过技术对基本生产要素的改进。由于该六省市缺乏自然资源，生产主要表现为加工工业，优势生产要素主要是劳动力、人力资源、资金、比较现代化的基础设施等。因而，其投资力度、生产要素的高级化程度等方面都远远超过其他地区，并与世界上先进国家的差距缩小。其经济发展已为竞争力的投资驱动阶段作了比较充分的积累。因此，表现为要素驱动型的高级阶段或向投资驱动过渡的阶段特征。

第二类地区：与第一类地区相反，包括西部在内的第二类地区，除基础设施外的三项得分都低于 50%（见表 1.4）。其中，进出口总额得分仅占全国的 21.39%，GDP 占全国的 58.17%，固定资产投资占全国的 56.53%，FDI 占全国的 33.93%。因此，第二类地区明显表现出要素驱动阶段的初期特征。

表 1.4　两类地区各项竞争力占全国的比例　　　　　　　　　　（单位：%）

	经济运行	政府绩效	企业效益	基础设施
第一类地区	54.65	50.10	57.17	38.29
第二类地区	45.35	49.90	42.83	61.71

资料来源：中国科技发展战略研究小组，《中国统计年鉴 2003》和《2002 中国区域创新能力报告》。

由于竞争力的阶段不同，创新能力对其要素所起的作用就不尽相同。其中，对要素驱动高级阶段的作用要大于低级阶段的作用。

（1）第一类地区（沿海地区）的创新能力。在第一类地区中，先进生产要素的作用明显占优势，通过 FDI 引进的技术对经济的作用也非常明显地显示了出来。因此，创新能力在竞争优势中的地位相应也比较重要。从这六个省市各项创新能力的指标便可略知一斑。该地区创新能力的综合得分、知识创造、知识流动、企业创新、创新环境和创新绩效占全国的比例分别都超过 30%，其中，以知识创造和知识流动为最高,分别占全国的比例是39.67%和39.33%(见表1.5)。但是,其比例都远小于竞争力在全国的比例。这说明,尽管东部这几个发达省市表现出了比较高的要素驱动阶段特征,但创新的能力及其对竞争力的作用仍然落后于竞争力本身的发展需求。

(2)第二类地区(中西部地区)的创新能力。在第二类地区中,基本生产要素的作用仍是区域竞争力的优势,也缺乏引进的技术。因而,创新能力在竞争中的地位要弱一些。该地区25个省市创新能力的综合得分、知识创造、知识流动、企业创新、创新环境和创新绩效占全国的比例分别都在60%～70%之间,其中仅以企业的创新能力为最高,得分占全国的69.81%(见表1.5),远远大于竞争力的比例。这也说明竞争力与创新能力不相适应。即创新能力不能对竞争力充分发挥作用。距离投资驱动中通过巨额投资提高技术水平和创新能力,提升生产要素的现代化水平都有比较大的距离。

表1.5 两类地区各项创新能力分别占全国的比例 （单位:%）

	创新能力综合得分	知识创造	知识流动	企业技术创新	创新环境	创新的经济绩效
第一类地区	33.32	39.67	39.33	30.19	32.34	34.02
第二类地区	66.68	60.33	60.67	69.81	67.66	65.98

资料来源:中国科技发展战略研究小组,《中国统计年鉴2003》和《2002中国区域创新能力报告》。

1.2.4 提升西部创新能力与竞争力的对策建议

1. 加强区域发展的组织领导

党的十九大对优化区域发展,提升西部竞争力作出了宏伟布局,围绕党中央、国务院的战略规划,提升西部创新能力与竞争力,基本思路应是以明确的西部战略为依托,逐步完善西部管理的制度基础,制定合理的西部政策,统筹协调多方面因素,统一安排解决各种问题区域的发展,将西部经济内的落后病、衰退病和防治潜在的膨胀与萧条病结合起来,形成相互合作、相互支持、共兴共荣的西部经济发展格局。具体地讲,就是将领域(行业)与区域(西部省份)、"国家队"(中央企事业单位)与"地方军"(省企事业单位)融合起来。中央与西部省份科技规划、国家创新体系和西部省份创新体系等涉及国家和西部省份的相关战略与规划问题纳入一个系统进行总体设计和规划;将行业计划和西部省份计划联结起来规划,对行业计划的实施区域进行合理安排;"国家队"(中央企事业单位)在布局时要照顾到西部省份产业合理布局问题,避免过分集中,在大致相同的条件下,优先考虑在相对欠发达区域布点、对有资源条件的欠发达区域优先布点;把握国家层次和西部省份层次的分工,总体上,国家偏重于基础研究、战略高技术和前瞻性技术研究,区域偏重于产业技术研究与发展;在创新体系上,国家层次重点在知识创新上,西部省份层次重点在技术创新上;建立中央—地方互动机制,发挥两个积极性,形成"中央支持地方,地方支持中央"的互动发展格局。

2. 积极培育区域创新源

科技集聚区是地区和国家未来科技发展的主要依托区。西部大开发,西部可持续发展,充分发挥西部科技集聚区,尤其是西部经济较为发达的科技集聚区的能动性和积极性。同时,国家要引导经济、科技发达区对西部尤其是比较落后地区做贡献。中央和经济发达的地方共同投入资源,以多种方式,发展和强化基础研究、应用基础研究和战略高技术开发能力,为西部省份提供经济发展支撑,为国家提供创新源。这有利于国家目标和西部目标的重合,实现中央与西部地方经济互动发展。

3. 打造西部产业创新技术合作支撑体系

由于我国幅员辽阔、产业众多,在国家层次上难以全面规划和实施产业技术体系建设。产业技术体系建设,应该立足于区域,与本地区产业、企业密切结合,在区域层次更有条件实施、更能发挥区域特色和优势。发展产业集群,能够吸引外部规模经济和范围经济,深化专业分工,降低交易费用,刺激竞争;能够加强企业竞争力,强化区域竞争优势,给区域经济发展带来新的生机和活力。东部发达地区已经兴起的产业集群,对落后地区的经济发展在某种意义上会形成制约。产业集群形成、成熟后,会产生强大的极化效应,再转向其他地区的成本就大大提高了。由于产业集群的极化效应,使得东部地区资本和产业西进的内在动力严重减弱。具体表现为:各类生产要素加速向东部集中,加之剩余劳动力的无限供给,导致东部劳动密集型产业的产业区域粘性,使企业就地升级,从而削弱东部发达地区对西部地区的扩散效应。东、西部经济发展差距缩小的条件即净溢出效应大于零的条件——集聚过度,使产业向西部转移难以成立。[①] 因此,产业集群极化效应带来的这种状况对"梯度转移"理论提出了严峻挑战。西部技术创新更多地只能在区域内寻找产业发展目标,构建自己地区的产业集群。如何做呢? 国家,只抓共性强、难度大,需要以大型科技工程方式实施的产业技术项目;一般性的产业技术体系,下放到区域,紧密结合各区域重点产业和优势产业,建设各具特色、各有侧重的产业技术中心,进而在全国集成为相对完整的体系。国家引导、鼓励跨省级行政区建设产业共性技术研发中心,研发中心的建设以新建和整合科技能力等方式进行,可以有实体,也可以有虚拟组织。从操作上看,可

---

① 刘艳. 论东部产业集群对西部开发的影响[J]. 经济问题探索,2004(1).

以考虑在西部地区建立一个研发中心,为使中心有较大的覆盖面,可设研发分中心,如以西安为中心,以兰州、成都、重庆为分中心,甚至延伸到西宁、银川等城市。同时,建立"国家队"支持参与西部区域发展的运行机制,改变"国家队"(中科院的地方分院、所,教育部直属研究型大学,国家重点实验室,国家工程技术中心等)单纯服务于国家目标的状态,明确"国家队"有区域发展的使命,改革体制和制度,调动基层参与区域发展的积极性。为使"国家队"更好地参与地方发展,地方对国家部署的、有产业化前景的科技活动上游(基础性、前瞻性研究)给予支持。

4. 促进西部区域技术创新和产业集群发展

国内外的发展实践证明,工业化的发展,区域经济实力的增强,必须依靠产业带的集群形成,只有促进产业带的规模效应产生,才能使西部经济发展较快地由不均衡走向均衡。我国浙江省经济发展快速,城乡居民收入水平高的重要原因之一就是产业化集群的巨大规模效应带来的。[①] 为了促进西部技术创新和产业集群发展,国家已经并将继续从政策上支持,使科技资源适度向西部转移,重点加强西部科技基础设施建设和产业发展所需的技术开发;制定有利于西部吸引科技人才创业、服务的政策,促进科技人员的合理配置。此外,国家和地方应完善财政性转移支付制度,建立区域科技发展补助金制度。

1.3 西部军地产学研合作技术创新基础问题研究

1.3.1 西部军地产学研合作技术创新是西部创新体系构建的主体

改革开放40年来,尤其是党的十八大以来,在"一带一路"、长江经济带发展、西部振兴战略等的推动下,西部区域经济发生了重大的变化,西部各地区经济发展的总体水平和质量都有了很大提高,以城市为中心的西部区域经济网络逐渐形成,西部区域创新与区域产业重构已经成为关系我国西部社会经济发展的关键。但回顾40年来的发展历程,围绕西部地区的技术创新,无论是在理论上还是在政策实践上,推动区域经济一体化合作还没有形成一个系统全面的科

---

① 彭海珍,任荣朋. 环境成本转移与西部可持续发展[J]. 财贸研究,2004(1).

学认识。①

从已有基础看,2016 年,西部各省区(市)经济增长总体较为稳定。从地区生产总值总量来看,排名前三位的依次是四川、陕西和内蒙,分别达到 32 680.5 亿元、19 165.39 亿元和 18 632.57 亿元。从增速来看,增速虽然与上一年同期相比几乎都存在下滑现象,但西部各省区(市)均高过全国平均线(6.7%),西部地区经济发展潜力可见一斑。重庆、贵州、西藏分别以 10.7%、10.5%、10% 的增速位列西部地区前三位。同时,西部地区是我国军工科研院所、大学和企业的密集区,军工科研院所、大学和企业在西部区域创新 R&D 能力与机构建设方面有巨大的潜力和得天独厚的优势,走军地产学研技术合作创新是西部区域创新体系建设必由之路。具体表现在:在西部科技创新和技术人才培养方面,军工科研院所和大学可以发挥核心和主导作用,能够为西部区域创新体系建立公共科技供给和应用服务系统平台,并发挥其知识创造和技术创新的基础性作用。军工系统的高等院校和科研院所可以围绕西部发展的基础研究和高技术研究领域,以区域开发和应用为目标,将自己的科研成果商品化、产业化,实现向产业的技术转移和扩散,形成西部区域产业创新能力和产业竞争力。利用军工企业技术设备先进、员工素质高的优势,发挥其在相应产业领域的先导和支撑作用,能够加强对西部民用国有大中型企业技术机构创新能力的支持力度,发展以企业为主导的技术创新服务中心,推动民营企业和中小企业开展技术创新和创新人员培训。走军地产学研技术合作创新之路,可以根本解决制约西部区域创新体系建设中的人才、技术、资金、环境、产业和制度等因素的短缺和矛盾,可以充分利用西部丰富的自然资源和广阔的市场,构建起互联互动、优势互补、协调发展、充满活力的西部区域创新体系。

1. 技术创新和制度创新是西部从比较优势向竞争优势转变的必然

能源、原材料工业很长时期是制约国民经济的"瓶颈"。西部地区是中国的资源富集区,能源、矿藏资源一直是其发展的一大优势,应大力倡导开发资源,走专业化道路,成为我国原料供应和加工基地。然而,由于西部地区开放程度低,与东部沿海地区相比,经济转型升级严重滞后,虽有非常雄厚的工业基础,但随着国际市场对传统能源及原材料的依赖程度大大减弱,使西部地区以传统能源及原材料为主的工业面临更大挑战,而且过高的煤炭占比仍是我国和西部地区能源消费结构的鲜明特点,如果西部地区无法尽快完成工业转型升级,将进一步拉大与全国平均水平的差距。因为新技术革命浪潮的推动,投资增加和新技术的采用,自然资源可以被改良、改造,单纯资源的比较优势逐渐减弱。可持续的、

---

① 陈秀山.中国区域经济问题研究[M].北京:商务印书馆,2005.

动态的竞争优势应该是比较优势和规模优势及技术优势的综合。西部要具有资源的比较优势的同时提升竞争优势，只有通过技术创新和制度创新。这是将比较优势和新技术导向紧密结合，既立足现实又着眼长远的跨越式发展战略，又有助于西部形成自身的产业优势，从比较优势向竞争优势转变，避免"环境成本转移"和"专业化陷阱"的进一步延伸。①

2. 发挥国防科技工业优势是西部技术创新和制度创新的重要着力点

西部是国防科技工业比较集中地区，它具有丰富的科技资源、人力资源。②促进国防科技和民用科技的相互促进和协调发展，促进科技强军和区域经济发展，特别是搞好国防科技与区域经济的互通、互补、互动和发展，是推进西部区域创新体系建设的重大战略问题。这是政府和各界的共识。近年来，西部地区产业结构基础的增长点是崛起和发展迅速的军民两用产业，这已成为该区域经济的重要力量。例如在陕西省西安市建立的"五区一港两基地"中，2015年航空高技术产业基地、民用航天产业基地两大基地在规模以上工业增加值方面分别同比增长了20.1%和22.4%，增长率远远高于其他开发区及港区水平，在地方财政一般预算收入方面的同比增长率也均在20%以上，其增长率同样高于其他开发区。2004年国务院颁布的《关于进一步推进西部大开发的若干意见》中明确指出："充分发挥国防工业科技优势，推进应用信息技术，在有条件的地方发展高新技术产业，探索一条适合西部地区的新型工业化道路。"对此，我们需要从以下几点加以把握和理解：一是要利用国防科技工业的信息技术优势，加强信息技术基础建设，促进信息技术的研究和开发，帮助西部民用部门进行信息化改造，努力促进西部区域的信息化水平；二是要通过军转民技术与产品的产业化发展和产业延伸，对西部地方有关产业进行技术改造和升级，努力降低资源消耗量和严

---

① 海珍，任荣朋．环境成本转移与西部可持续发展[J]．财贸研究，2004(1).

② 新中国建立后，大规模的国防工业建设的进行，使国防工业对经济发展的影响力大大加强。"一五"计划时期，由苏联援建的实际施工项目工程为150个，军工企业占了44个，中西部地区就有35个。从1965—1980年，在西南、西北13个省、自治区开展的"三线"建设，历经三个五年计划，共投资2 050亿元资金，安排了数千个建设项目，建立了雄厚的国防生产基础和科研基地，形成以重庆为中心的常规兵器工业基地，以成都为中心的航空工业基地，以重庆至万县为中心的造船工业基地，陕西的航空工业、兵器工业基地，甘肃的航空工业基地和云南、四川交界的攀枝花钢铁基地及酒泉钢铁厂等，初步建立了门类齐全、科研与生产结合、规模较大的战略大后方。改革开放后我国国防工业的战略调整和体制改革，为国防工业参与协调区域经济注入新的活力。形成一批西部地区、乃至全国具有相对优势的产业集群，如光电子产业、软件开发产业、新型电子元器件、智能仪器仪表、汽车制造、卫星应用、航空航天、生物医药、化工等，使国防工业成为实现西部崛起和促进西部区域经济发展的重要力量。

格控制排污量,并大力发展低能耗和低污染的高新技术产业和第三产业;三是要发挥国防工业的产业集聚效应和辐射效应,通过创办或依托地方的"科技园""工业园"或"产业园"等高新产业园区,使之成为吸纳和扩散科技成果及工业性项目的重要基地,从而不断加速新型工业化进程。①

3. 走军地产学研合作技术创新之路是形成西部产业集群,继而形成产业带的主动力

西部创新发展要走军地产学研合作技术创新之路,主要基于以下原因:

(1)西部军地产学研合作技术创新,有利于发挥国防科技工业和军工院校的优势,促进西部地方产业结构的优化升级。西部地区产业结构的调整优化升级需要重点解决特色产业的培育和发展、传统产业的技术改造、高新技术产业化的发展。发挥国防科技工业的比较优势,有助于西部地区优势产业的资源得到优化配置,促进西部特色产业的发展。军工企业和科研院所通过向民用传统产业转移先进技术,可加快民用传统产业的技术改造进程;而军工高新技术的商业化开发和产业化发展,则可直接带动西部高新技术产业的形成。

(2)西部军地产学研合作技术创新,有利于直接利用军转民成果,不断培育和提升西部创新能力和竞争力。2016年7月,中共中央、国务院、中央军委印发了《关于经济建设和国防建设融合发展的意见》,新形势下军民融合发展有了纲领性文件。近年来,随着我国军民融合发展战略的推进,国防工业在调整、改造和市场化转型过程中,进行了大规模的军转民,西部作为军工发展的重点区域,涌现出了一大批军转民企业和军转民技术成果。这些军转民成果,已经或正在成为西部开发和西部区域经济发展的重要经济增长点。比如,陕西目前已形成以西安为中心的电子工业、航天工业、航空工业基地等高技术密集区域;四川的绵阳被誉为"中国西部电子城";重庆以"嘉陵""长安"为代表的摩托车、汽车产业,已成为我国汽车工业的新兴基地;云南军工通过产业延伸发展起来的望远镜产业,已占世界望远镜产量的一半,由军工和烟草行业联手开发的烟草机械加工设备,已占全国市场的70%。②

(3)西部军地产学研合作技术创新,有利于发挥军工产业链的拉动效应,促进国防科技工业与西部区域经济发展相结合,带动西部经济全面发展。国防科研和军工生产几乎都是涉及高新技术的领域,通过对国防科技成果的二次开发,在电子信息、通信工程、生物工程、高效农业、环境保护、新能源、新材料等多个领

---

① 薄一波. 若干重大决策与时间的历史回顾. 上卷.[M].北京:中共中央党校出版社,1991.

② 杜人淮. 国防工业与中国区域经济的协调发展[J]. 经济研究参考,2005(48).

域,加强军地产学研进行联合,可以共同培育和发展高技术产业和新兴产业。如在国家重大西部建设工程建设上,国防科工委和有关省市共同策划,充分发挥国防科技优势,以长江三峡工程和数字贵州作为切入点,进行地球资源卫星(CBERS)数据在重庆三峡库区和数字贵州建设的应用,在区域基础信息库建设、生态环境、水质与地质灾害监测等方面进行全面合作,取得了很好的经济效益和社会效益。在西部传统产业升级中,围绕信息化带动工业化,大力推广应用数字化智能控制技术改造西部传统加工设备。国防科工委和有关西部省市实施了万台机床数控改造专项计划。数控智能控制技术改造传统热加工设备,在西部石油机械、铁道、外资企业、乡镇企业等进行,解决了许多应用企业的技术难题,提高了西部地区产品质量,扩大了西部企业的市场占有率。在西部科技园区建设上,围绕西部高科技产业发展和形成西部产业竞争力提高。国防科技工业有关单位与西部地方政府、企业合作,共建科技园和科技孵化器。"绵阳国家军转民科技园"于2002年10月20日挂牌成立以来,截至2003年9月底,园区共引进军转民项目28个,计划投资近4亿元,投产后可实现销售收入20亿元以上。

1.3.2 西部军地产学研合作技术创新的路径选择

1. 军地企业合作技术创新的一般路径

(1)发挥企业集团的推动作用。根据西部经济发展特点和该地区军民融合发展现状可知,军民融合产业从初步融合阶段到集聚阶段的演进过程契合了调整转型和创新升级的发展逻辑,有助于推动产业结构优化升级和区域经济增长。推动西部军地产学研合作技术创新,各种力量都在起作用,但企业中规模较大、实力较强的企业集团是主要的能动力量。区域合作组织是制定规则、监督规则实施的协调体系,缺乏进行持续投资的力量。而企业集团既可以跨越地区、也可以进行持续投资,积极地发挥能动地推动作用。

(2)发挥军地主力企业集团的强势作用。产品和服务常常集中于行业中最为强势的企业,我们称为主力企业。同一行业中的最为强势的一些企业构成该行业的主力企业集团。由于竞争关系,主力企业集团形成行业中的主力竞争集团。由于主力竞争集团在区域资源配置中的竞争与合作,客观上能动地推进着经济区域化和集团化,构成区域经济发展的主要力量,是推动西部区域军地产学研合作技术创新的主要能动力量。西部军地产学研合作技术创新,必须重视发挥主力企业集团的规模经济优势,激活军工企业的创新动力和提升民营企业创新能力,推进战略信息产业和高技术产业发展,形成以信息化为主导、以资源高效利用和技术高效转化为基础、以高端智能产品研发为核心的发展格局,加速地区经济创新升级发展,实现从量变到质变的飞越。

(3)发挥军地企业群体竞争力的整体作用。企业的竞争力不但取决于自身的实力,而且取决于其下属或联盟企业之间形成的企业群体竞争力。在区域化的竞争中,企业和主力企业首先竞争的是产品和服务,但真正较量的是技术基础和发展模式,根基在于人才、团队、机制、规则和理念。其中人才、团队素质和机制是最具有决定性的因素。①

2.西部军地产学研合作技术创新的机制取向

根据系统论的观点,"机制"是指系统内各个子系统、各要素之间相互作用、相互联系、相互制约的形式及其运动原理和内在工作方式。西部军地产学研合作技术创新的机制取向包括以下几个方面:

(1)实现企业价值创造最大化的重大举措,是资源和能力的合作互补。资源基础论认为,企业的资源具有异质性和非完全流动性特征,因此不同企业之间会存在很大差异性。如果一个企业拥有稀缺的、能够创造价值的资源,并且这些资源既不能够被其他竞争对手所模仿,也不能被其他资源所取代,那么这个企业就可以获得持久的竞争优势。1995年,柯林斯和蒙哥马利发表的《资源竞争:90年代的战略》一文认为,价值的评估不能局限于企业内部,而要将企业置身于其所在的产业环境,通过与其竞争对手的资源比较,从而发现企业拥有的有价值的资源。② 企业的竞争优势取决于其拥有的有价值的资源。巴尼将企业资源分为物质源、人力资源和组织资源。哈夫和桑德尔则认为,企业资源应包括金融资源、物质资源、管理资源、人力资源、组织资源和技术资源。其他学者还进一步分析了金融资源、技术资源、物质资源和管理资源在组建联盟过程中的作用。资源基础论认为,拥有关键性资源是建立战略联盟的前提。而战略联盟的必要性在于不完全流动、不可模仿和不可替代的资源可以通过联盟而获得。因此,在资源基础论看来,资源(或能力)与竞争优势之间存在密切关系。企业成功的战略是那种能够利用各种相关资源和能力并形成优势的战略。

企业可以通过整合和利用有价值的资源,来实现企业价值创造的最大化。战略联盟是企业间资源一体化的结果,也是来实现企业价值创造最大化重要有效形式。艾森哈特和逊荷文将联盟看作是"由战略性资源需要和社会资源机会推动的合作关系"。战略联盟兼具内部化和市场化交易的特征。因为它可以部

---

① 张国有.主力集团的战略趋向和中国企业的战略选择[J].北京大学学报,2005(1).

② 所谓的企业资源是企业在向社会提供产品或服务的过程中能够实现企业战略目标的各种要素组合。只有企业拥有了预期业务和战略最相匹配的资源,该资源才最具价值。

分地将一种交易内部化(比如合资企业),合约仍然需要,但往往是不完全的合约。许多活动需要共同协调。古拉提认为,当交易成本中等而并未高到垂直一体化的时候,联盟就是一种较好的选择。另外,如果各种抑制性因素阻止了完全内部化的实现,那么联盟作为半内部化也会成为首选。彭罗斯认为,企业内部资源的利用存在不平衡性,因此总是存在未利用资源,从而创新也就是企业内生过程。从彭罗斯的观点我们可以引申得知,不仅企业内部永远存在未利用资源,企业外部资源同样可以提高创新能力,有时还是企业所不可缺少的关键性的资源。实际上,任何一个企业的资源和能力都是有限的,企业单纯依靠自己的力量很难掌握竞争的主动权,寻求在企业外部建立有效的伙伴关系是非常必要的。

一个区域创新体系的建设成功与否,不仅在于创新技术和创新人员能力的强弱,更在于创新体系良好运行的组织与政策,能否提供科学的制度安排和良好的社会经济环境。各种创新因素都要受到社会政治以及经济体制因素的影响,这些因素之间的相互联系方式组成了创新体系的网络结构。区域创新的组织方式与政策很大程度上是由地方政府的有关部门决定的。因此,在西部区域创新体系中,地方政府对创新的作用主要在于为创新设立制度和规则以及制定创新政策。这一政策的主要内容之一就是"构建一种体制以便更广泛地吸纳技术"。从理论上看,国防建设与经济建设之间存在既对立又统一的矛盾关系。"对立"源于资源的稀缺性,表现为对资源使用的竞争性,即对于有限的资源而言,它一旦被国防建设使用,就不能再分配给经济建设之用;反之,亦然。"统一"源于资源主体的同一性,表现为彼此互相依存,即国防建设不仅能够保障经济建设顺利进行,而且国防需求能够拉动经济发展;经济建设不仅为国防建设奠定物质基础,而且直接增强国防经济实力。

(2)西部军地合作共兴必然走产学研合作技术创新之路。国防科技工业企业的竞争地位并不完全取决于内部所拥有的能力和资源,它在相当程度上取决于与其他企业所结成的战略联盟网络的广度和深度。从企业核心竞争力的角度看,战略联盟的目标就是通过控制和利用外部独特的战略资源或战略要素,强化企业的战略环节并扩展价值链以增强企业的总体竞争能力。国防科技工业企业通过与其他国防科技工业企业,以及地方科技企业建立战略联盟,可以借助联盟企业的资源和核心能力来弥补自己在多元化经营中战略资源的不足,可以克服独立企业之间市场交易所带来的交易成本。因为,在区域战略联盟中,军地企业之间的协作安排能够在知识的开发、转让和融合的合作中达到与单个企业类似的合作水平。同时,还可避免现行的管理结构所带来的僵化的管理成本。国防科技工业企业知识与其他企业共享甚至会加深和提高自己的知识水平,因为知识共享会激发一个企业更好地了解自己的能力并促进其原有知识的发展。而在能力驱动型的联盟中,军地科技工业企业间的知识转移到更有助于知识的发展和知识作为一种资源进行贸易,可以达到双赢的效果。说到底,不管是否竞争激烈,竞争的实质主要始终体现在企业技术实力的较量上。通过建立企业技术战略联盟,既能有效突破技术贸易壁垒,又能迅速地获取所需要的专业技术。无论哪种形式的军地科技企业战略联盟,合作中都存在技术在联盟企业间的流动,军地企业都可借此获取以其他方式难以得到的技术,军地科技企业战略联盟对成员企业之间技术上的互补融合具有明显的促进作用。在军地企业联盟网络中,技术联盟与技术创新中的组织学习还有利于促使成员企业进行组织学习,弥补自身的薄弱环节。联盟是弥补军地科技企业技术缺口以及获得新技术并回到完全竞争轨道的有效方式。① 军地科技战略联盟可以使军地科技企业将专有性资源和能力加以整合,特别是当伙伴的资源对自己是非常特别的、自己对其依赖性很大的时候。因此,军地合作双方将独特的具有互补性的资产带到了联盟,而且双方各自背景更进一步强化了其贡献的不可替代性。

1.3.3 西部军地产学研合作技术创新的关键是产学研的有机结合

当今世界,高新技术产业的出现已经成为了推动经济增长的重要技术,高新技术对于国家的经济、政治、军事等各方面都占据了很重要的地位,成为衡量一国实力的重要指标。但是科学技术必须应用到生产实践中,才能转化为第一生产力。"产—学—研"是当代知识经济活动的一个非常重要的过程和模式,西部区域发挥自身的比较优势,走军地科研、教育与产业紧密结合的一体化道路将成为提高西部综合实力的关键。

查尔斯·I·琼斯说,"经济增长的引擎是发明创新。"② 随着知识经济的到来,技术在经济增长中发挥着越来越大的作用。据统计,发达国家技术在经济增长中的贡献率已达70%~80%,我国也已达到32%。在推动经济增长的新技术中,很多是在国防领域中首先应用,然后推广到民用经济中,知识经济时代的核心技术如信息技术、网络技术都是首先应用于国防的。因此,国防科技工业中已利用和待开发的技术具有巨大的经济潜力。当前,在经济转轨条件下,我国西部地方产业体系中政府官员特有的报酬结构,使得地方官员不仅注重本身经济业绩(或财政收入的增加),而且更关心相对业绩(或基于GDP考核机制的政治晋

---

① 林季红.企业战略联盟价值创造的机理分析[J].中国经济问题,2005(1).
② 查尔斯·I·琼斯.经济增长导论[M].北京:北京大学出版社,2002.

升收益)。所以,宁愿保持与竞争对手相类似的产业结构而造成恶性竞争,也不愿承担政治晋升博弈中的相对位次下降的风险,这一看似非理性的行为,实际上是地方官员在现有报酬结构和风险规避偏好下的理性反应。由于地方官员对产业投资的选择不是建立在地区比较优势的基础之上,则必然造成政府干预下的要素价格扭曲和资源浪费。产业同构化的结果还会带来恶性竞争以及随之而来的地方保护主义的盛行。从长期来看,如果西部地区经济发展偏离了其国防科技工业相对集中的比较优势,那么其经济增长也将受到负面的影响。因此,西部发挥国防科技工业优势,走军地产学研合作技术创新道路,是西部大开发过程中获取可持续竞争优势的必然选择。

1.3.4 西部军地产学研技术合作技术创新必须注意解决的主要问题

1. 科技成果如何转化为生产力

这个问题受以下因素的制约或影响:科研方向、科技成果、工作基础、领导决策能力、科技人员思想作风、科研体制等。在这些问题上,我国现在的科研体制是科研成果不能及时转化为生产力的核心问题。长期以来我国科研体制可以概括为:"一是头重脚轻根底浅,二是两断层。"所谓头重脚轻根底浅,就是说我国的科研上层建筑非常庞大,有中国科学院、国防科工委系统、工业部门的研究所,还有大专院校的研究所,然而在基层却很少或没有相互匹配的开发实验机构。所谓两断层,即科研部门和工业部门各不相关,没有正常的渠道相通,这是第一个断层;工业部门有不少的研究所,但是大中型企业却很少有开发试验部与之相适应,这就是第二个断层。在发达国家里基层的开发试验机构是很庞大和完备的,它们的科研系统呈金字塔形,而我国就原子工业部门而言,上层有50多个研究所,但工厂有开发试验机构的不多,有的则是名存实亡,所以呈现倒金字塔形,这是组织形式上的大问题。[①]

2. 军转民力度和产业化程度低

一些能用于民用生产的技术、人才、设备等还未得到充分的利用、甚至处于闲置状态,军转民成果主要以个别技术或产品形式存在,不仅规模小,而且未形成系列化,更没有成为带动地方经济发展的产业集群。而美国"阿波罗计划",由于重视了技术转移,每投入1美元,就能在民用领域中产生14美元的效益。

---

① 吴祖垲. 科研体制"头重脚轻"制约成果转化[N]. 光明日报,2005-3-31.

3. 军转民成果的市场开拓不够,有的成果还未形成能够用于市场交易的商业化成果

有些进行商业化开发的军转民成果,由于不能满足市场的有效需求,其自身的价值难以实现;有的成果没有充分发挥军工的技术优势,使开发的技术成果同其他民用部门的产品雷同,不仅缺乏市场竞争优势,而且造成资源的浪费。

4. 国防科技工业发展过程中的观念、体制和机制的创新不足,军地结合缺乏有效的渠道

改革开放 40 年来,我国国防科技工业体制机制进行了多次大的改革,但仍存在效率低下和活力不足的问题。国防科技工业领域"等、靠、要"的观念依然存在,自成体系、自我封闭、自我服务的状况普遍存在,只重视社会效益而淡化经济效益和单纯军品任务型的发展模式,不仅使国防科技工业不能完全适应新军事变革和市场经济发展的要求,而且严重制约国防科技工业在振兴地方经济和促进区域经济发展方面的作用。究其原因,观念陈旧和体制僵化是导致国防科技工业难以发挥作用的根本原因。同时,在军地结合问题上,缺乏一个公平竞争和有序的市场秩序和多渠道的中介服务体系,也是制约军地结合的重要原因。

1.3.5 西部军地产学研技术合作的创新模式

随着国家及区域制度环境和政策环境的不断优化,如"一带一路"国家政策的有力扶持,西部地区作为该政策倾斜的直接受益区域,更应该把握机遇,力求转型发展。西部国防科技与经济结合的实践证明,新观念、新政策、新机制、新技术是贯彻落实"政府搭台,主体实施,中介服务,目标双赢"的模式的主要内容,是做好军地科技经济结合工作的前提和保证。

所谓新观念,是指在西部国防科技经济与区域科技经济结合过程中,要摒弃"等、靠、要"的旧的发展思路。地方政府应坚持"不求所有,但求所在"的新理念;国防科技工业应树立"不求所属,但要所为"的新观念,变"要我结合"为"我要结合"。

所谓新政策,就是在"十六字"方针指导下,一方面,中央与西部各级地方政府应转变经济职能,更新管理理念,制定军民结合的各项优惠政策,为军地产学研合作技术创新创造良好的环境。另一方面,为军地结合交流领域方面构建平台,通过体系建设、资源建设、基础条件建设,形成以军工企事业单位、军工院校和地方企业为主体,面向社会的服务体系,组建资源采集、专家咨询、技术服务等三大信息支撑体系,建成集"技术成果、资金、需求"三位一体的信息和交易平台。

所谓新机制,就是建立新型的军地合作机制。其中,建立和完善市场中介服

务机构,实施尊重市场规律下的激励机制是军地双方结合的关键。中介服务机构是军地合作的桥梁,军工单位、研究院所和地方企业是实施的结合的主体,按照市场经济规律开展科技合作,明确提出各自的职责和权益,建立有利于科技成果推广转化的激励机制,有利于提高军地双方参与合作的积极性和自觉性。

所谓新手段,是指在知识经济时代,总结国内外军地结合的经验,根据西部具体的实际情况,积极探索西部军地产学研技术合作的新途径。国防科技经济与西部科技经济结合的具体模式有许多种,例如,军地共同举办高新技术成果交易会,军地双方共建高科技园区、科技孵化器,开展技术咨询服务以及创办股份制军地合作企业(院校)等。通过这些方法和措施,加速国防科技成果和先进技术充分及时地推广应用,实现国防科技工业和地方优势资源的合理配置,发挥国防科技成果推广转化的规模效益,提升国防科技工业对西部国民经济发展的贡献率。

所谓新技术,是指国防科技工业在与西部地方经济结合的过程中,要为地方提供"量身打造""精雕细刻"的科技含量高、应用前景广阔的高科技项目和产品,促进国防科技工业自身发展的同时,带动区域经济发展。

基于这一认识,我们认为,以国防建设与经济建设的统一关系为现实出发点,采取"纳入式"军地产学研技术合作创新发展模式,以实现军地互联互动、优势互补、双方互赢,是西部进行区域产业创新和形成产业竞争优势的现实选择。所谓"纳入式"军地产学研技术合作创新发展模式,是指依据平战结合、军民兼容的原则,将国防建设纳入到国民经济建设和社会发展战略之中,实现统一规划、统筹安排、共同建设,以较小的投入成本谋求国防、经济、社会等多种效用的最大化。西部军地产学研技术合作创新"纳入式"模式需要建立军地双方合作的长效机制。这一"纳入式"机制既涉及国防科技工业系统的有关部门、行业、科研院所和高等院校,也涉及西部各级地方政府和企业等,它是由多个环节组成的复合机制,具体包括"纳入"需求形成机制、"纳入"规划形成机制、"纳入"决策机制、"纳入"实施机制、"纳入"实现机制和"纳入"监控评价反馈机制等。[①]

---

① 朱庆林,史艳.纳入式发展:国防建设与经济协调发展的基本途径[J].军事经济研究,2006(1).

第2章
西部军地产学研合作技术创新的理论依据与实证借鉴

　　合作进行技术创新使得独立的经济组织之间以同类资源共享或异类资源互补形成共同体。共同体内部或外部的直接或间接的资源配置效率的改进产生共生经济。共生经济既带来合作组织效益的增加,又带来社会效益的增长。产学研合作的基础是各取所需,优势互补。改革开放40年来,我国经济社会持续快速发展,经济总量跃居世界第二,人均GDP超过8000美元,但也还存在着产业层次低、发展不平衡和资源环境刚性约束增强等矛盾问题。西部作为我国经济相对落后地区,在追赶超越中,加强军地合作,凸显技术创新已成为必由之路。2015年,《中共中央关于制定国民经济和社会发展第十三个五年规划的建议》把实施创新驱动发展战略作为其中的重点和亮点。产学研合作创新已成为世界各国技术创新,特别是高新技术领域创新的主流模式,也是当今经济发达国家科技与经济结合的成熟经验,契合西部发展的历史逻辑和现实逻辑。本章将产学研合作技术创新置于我西部社会经济背景下,探讨其理论依据,并借鉴国内外实例予以验证。

第2章 西部军地产学研合作技术创新的理论依据与实证借鉴

2.1 西部军地产学研合作技术创新的理论分析

当前,世界范围内新一轮科技革命和产业革命蓄势待发,信息技术、生物技术、新材料技术、新能源技术广泛渗透,带动以绿色、智能为特征的群体性技术突破,重大颠覆性创新不断涌现,对一国政治、经济、军事、安全等产生深刻影响,成为重塑世界经济结构和竞争格局的关键。近年来,伴随着我国区域经济整体水平的提高,区域创新活动日趋活跃,科技进步在区域经济发展中的作用也越来越明显。提高区域自主创新能力,逐步实现从要素驱动型增长向创新驱动型增长转变,是一个地区提高持续竞争力的重要保障,是促进区域经济社会持续健康发展的迫切要求。发展西部经济,提高西部地区技术创新能力,西部军地产学研合作是必然选择。Sakakibara等认为,进行合作创新的根本原因在于当前的高新技术创新常常依赖于多个科学技术领域的合作才能完成,然而很少有某一创新主体具有足够广泛的知识。与此同时,交易成本可节约性、知识的独占性与共享性和知识与能力的"异质性"使西部军地产学研合作技术创新成为可能。

1. 交易成本理论

一般认为,交易成本的概念是指利用价格机制的费用,或者说是利用市场的交换手段进行交易的费用。这一概念最早是由英国著名经济学家科斯(Ronald H Couse)在1937年发表的《厂商的性质》一书提出。交易成本包括收集信息的费用,谈判与签订合约的费用,以及监督和约执行的费用。在协作生产中,人们的交易活动要有一定的成本,有时交易成本会很高。在此基础上,科斯又提出企业取代一定的市场行为可以降低交易成本,即将市场交易成本转化为企业内部组织成本。从本质上说,技术是一种商品,技术创新合作是一种以契约为基础的知识交易,知识商品与其他一般商品相比有以下差异:①知识是一种无形产品,购买者由于有限理性存在,很难对它的质量作评价;②知识所带来的绩效存在着高度的不确定性;③知识交易是一种专用知识的交易,参加交易的人数有限;④在知识交易的过程中存在着很强的机会主义倾向。知识的上述特殊性决定了它是那种存在高额交易费用的商品,因此市场交易方式并不是知识创新的最佳途径。另一方面,由于在快速多变的技术与市场环境中,研究与开发的成本急剧上升,同时知识、技术更新周期加快,自主创新面临着较快的成本上升压力和创新失败风险,也并非一种最优的创新途径。知识的特殊属性决定了以重复交易为前提,建立在信任基础上的相互沟通、彼此信任、共担风险的产学研合作创新是一种交易成本较低的创新方式。

2. 知识共享理论

随着企业价值创造要素被分解成相互独立里的三个层次:物质价值链(由所有主要生产流程组成);交易价值链(由所有交易流程组成,这些交易流程中主要包括像订货、计划、发货确认和工作程序辅助这样的信息流程);以及知识价值链(包含更多创新元素)。知识不同于其他的生产要素,它是最基本的、最独立的生产要素,其他生产要素都要依赖它来更新和装备。与其他资源相比,知识成为决定现代企业生存、发展的最关键的战略性资源。正如美国著名管理学家彼得·德鲁克所说:"知识已成为真正的资本和首要的财富"。知识与传统意义上的物质产品及一般的公共产品相比,具有其自身的特殊性。知识就其本性而言是非竞争的,它可以方便地被任何人所使用。人们能够通过语言、书籍、音像制品及网络等多种媒体学习各种知识和技术,并能将所得到的知识用于实践,从这个意义上讲,知识具有共享性。但是因为某类知识或技术成果不能像公共知识和技术那样为大众所使用,它是个别人或部分人的创造、发明,是他们付出很大的代价而取得的。对这些成果的使用他们拥有自身的权利,所以发明创造的成果应当是一种资产,尽管这样的知识资产能够通过一定的载体,如书籍、杂志、电脑软件保存,但是必须通过知识产权保护措施和相关的法律排除他人任意使用,所以知识又具有的独占性。独占知识会带来更多的利益。因此必须考虑如何确保知识卖方,共享知识比独占知识带来更大的收益。正是基于知识的独占性,买方和卖方都相信他们会在知识市场中交易知识能得到某种利益。

3. 企业异质理论

企业能力理论认为企业是异质的,而且这种异质性表现在许多方面。根据企业竞争优势来源的不同层次,企业的异质性表现在企业文化、竞争性组织、主导性竞争领域、核心能力和产品与市场竞争等诸多方面。尽管企业异质性表现在诸多方面,但是其核心却是作为诸多层次竞争联系枢纽的企业知识和能力,尤其是企业的核心知识和能力。知识和能力的异质性是指一个企业拥有的知识和能力应该是该独一无二的,知识和能力的异质性决定了企业之间的效率差异和利润差异。知识和能力上的异质性是专业化分工的结果,从知识和能力分工和成长的角度上看,企业之间知识和能力异质性的发展和深化既需要内部组织的协调也需要外部组织的协调,这两种协调既有替代性又有互补性。合作创新使不同行为主体的优势得以发挥,推动了技术的进步,已成为经济发展的基本动力之一。尽管越来越多的企业建立了自己的研发中心,独立进行技术研发,进行知识创新,但是基于对效益成本的考虑和技术能力的差异,企业资助或委托科研机构、大学或其他企业进行技术开发,进行合作技术创新,仍然是企业获取知识和技术的重要方式。

2.1.1 西部军地产学研合作技术创新的背景研究

党的十九大提出中国特色社会主义进入新时代,这一新时代的表述就包括了当前面临的技术环境的变化。随着高新技术的迅猛发展,现代战争越来越呈现出军民一体的趋势,高新技术的军民共用性、兼容性、交叉互用性和发展互动性特点日益突出,"军用"与"民用"、"平时"与"战时"、"前方"与"后方"的界限日益模糊,军事对抗上升为国家整体实力的对抗。传统的高新技术大都集中于军事领域的格局已不复存在。

我国西部地区特别是陕西、四川、重庆等省市的发展,是在资源开发和战备要求下展开的,资源开发、战备需要、重工业优先、国家直接投资为主的模式使西部地区形成了以重工和国防安全等产品生产为主的工业结构,主导产业、中央企业、大型企业难以与地方经济融合,先进的甚至十分尖端的军事工业如卫星、原子弹、航空航天等技术与周围落后的地方经济并存,虽称作主导产业、特色产业、优势产业等,却没有充分发挥其带动地方经济发展的作用。由于军工企业的保密性和封闭性,其扩散效应先天不足:融合性差、关联度低、带动能力不强、产业链条短、条块分割。

从理论上来说,军事工业在任何国家都代表着一个国家的科学技术水平,西部地区的"三线"军工企业在西部地区占有极为重要的分量,也是西部地区工业化和产业结构调整的重点。经过计划经济时期的"一五"和"三线"两次大规模的工业建设,以及改革开放以来实施的西部大开发战略,党的十八大以来的"一路一带"等各具特色的发展阶段,西部地区基本上形成了以水电、煤炭、石油和天然气为主的能源工业,以钢铁、有色、稀土等金属和非金属的采选业、冶炼、压延加工为主的原材料工业,以木材、水泥为主的建筑材料工业,以天然气化工、盐化工、磷化工为主的化学工业,以航空、航天、电子、核工业、机械、重大装备工业为主的国防高科技工业重型机械制造业,基本上形成了门类比较齐全的重工业体系,奠定了西部地区的工业化基础。

西部大开发以来,西部地区的军事工业的发展对西部地区工业化和经济发展已经并将继续起到举足轻重的作用。这是由于在西部地区,集中了全国1/3的军工企业、2/5的国防科研院所、1/2的军工固定资产、2/3的军工人员,军工科技资源优势十分明显。在实施西部大开发进程中,国防科技优势与西部的资源优势逐步得到有机的结合,依托军工优势构筑西部特色经济和优势经济,建立具有竞争力的军工主导产业,能够改变基础工业薄弱、交通落后、资源开发水平低下的地方工业布局不合理状况,逐步建立起了具有相当规模、门类齐全、科研和生产结合的战略大后方工业和交通体系,有力地促进了西部的经济繁荣和科技进步。

对于西部地区来说,影响区域技术创新能力积累和提高的因素除了科技基础设施、资金、人力等硬指标外,还与区域产学研合作及军民结合状况有着密切的关系。作为提高企业创新能力的一种手段,产学研合作在国内已开展多年,其合作形式、合作效果各异。如何将高效、可行的产学研合作形式与西部的军工优势结合起来,探索出一条有效的军地产学研结合之路,有力地支持西部地区自主创新能力的提高?首先应是把军地产学研合作技术创新建立在西部大开发和军民融合型国家创新体系的大背景下,探讨如何实现西部军地产学研合作技术创新,培育西部军民融合型创新主体。

2.1.2　西部军地产学研合作技术创新现状分析

在党的十九大报告中,"创新"一词出现50余次,习近平同志多次强调"创新是引领发展的第一动力"。理论创新、实践创新、制度创新、文化创新以及其他各方面创新,其中,技术创新正成为振兴区域经济不可缺少的重要的手段。西部地区集中了我国重要的老工业基地和国防工业基地,同时,也具有丰富的资源,是我国重要的能源、原材料产区;西部工业的发展,对我国国民经济的持续稳定发展,具有决定性的意义。从20世纪90年代以来,随着改革开放的不断深入,西部大开发的实施,西部地区经济有了大的发展,但同东部相比,在增长质量、增长速度等方面,仍存在较大差距。

第2章 西部军地产学研合作技术创新的理论依据与实证借鉴

促进西部地区军地产学研合作技术创新，必须有新的思维方式，采用新的方法。从总体上看，西部技术创新能力有很大提高，但速度较慢，落后于全国平均水平。为加快西部地区的技术创新，要重点加强西部老工业基地和技术密集地区的资金投入，在地方政府集中力量培育科技创新增长点的同时，要充分发挥西部地区科研院所及综合性大学的作用，鼓励企业增加研究开发投入。

调研表明西部军地产学研合作技术创新能力薄弱的问题包括区域创新体系尚不健全；科技投入不足，企业尚未成为投入的主体；科技资源分散，军工科技潜能远未得到发挥等问题。这些正是西部军地产学研合作技术创新要解决的问题。

1. 对军地产学研合作技术创新的认识尚不到位

军民结合、寓军于民的战略优势十分明显，大力发展军民两用技术已成为未来发展的方向，但这并不被大部分人所理解。军地产学研合作技术创新在一定程度上被片面地认为是国防科技工业的指导方针，被有限地定位于国防科技工业依靠自己的力量发展民品做到自养，各行业和地方要给予的只是行政上的支持和道义上的响应。

2. 技术创新资源的结构性矛盾突出，条块分割严重

科研机构、高等院校、企业等的隶属关系、产权关系、责权关系仍然分属于不同的"条条""块块"。中央与地方、军工与民用、地方科技部门与其他部门，以及地方科技部门内部的条块分割、职权分离、难以统筹的格局仍然没有被打破。由于大多数科研人员分布在高等院校、科研院所和军工企业，不可避免地造成各自的研究领域离市场比较远，很多科技成果不符合市场的要求，无法转化为生产力，加上西部地区经济欠发达，观念落后，开放力度不够，企业受自身经济实力和装备条件等制约，对科研成果转化风险的承载能力有限，限制了许多前景比较看好的技术成果在本地区的转化。

3. 适于军地产学研合作技术创新的机制尚不完善

我国在军地产学研合作技术创新活动组织、创新资源配置和创新制度供给方面仍缺乏有效的宏观调控及战略协同机制。军民之间良性互动、互相渗透、协调发展的模式尚未形成，大量具有民用市场前景的军品科研成果仍难以实现产业化。突出表现就是军地两大研发及产业体系之间长期处于分离状态，造成两大创新体系相当程度的割裂、封闭，一些重要的研究开发活动往往在军地两个创新体系间重复进行。

4. 军地产学研合作技术创新的发展环境尚不优越

以重庆为例，重庆已具备较强的科技实力，但与军地产学研合作技术创新的要求相比，人才、技术等资源的充分发挥仍然存在诸多不利因素，要素环境还有

待进一步加强。重庆在科技上的投入虽逐年增加,但总量仍显不足;地方政府虽有军地沟通、协调合作的强烈愿望,但在统筹规划和政策导向等方面的作为还较有限,适宜军民合作技术创新的环境还有待优化;国家在民用高新技术转为军用方面存在的若干政策制度、技术信息障碍,也同样存在于重庆,无法从制度上保证把民用高新技术系统地纳入军工科研生产。

5. 军口企业的经营发展机制尚不健全

效率较低和活力不足是当前军工企事业单位发展面临的突出问题。军口企业现行经营模式与现代市场经济体制所要求的经营管理机制还有一定的差距,主要表现为思想观念较滞后,创新意识、危机意识不强,自主开发能力较弱,企业管理和经营机制转换迟缓,缺乏有效的竞争、激励和约束机制等。

6. 企业没有真正成为军地产学研合作技术创新的主体

以陕西省为例,企业研究与开发经费投入量占全社会投入总量的比例呈下降趋势,与全国相比差距很大。"十五"期初,陕西省科研院所、高校科研机构和大中型工业企业研究与开发经费投入量占全社会投入总量的比例分别为50.9%、9.0%、33.2%。2005年,三者所占比例变为60.1%、13.2%和22.6%。其中:大中型工业企业所占比例较"十五"期初下降了10.6个百分点,排在第二位,与排在第一位的科研院所相差37.5个百分点。与全国平均水平相比,2005年,陕西省大中型工业企业R&D经费投入占全国的比例为1.7%,比"十五"期初下降了3个百分点;大中型工业企业R&D经费投入量占全社会投入总量的比例,全国为51.9%,高出陕西省29.3个百分点。与东部地区相比,陕西省差距更大,东部地区这一比例更是高达75.2%,高出陕西省52.6个百分点。

西部地区以其特殊的历史背景和战略地位,在国家总体战略发展,尤其是国防工业的重大布局和调整中,被赋予了重要的历史使命。国防工业的调整、改造和市场化转型有力地推进了西部地区经济社会的协调发展,奠定了西部地区社会经济发展的科技和工业基础。我国西部军地产学研合作技术创新是从"军转民"改革开始的。经过20多年的努力,不少军工企业如长虹、长安、嘉陵、西飞公司等,都是军转民比较成功的企业。所以,国家创新体系的提升和完善不仅要从产学研互动的角度来推进,还要从军、地互动和融合的角度来推进。在"军民结合,寓军于民"的战略思想下,推进西部军地产学研合作技术创新。

2.1.3 西部军地产学研合作技术创新的国际借鉴

从当前世界科学技术发展趋势看,军用技术与民用技术的界限已经越来越模糊,军、民技术日趋融合,绝大部分高新技术与产品,已经很难分清哪个只能是军用、哪个只能是民用,只有"先军用后民用"或是"先民用后军用"而已。在高新技术产业中,其技术两用化的趋势越来越明显,军用技术和民用技术日渐融合,产业发展与国防现代化有着共同的创新空间,应提高对建立军民融合创新体系的认识。据统计,由于当代军事技术与民用技术之间的日益融合,在发达国家军事装备中军民两用技术占85%,而纯军事技术只占15%。美国国防部推选的国防关键技术与商务部列出的提高经济竞争力的关键技术中,约有80%是重叠的。① 因此,越来越多的国家已经充分认识到积极推进军民两用技术相互渗透,推动军地创新体系相互融合,加速军用与民用工业基础融合进程的重要性。

军民两用技术作为技术创新的合作领域已成为必然。这个趋势同样明显。

1. 军民技术日益融合,高新技术呈两用化态势发展

自20世纪80年代以来,随着信息技术以及柔性制造技术等的发展和应用,军用技术和民用技术日益融合,高新技术两用化的趋势越来越明显。回顾国防科学技术发展史,技术的军用与民用是天然且本能地结合在一起的,军用技术和民用技术是交互促进发展的。随着现代科学技术的发展,军用技术和民用技术之间的界限越来越模糊,除了核武器领域,纯军事性的技术已经很少。如除草剂既可用于农业生产,也可用作生物武器;计算机技术可用于现代管理,亦可用于处理军事情报;机器人不但进入现代产业大军行列,而且也开始走上战场;军队在战场上使用的装备,如计算机、光学仪器、电子产品等在市场上就有销售,军事专业技术都能找到相通的民用专业技术。

产生这种现象的根本原因在于科学技术自身发展的规律,在于信息技术与以往的冶炼技术、火药与机械加工技术相比具有更强的通用性和"可共享性"。军用技术蕴藏于民用技术基础之中,根植于相同的教育系统,共享一系列通用技术和加工技术的进步,军事科学技术与民用科学技术之间,并没有不可逾越的鸿沟。如全球定位系统与互联网络就能在军用和民用领域广泛地运用,在技术上是相通的。法国的"太阳神"军事侦察卫星也是利用了马特拉公司为"波斯特"商用遥感卫星开发的技术而研制出来的。经调查表明,军事领域和企业研究开发实践的机制和思想链之间有着惊人的相似。

(1)关键的军用技术和民用技术日趋相同。在美国国防部和商务部公布的关键技术清单中80%以上是重复的。

(2)在和平时期,许多前沿军事技术,如高速计算机、集成电路、通信设备、平面显示技术、光电子技术、先进材料技术、精密制造技术等,主要由民用市场需求推动。因此,这些技术领域的民用产品水平赶上甚至超过军用产品的水平。例

---

① 中国工程院课题组.《技术创新和高技术产业发展研究》.

如,这次伊拉克战争中美军使用的很多高技术装备,如高技术通信器材、计算机软件、防毒软件及卫星照片分析技术等,有相当一部分来自硅谷。经过严格的招投标,硅谷有600家公司与美国国防部签订了生产产品与提供技术服务的合同,共获250亿美元的订单。因此,在这些军民两用技术领域,没有必要保持独特的国防能力,完全可以把军用技术奠定在民用技术的基础之上,一旦战时需要,可以利用民用工业产品开发的快节奏和市场推动的高效率来满足军事需求。

(3)军用尖端技术原则上都可在民用领域获得应用。尖端技术由于其先进性和重要性,往往先用于军事。在战争等特殊历史时期,尖端技术作为国家机密受到严格保密。这是尖端技术初期只用于军事的主要原因。如美国"二战"后期研制的电子计算机和原子弹技术、英国"二战"前期研制的雷达技术等,战后都很快在民用领域获得应用。

2. 军民合作技术创新,有利于充分发挥两者优势和潜能

(1)"民技军用"有利于使国防建设处于战略主动地位。冷战结束后,世界的主流从军备竞赛转向经济实力特别是高技术实力的竞争,发展经济成为世界各国的中心任务。各国军费开支锐减,国防任务驱动的研发经费逐年递减。为适应形势变化,各国政府纷纷借用民用技术生产军用产品,以满足国防任务的研发需求。美国国防部提出利用民用技术研究和工业产品发展军事技术计划方案,就是这一政策的具体体现。1993年,美国政府开始执行国防转轨战略,要求在武器系统中大量采用民用技术和产品。1994年9月16日,克林顿总统发布命令,成立安全计划局,其职责之一是向美国国防安全委员会提出国家高技术产业"民转军"建议。由于社会生活和经济发展的需求,微电子、航空航天、生物工程等技术在民用领域发展十分迅速,国防科技部门可站在民用科技发展的"肩膀上",利用现有的研究成果,这样可大大加快国防建设的步伐。如法国的"太阳神"军事侦察卫星就是利用了马特拉公司为"波斯特"商用遥感卫星开发的技术而研制出来的。未来战争将是"以信息为核心的新型战争",各国必然会围绕"信息战"加大在国防技术开发方面的投资,这在信息技术、自动化技术、能源技术、新材料技术等领域极为明显。军民两用技术的应用、"民技军用"等,有利于运用国家的整体技术资源,把民用技术的优势力量充分发挥出来,这可以大大加快国防经济发展的步伐,使我国国防建设处于战略主动地位,而且能够为国民经济的发展注入新的活力,促进国民经济的快速发展。

(2)"民技军用"能有效降低军事装备采购与研制费用,促进国防和军队建设实现"跨越式"发展。当今世界军事变革,是以信息技术的飞速发展及其在军事领域的广泛应用为直接动力的。以信息技术为代表的高新技术大都具有"即插即用"的特性,一旦广泛应用于军事领域,便不以人的意志为转移地使机械化军

第 2 章 西部军地产学研合作技术创新的理论依据与实证借鉴

队产生诸多神奇的功能,许多民用技术只需投入很少的一些经费就能达到军事系统 80%的性能要求。例如,法国海军近年选择了一家民用船厂利用商用规范为其建造一艘新型级别的护卫舰,与采用军用规范建造的护卫舰相比,节省 2/3 的经费。

面对 21 世纪新的国际政治经济局势,国防安全和经济发展将是我国今后长期坚持的两大战略任务。但国家创新体系中的军民分割格局使军费开支和国民经济发展投入呈现此消彼涨的关系,很难获得双赢,这就形成了尖端军事技术研发费用上升和政府军费开支缩减的矛盾,造成了国防安全和国民经济发展不能兼得的困境。而建立军民融合的国家创新体系可促进军民两用尖端技术及产业的发展,实现国民经济发展和国防现代化双赢的目的,从而使军方得以用较低的费用获得更先进、更强大的军事技术,缩短武器采办周期。

因此,军民结合、军民一体化成为世界潮流。突出特征是军民两用尖端技术日益受到世界各国的重视。军民两用尖端技术的研发具有知识密集和专业密集的特点,往往涉及众多的科学与技术专业领域,研发的难度和复杂度很高,仅靠军事科研部门或民间科研部门的单一力量,往往是不够的。客观上要求集中多家军民科研单位联合攻关。以信息产业的核心技术——集成电路芯片为例,其技术领域就包括半导体材料、集成电路制造工艺与装备、新型元器件、激光、超导技术等。同时新一代芯片的研发还涉及相关的基础科学,如固体物理学、量子物理学、量子化学、光电子学、结构化学、分析生物学、材料学、现代数学和逻辑学,等等。例如,美国研制第一台电子计算机和第一颗原子弹,以及后来的"阿波罗"登月计划和"北极星"导弹核潜艇等的研制都是军民合作攻关联合研制才取得成功的。因此,建立军民融合的创新体系,可以实现军民创新体系之间的优势互补、相互协调和良性互动,从而有效地推动军民两用尖端技术及产业的发展。把军民两用技术及其技术创新作为军地产学研合作的基础是可行的。

2.1.4 西部军地产学研合作技术创新的基本条件

西部地区的军工企业、科研院所、院校主要集中在陕、川、黔、渝等省市,其中,陕西省是我国最大的国防科研基地,军工力量横跨航空、航天、兵器、电子、船舶、核工业等 6 个行业,拥有 73 家军工企业和 33 个科研机构,总资产约 630 亿元,其 11 万科技人员约占全国军工系统科技人员的 17%。同时,陕西还拥有 20 多个国际先进、国内唯一的高精尖试验设施和加工装备,以及 50 多个重点实验室和一级国防计量、仿真与校准实验室。位居全国首位的航空科技工业的综合实力占到全国 25%以上,是我国大中型军民两用飞机的科研、设计和制造基地。

四川省也是我国规模较大、门类齐全、装备精良、科技力量雄厚的国防科研生产基地,在国防建设中发挥着重要作用;贵州省原有工业基础相当薄弱,经过30多年"三线"建设和调整,形成了航空、航天和电子三大基地为主体的军工体系,这三大基地已成为贵州经济发展的一支重要生力军;重庆市则是军工企业比较集中的老工业基地,特别是兵器和船舶配套企业相对较强,军工产值约占全市工业总产值的20%,具有举足轻重的地位。可以说,经过60多年建设,特别是20世纪60年代中期开始的大规模"三线"建设和改革开放40年来的发展,上述川陕黔渝等西部省市已历史地成为我国武器装备的重要科研生产基地,同时电子、汽车、摩托车、彩电等重要民用产品生产也具有相当实力和规模,在全国同行业中占有一席之地。

西部国防科技工业不仅门类齐全,航天、航空、核、电子和兵器等在军工行业领域占有特殊重要地位,而且国防科技院所、骨干企业、资产存量与职工人数均居全国前列,为军地产学研合作技术创新奠定了坚实的基础。

2.2 西部军地产学研合作技术创新的理论基础

技术创新是一个动态的复杂的过程,无论对于传统产业,还是对于新兴产业,不同的组织在竞争科技知识方面可能存在巨大的差异,各自具有不同的技术优势,合作已成为时代所需,合作对技术创新资源的优化配置更是被提高到一个战略高度。那么,那么如何促进西部军地产学研合作技术创新呢?本节从五方面探讨其理论基础。

2.2.1 创新环境理论

区域创新是发生于区域内的所有创新活动和创新成果,它包括创新环境、创新主体、创新网络、创新活动几个方面的内容,其中创新环境是基础,创新网络是平台,创新主体和创新活动是核心。一般来说,区域创新是以参与技术开发和扩散的企业、大学和研究机构为主,并有市场中介服务组织广泛介入和政府适当参与的互动创新网络系统,服务于知识、技能及新产品的创造、储备和转让。由于不同地区上述要素的权重和作用不同,因此不同区域的创新活动的效果不同,创新活动有明显的区域差异。全球化和知识经济在推动资源流动的同时,并没有带来地区经济发展的趋同,相反区域特性表现得更为明显了,地方化成为与全球化并行的另一个过程,同时区域创新成为区域发展的动力。

第 2 章 西部军地产学研合作技术创新的理论依据与实证借鉴

区域创新在强调创新环境、创新网络、空间集聚等因素的作用的同时,也重视大的社会背景、区域条件和生产体系的影响。创新是一个经济—社会—技术过程,具有累积性质,是在一定社会关系下的创新互动模式。地方性特征对区域创新环境具有决定性影响,因此通过区域内组织间协同建立创新机制具有重要意义。在区域创新过程中企业面临着更大的不确定性和不稳定性,为了减少这种不确定性和不稳定性,包括社会制度在内的社会关系和社会网络起着比市场更大的作用。空间集聚有利于减少互动学习过程的交易成本,促进知识的获得、共享和交流,有助于促进区域创新活动。

区域创新视角下的西部军地产学研合作技术创新是以区域创新环境为基础,以创新网络为平台,通过创新网络内成员之间的互动学习,并有赖于空间集聚而进行的,是由参与合作的各主体共同完成的技术创新实践。西部军地产学研合作技术创新更依赖于西部地区的知识结构和知识存量,特别是地方性隐蔽性的知识;西部军地产学研合作技术创新的主体是西部地区内参与创新活动的政府、军地企业和科研院所与西部地区当地社会网络和区域经济、制度、技术环境高度适应和融合;西部地区的政府部门应该能够提出适宜当地的创新战略和政策,他们与国家创新战略和政策在重点上、方向上、目标上不尽相同;西部军地产学研合作技术创新依赖于西部地区各省、市、自治区的相互作用,包括资源流动、知识扩善、制度学习等。

西部地区是我国国防工业的重要基地,拥有一批实力雄厚的知名企业,形成了各具特色的电子城、航天城、飞机城等。军工经济在西部地区比例很大,单就重庆而言,仅兵器装备集团一家的民品产值就占其 GDP 五分之一强。军工经济与地方经济已是"唇齿相依,骨肉相连"。"寓军于民"将给中国西部经济腾飞带来新的历史机遇,"寓军于民"所带来的科技创新、技术优势,将成为拉动当地经济快速增长的强大动力。西部大开发、一带一路为中国航空产品提供了巨大的市场空间,而飞机、直升机的广泛使用又为西部地区基础环境的改善和经济发展提供了有利支持。西部地区拥有广阔的军转民市场发展空间及较成熟的技术和产业对接平台,其产业结构和未来调整方向,与中国电子科技集团的军转民战略有很强互补性。因此在"军转民技术转移""技术对接与产业化"等许多方面,中国电子科技集团与重庆乃至整个西部地区一直有着良好的互动和融合,有着坚实的合作基础和广泛的合作领域。

2.2.2　协同效应理论

军地产学研合作技术创新,是为了经济发展的战略性目的协同各自拥有的资源(资本、人力、技术),对科学技术及相应产品或服务的共同开发。进行合作技术创新主要的原因有:①合作技术创新能够节省技术转移和技术交换的成本;②高新技术创新常常依赖于多个科学技术领域的合作才能完成,然而很少有某一创新主体具有足够广泛的知识;③由于参与合作的各主体之间核心能力的广度和多样性,因此在各主体核心能力基础上合作产生新的核心能力是各主体参与合作创新的一个主要动机。军地产学研合作技术创新的主要动机可简单归纳为协同效应。① 自20世纪80年代以来,产学研合作技术创新已成为科技经济发达国家高新技术创新的主流模式。军地产学研合作技术创新,使我国和国防科技经济发达国家高新技术创新中获得越来越快发展,对促进科技成果转化和高新技术产业发展发挥了重要的作用。

"协同"指一个开放系统内部分要素或子系统之间的协调同步的非线性作用特性。协同与有序为一对辩证因果关系,即协同是有序的原因,有序是协同的结果。结果反馈于原因,使得这种协同作用愈加明显与和谐,系统愈加向有序方向演化直至形成稳定的动态结构。协同表征子系统内部各要素或子系统之间相互作用的一种特殊方式,而有序则表征子系统形成结构的趋势及结构稳定性的程度。通过协同与有序这对辩证的因果范畴,能够进一步从更深层次上动态地刻划系统演化或系统结构形成的机制,从而对系统整体性形成的规律较之一般系统理论有更新认识。那么,协同作用是如何实现的呢?赫尔曼·哈肯(H. Haken)教授在研究中发现,在系统中存在着某些集体运动形式,他称之为模式。

对于西部军地产学研合作技术创新模式的研究,也可以依据协同理论,用协同效应来阐释。区域创新中合作关系比竞争关系更重要,且不同的制度会为区域和整体利益而整合,有利于形成和保持区域优势,并产生协同效应。西部军地产学研各方包括中介机构和政府部门都有自己的优势资源,通过协同合作,使总的成本最小,而总的收益最大,这符合各个合作主体的利益,潜在的合作协同效应推动着西部军地产学研合作技术创新。

2.2.3 能力要素整合理论

国外学者在研究价值链时曾指出,那些原先是竞争对手的企业,当发现通过

---

① 协同效应:可以认为是从一个更加广泛的范围实现各种资源的优化配,从而达到目标。这个理论几乎可以用到所有的存在系统概念的方面,在应用这个理论的时候一定要有"系统思维"方式和习惯,分析问题时要从一个系统的高度来考虑,理解系统中各个因素的关系,并设法通过某种方式把它们连接起来,使它们可以协同活动,具有协同性。

第2章 西部军地产学研合作技术创新的理论依据与实证借鉴

彼此的资源与能力的共通可以使彼此都能创造出高于自身的、新的、极难为其他企业所理解和模仿的核心能力时,企业就会采用合作战略,而企业内部产生价值的诸多环节就会逐步紧密地联系在一起形成企业价值链。从企业基因重组的角度看,企业的价值链主要由内部与外部两个模块组成,其所产生的外部影响也各不相同。其一,从企业内部价值链的发展来看,随着消费者日益个性化的消费需求,企业更多会将业务进行细分。其二,从企业外部的价值链看,越来越多的企业选择构筑和参与供应链的方式来提高自身的竞争力,从而进一步在空间上形成了区域的产业集聚。企业价值链重组理论为西部军地产学研合作技术创新模式分析会提供更宽的视野。

第二次世界大战以后,以美国为代表的企业生产方式主要以标准化、大批量、流线型的规模生产为特点,20世纪80年代后期,则逐步以柔性化、虚拟化、个性化为主要特点。企业发展模式的这一转变客观上成了区域经济发展的主要推动力。科斯认为交易成本对企业形态有重要的决定作用。科斯的研究结论对企业来说有清晰的含义:如果交易成本不断下降,企业就越来越没有必要将众多的业务活动都保留在企业内部,而是将业务能力核心化,并按市场和业务能力要素特点组成联盟。

近几年来,随着大数据、云计算、人工智能的发展带来了交易成本的不断降低,促使企业从网络化的组织形式向模块化的组织形式演变,这种模块化的组织形式使企业能够围绕业务能力要素进行重组,快速地跨利益主体地进行资源整合,以利用其他利益主体的技术和能力优势,形成产业中的价值链。价值链中的可以为企业带来特定产出的价值元素成为独立业务能力要素,这些独立业务能力要素源于一定的资源基础,例如知识、资产或流程。

相互独立的能力要素可以分为物质价值链、交易价值链和知识价值链三个层次。物质价值链中的能力要素是生产链中的独立过程,其中包括原材料供应、部件制造、产品装配、分销和仓储等活动。作为企业所进行的常规活动,企业可以将其物流业务外包,借助外部能力与资源来提高企业效率。交易价值链中的能力要素与交易过程中的数据交换紧密相关,由于连同性和信息数字化能力的急剧增强,交易能力要素对规模经济很敏感,因此对交易能力要素进行跨边界的优化将更为有效。知识价值链是价值链中创造性因素的集合,知识价值链中的知识能力要素是创新能力的源泉。

在很多行业中,例如汽车、制药、消费品和服装行业,企业正致力于优化其价值链中的创新要素,以提高自身的差异化水平和培育自身独特的增长能力。知识能力要素表现为各种形式的信息,知识能力要素有专有性,可以通过它与顾客建立起很强的特殊的感情纽带,从而聚集强大的客户资源。因此实现知识能力要素的配置最优。优化知识能力要素比优化物质能力要素和交易能力要素困难得多,因为知识能力要素的优化效果很难衡量。知识能力要素的优化过程不受规模、灵活性和复杂性因素驱动,更多的是受以下因素的影响:有效性、速度、适应性、独特性、高效率。

互联网所带来的信息沟通成本的急剧下降,使各合作主体能够将交易价值链和知识价值链中的信息处理能力要素转化为业务。信息技术的发展给知识能力要素优化带来了机会,这个机会不仅仅局限在一个特定的行业或一个特定的市场,其潜在的优化影响力可以延伸到整个价值链条。能够实现更高水平的效力、效率、速度、适应性和独特性,进行超越企业边界的信息资源整合,以增强信息的规模效应。

建立基于互联网的合作平台,通过对不同合作主体的能力要素产出进行组合,建立起虚拟价值链,以获取更大的价值,是军地产学研合作技术创新过程中面临的挑战。在西部军地产学研合作技术创新中,通过重新定义业务关系及组织关系,并按照模块化原则组建合作体系,围绕独立能力要素形成的军地产学研合作组织中的各合作主体就可以专注于自己的核心领域,集中精力于优势业务,以获得最大的价值实现。

2.2.4 冲突与绩效理论

从产学合作实践来看,尽管近年来我国在产学合作领域进行了一系列的探索和实践,产学合作效率也得到相当程度的改进和提高,但仍未能很好地满足我国产业面临全球化竞争的现实需要。从调查的实际情况来看(《产学合作绩效的影响因素及其实证分析》,科学学研究,郭斌,谢志宇,吴惠芳,2003),当前产学合作的效率和有效性亟待提高,只有7.6%和28.8%的被调查者认为产学合作有明显的效果和有一定的效果,25.8%认为没有什么效果,10.6%认为可能有负面效果,其余27.3%选择了不清楚。合作创新要求成员之间分享具有敏感性的知识和信息,而通常合作成员之间是一种协作竞争关系,每个合作组织都会由于分享或独占研究开发成果而引起争端和冲突,成员之间常处于重复的博弈过程中。

合作技术创新过程中的冲突主要表现在以下几方面:

(1)由于合作中各方投入的资产主要是知识资产,且各方在合作中的贡献难以计量,从而产生了对各主体投入的知识产权的保护及合作过程中形成的知识资产的产权归属问题。

(2)合作过程涉及技术秘密及个人经验等不可言传的知识技能,因此存在安全保密的问题。为防止在合作中丧失竞争优势,合作企业存在明显的机会主倾向,会隐瞒一些重要的技术信息,影响合作预期目标的达成。

(3)由合作关系形成的组织内部存在管理协调的成本。由于各方利益冲突及在企业文化、管理方式上的差异,如何在合作组织中激励有关专业人才,协调各方行动,如何提高管理效率是合作创新面临的一大问题。

(4)技术作为一种"无形商品",对技术的质量和技术的扩散很难控制,因此合作过程中存在严重的机会主义行为,为了保持竞争优势,合作者之间存在明显的机会主义倾向,影响合作目标的达成。

(5)合作创新中技术的供给方对技术过程、技术含量、技术价值等有更直接的了解,技术需求方对此了解甚少,信息的不对称,给知识资产的评估带来很大困难。

(6)由于各方利益冲突以及文化的差异,合作方如何协调相互关系,建立有效的团队工作和知识传播体系是合作创新"双赢"的关键。

产学研合作技术创新中实现"双赢"的结果需要在以下方面做出努力:克服文化交流障碍最有效的战略是在产业与科技人员之间建立直接的接触和网络连接,相互间的现场走访和共同参加研究会议,能够促进相互技术交流;合作谈判、签署协议期间,技术管理人员与工作人员建立早期的团队很有必要;为协议的准备工作、协商谈判工作和执行过程制订合理的工作计划;为合作成员相互之间的技术转移提供有效激励;整个合作过程有集中强有力的领导。在动态和复杂的环境影响下,企业趋向于选择基于契约的合作类型,而在相对宽松的环境下,企业则建立一种基于信誉和公平的合作类型。为了降低监督成本和建立战略灵活性,企业更愿意选择市场主导的合作类型。对合作创新过程中的冲突分析大多是对合作组织实证研究的总结。由于合作组织面临的实际情况复杂多样性决定了解决冲突障碍的办法也不相同。但参与合作的组织在信任基础上密切合作、共担风险是成功合作的必要前提。

"重复博弈"是指同样结构的博弈重复多次,其中的每次博弈称为"阶段博弈"。在每个阶段博弈,参与人可能同时行动,也可能不同时行动。一个参与人可以使自己在某个阶段博弈的选择依赖于其他参与人过去行动的历史,参与人在重复博弈中的战略空间远远大于和复杂于在每一个阶段博弈中的战略空间。这一点意味着,重复博弈可能带来一些"额外的"均衡结果。影响重复博弈均衡结果的主要因素是博弈重复的次数和信息的完备性。如果重复多次,参与人可能会为长远利益而牺牲眼前利益从而选择不同的均衡战略。参与人对其他参与人支付特征或战略空间的不完全信息对均衡结果有重要影响,合作行为在有限次数博弈中会出现,只要博弈重复的次数足够长。

在合作技术创新过程中,信息不对称(信息不完备或不完全信息)现象是难以避免的。一般而言,在技术本身及其相关信息方面,高校比企业具有优势;而在技术的市场前景、企业的管理水平、成果产业化的能力和决心、支付能力及信誉度等信息方面,企业比高校更具优势。由于立场及出发点的不同,双方都有利用这种信息优势追求最佳收益的心理预期。就收益而言,校企双方存在见表2.1的信息-收益博弈。在这种博弈情形下,双方同时放弃信息优势的情形是不存在的;而如果双方明白合作对双方的重要性,高校或企业的一方将会放弃其信息优势来换取合作,这是最有可能出现的情形;最后,如果在合作过程中同时错误估计对方保持信息优势的决心(这种决心有可能产生于对合作收益的无所谓态度),这将导致双方合作关系的破裂。因此,信息不对称情况下的高校与企业合作,就像是竹竿打狼两头怕。可以说,信息不对称造成了双方的合作缺乏信任基础,那么,作为合作方的高校与企业,在合作之初都如履薄冰,双方的长期、深入的合作也就更加谈不上了。无论是协作型模式还是契约型模式,都没有很好地为企业和高校创造出一个建立在信息充分沟通基础之上的信任环境,这些模式的失败也就不足为奇了。

表 2.1 高校与企业合作过程中的信息-收益博弈的两个纳什均衡①

		高 校	
		放弃信息优势	保持信息优势
企 业	放弃信息优势	5,5	3,8
	保持信息优势	8,3	0,0

作为一种市场行为,在产学研合作过程中存在着不同程度的信息不对称问题,如何处理好这个问题事关全体创新的进程和效果。由于合作各方所拥有和能支配的资源的有限性,形成了不同资源优势,这就造成了下述矛盾:一方面是作为技术的供给者的高校和研究院所所拥有的技术信息要多于技术的需求方即企业方,而技术的消费者即企业对大多数新技术,特别是高新技术知之甚少;另一方面,技术供给者对企业的经营管理和市场营销方面的知识和经验也知之甚少,而作为技术消费者的企业却长于此道。容易发生的问题是信息优势方由于受自身利益的驱动而对信息进行垄断。在产学研合作过程中,任何一方拥有的信息越多越有利。为获取最大的经济利益,优势方可能会隐藏信息或向对方提供虚假信息。这样劣势方就无法获取应得的经济利益。最后,信息渠道的不畅加重了信息不对称的程度。通畅的信息渠道有利于信息的传播和扩散,可减少

---

① 罗炜,唐元虎.大学-企业合作创新的博弈分析[J].系统工程,2002(1).

信息不对称现象的发生。产学研合作过程中信息不对称的存在,给产学研合作带来了道德风险。由于信息不对称的存在,使得产学研合作各方在合作过程中形成了委托-代理关系。所谓委托-代理关系是指具有信息优势的参加者与处于信息劣势的参加者之间的相互关系。简而言之,只要在建立或签订某种合同前后,参加者双方所掌握的信息不对称,这种经济关系都可以认为属于委托-代理关系,掌握信息多(或具有相对的信息优势)的市场参与者称为代理人,掌握信息少(或处于信息劣势)的市场参与者成为委托人。委托-代理关系导致道德风险的出现。所谓道德风险是指代理人在使其自身效用最大化的同时损害委托人的行为,由于委托人无法获得或无法充分获得代理人的某些私人信息,在市场主体追求自身利益最大化的市场经济条件下,代理方在实现自身利益最大化的过程中可能损害委托方的利益,导致道德风险的产生。

信息不对称存在时的产学研各方在产学研合作过程中所处的信息地位不同,导致了合作各方对合作模式的不同偏好,进而影响着合作的成功实现。加拿大学者尼斯(Niosi,1993)通过对加拿大36家先进生产厂家的实证研究发现,合作研究是企业最受欢迎的一种合作创新模式。尼斯据此认为,对企业而言,采用直接与外部研究机构合作R&D的方式,可以最大限度地进行交流,减少企业信息占有的不利地位。同时通过合作研究,可以有效地监督研究的质量,减少败德行为的发生。因此,合作研究模式是企业的最佳选择。而且,越是自有开发能力强的企业,这种模式的有效性体现得越充分。实际上,在我们前面分析的产学研合作模式中,共建模式将更有利于信息的交流。美国学者李勇(Lee,Yong.S,1996)针对大学的实证研究表明,委托研究是最为大学教师喜欢的与工业界合作的模式。它的调查结果显示,大学并不希望在合作过程中与企业结成紧密的关系。因为这会使大学丧失研究的独立性,最后会演变成为围绕企业目标的附属组织。因此,在合作的工程中,为了保持研究的独立性,大学并不愿意将所有的信息都暴露给企业,相反大学会极力保护自己所占有的私人信息。出于这一原因,委托研究是大学最偏爱的一种合作模式,因为它既可以获得企业的财力支持,又可以保持研究的独立性。这两项实证研究结果说明,由于所处的信息地位不同,大学和企业对合作模式的偏好并不一致。冲突与绩效的博弈选择,正是西部军地产学研合作技术创新的选择趋向。

2.2.5 知识分享模型

知识经济的发展不再取决于物质、资本等生产要素的直接投入,而是依赖于知识的不断创新、加工、传播和应用,越来越多的企业意识到企业间的竞争归根到底是创新上的较量,因此培养企业的创新意识、创新能力是十分必要的。专业知识和技能具有较强的独占性或垄断性,而在今天知识经济时代,每个人、每个组织所掌握的知识都是有限的,在组织中要完成一项技术创新、产品改进方案等不大可能只靠某个人或组织的独立工作,常常是通过项目小组、产品质量圈、问题解决团队等形式,甚至组织外部的协作来完成。创新理论十分强调知识创造和分享的意义,认为知识是最重要的资源,知识的生产和占有能力是一个组织优势和发展潜力的重要标志,并认为不同主体在合作过程中的互动分享是创新的决定因素,是综合和再综合不同知识使之出新的过程。知识分享能力和学习能力对于合作主体获得创新能力和竞争能力具有战略意义。知识分享是创新的前提,创新是知识分享的结果,是把新知识、旧知识引入到知识经济中的活动。知识是存量,是历史的产物和累积物,而分享是流量,它是源源不断地吸取知识的过程。因此,知识分享、创新是个连续不断、相互作用的过程,创造知识、应用知识和传播知识都是通过一定环境的下的分享过程实现的,是个实践过程。

知识可分为显性知识和隐性知识。① 知识创新理论高度重视和强调知识特别是隐性知识的作用,将其视为学习和共享的核心内容,因其具有一定的独占性,在为其独占者和使用者形成竞争能力和独特优势方面具有重大作用。大量知识属于隐性知识。隐性知识更有价值、更完善,是知识管理理论中的一个普遍的观点。隐性知识的重要性在于其包含了对问题出现及问题探求的许多感知与直觉,包含着许多丰富的判断和探索。如果能够激发这种隐性知识,并且通过某种机制,使隐性知识在不同的主体之间更好地流动、传递与分享,那么隐性知识就能导向问题的解决,继而转化为显性知识或者形成新的知识。显性知识与隐性知识并不是完全孤立的,它们相互补充,处在一个共同体内,它们在人们的创造性活动中相互作用、相互转化。虽然某些研究认为,隐性知识的显性化是一个异常艰难而且收效甚微的过程。然而,只有将隐性知识显性化,才能使知识更快更广泛地传递和分享,更有利于知识的整合从而提高竞争力。知识创新也就是显性知识和隐性知识之间一种转化的过程,如图 2.1 所示。

---

① 显性知识是指以字码形式存在的知识,如公式、数字、付诸文字的学说等,经过编撰的,可以用正规化的、系统化的语言来传递的知识,以书本、专利和文件等方法传达。具有公开性、共享性、可流动性等特点。它可以通过学校教育和其他途径的公开教育获得,能够在较大的地域甚至世界范围内流动;而隐性知识则主要是指那些秘传的、身教的、意会性的、不能付诸文字或公式的各类知识、技术、诀窍、技能等,是存在于个人头脑中的、存在于某个特定环境下的、难于正规化、难于沟通的知识,难以明确地被他人观察、了解的知识。它具有经验性、认知性、地方性、家族性、个人形等特征,是从实践中获得的,需要借助于示范、模仿、操作、直接交流、共同经历等实践活动来学习和共享,不易发生空间流动。

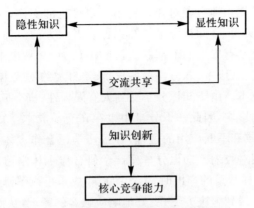

图 2.1　显性知识和隐性知识的转化过程

知识分享主要是指双方知识相互传递和转移的作用过程。首先,知识分享是知识的双向传递(见图 2.2),它有别于知识的转移和知识的扩散。知识的转移和知识的扩散是指知识从一个地方运动到另一个地方或从一个使用者运动到另一个使用者,其中知识转移目的性要比知识扩散强,但两者侧重的都是知识单向流动。而知识分享强调的是知识在合作者中双向流动。

图 2.2　知识的双向传递

其次,知识的分享包括知识的传递、吸收和应用,如果知识未被吸收和应用,就没有实现真正的共享:知识分享=传递+吸收+应用。仅仅是获得知识,不能成为分享。可见获得知识是必要的,但绝不足以确保知识会得到利用。知识分享的目的是提高组织的能力,而成功的知识分享应该是通过改变知识获得者的行为方式和心智模式,增加组织的价值。

知识分享通过分享机制将知识、经验进行最大范围的传播,使知识、经验的价值在最大程度上得到体现。通过知识的分享,也可以推动知识的创新。知识创新的过程起始于分享隐性知识,而其核心发生在团队层次,因为个人必须通过情绪、感觉与心智模式来建立互信,所以需要一个范围让个人可以与他人互动。在这个范围内,人们可以分享经验并使身体与心智的节奏同步,最典型的团队互动范围是一个跨部门、高自主性、协力达成共同目标的工作小组。因此建立团队的机制,让内部成员得以充分地分享与互动,是知识创新的关键问题。西部军地产学研技术合作机制,能够实现知识、经验在军地产学研各合作主体之间的分享,以实现军地企业建立共兴共荣的竞争优势的目标。

知识的分享是知识拥有者对知识的不一定等价的交换,从经济学的角度考虑类似于商品的"买卖"。知识分享是知识拥有者双方的一种"交易",这种交易和普通意义上的交易有很大的不同。经济学中认为,交易成本是采购成本以外的隐含成本,包括搜索成本、双方协商的议价、签订契约的成本,以及监督交易进行的成本与违约成本。由于知识分享受到人有限理性、机会成本、交易的不确定性和资产特殊性的影响,因此知识分享中也存在交易成本。知识在产学研合作主体内的扩散、吸收和不断应用的过程,导致产学研合作主体生产成本、管理成本和交易成本的相对收缩。知识分享使产学研合作主体学习曲线急速下滑(见图2.3),即积累同样数量的产出时,生产的边际成本可以下降得更快,产学研合作主体可以更快地找到解决方案,更好地响应顾客的需求,从而形成产学研合作主体的共同知识优势。换个角度说,知识分享就是制造产学研合作主体内知识的流量,产学研合作主体知识的流量越大越能够促进知识的转换和知识的创造,为产学研合作主体加强竞争力与核心能力。这正是西部军地产学研合作技术创新所企盼的重要目标之一。

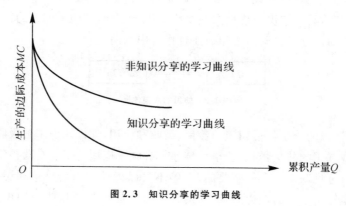

图 2.3　知识分享的学习曲线

2.3　西部军地产学研合作技术创新形式

在建立支持跨组织、跨地域的合作的虚拟化、敏捷化、动态化的西部军地产学研合作技术创新体系过程中,需要找到有效的合作形式,本节基于"模块化"思路探讨解决军地产学研合作技术创新中存在的问题。

第 2 章 西部军地产学研合作技术创新的理论依据与实证借鉴

2.3.1 "模块化"构建西部军地产学研合作技术创新模式的思路

从20世纪90年代后期以来,人们越来越多地把技术创新同互联网联系在一起,互联网的发展使得人们对传统的创新方法进行重新认识和理解。在许多经济领域,模块化都对创新产生了重大影响。在产品设计领域,增加产品灵活性的手段属产品设计的模块化,模块化模式是对一定范围内的不同功能或相同功能不同性能、不同规格的产品进行功能分析,划分并设计一系列功能模块,通过模块的选择和组合构成不同的产品,以满足市场的不同需求。依此类推,要想使西部军地产学研合作技术创新的过程具有相应的灵活性,也可以应用模块化的原则。模块化的好处之一是可以建造非常复杂的东西,另外它极大地加快了技术创新的速度,因为它使得同时进行多项试验成为可能。对于一个模块可以数管齐下,同时去探讨各种不同的可能性。在模块化系统里,学习和技术开发的速度就会快得多。模块化是一种设计原则,其系统如图2.4所示,它由几个部分组成,这些组成部分连接在一起,并且以不同的方式相互作用。模块化设计中需要设立一组界面,每个组成部分都相对独立。制定出规则来定义界面,并规定如何与界面连接,而不必和组成部分联系。西部军地产学研合作技术创新要求在模块设计中有许多独立的子系统,这些子系统可以为完成某项工作互相连接起来,并可以以不同的方式重新组合。

在图2.4中,我们能够独立地设计西部军地产学研合作技术创新的每个组成模块,并针对每个模块做很多试验。只要有一个成功,该模块就可被整合进系统,参与合作。模块的界面像协议一样,在电子系统中有各种接口协议及标准,比如一台计算机的组成部分包括磁盘驱动器、显示器、中央处理器和操作系统。我们可以任意改进磁盘的驱动器,只要它具备标准的电子接口,并遵循一定的数据传输速率和传送方式。因此模块界面是一种标准的接口,有了模块界面,研究人员可以发明不同的组件,只要保证它们具备标准的接口就可以。在模块化模式中,系统地认识速度是模块化个数的函数,模块带来的边际收益是递减的。

在这个简单的模型中,我们可以发现,基于互联网的支持界面对捕获合作参与主体的需求并在协作完成业务的主体之间起到十分重要的作用。有相应的支持界面支撑才能真正以低成本和高速的方式合作,从而达到更高层次的"创新模式"。这种创新不是"重起炉灶",而是将新模块动态加入到原有的结构,重复利用80%以上的已有资源。对于西部军地产学研合作来说,模块化模式更能发挥西部军工资源优势和科技资源优势。

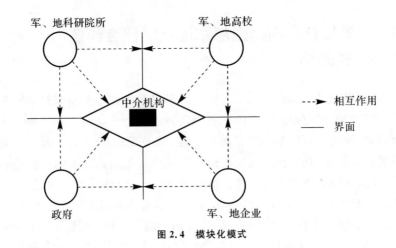

图 2.4 模块化模式

2.3.2 西部军地产学研合作技术创新形式分析

西部产学研合作技术创新会有多种形式,一般意义上的产学研合作技术创新由于不同主体追求的目标存在较大差异,效率降低。近几年来,西部产学研合作技术创新的形式,上升到理论高度可这样认识和概括:

1. 人才培养型

又称合作教育型,采用这一形式的目的,高校主要是为了提高学生的实践能力和创新能力。企业和科研机构则是为了培养面向市场面向生产和技术开发的应用型和创新型高素质人才。它以合作教育为主要手段,通常采取定向委培招生、联合办学、共建基地、互相兼职等合作形式。如西安财经学院的省级重点研究中心,与原解放军军事经济学院国防经济系"应用经济学"博士后科研流动站建立起合作办学(培养博士生)、共建基地、互请业务骨干担任兼职教授、研究生导师等。

2. 政府主导型

分为政府指令型式和政府推动型。其中前者是计划经济的产物,即由政府直接指令产学研各方形成合作;后者在政府的推动下,由政府提供政策导向和市场服务,如下达科研计划,提供中介性服务等,政府处于主导地位,大学和科研机构发挥核心作用,企业积极参与。近年来,陕西、贵州、四川、重庆等省市建立的军地结合高技术产业基地迅速发展。其做法正是政府推动型。

3. 企业主导型

在该形势下,企业为满足市场竞争的需要,一方面致力于提升自身的研发能力,一方面以委托开发、合作开发和共建研究机构等形式寻找大学和科研机构的技术支持,咨询和服务企业处于主导地位,并承担相应的研发和成果转化风险,大学和科研机构的技术创新活动围绕企业的需要进行,其研发活动的内容、形式和范围由企业决定,处于参与者的角色。陕西电子工业基地就是以国防科技工业的大型企业——西电集团为主体。

4. 高校和科研机构主导型

大学和科研机构凭借其技术和人才优势从事技术创新,成果成熟后以技术转让、专利出售等形式向需要该技术的企业特别是中小企业提供,实现技术从成果向市场和效益的转化。在该种形式下,大学和科研机构处于主导地位,决定研发内容和合作对象,并独立承担研发风险。陕西省建立的西北工业研究院、西安工业技术研究院,也是在政府推动下建立的产学研一体化模式。

西部军地产学研合作技术创新形式的选择直接关系到合作的效果乃至成败,但选择怎样的合作模式并不是政府、企业、大学或科研机构哪一方一厢情愿的事情,它是多因素综合作用的结果。有效的军地产学研合作一方面要充分实现产、学、研三方的紧密结合,另一方面要处处体现军工和地方两个体系的融合,强化企业的主体地位和主导能力,从而提高合作技术创新效率。选择合作形式应主要考虑以下因素:

(1)势差。所谓势差,是指企业、大学、科研机构在资金、设备、技术、人才、市场和管理等方面存在的差距。势差是合作存在的基础,是对合作各方优势资源的整合过程。一般而言,大学和科研机构拥有人才、科研设备、知识和技术方面的优势,企业拥有市场通道和资金方面的优势,而且它们各自的优势往往不为对方所拥有,这就为合作提供了可能。问题的关键在于如何根据双方的势差选择合作的形式。对于西部军工企业而言,它们可能拥有雄厚的资金实力和较强的研发能力,可以选择企业主导型合作形式,由企业根据市场情况向大学和科研机构提供科研课题或科研资金,研发出成果后再由企业实施成果的商品化和产业化;也可以吸收大学和转制科研机构进入企业研发部门,将其内化为企业工程技术中心。对处于初创期或实力较弱的小企业,则可以采取邀请高校和科研机构技术入股或直接向高校和科研机构购买技术成果的合作形式。同理,综合实力较强的大学和科研机构可以选择以我为主的合作形式,而实力相对较弱的大学和科研机构可以选择向企业提供技术咨询、技术服务和接受企业技术开发委托项目等合作形式。

(2)需求。军地产学研合作技术创新的目的无外乎培养人才和实现技术成果的经济效益与社会效益。但是,在军地产学研合作中,企业、大学、科研机构的具体需求并不完全相同,这也直接导致了合作形式的选择不同。如果是出于人才培养的需要,双方可以选择人才培养型合作形式。此时,可供大学选择的合作形式有共建教学实践基地、工程实践基地等形式。如果是出于实现技术成果经济效益和社会效益的需要,双方可以选择研究开发型合作形式和生产经营型合作形式。此时,由于双方的利益更紧密地联系在一起,因此,除高校可以采取技术转让、技术咨询,企业可以采取项目委托等形式外,更多地是采用合作双方共建研发实体、共同承担研发任务、共同参股经营、合资共建企业等灵活多样的形式。

(3)技术成熟度。技术的成熟度及技术成果商品化、产业化后,可能形成的市场规模,对产学研合作形式的选择同样具有重要的影响。风险与利润呈正相关。企业采用成熟的技术,直接向技术成果的拥有者购买,风险可能较小,但提高产品的附加值同样面临困难,因为同样的技术另外的企业也可以比较容易地得到,使得技术成果的应用无法产生垄断利润。如果企业所瞄准的技术虽然并不成熟但却具备良好的市场开发前景,企业就可以采取与大学和科研机构共建研发中心和中试基地,以及委托具备相关技术开发能力的大学和科研机构进行技术开发的合作形式。这样做虽然要承担技术开发失败的风险,但一旦开发成功,企业将获得超额垄断利润。从另外的角度看,如果企业选择短平快项目,获取短期效益,可以选择技术引进、技术购买等合作形式;如果企业致力于获取核心技术优势,则要选择委托开发、共建工程技术研发中心等技术创新合作形式。

2.4 西部军地产学研合作技术创新的实证分析

纵观全球军民一体化进程,从冷战结束后,美、日、英等发达国家就在产学研合作技术创新方面进行了广泛的实践,积累了很多成功的经验,创造了以美国为代表的"军民一体"、日本为代表的"以民掩军"、英法德为代表的"民技优先"等多种模式。我国的产学研合作随着市场经济体制的完善,科技、教育的发展及高新技术产业的兴起,军队与地方的产学研合作也有了新的发展,取得了可喜的成绩。特别是随着党的十八大以来,军民融合发展上升为国家战略,我国在促进军地产学研合作方面的组织机制、市场平台、工业布局、法规制度等方面逐渐发展成熟。借鉴国外及国内成功的经验,我国的军队与地方的产学研合作也必将为我国的国防建设和振兴地方经济做出贡献。

2.4.1 军地产学研合作技术创新国外实证

早在"二战"期间,美国的大学就参与了政府引导的技术创新活动,其标志是研制原子弹的"曼哈顿"工程和第一台电子计算机的研制。当时美国许多大学的教授参加了上述两个科研项目。自此,美国大学的职能在传播高深理论知识、开展科学研究和服务社会的基础上,又增加了技术创新。为了谋求军事效益和经济效益最大化,使社会资源与技术成果得到最充分和最有效的利用,在军事工业的发展过程中出现一股"军转民""民转军"和有计划地开发军民两用技术的发展趋势,使军事工业的军民结合程度有了大幅度的提高。

军民两用技术在西方发达国家倍受重视,从技术上考虑主要是因为,许多对军事至关重要的高技术,如计算机、半导体、通信、先进材料和先进技术的发展,已主要由民用市场所推动。从经济上考虑,主要是高技术武器成本一度上升,通常需要民间力量来推动军事科研的进一步发展。

1. 第一种模式:政府主导型

这一模式主要以美国为代表。美国的创新特色主要体现在:"硅谷效应"、大学知识创新和军民结合的工业体系三方面。硅谷的知识和技术密集程度居全美之首,有斯坦福大学、加州大学伯克利分校等数十所高等院校。硅谷有宽容的创新环境和发达的创业文化,推崇创业、宽容失败、鼓励冒险,极大地激励了创业者的创新和奋斗精神。硅谷有成熟的风险投资机制,这里集中了近300家风险投资企业,1999年硅谷吸引的风险投资资金达130亿美元,占了美国风险投资资金的1/3,全世界的1/6。大学与产业之间互相依托,理论教学研究、应用试验、生产相结合,这对于人才的培养,对于知识信息的创造、发散、改良有很大意义,与斯坦福大学有关的企业的产值占到硅谷产值的50%~60%。这使硅谷成为美国新技术的"摇篮"。大学在美国创新体系中担负着重要的角色,是美国知识创新的主导。联邦政府对大学进行巨额资助,许多美国大学成为研究性大学,承担美国的基础研究,基础研究开支占大学研究经费的2/3多,占全美国基础研究经费的近50%。美国的国防科技政策比较倾向于以军带民的特色,开展两用技术的研发活动。国防部联合工业界为开发两用技术提供资金,把与工业界联合开发两用技术的模式纳入了国防领域的正常的业务范围。美国国防部认为,发展军民两用技术是美国国防科技战略的重要内容,同时也是振兴美国经济,增强国防竞争能力的国家安全战略的组成部分。美国积极制定发展军民两用技术的各种政策和计划,采取一系列措施推动军地产学研合作技术创新的发展,从而为两用技术的大规模发展创造了体制和机制上的条件,在美国国防部的两用技术项目中,允许军方充分利用少量的研究资金并且与大学和工业界形成战略联盟,双方共同支付研究费用。美国国防部采用现成技术以减少操作和支持费用,并且用于改进军用飞机、直升机和其他武器系统的性能。军方提供种子资金以使商业技术嵌入到已知的"传统"系统中,美国国防部利用民用部门从事研究和开发,这些项目也促进民用和军事集成和支持采办改革。盐湖城的陆军国家自动车中心和犹他州的DriverTech公司,在一个两用合作开发项目中联合起来,制造满足陆军后勤和商业用户需要的设备。车载计算机为车辆驾驶员或乘客提供计算和通信能力。就是为军用卡车使用设计,该系统提供增加的情况认知、改进的战场通信、增加待机状态和改进安全能力。点击图片获得屏幕解析图像,可得到高分辨率图像。新技术在军事方面是可承受的,同时有利于工业使用。美国军地产学研合作的主要实践成分是政府、企业、科研机构和高校,政府是军地产学研联合的发起人,也可以说是最早的联合方之一和首笔合作经费的提供方。美国政府把保持美国在科学知识最前沿领先地位作为国家战略目标。通过具体的政策法案、措施计划、制度保证等实现该目标。美国政府的研发总结起来有以下几个特点:

(1)联邦政府调整研发投入比例。美国联邦政府研发经费投入占国内研发经费的比例有升有降,但总体呈下降趋势。当美国研发强度处于1‰~2‰阶段时,联邦政府是研发经费投入的主体,即使研发超过2‰,联邦政府仍不断地加大研发经费的投入,如研发强度从1953的占GDP比例的1.36%上升到1964年的2.87%,美国联邦政府研发经费投入占国内研发经费的比例从53.93%上升到66.74%。之后,美国联邦政府研发经费投入占国内研发经费的比例逐年下降,虽然研发强度有升有降,但与全国企业投入等一起,全国的研发总投入一直保持在2%以上。如从1998—2002年,研发强度总处于2.5%以上,但联邦政府研发经费投入占国内研发的比例已经不超过30%。这充分说明了美国联邦政府根据研发强度这一指标的变化调整了自己的角色,通过制定各种优惠政策和法规等措施,促使企业加大研发经费的投入。

(2)政府稳定研发投入,企业研发投入加强。美国政府的研发投入比较稳定,2004年为1 253亿美元,2005年为1 315亿美元,2006年为1 323亿美元。与其他许多国家有所不同,美国研发和创新过程的一个特点是联邦政府资助的研究与州立大学和私立大学的研究生阶段的科学和工程培训结合起来,大多数美国大学学生在州政府研究院所就业,有些州政府和企业鼓励研发,投入了大批资金,充实了研发设施,这使得联邦政府的研发投入由于州政府的贡献而得到大幅度加强。大多数私立研究型大学和一些公立大学也得到私人捐赠和公司资助,这些同样支持了大学的研究设施。

政府采取措施,鼓励私人企业投资研发。美国创新过程依赖联邦政府资助的基础和应用科学,根据这个基础,私人企业资助开发产生了应急技术。由于本身需求和政府引导,特别是政府制定法案,减免投资研究与试验的税收等措施,私营企业的研发投入占了全国研发投入的 2/3,企业的研发投资始终成为全国研发投入的主体。

(3)确定研发优先领域,进行超前部署研发计划。美国政府特别重视通过基础研究提高本国高技术发展,并将基础研究的年度投入经费额保留在联邦政府年度研发投入总额的 20% 以上(如 2006 年研发投入预算 1 323 亿美元,其中基础研究投入总额 266 亿美元)。能源部长期管理和资助国家实验室,并一贯要求科学研究重点把国家科技经济发展和国家安全的长远目标、战略需求和现实需求结合起来。政府确定了优先领域,研发投入也突出这一重点。政府继续大力支持那些优先研发领域,例如纳米技术、信息技术、氢能源与空间探索,因而继续支持一些跨学科、跨部门、多个机构共同参与合作研究具有国家战略意义,具有明显的学科交叉融合和超前部署的趋势特征的大型计划,通过这些大型计划解决一些举世瞩目的重大科学问题。

(4)先军后民和军民结合的融合体系。2003 年,美国国防部颁发了新版 5000 系列采办文件,对 2000 年、2001 年颁发的采办文件提前进行了重新修订。2009 年 5 月 22 日,时任总统奥巴马签署了国会参众两院通过的《2009 年武器系统采办改革法》,进一步深化采办改革成果,加强采办过程的管控。从美国政府对国防研发的投入可以看出,美国极其看重开发先进的武器和军事支持系统、国防先进技术和大型系统的研发,投入了联邦研发预算的一半多经费,国防部的民用研发投入同样占有联邦研发总预算的 9%。如跨部门的国家纳米计划中,国防部的资金份额最多。值得提出的是,国防研发投入是政府研发投入的主要部分,与军费开支分开计算。国防研发的一个特点是军民两用技术和中小企业的投入性参与,军民两用技术研发不仅使商业技术满足国防需求,而且满足国防和商界的共同需求,能用于民用目的,是双赢的。这种先军后民和军民结合的军民融合研发体系,促进了科学技术水平的提升和关键科技领域的发展,同时避免了大幅度增加军事科技研发经费的投入。

(5)培育创新环境,争夺一流人才。在全球化环境下,资本、信息、技术和人才等要素在全球范围内的流动与配置日益普遍。科技竞争日益成为国家间竞争的焦点。美国五个超级科学部门(国防部、国家卫生研究院、国家宇航局、国家科学基金委员会和能源部)和机构根据项目申请单位和申请人的业绩和优势,采取同行评议和项目竞争方式提供资助。即使在联邦政府的国家实验室,大部分研究也都是通过竞争得到资助的。美国通过研发的高投入,打造了创新的优良环境,吸引了世界各国的优秀人才。据统计,全世界科技移民的40%被吸引到了美国,其中70%来自发展中国家。美国已经形成了研发投入促进人才流动的良性循环环境,为美国保持领先地位提供了有利条件。

2. 第二种模式:寓军于民型

主要以日本为代表。二战后,美国在日本推行了非军事化政策,禁止日本开展军事技术研究,并且逼使日本从发展军事技术转向发展民用技术,从生产武器装备转向生产民用为主的工业品。日本政府从20世纪60年代开始就提出军事技术的开发要充分利用民间的科研力量和开发能力,其"以民掩军"的军事工业指导思想逐渐明晰。1970年,日本颁布了《国防装备和生产基本政策》,为日本"以民掩军"的军工生产确立了"以民掩军"的基本方针。日本作为经济大国和科技大国,其在民用技术方面实力很强。而现代军用技术和民用技术间界限已很难划清,因此日本在不少重要的军事技术领域实际上已具备了相当巨大的潜力。在某些方面,日本甚至还领先美国。可以说,日本"二战"后一直是"寓军于民",实现了军民一体化。如"金刚"号导弹驱逐舰和90式坦克等武器装备就出自三菱重工集团。目前,在日本从事军事装备生产的民用企业约有2 500家,约4万人,年度生产规模达200亿美元。为确保民用技术为军用,日本政府在政策上予以扶植。如防卫省每年同一些主要企业签订合同,保持必要数量的军事订货,并提高价格30%左右,以吸引和鼓励民用企业从事军品生产。

日本的"科学技术创造立国"的"法宝"就是"产官学联合"。它是一种在政府的支持下,充分利用大学强大的科研队伍和企业的经济实力,开发新技术新产品,增强日本企业国际竞争力的机制。在这种机制下,基础研究为技术开发提供雄厚的理论基础,而新技术新产品推向市场后又为基础研究换来大量经费,从而形成一种基础研究和技术开发"比翼齐飞"的良性循环。目前"产官学联合"日趋活跃。据统计,2004年度,大学和民间企业联合研究突破1万件,比上一年度增加16%,大学接受企业委托研究超过1.5万件,比上一年度增加11%。日本政府科技立国战略非常重视可能转化为产品的科技。政府每年举行一次大型产学官联合峰会,参加人员有文部科学大臣、科学技术担当大臣、大学校长和大型企业的总裁,就科学技术转化为产品进行讨论。有些技术合作项目大学校长和公司总裁可当场拍板,为科学技术转化为产品提供一个平台。日本很多大学都有技术转让机构,负责把大学的科研专利转让给企业。它一方面为大学赚取更多的科研经费,另一方面提高了企业的自主创新能力,使产品更有竞争力。目前由政府主导、官民共建的自主创新体系已使日本赶超许多老牌发达资本主义国家,成为世界第三经济大国。

日本的产学研合作有一个较为突出的特点——官方主导。产学研合作在日

第2章 西部军地产学研合作技术创新的理论依据与实证借鉴

本被称为"产学官"合作,一字之差道出了日本产学合作的官方主导实质和特征。过去由于制度的限制,日本国立大学与民间极难开展合作。1983年以后,国立大学的研究人员和民间企业的研究人员可以就共同的课题开展合作研究,将国立大学的研究能力和企业的技术能力结合起来,创造出优秀的科研成果。这种新的形式实施以来,各方关心参与程度与日俱增,合作项目逐年增加。日本政府今后还将不断完善制度规定,以鼓励更多的国立大学和企业参与共同研究。在过去的十几年间,日本政府运用多项政策,鼓励和引导国立大学与产业界进行研究合作,并取得了相当进展。近年来,随着各方呼声的日益高涨,日本政府采取的一系列促进产学研合作发展的有效措施包括:召集由学者及各方有识之士参加"调查研究联合人员会议",讨论产学研合作的有关方略;修改法律,通过破除法律障碍来促进人员的相互交流;放宽对国立、公立大学教师到企业兼职的法律限制,允许大学教师到公司兼职,公司到校园内构建高新技术企业,促进科研机构与企业合作;大幅度增加对大学产业合作体系改革的拨款,用充足的资金支持大学的科研与开发;制订有关法案,推动大学向企业转让技术,建立新的评价指标衡量科研人员的业绩,激励他们参与成果转化;设置中介组织,专门负责大学、科研机构合作实践。以产学研合作方式促进新产业的形成和产业结构调整升级,推动国内产业的国际化发展,是日本产业振兴计划的特征和主要形式。日本政府在产学研合作过程中始终处于主导地位,不但成为产学研合作实践的组织者和推进者,还是实际上的指挥和参与者。长期以来,日本政府高度重视研究开发与技术创新,其研发投入仅次于美国。日本1995年前实行"技术立国"政策,1995年后实施"科技创新立国"政策,强调拥有知识产权的重要性。日本政府通过其特定的R&D政策,构成日本特色的"官产学"投入模式。

3. 第三种模式:以企业为主体型

主要以韩国为代表。经过多年的发展,韩国已初步形成了以企业为开发主体,国家承担基础、先导、公益研究和战略储备技术开发,产学研结合和有健全法律保障的国家创新体系。长期以来,韩国的重大科研开发项目都由政府确定,并大多由官办科研机构开发,官办科研机构已占全国研究机构总数的一半以上。但是,随着经济规模的持续扩大和竞争的不断加剧,单纯依靠国家科研已无法满足产业及经济发展的需求。因此,韩国政府在继续发挥其对技术创新的主导作用的同时,开始通过"产学研协同技术开发"提高企业技术研究开发的水平和效率。韩国联合创新的重点在于发挥企业技术开发主体的作用。为此,政府和企业共同努力,采取了多方措施。

韩国政府重视产学研合作研究开发体制的建设,1994年和1997年分别颁布实施《合作研究开发促进法》和《科学技术革新特别法》,把产学研合作研究等纳入了法制的轨道。在此基础上,政府制定和实施了相应的优惠政策措施,主要有:国家研究开发计划在评价选定课题项目时,产学研合作研究项目优先入选的政策;对产学研科技人才交流及培养的支援;国家科研院所的研究器材开放使用制度;技术转让支援制度等。目前,韩国的产学研合作研究的形式有共同研究、技术指导、技术培训、科研器材的共同使用、关键技术信息的服务、专利使用等。1998年特定研究开发计划1 700多个课题中,约80%为合作研究,其中共同研究约占一半左右。政府还通过建立以大学为中心的产学合作研究园区和地区合作开发支援团,促进技术的开发和成果的转化。目前韩国已建成或在建的大学合作研究园区有十几个,其中,较具代表性的有浦项工大的产业科学研究所、大宇高等技术研究院、首尔大学基础科学合作支援团、延世大的工学研究中心等。为促进基础、应用和开发之间、地区之间、学科之间合作研究的开展,至1998年,在韩国科学财团的出资支持下,在全国理工大学分别设立科学研究中心20家、工程研究中心28家和地区合作研究中心37家。同时,科技部、产业资源部等有关部门对参与国家重点课题研究的产学研合作,予以特别优惠,以加大对产学研合作研究的扶持力度,并通过组建基础研究支援中心等专门机构,向政府研究机构、大学和有关企业提供科研信息和试验设备等服务。为提高研究开发的效率,政府将实施以产学研合作研究为主的独立运作的研究事业团队运作方式,进一步落实强调自律性和创造性的研究开发制度。

韩国从1997年开始实验实施军民两用技术开发计划,通过强化军地产学研的合作开发体制,促进军民两用技术的结合,以增强国家安全能力和提高国家竞争力。自2000年,该计划将对已筛选出的116个项目,以产学研合作开发形式在全国展开,项目涉及信息通信、电子、核能、生物工程、航空航天、新材料等领域。作为一个新兴工业化国家,韩国的军地产学研合作技术创新体系有着自己的特色,由引进和模仿为主的产业技术模式转变成为以企业为开发主体,国家和大学承担基础、先导、公益研究和战略储备技术开发,这一模式对我国的"军地产学研"创新体系的构建有一定的借鉴意义。

2.4.2 西部军地产学研合作技术创新的国内实证

现在以重庆市为例进行介绍。

20世纪70年代,中央按照"寓军于民、军民结合、大力协作、自主创新"的方针部署"军转民"。重庆对重点军工企业实行"军民结合"的决策,作为重庆市经济结构调整和产业重组的风向标,探索形成了以"产业牵引、平台支撑、开放驱动、军为民用、政府促进"为主要特点的军地产学研合作技术创新途径。

以"产业牵引"为特点是指重庆积极利用军地两种资源,努力做到军转民与全市产业重组与产业布局相吻合,军工产业"溢出"的方向与地方产业发展的导向相一致,通过引进消化吸收再创新方式,逐步培育出以军工为基础、汽车摩托车为重点的地方支柱产业。平台支撑是指 2004 年初,重庆以全面整合科技资源为突破口,在全国率先提出"三大科技平台"建设的构想,坚持统筹规划、综合集成、共建共享的原则,以科技资源共享为核心,依托军地双方企业、院校、院所和技术服务机构,加快建设"研究开发平台体系""资源共享平台体系"和"成果转化平台体系"等新型创新平台,并通过实施重大科技项目,发挥军地双方科技领军人物作用等多种方式,突破军民界限,聚合创新能力,获取提升创新能力的关键之称,形成以"平台支撑"为特点军地产学研合作技术创新平台。开放驱动是指重庆在军地产学研合作技术创新实践中,坚持在自主创新的基础上加强对外合作,打破区域、行业和部门局限,在扩大对内对外开放中推进军地产学研合作技术创新。通过企业与企业间、企业与科研机构间、科研机构与科研机构间等多种形式的合作,在加强区域与横向联合与协作中提升技术创新水平,形成开放驱动力,开创军地产学研合作技术创新的新局面。军为民用是指军用领域是高新技术高度集聚的领域,随着军用技术和明用技术的差别日益缩小,军用与民用技术协同发展已经成为一种必然趋势。重庆十分注重"军民两用技术",重视军民兼容,在军地产学研合作技术创新实践中,既注重"军为民用",同时大力倡导"民为军用",因此无论是军转民企业,还是民口配套企业或军口溢出企业都利用自身在民用领域的创新优势配套生产军品,真正实现了军地双方互补共进。军地产学研合作技术创新的进程,是一项以高度综合集成为特点的战略行动过程,其实质是通过政府的战略动员,拉动科技的整体突破和产业快速成长。政府促进是指重庆市委、市政府在军地产学研合作技术创新这项工作中,始终坚持统一领导,科学统筹。凡涉及军地产学研合作技术创新的重大问题,都由市委、市政府主要领导亲自决策,亲自协调,采取多项措施推动军地产学研合作各方互助共进,合作共赢。

重庆在军地产学研合作技术创新实践中,打破区域、行业和部门局限,通过扩大对内对外开放,推动军地双方在更大范围和更高层次上互动结合,形成了以"开放驱动"为特点的创新途径。微电子机械系统 MEMS 是 21 世纪的高新技术产业。重庆利用中国电子科技集团公司 24 所的模拟集成电路生产线和重庆大学、陆军军医大学等科研机构的研发能力,与德国进行全方位实质性合作。"生物压电阵列式检测器""微泵的应用开发研究"3 个项目被列入中国与欧盟间政府合作计划,极大地推动了 MEMS 项目在重庆的研究开发及产业化进程。镁合金创新体系是重庆军民结合,优化配置创新资源的成功典型。为防止军民结合过程中的短期行为,重庆一直将军民结合纳入整体规划,加大对军民结合重点领域、重点企业和重点项目的政策倾斜和资金支持力度。通过政府引导、军地协作,形成了官、产、学、研、商相结合的军地产学研合作技术创新模式。技术再创新成就了地方高科技企业,这些企业与传统的军工企业在新产品开发方面既联合又竞争,使重庆的军民结合由过去军工单位单向"溢出",到大力发展军民两用技术,实行"民为军用",进入了"军民互动"阶段。民品生产中的先进技术向军用领域回流,反哺和促进国防工业与军事技术,形成了更具弹性和活力的军事工业基础。在"神舟五号"和"神舟六号"载人飞船上,都有重庆民品企业配套生产的零部件。西南铝业集团有限公司通过与俄罗斯、乌克兰等国家科研机构的科技合作和技术引进,在军民两用新材料领域的生产工艺技术方面取得了突破,不仅为国产化地铁项目、广深高速列车等提供了800多万吨优质大型特种型材,其产品还广泛应用于航空航天重大国防工程项目,大大缩短了我国相关战略技术的研发周期。

镁合金创新体系是重庆军民结合,优化配置创新资源的成功典型。2000年,重庆启动新材料前沿领域——镁合金的研究开发与产业化攻关。在重庆市委、市政府的协调下,重庆大学、西南铝业集团、兵器部59所、长安公司等近10余家军地单位共同组建了共性技术研究、支撑产业发展的研究开发平台——重庆市镁合金材料工程技术研究中心。短短5年内,重庆镁合金研究开发与产业化从无到有,形成了年产250万件镁合金汽车摩托车零部件、1 000吨镁合金通用型材和3 000吨废镁回收再生的生产能力,累计生产以汽车摩托车镁合金零部件为主的各类压铸件270余万件、挤压型材100吨、军用镁合金材料若干,实现镁合金相关产值近2亿元。重庆由此成为我国镁合金研发与产业化的重要基地。在镁合金创新体系中,军地共同组成重庆镁合金推进办公室和重庆市镁合金专家组,充分整合和优化配置区域内的科技人才等资源,调动了各方积极性,达到了单纯依靠市场机制所不能达到的效果。

2000—2004年间,重庆军工系统共获得部级以上科技成果奖50余项,其中国家级成果30余项,成果转化率达60%。直辖以来全市认定的高新技术产品中,近1/3在与军民结合的相关企业。军地产学研合作技术创新,很大程度上改变了重庆工业高消耗、高污染的生产方式。2004年,全市高新技术产品产值占工业总产值的比例上升到20%,接近直辖之初的7倍。重庆由此走上了"科技含量高、经济效益好、资源消耗低、环境污染少、人力资源优势得到充分发挥"的新型工业化道路。通过军地双方紧密联合协作,建立起军地产、学、研合作技术创新的开放式共享平台,融合军地双方原本彼此分离的科技、经济资源,在互动互促中迸发创新活力,是重庆镁合金产业迅速形成和发展的重要原因,也是军地产学研合作技术创新的实质。

2.4.3 国内外军地合作技术创新的启示

国内外产学研合作技术创新的案例分析结论,对我国军地产学研合作技术创新有下述启示:

1. 政府应是军地产学研合作技术创新的主要推动力量

军地产学研合作技术创新是一项多方参与和涉及经济运行多环节的系统工程。国内外产学研合作技术创新的实践证明,良好的产学研合作技术创新的外部环境的培育及重大的科技项目的提供都离不开政府。特别需要指出的是,政府在构建国家创新体系方面有重要作用,政府应是军地产学研合作技术创新的主要推动力量。国家创新体系是有关提高技术开发、扩散、应用和商业化效率与效益的制度安排,涉及个人、企业、政府、大学、科研机构和社会中介服务机构等主体,具有促进技术进步和经济增长的功能。政府在国家创新体系建设中具有不可替代的作用。一是围绕创新能力建设这个中心环节,积极调整创新政策,引导社会创新资源配置方向,支撑我国经济社会持续快速发展。二是制定科技发展规划,选择战略重点,加大科技投入,调整投入机制。三是加强宏观政策调控,增加基础设施和人才培养投资,吸引社会资金投入,促进技术扩散,增强科技成果转化和系统集成国内外创新资源的能力。

2. 要变军地产学研结合为"军地产学研互动融合"

2015年,《中共中央关于制定国民经济和社会发展第十三个五年规划的建议》对推动经济建设和国防建设融合发展做出新部署,提出明确要求,具有重大而深远的意义。随着科学技术的发展和科技体制改革的深入,科技创新成果能否迅速转化,已经成为企业能否在市场竞争中取胜的决定性因素,因而解决"产学研"合作的问题是企业提高竞争力、应对知识经济挑战的当务之急。然而,要真正地使军地产学研粘结在一起,而且保证其足够的粘合强度,甚至从某种意义上讲,就是要产生"一加一大于二"的效应,必须使这种合作模式由军地产学研结合转化为"军地产学研融合"。国内外军地产学研合作技术创新的实践证明,目标的融合为西部军地产学研合作技术创新指明了方向,利益的融合是西部军地产学研合作技术创新的动力,组织的融合是西部军地产学研合作技术创新得以成功的保证。

3. 中介组织是西部军地产学研合作技术创新得以发展的重要因素

为了保证西部军地产学研项目的成功,国家特别重视中介组织在科技成果的研究开发、中试、商品化和产业化活动中的介入,把中介组织的介入看作是西部军地产学研联合创新能否成功的重要环节。在西部产学研合作技术创新中,信息的交流和沟通非常重要。由于我国长期以来实行条块分割的管理体制,技术链与应用链的脱节,技术供给与技术需求存在很大的落差。因此,建立健全军地产学研合作技术创新的中介组织也应是我国西部军地产学研合作技术创新应该给予关注的问题。

4. 建立多元化的西部军地产学研合作形式

多元化的西部军地产学研合作形式包括联合主体多元化、联合方式多元化、联合纽带多元化。从我国的实践看,联合主体的多元化程度还有待扩大,各类中介机构对产学研的参与程度还不够,特别是风险投资机构的参与还基本上处于空缺。在多元化的联合主体中,还需要探讨不同的支配主体形式,包括以政府为核心主体、以企业为核心主体、以中介组织为核心主体、以科研机构或高校为核心主体等形式。

5. 建立强有力的军地产学研合作机制

从中国目前的实践看,首先需要建立军地产学研联合的风险机制、鼓励风险投资的发展、建立产学研投资基金、发挥风险投资和投资基金作为产学研联合催化剂的作用,在解决对资源的需求的同时降低经营活动的不确定性。其次,要放松科研资源的流动障碍,形成资源流动促进机制,降低资源流动和交流的成本,特别是鼓励科研人才的流动,随着人员的交流,使产学研合作更加灵活。再次,要发挥政府在军地产学研合作中的宏观引导作用,建立宏观引导和规制机制,在指导产业发展,进而指导产学研战略目标和项目选择的同时,不要将直接干预或作为主要成员参与具体产学研活动作为政府宏观引导的一般形式。还需要完善国家创新体系,并确认产学研作为国家创新体系要素基础的地位,使国家创新体系能够有效促进知识的产生、流通和使用。

第 3 章
西部军地产学研合作技术创新的障碍

马克思说过:问题就是时代的口号。习近平同志强调指出:"问题是创新的起点,也是创新的动力源泉。只有聆听时代的声音,回应时代的呼唤,认真研究解决重大而紧迫的问题,才能真正把握历史脉络,找到规律,推动理论创新。"当下的中国正处于矛盾凸显期、改革攻坚期,国际国内问题繁多而且复杂,我们研究西部军地产学研合作技术创新与西部竞争力问题的过程中,首先必须对西部军地产学研合作技术创新的主要障碍因素和对造成障碍因素的原因进行分析。只有找出影响西部军地产学研合作创新障碍因素并分析其原因,才能对症下药,科学提出西部军地产学研合作技术创新战略、实施途径;确定重点领域、重点产业和产品;提出促进西部军地产学研合作创新的对策与建议。

3.1 西部军地产学研合作技术创新主要障碍因素分析

从当前西部军地产学研合作技术创新实践来看,还存在一些问题,主要是目的不够明确,评价方法不够科学,制度机制不够完善等问题,导致这些问题的原因是对西部军地产学研合作技术创新指标体系研究认识不够全面、科学,本节主要通过设计一些西部军地产学研合作技术创新指标体系,采用科学的评价方法进行实证分析,结合西部军地产学研体制与现状,提出西部军地产学研合作技术创新的障碍因素。

3.1.1 西部军地产学研合作技术创新指标体系设计

1. 西部军地产学研合作技术创新指标体系的设置原则

对于西部军地产学研合作技术创新情况进行评价与分析,必须建立一套科学、合理的评价指标体系,指标体系的设置应遵循下列原则:

(1)科学性原则。科学性是我们开展理论研究的前提和基础,西部军地产学研合作技术创新指标体系的设置是否科学合理,直接关系到评价的质量。因此,在设置过程中应以现代科技统计理论为基础,结合必要的专项调查和考证,定性与定量分析相结合。要完整地反映出技术创新的内涵和规律,要具有代表性、完整性和系统性。通过综合考核评价，得出科学合理、真实客观的评价结果。

（2）敏感性原则。指标体系中的各个指标能够比较敏感地反映出分析对象的变化，有些指标虽然从理论上讲是合理的，但由于环境及一些因素的制约，往往显示不出实际状况，对此问题也要加以注意。

（3）可比性原则。指标体系中的各个指标的计算口径及计算方法要注意其可比性，特别是在计算口径的设计中要注意与国际间的接轨，以促进企业创新工作的进展。

（4）实用性原则。建立指标体系的目的主要是为了在企业技术创新工作中得到应用，这就要求建立的指标体系及评价方法具有可行性与可操作性，即遵循实用性原则。因此，指标体系的设计要尽量避免形成庞大的指标群体或层次复杂的指标数，指标的数据要便于采集，计算方法要科学合理，评价过程要简单，利于掌握和操作。

2. 西部军地产学研合作技术创新评价指标体系的内容结构

西部军地产学研合作技术创新指标体系的内容结构，分为两个层次，第一层次设立4个一级指标；第二层次是在一级指标体系的基础上设立23个二级指标，其框架结构和内容如图3.1、表3.1所示。

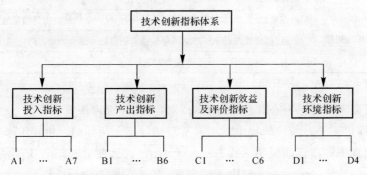

图 3.1　西部军地产学研合作技术创新指标体系的框架结构

表 3.1　西部军地产学研合作技术创新指标体系

一级指标	二级指标
西部军地产学研合作技术创新投入指标	A1. 西部军、地企业及科研、院校技术人员数量占全国技术人员的比例
	A2. 专门从事研究与开发工作的人员占全部技术人员的比例
	A3. R&D 设备技术装备水平
	A4. 人均研发经费
	A5. R&D 投入强度
	A6. 西部军地产学研各单位年信息经费投入总额
	A7. 科技经费年投入增长速度

续表

一级指标	二级指标
西部军地产学研合作技术创新产出指标	B1.西部军地企业及科研、院校专利拥有数及每年专利申请数量占全国的比例
	B2.西部军地企业高新技术产品年出口量占其全部产品的比例
	B3.科技成果产业化率
	B4.主要产品平均更新周期
	B5.技术人员新产品开发贡献率
	B6.技术创新进步速度
西部军地产学研合作技术创新效益评价指标	C1.产品创新率
	C2.新产品销售率和新产品年增加的利税额
	C3.创新产品的商业成功率
	C4.技术进步对经济增长贡献率
	C5.创新产品的市场开发及市场占有率
	C6.投资回收期及投资报酬率
西部军地产学研合作技术创新环境指标	D1.西部军、地企业与外界合作开发能力
	D2.西部军、地企业技术开发依托的外单位数量(产学研结合创新的基地数)
	D3.财政、信贷投入资金在产学研合作技术创新活动筹资中所占的比例
	D4.现有产品的销售组织及销售服务能力

3.西部军地产学研合作技术创新指标体系的评价方法及步骤

(1)评价方法。传统的评价方法通常是通过单个指标的分析评价来完成的,通常会出现不同指标所说明的状态相互矛盾的情况,使分析陷入说不清和难以做出结论的尴尬局面。为了解决上述问题,西部军地产学研合作技术创新指标体系采用综合评价的方法,其特点表现为:①评价过程是通过特殊的方法将多个指标的评价同时完成;②在评价过程中,根据指标的重要性进行加权处理;③评价结果是用指数或分值表示的参评单位"综合状况"的排序。

(2)评价步骤。西部军地产学研合作技术创新指标体的评价步骤,首先,确定综合评价的指标体系;其次,对指标体系中的指标进行同度量处理,以消除量纲的影响。具体的方法有相对化处理法和函数化处理法。

1)相对化处理法。首先对评价指标确定一个标准值(x_m),然后计算各指标实际值(x_i)与标准值之比,则有

正指标：
$$x'_i = \frac{x_i}{x_m}$$

逆指标：
$$x'_i = \frac{x_m}{x_i}$$

这样可以避免不同指标方向不同，结果不同的问题，使得所有指标都保持同一方向，评价结果保持一致。标准值可以有多种选择，如同行业的平均水平或先进水平、历史最好水平、国际同行业（或企业）的平均水平或先进水平。但认为最好以国际先进水平为标准，这样才能够真正地体现出企业科技进步和技术创新的真实水平以及与国际先进水平的差距。

2) 函数化处理法。基本原理是对每个指标确定一个阈值，即包括一个上限值（满意值）x_{hi}和一个下限值（不允许值）x_{si}，计算公式为

$$d_i = \frac{x_i - x_{si}}{x_{hi} - x_{si}} \times 40 + 60$$

式中，d_i为第i个指标的功效系数；后面的"$\times 40 + 60$"是为了综合评价中的结果在任何情况下都不等于0，并与人们习惯的评分方法一致。

另外，也可以采用标准化处理方法等。

在上述两步骤的基础上，还应确定各个指标的重要性权数w_i（为第i个指标的重要性权数）。指标的重要性包括指标的综合性、指标的敏感性和指标的独立性。权数可以根据主客观条件确定，也可以根据专家评判法确定，在进行实证分析时采用专家评判法。

3) 采用加权平均综合法进行汇总，并根据计算结果做出评价。

第一步：分别计算各个一级指标的加权平均值，有

$$k_i = \sum x'_{ij} w_{ij}$$

式中，k_i为第i个一级指标的加权平均值；x'_{ij}为第i个一级指标中的第j个指标消除量纲后的值；w_{ij}为第i个一级指标中的第j个指标的比重权数。

第二步：计算所有一级指标的加权平均值，有

$$E = \sum k_i w_i$$

式中，w_i为第i个一级指标的重要性权数。

第三步：根据计算结果做出综合评价。先根据k_i对各个一级指标进行评价，主要是观察企业各个方面技术创新工作开展的是否平衡。然后，根据E对技术创新活动进行整体的综合评价。如果对指标采用的是相对化处理方法，则适合采用综合指数法，其评价结果应为$E \geqslant 100\%$，说明企业的创新能力达到或者超过了标准水平，否则，说明技术创新能力较差；如果对指标采用的是函数化处理方法，则选择综合评分法，设满分为100分，然后，根据综合得分（假设为：70~80分为中等；80~90分为良好；90分以上为优秀等）加以评价。

4.西部军地产学研合作技术创新指标体系的设计说明

(1)西部军地产学研合作技术创新投入指标体系。主要反映其潜在的技术创新能力,包括人力资源和经济资源的投入。A1 和 A2 用于反映西部地区军地产学研合作技术创新活动中人力资源的投入情况,一方面反映其拥有的技术创新人员在全国的比例,另一方面反映专门从事研究与开发的人员的投入情况,是投入指标体系中的核心指标;A3 用于研究与开发设备的技术水平可以用固定资产的重置价值表示;A4 用全年研究开发经费投入额与平均技术人员数量对比计算;A5 计算公式为 R&D 投入经费/销售收入,是一个强度相对指标,指标值越大表明技术创新经费投入的强度越大;A6 包括用于技术创新方面信息搜集和信息网络建设等方面的投资,反映了技术创新过程中对于信息资源的重视程度;A7 用报告期技术创新经费投入额与基期对比(也可以逐年对比计算环比发展速度),反映技术创新活动的持续发展能力。

(2)西部军地产学研合作技术创新产出指标体系。反映各种要素组合产出的实际成效,是评价技术创新能力最直接、最重要的指标。B1 反映西部地区军地产学研技术开发成果的实际拥有量及在全国所占的比例;B2 反映西部军、地企业创新产品的出口创汇能力;B3 主要研究科技成果的转化能力(用当年研究开发成果中已经投入生产的成果所占比例表示);B4 反映技术开发的速度,开发的速度越快,产品的更新速度越快,更新周期越短;B5 反映科技工作人员的工作效率。可以用创新频数(年内创新产品数)、千人创新数量(创新频数/科技人员数)两个指标进行反映;B6 用本年度的创造发明和申请的专利数量与上年度对比计算。

(3)西部军地产学研合作技术创新效益及评价指标体系。主要是对企业技术创新活动的经济效益进行综合评价。C1 用一段时间内投放市场的创新产品数量与该段时间内投放市场的总产品数目对比反映,比例越大,则表明技术创新的能力越强;C2 涉及两个指标:新产品销售率反映新产品的适销对路情况及对于销售的贡献,新产品增加的利税额则反映了其对于收益的贡献;C3 用一段时间研究开发的新产品所能达到商业成功的比率(研究开发的新产品中已经投入商品生产并获得成功的数量表示)反应;C4 反映了技术创新活动对经济的贡献率,可以用公式进行计算,有

$$\frac{\Delta y}{y} = \frac{\Delta A}{A} + \alpha \frac{\Delta K}{K} + \beta \frac{\Delta L}{L}$$

式中,$\frac{\Delta y}{y}$ 为产出增长速度;$\frac{\Delta A}{A}$ 为技术进步增长速度;$\alpha \frac{\Delta K}{K}$ 为资本投入增长速度;$\beta \frac{\Delta L}{L}$ 为劳动投入增长速度,则技术进步贡献率为 $\frac{\Delta A}{A} = \frac{\Delta Y}{Y} - \alpha \frac{\Delta K}{K} - \beta \frac{\Delta L}{L}$;C5

第3章 西部军地产学研合作技术创新的障碍

反映新产品进入市场并占有市场为企业获得的效益;C6可以用投资回收年限和投资报酬率反映,该指标是用来计算固定资产投资效益的,但由于技术创新投资也具有投资数额大、期限长的特点,因此,计算该项指标以评价其投资效果也是非常有意义的。

(4)西部军地产学研合作技术创新环境指标体系。在市场经济条件下,外部环境也对技术创新活动有着深刻而复杂的影响,对此,我们专门设立了西部军地产学研合作技术创新环境指标体系。D1主要从产、学、研结合方面进行分析,反映高等院校、科研机构对于企业技术创新的支持力度;D2反映企业技术创新对外单位的依托程度(拥有的产学研合作技术创新的基地数);D3财政投入主要反映政府部门对企业技术创新的扶持情况,信贷投入则反映金融部门参与企业技术创新的积极性及其对该项活动的支持力度;D4可以设置专职营销人员强度(专职营销人员数/销售收入)、营销投入强度(营销费用额/销售收入)两个指标。该指标直接关系到企业产品的市场开拓和市场占有率的提升,同时,也是为企业反馈市场信息的主要渠道,而良好的售后服务又直接关系到企业产品消费群体的稳定性,对此情况,企业应加以高度重视。

5.西部军地产学研合作技术创新指标体系的实证分析

例:某省国防科工局三家军工企业技术创新指标及相关资料见表3.2、表3.3。

表3.2 某省国防科工局三家军工企业技术创新指标体系

一级指标	二级指标	计量单位
技术创新投入指标	A1.企业技术人员数量占该地区国防企业技术人员的比例	%
	A2.企业专门从事研究与开发工作人员占企业全部技术人员的比例	%
	A3.人均R&D设备技术装备水平	万元/人
	A4.人均研发经费	万元
	A5.R&D投入额及投入强度	元/百元
	A6.企业年信息经费投入总额	万元
	A7.企业科技经费年投入增长速度	%
技术创新产出指标	B1.企业每年专利申请数量占该地区国防企业年专利申请数量的比例	%
	B2.高新技术产品产值占全部产值的比例	%
	B3.单位技术创新投入实现的产值	%
	B4.主要产品平均更新周期	年
	B5.技术人员新产品开发贡献率	个/千人
	B6.技术创新进步速度	%

续表

一级指标	二级指标	计量单位
技术创新效益评价指标	C1.产品创新率	%
	C2.新产品增加的利税额	万元
	C3.创新产品的商业成功率	%
	C4.技术进步对经济增长贡献率	%
	C5.创新产品的市场开发及市场占有率	%
	C6.技术创新投资报酬率	%
技术创新环境指标	D1.企业与外界合作开发产品占该企业新产品的比例	%
	D2.企业拥有的产学研合作技术创新基地数	个
	D3.财政、信贷投入资金在企业技术创新活动筹资中所占的比例	%
	D4.百元销售收入投入的营销费用	元/百元

表3.3　某省国防科工局三家军工企业技术创新指标体系实证分析

一级指标 (w_i)	二级指标	权重 w_{ij}	标准值 x_m	实际值 (x_i)			个体指数 (x'_{ij})		
				甲企业	乙企业	丙企业	甲企业	乙企业	丙企业
技术创新投入指标 0.25	A1	0.25	5.2	8.5	6.3	3.8	1.63	1.21	0.73
	A2	0.15	72.5	75.2	78.0	76.8	1.04	1.08	1.06
	A3	0.10	8.5	10.3	9.8	6.6	1.21	1.15	0.78
	A4	0.10	15.0	12.0	29.0	5.0	0.80	1.93	0.33
	A5	0.15	8 000	9 823	10 554	2 240	1.23	1.32	0.28
	A6	0.15	4 800	6 300	5 800	5 000	1.31	1.21	1.04
	A7	0.10	7.5	8.5	7.2	7.7	1.13	0.96	1.03
技术创新产出指标 0.35	B1	0.10	6.3	12.0	8.0	3.0	1.90	1.27	0.48
	B2	0.10	15.7	25.6	22.3	19.8	1.63	1.42	1.26
	B3	0.20	4.2	5.5	4.8	4.9	1.31	1.14	1.17
	B4	0.15	5.0	4.8	4.7	5.2	1.04	1.06	0.96
	B5	0.25	4.3	5.5	4.2	3.1	1.28	0.98	0.72
	B6	0.20	8.5	12.3	10.8	9.6	1.45	1.27	1.13

续表

一级指标（w_i）	二级指标	权重 w_{ij}	标准值 x_m	实际值（x_i）			个体指数（x'_{ij}）		
				甲企业	乙企业	丙企业	甲企业	乙企业	丙企业
技术创新效益评价指标 0.30	C1	0.10	9.8	13.3	15.38	14.29	1.36	1.57	1.46
	C2	0.15	3 800	2 360	8 100	480	0.60	2.13	0.13
	C3	0.25	50	50	67	60	1.00	1.34	1.20
	C4	0.20	19.5	32.7	28.5	21.4	1.68	1.46	1.10
	C5	0.15	4.8	8.2	6.5	3.8	1.71	1.35	0.58
	C6	0.15	12.5	16.7	13.8	15.3	1.34	1.10	1.22
技术创新环境指标 0.10	D1	0.25	16.8	21.5	15.3	25.2	1.28	0.91	1.50
	D2	0.25	3.5	5	4	5	1.43	1.14	1.43
	D3	0.20	13.2	18.5	19.8	15.2	1.40	1.50	1.14
	D4	0.30	7.8	7.3	8.1	7.8	1.07	0.96	1.0

注：表中各个指标的权数采用的是专家评判法（由该省国防科工局下属企业的 25 位高级统计师确定）。

第一步：通过相对化处理法计算个体指数，消除各个指标的量纲（正指标计算公式为：$x'_i = \dfrac{x_i}{x_m}$，B4 和 D4 为逆指标，其计算公式为 $x'_i = \dfrac{x_m}{x_i}$）。

第二步：分别计算各个一级指标的加权平均值。

$$k_i = \sum x'_{ij} w_{ij}$$

$$k_{甲1} = \sum x'_{1j} w_{1j} = 1.63 \times 0.25 + 1.04 \times 0.15 + 1.21 \times 0.10 +$$
$$0.8 \times 0.10 + 1.23 \times 0.15 + 1.31 \times 0.15 + 1.13 \times 0.10 = 1.258\ 5$$

同理：$K_{乙1} = 1.248$； $K_{丙1} = 0.753\ 5$；

$K_{甲2} = 1.381$；$K_{乙2} = 1.236$；$K_{丙2} = 0.958$；

$K_{甲3} = 1.269\ 5$；$K_{乙3} = 1.471$；$K_{丙3} = 0.955\ 5$；

$K_{甲4} = 1.278\ 5$；$K_{乙4} = 1.100\ 5$；$K_{丙4} = 1.260\ 5$。

第三步：计算所有一级指标的加权平均值，即

$$E = \sum k_i w_i$$

$$E_{甲} = \sum k_i w_i = 1.258\ 5 \times 0.25 + 1.381 \times 0.35 + 1.269\ 5 \times 0.30 +$$
$$1.278\ 5 \times 0.10 = 1.306\ 7$$

同理：$E_{乙} = 1.296$；$E_{丙} = 0.936\ 4$

分析：通过计算，可以看出甲、乙两企业技术创新的整体能力比较强，四项指标数值均高于标准水平，而丙企业技术创新整体能力明显偏弱，其中有三项指

标数值均低于标准水平,而由于其技术创新投入的明显不足,导致了产出和效益指标水平低下,从长远来看,对企业发展是极为不利的,希望能引起管理层的高度重视。

探讨西部地区军地产、学、研技术创新指标体系不是目的,而是让其真正地得以实施和发挥作用,首先要解决军工企业内部的军品与民品的融合问题,进而解决军工企业与地方企业的融合问题以及军地产学研各单位在合作开发过程中的障碍问题。

3.1.2 西部军地产学研体制与现状

体制是影响西部军地产学研合作技术创新成效的重要因素。

推进西部地区军地产学研合作技术创新的快速发展,必须首先搞清体制与现状,充分发挥体制机制的保障作用,利用市场机制优化配置军民资源,逐步打破军工市场的行业垄断,鼓励多方主体参与市场竞争。目前,我国军工企业技术创新的主要形式有:企业独立进行,同地方研究机构、高等院校合作进行。调查表明,中国企业的技术创新,以独立形式进行的大约有 2/3,以其他形式进行的比较少。西部地区独立从事研究与开发活动的现象在高等院校和科研单位普遍存在。

1. 西部地区国防科技工业生产科研状况

西部地区是我国国防科技工业集中的地区,国防科技工业以其先进的技术、设备和高素质的人才,成为西部经济的重要组成部分,在经济发展中发挥着独特的作用。据测算,西部地区国防科技工业人均技术装备水平较全国工业平均水平高 2 倍以上。军工企事业单位中聚集着一大批科技人才,具有较强的技术集成和创新能力。以陕西省为例,军工系统科技人员总数达到 11.2 万余人,占全国军工系统科技人员总数的 17.3%。高级职称以上人员 1.4 万余人,有突出贡献的国家级专家 22 人,省部级专家 168 人。"八五"以来,共取得各类科技成果 3 760 余项,实现产业化开发的有 450 多项。四川省军工系统拥有的各类专业技术人才也高达 6.3 万人,占全国军工系统科技人员总数的 12.7%。绵阳市汇集着中国工程物理研究院等军工科研院所和企事业单位共 28 家,拥有各类专业技术人员 10 万人。重庆市国防科技工业产值占全市工业总产值的 42.4%,几乎占据了全市工业的半壁江山。四川省的飞机转包生产及零部件出口占全省机电产品出口创汇的 7.8%;云南省 298 厂是全国最大的望远镜生产基地,年生产能力 400 万具,占国际市场的 1/2。国防科技工业不仅自身直接构成区域经济发展的主体,而且还发挥着辐射源作用,带动了一大批地方企业的发展。

习近平同志在党的十九大报告中指出,"形成军民融合深度发展格局,构建一体化的国家战略体系和能力"。这是继党的十七大报告提出"走出一条中国特色军民融合式发展路子"和党的十八大"坚持走中国特色军民融合式发展路子"之后,再次在党的报告中对军民融合战略予以深刻阐述,这充分体现了军民融合在党的工作中的重要地位,也为我们推进军民融合深度发展提供了重要遵循。从西部军民融合实践来看,国防科技工业的一些军转民产品已经成为地区经济发展的支柱产品。譬如,属国防科技系统的云南船舶工业生产的烟草设备用于国内160多家烟厂,占全国烟草设备市场份额的一半以上,成为云南等地烟草发展的主力军。又如,轻型汽车作为贵州省国防科技工业的军转民支柱产业,在产品配套上扩散了几十种零部件到省内地方企业生产,对贵州区域经济发展起到很大的带动作用。重庆市嘉陵、建设、长安等集团的发展,带动了近200家地方企业的发展,成为重庆市经济发展的三大支柱之一。陕西省以军工技术为支撑形成了以西安为中心的电子城、航天城、飞机城等高新技术密集区域。四川省军工技术产品涉及航空航天、电子信息、机械冶金、化工医药和新型材料等多个领域。

2. 西部高等院校科研机构

高等院校既是教学中心,又是科学研究中心,拥有较丰富的知识储量和先进的技术设备以及较强的知识创新能力,是我国科技研究队伍的重要组成部分。参与国防科技和武器装备建设,许多高等院校科研机构可谓"老资历"。以中科院系统为例,"两弹一星"、载人航天工程、探月工程、量子通信……这些聚光灯下的明星技术突破,带动和支持了我国工业技术体系、国防科技体系。西部地区普通高等院校众多,其中:陕西74所、四川75所、重庆42所、云南43所、贵州44所、青海13所、甘肃42所、新疆34所、内蒙27所、宁夏13所、广西59所、西藏4所。西部地区军事院校也很多,据初步统计,陕西8所、四川2所、重庆3所、云南1所、甘肃2所、新疆1所、广西1所。

西部地区的高等院校与国防工业企业都建立了紧密的合作关系,在科研和生产中发挥了重要作用。例如,在陕西的高等院校中,西北工业大学、西安交通大学、航空航天学院、西安电子科技大学、空军工程大学、火箭军工程大学、试飞员学院、西安航空职业技术学院、西安航空学院等10余所高等院校与航空专业关系密切。西北工业大学是中国 唯一一所以发展航空、航天、航海工程教育和科学研究为特色,以工科和理科为主,工、理、管、文、经、法协调发展的研究型、多学科型和开放型的科学技术大学,隶属中华人民共和国工业和信息化部。经过80多年的建设,西工大已成为我国高层次人才培养、国防科技研究和知识创新的重要基地。"九五"期间,该校是全国首批15所进入国家"211工程"立项建设的高校,"十五"之初,该校被教育部列为"985工程"重点建设大学行列,是全国首批设立研究生院的33所高校之一,也是全国首批设立国家示范软件学院和首批设立国家大学科技园的高校之一。截至 2018 年 1 月,学校友宜、长安两校占地 5 100 亩,下设 20 个学院;有 17 个博士后流动站,22 个博士学位一级授权学科,32 个硕士学位一级授权学科,65 个本科专业;在校生 28 000 余名,教职工 3 800 余人。西安空军工程大学是中国培养空军技术人才的最高学府,下设工程学院、导弹学院、电讯工程学院三个专业学院。现有两个博士后科研站,7 个博士学位授权点,1 个国家重点学科,5 个全军重点学科,3 个全军重点实验室。因此,在陕西科技力量中,高校是一支强有力量的队伍,在很大程度上作为教学科研双中心的高等院校本身也就是科研院所或潜在的科研院所。在专任教师中参加科技活动的人员占教师总数的 94%,即绝大部分的教师参与了各类科技活动,这说明陕西高校已不单纯是一个教育基地,而且已成为企业和科研基地,成为科研队伍中一支重要力量。从科技课题服务项目来看,国防的课题比例仅次于促进工业发展的课题,稳居第二位,即陕西高校科研活动中有 1/5 的力量用于国防方面课题研究上(见表 3.4)。

表 3.4 科技课题服务目标

	合 计		研究与发展		科技服务	
	课题数	投入人员	课题数	投入人员	课题数	投入人数
促进工业发展	1 726	3 323	1 253	2 459	473	864
国防	1 345	2 072	1 337	2 048	8	24
教育发展	102	174	74	106	28	68
农林业发展	353	637	317	556	36	81
交通通讯发展	413	758	357	567	56	191

注:资料来源:陕西省科委科研处,《科技课题情况表(四)》,2006 年 3 月 23 日。

3. 科研院所现状

习近平同志在中国科学院第十九次院士大会、中国工程院第十四次院士大会开幕会上发表重要讲话强调,"要强化战略导向和目标引导,强化科技创新体系能力,加快构筑支撑高端引领的先发优势,加强对关系根本和全局的科学问题的研究部署,在关键领域、卡脖子的地方下大功夫,集合精锐力量,作出战略性安排,尽早取得突破"。西部地区聚集了相当一批科研院所,其中国防科技工业系统在西部拥有的科研院所占有重要地位,这些科研院所具有厚实的科研开发基础条件。陕西是中国航空工业最密集的省份,有 41 个航空企事业单位,其中工业企业有 28 家,研究院所 5 家。这些企业和研究院所中包括:研制、生产"运八"的陕西飞机工业有限公司,研制成功中国第一台涡扇发动机的西安航空发动机有限公司,生产航空液压附件的庆安集团有限公司,还有航空机轮、航空电机、航空仪表、航空锻铸件和飞控、航空计算机、飞机结构强度试验机等一批国家级的研究所、航空重点实验室及相关的航空配套企业,形成了发展航空产业的坚实基础。中航一集团第一飞机设计研究院是全国实力最强的设计和研究大、中型军民机的研究院,中国"飞豹"的总设计单位。拥有2800多名职工,其中工程技术人员1500多名。设有飞机总体、气动、强度、结构、机械系统、电气系统、综合保障、计算机技术、测试计量、情报资料等实验手段。拥有飞机操纵、飞控、液压、燃油、环控、救生、电网络和综合航电火控和飞机强度等国内一流的专业试验室。中国飞行试验是中国唯一承担军用飞机试飞鉴定和民用飞机适航审定的试飞机构,是综合性的飞行试验研究基地,也是国家进出口产品商检局授权的飞机适航认可试验室。具有鉴定适飞各种军民用飞机的能力。凭借这些科技基础条件,国防科技工业组织军民两用技术工程中心和军地结合的产学研联合体,承接西部地区技术培训、继续教育和远程教育工作,成为带动西部地区经济技术升级的重要源泉,为西部地区经济持续发展储备了坚实的技术力量。重庆机电设计院围绕重庆市汽车摩托车行业,先后与市内外10余家企业建立多种形式的横向联合体。中国工程物理研究院流体物理研究所利用西北丰富的高芥酸菜油为原料,一次性为绵阳地区引进近千万美元的外资和相关技术。"天人"SWT9高顶驾驶室由红岩公司与重庆天人汽车车身制造有限公司联合研发,该驾驶室具有令人震撼的外观视觉效果,搭起雄壮,线条流畅,性能可靠,乘驾舒适等特点。

由上述对现状的分析可以看出,国防科技工业以其先进的技术、设备和高素质的人才,成为西部经济的重要组成部分,在经济发展中发挥着独特的作用。但这些工业企业大都还封闭在相对"独立的经济体系"之中。一是军工企业民品生产不断受到行业封锁和地方保护的制约,军工经济游离于国民经济大体系之外,致使多数企业陷入困境,企业亏损面大,包袱重。二是军工科技工业系统以及与之相关的科研生产单位虽然在技术创新上具有各自的优势,但单打独斗的经营方式,使我国军工系统的技术创新受到很大的限制。相当一部分军工企业没有主动争取把自身的民品发展计划纳入地方经济发展计划,导致了军工企业开发的民品与民用工业产生不必要的重复,即使有分工合作,也只是较低层次的项目合作,在低水平上相互争夺资源、争夺市场。入世后,中国企业开始面临越来越大的冲击。据重庆市企业调查队的调查显示,重庆市大部分汽车、摩托车企业已感受到入世带来的冲击。在被调查的90户企业中,有50户认为入世冲击已很明显,占58.9%。共同认为企业受到的冲击主要来自研发、技术和人才三方面。在这些企业中,认为自身在竞争中主要因为科研开发能力不强、现有技术设备不够先进或高素质人才缺乏而备受冲击的企业分别为38户、35户和3户,还有28户企业认为其价格优势已逐渐丧失,13户认为没有自主知识产权。这种独立进行技术开发的方式严重制约了技术创新总体水平的提高,技术创新效率低下。具体表现为创新技术档次低,缺乏市场竞争力;创新技术的市场适应性差,技术开发、生产和市场需求严重脱节,造成创新投入的极大浪费。

同国内其他地区一样,西部高校虽有相当的人才和科技优势,但受限与高校职能性质,其教学和科研活动仍以基础性研究为主,与经济产业结合不够紧密,有相当的力量从事与经济、生产、企业等非直接相关基础研究,虽有更大的比例在从事应用研究,但从事试验发展的比例太低,试验发展环节的薄弱,使研究成果向生产的转化缺乏适当的过度而难以实现,成果以展品、礼品的形式存在,而无从进入商品生产,对推动区域经济发展作用有限。近年来,在国家军民融合发展战略的推动下,高等院校的体制机制改革深入推进,它们与政府、企业的合作大幅增加,并根据市场经济的要求,政府对科研单位的管理也已放开,但与市场经济实际发展的要求仍相差甚远。首先,科研项目的非市场化。科研单位的科研项目主要是由政府指派,不承担商品生产的任务,科研人员不了解市场环境,不了解用户对产品的反馈信息,研究成果不符合市场需求。其次,科研人员的非市场化。由于科研人员不能按照市场化发展的要求合理流动,从而造成很大的人才浪费现象。再次,科研经费的非市场化。由于许多科研机构都是由政府所属,一般都是通过申报政府的科研项目来取得经费,而不是通过在市场上转化其技术成果获与生产企业合作来取得科研经费,这就在很大程度上脱离了市场经济的要求。最后,科研院所的长项是科技创新,出成果,出人才,在真正出产品、出批量产品方面则会力不从心。所以,科研院所作用的发挥就受到了限制。

因此,在知识经济时代,迅速提高中国军工企业技术创新水平和能力的方向应是:在独立开发基础上,积极推进合作创新模式,以企业为主体,与高等院校、科研机构密切合作,建立新的创新体制。要充分利用外部创新资源,提高企业技术创新水平和核心竞争力。

合作技术创新是中国企业技术创新的有效形式,较大规模的创新活动是一个单位难以独立实施的,要通过多个单位在技术创新的全过程或某些环节共同投入、共同参与、共享成果和共担风险,以充分发挥各自优势,实现资源共享和优势互补,从而缩短创新周期,降低创新风险并提高技术创新水平。产学研合作是合作创新的一个重要内容,也是我国科技体制、教育体制改革的一个重要组成部分。虽然我国军地产学研在合作技术创新、合作项目方面有不少成功的案例,但是大多数都是在政府出面组织下进行,其效果并不理想。军地产学研合作技术创新只有通过技术开发,激发各方合作创新的热情和积极性,才能真正发挥军地企业、高校和科研机构各自的优势,真正做到共享资源、共担风险、共享利益,提高合作的绩效。

为此，我们构想了一个未来产学研合作技术创新体系的基本结构框架如图3.2所示。企业（军工、民营）、高等院校和科研院所都是该创新体系的主体要素；中介机构将企业（军工、民营）、高等院校和科研院所联系起来；中介机构及创新活动所需的创新资源要素（政府、信息、资本、人才和环境等），为产学研合作技术创新提供支持和保障。

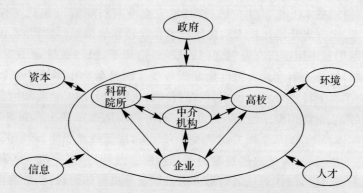

图3.2　产学研合作技术创新体系的基本结构框架图

在形成以企业、高校和科研机构为纽带的新型合作机制过程中，要充分发挥中介机构的联系作用、政府的政策指导作用以及信息、资本、人才和环境等创新资源要素的作用。企业要发挥主力军作用，高校和科研机构要发挥先导作用，建立以企业为"龙头"，高校和科研机构为"躯干"，政府、信息、资本、人才和环境为"尾翼"的产学研合作技术创新体系。形成企业（军工、民营）、高等院校和科研院所三种力量交叉影响是，抱团互惠，共赢，均能平稳快速发展的关系结构，实现科学技术面向经济建设主战场的战略转变。

3.1.3　西部军地产学研合作创新的障碍因素

2018年5月28日，习近平同志在两院院士大会开幕会上发表重要讲话强调，"中国要强盛、要复兴，就一定要大力发展科学技术，努力成为世界主要科学中心和创新高地。"同样，一个地区、一个企业要想在激烈的竞争中立于不败之地，就必须发展科技，不断地进行技术创新，走产学研合作技术创新的途径。然而西部军地产学研在合作技术创新过程中还存在着诸如体制、机制等方面的障碍。由于这些障碍的存在，使我国产学研合作技术创新效果不佳，许多企业无论是军工还是民用企业，在技术创新方面均处于劣势地位，缺乏长期发展的核心竞争力。主要障碍表现在以下几方面：

1. 体制不够健全

我国现行军工管理和运行体制仍带计划经济的痕迹。军工系统的科研、生产体制基本上是一种垂直领导、完全独立自我循环的系统。其运行可概括为六个统一,即:国家统一建立;统一行政领导;统一安排科研、生产项目;统一分配资金;统一收购产品;统一发展规划。军工企业、科研院所不论从事军工科技,还是从事民用科技,基本上都是独自进行,和地方企业与科研院所包括高校合作甚少。这种军、民分离是军用技术和民用技术相互转移的瓶颈性障碍,不仅从源头上割裂了军用与民用在研究发展之间的联系,造成军、民科技融合困难,资源浪费,使国家科技投入不能最大限度地发挥效益。而且影响了军地产学研的紧密结合,影响了军工科技发展和民用科技的发展,更影响了军工企业和地方经济的发展。此外,从军队角度来看,2015年底,国防和军队改革的大幕拉开,在军队的领导指挥体制上,以军委机关调整改革为龙头,按照调整职能、理顺关系、优化结构、提高效能的思路,把总部制改为多部门制。改革后,军委机关各部门的职责权限都有所调整,以往军地之间形成的组织领导机构如何对接,协商机制如何调整运行等都需要在国防和军队改革全面落定后进行相应的调整改革。根据《中央军委关于深化国防和军队改革的意见》"构建统一领导、军地协调、顺畅高效的组织管理体系"的要求,下一步,建立完善军地产、学、研合作创新的体制将会是改革的重点。

2. 机制不够完善

现行的企业运行机制也是影响产学研结合、进行技术创新的重要障碍。企业的运行机制指:人才流动机制、激励机制、投融资机制、风险化解机制。当前,军工企业的特点是:所有制形式和投资主体多元化尚在探索阶段;军工企业的民品发展依靠国家,市场化融资力度不够;企业经营机制不灵活,市场应变能力不强;没有形成适应市场竞争需要的激励和约束。以西安为例,国家每年在西安地区的军工企业、科研院所投入大量的科研经费,产生大量的科研成果,但如何使这些成果在西安落地生根、开花结果,一直是发展西安经济的一个难题。要破解这一难题,除体制创新外,机制创新是个重要方面。西安地区的军工企业机制创新存在问题:①没有形成有效的技术创新激励机制,分配上平均主义、大锅饭长期存在,致使军工企业科技人才大量流失;②没有形成优胜劣汰的竞争机制。西安的军工企业负责人主要由上级任命,这种干部任命制影响了许多有为青年的积极性,同时"不怕市场怕首长",只对行政领导负责,也阻碍了技术创新的开展;③没有有效的监督约束机制。军工技术创新应与科技人员、企业管理者的收益挂钩,也应与科技人员和企业管理者的风险挂钩。不仅要使技术创新人员有技术创新的动力,而且还要使他们有技术创新的压力。现行的军品定价机制、军品采办方式、科研费核算办法、建设投资方式以及税收政策等,均不利于把企业推向市场。美国产学研合作模式是企业向高校委托科研、合作教育、共建研发中心。英国是通过制定各种优惠政策,鼓励企业在高新技术方面投资,支持中小型企业与高等教育合作提高创新能力。加拿大、日本是通过制定各类优惠政策以鼓励和保障产学研结合。西安应学习借鉴国外的经验,逐步形成以国内外市场需求为导向,企业为主体,政府、高校和科研机构为纽带的新型合作机制。

3. 沟通不够顺畅

信息不对称是当前军民科技融合面临的重要障碍之一。一方面,企业和高校、科研院所联系松散主要是高校、科研院所与企业缺乏相互沟通、相互了解的信息渠道,"信息孤岛"现象严重。高校和科研院所熟悉科技成果的技术细节,对技术产业化的经济收益却熟悉有限。同样,在军民融合中,民用高科技企业即使有进入军品市场的强烈愿望,但无法了解军品在科研和生产方面的需求。有些民用企业虽然有好技术、好产品,很看好军品市场,但苦于找不到"婆家"而发愁,使民营企业在参与军品科研生产任务的竞争中丧失许多机会。另一方面,军方装备采购部门和军工科研生产单位除了原有的计划渠道,也没有相应的渠道在全国范围内了解哪些非军工企业拥有他们所需要的技术和产品。在千变万化的市场经济中,由于军工与民用之间信息交流少,军工部门不能及时了解民用需求,不清楚有哪些军用技术可以适时开发转民用产生民用效益,民用部门更不了解军用需求,不知道有哪些民用先进技术为军用急需,可以产生军用效益。严重阻碍了军民科技融合。而要解决这个问题有效方法是在企业、科研院所、高等院校建立完善有效沟通机制,加强信息交流,减少信息粘滞,依靠相互之间不断进行信息反馈和沟通,有效地推进产学研的紧密结合。

4. 政策不够有力

2005年2月出台的《国务院关于鼓励支持和引导个体私营等非公有制经济发展的若干意见》第6条明确规定:"允许非公有资本进入国防科技工业建设领域。坚持军民结合、寓军于民的方针,发挥市场机制的作用,允许非公有制企业按有关规定参与军工科研生产任务的竞争以及军工企业的改组改制。鼓励非公有制企业参与军民两用高技术开发及其产业化。"这些政策的颁布打开了民营企业参与装备科研生产的大门。但实践中,仍有许多民用的高技术成果和产品由于没有法规政策的鼓励和保护,参与军品生产、步入军品市场困难重重,比如改革开放中成长起来的大中型民用IT企业,具有较强的经济科技实力,已完全具备参与军品科研生产任务的竞争能力,但因为没有通过资格认证、生产许可证、经营许可证等拿不到进入军品市场的"通行证"而被拒之门外。有些民用企业特别是民营企业即使在有些领域承担了一些军品任务,也不能享受与军工企业同等的政策,使他们在军品市场的激烈竞争中处于不平等弱势的地位,这不仅削弱了民品企业的竞争优势,也不利于提高军工企业的核心竞争力,更不利于军民科技融合和产学研的有效结合。政府在推进产学研结合的过程中需要完善相关政策法律制度,营造有利于产学研合作技术创新的政策环境。

5. 资源不够整合

整体资源缺乏是制约产学研进一步发展的障碍。这里所说的资源包括人力资源、财力资源和文化资源。一个企业要想取得快速发展,要想成为一个国际性的大公司,对这三方面资源的要求既是迫切的,也是难以满足的,尤其是财力资源。有关资料显示:1985年到1995年,国防科技工业系统获部级以上科技成果奖2.6万项,国家级1353项,这些科技成果具有广阔的市场前景,特别是大量的军民两用科技成果具有广泛的民用开发需求,但是军工企业不能直接融资,间接融资也受到很大的限制,这些成果很多被束之高阁,转化率不及10%。在上述三种创新资源规模增长相当有限的情况下,若要迅速提高企业技术创新能力,必须对有限的创新资源进行优化配置,提高资源的利用率。解决此问题的途径,就是企业与高等院校、科研机构的有效合作创新,整合三方的创新资源,并使创新资源向最需要且最能发挥其效益的方面转移。通过企业、高等院校和科研机构的合作技术创新,建立利益共享、责权明确、平等互利、自愿合作的关系,实现技术资源和核心专长的互补,增强技术创新能力。尤其是在财力资源方面国家应通过有关政策引导风险投资机构、金融机构介入共同承担风险,采取成立风险投资公司的策略融资,还可以开展诸如信托存放款,投标,财务担保,发行股票、债券,提供各种咨询服务等取得。要大力培养具有经营和管理方面的风险投资人才,积极引导海外留学生回国工作或引进国外人才在国内从事风险投资。

6. 目标不够集中

科技开发研究具有周期长、投资大的特点,这就决定了科技开发具有很大的风险。我们知道,科技开发的效益最终通过产品开发的效益体现出来,如果新产品不适应市场需求,效益不高,则该项科技开发的效益必然低下,从而给企业带来损失。企业是追求利润的行为主体,总希望通过与高校、科研院所的结合取得更多经济效益,因此往往会选择市场规模大、研发周期短、利润高的项目。对于科研院所来说,虽然也有追求一定经济利益的动机(主要用于补贴科研经费),但是在更大程度上希望追求研究项目的科学价值和创新价值。而高校在合作时,除了追求研究项目的科学价值和创新价值外,还存在更多接触企业实务、为学生提供实践机会的动机。产学研三者目标的不一致性,在确定合作项目时可能会存在较多的分歧,从而影响产学研合作技术创新。突出表现在军民融合科技方面,由于军、民双方在利益上的问题,协调困难,不易合作,因而互相封锁,互相制约的现象必然发生,很难形成在社会主义市场经济条件下军民平等竞争、优势互补、互相转移、互相促进、共同发展的开放格局。所以,在确定研究项目时,需要同时考虑各合作方的要求,同时注重研究项目的实际应用价值和科学价值。选择一个各合作方都能接受的合作项目,并使合作各方都满意,这样才有利于研发工作的顺利开展。另外可在互联网或媒体上发布合作意向,使有研发能力的研究机构通过上网了解这些信息,并可利用网上的洽谈室进行洽谈,最终达到合作协议。这种形式不仅使得研究出的成果完全符合产学研各方的需求,将成果很快转化为生产力,大大提高产学研的成功率,减少重复研发的浪费,还可以避免科研成果待价而沽的心理,减少企业损失。

7. 中介不够完善

中介机构是连接企业与高校、科研机构的桥梁,是科技服务体系的主要力量。企业往往缺乏科技发展的战略思考,但却更了解市场的发展方向,了解市场需求的现状和变化。高校和科研机构以知识创新为重点,以科技成果水平的先进性作为衡量标准,其内容多为学科性专业性成果,忽视市场需求,科技与经济相脱节。中介机构的作用是将企业与高校、科研机构有效地连接起来,中介机构的服务业可以看成是一种交易。在市场经济体制下,中介机构与各类创新主体和要素市场建立紧密关系,在有效降低创新创业风险,加速科技成果产业化进程中发挥着不可替代的作用。我国目前的中介机构的建设尤其是国防科技信息中介机构的建设不健全,缺乏快速反应能力和军民互动能力,跟不上社会主义市场经济的发展需求。因此,要大力发展科技中介服务机构,鼓励某些性质相似的科研机构转制为科技中介服务机构,也鼓励科技人员创办这类机构,还可引导各种技术创新服务、技术评估机构以及技术经纪等中介机构,为加速科技成果的转让提供良好的服务。根据优势互补、风险共担、利益共享的原则,建立双边、多边技术协作机制,通过相互兼职、培训等形式,加强不同单位科技人员的交流与合作。以加强企业与高等院校、科研院所的联合。

3.2 西部军地产学研合作创新障碍因素的原因分析

为了制定西部军地产学研合作技术创新的战略,寻找最佳的切入点和途径并制定相应的对策,必须对西部军地产学研合作技术创新障碍因素的原因进行深入分析。主要障碍因素原因有以下几方面:

3.2.1 市场发育滞后，机制不健全

2015年3月12日，习近平同志在十二届全国人大三次会议解放军代表团全体会议上讲话强调，"着力解决制约军民融合发展的体制性障碍、结构性矛盾、政策性问题，努力形成统一领导、军地协调、顺畅高效的组织管理体系，国家主导、需求牵引、市场运作相统一的工作运行体系，系统完备、衔接配套、有效激励的政策制度体系。"这里的市场运作的工作运行体系就是要努力使资源要素的配置交给市场规律来调节。从目前我国的实际情况看，在军地关系上，行政性区域关系虽然有了一定程度的削弱，但仍然发挥着主导作用。在技术创新行为上，我国国防工业的新技术、新产品、研究开发任务主要由国防部门的研究机构及企业所属的研究机构承担。技术创新主要采取由"国防部门的研究开发机构进行研究开发—国防部门的设计院进行设计、制定标准—军工企业进行批量生产"的模式。这种以计划为主的军工技术创新管理体制，项目审批程序多、时间长，新技术较难及时转化为现实生产力，使得我国军工企业的研发能力一直难以提高。

产学研合作技术创新是一个具有自适应性、自组织性和高度协同性的开放系统。在这个系统中，产学研三方均面向市场，相互之间不断地进行市场信息和技术资源的交换，从而保持各自的技术创新能力。同时，高校、科研机构和企业也各自是一个由市场和信息反馈系统紧密联接起来的子系统，各自都具有技术创新某环节的核心能力、创新思维系统和开发研究体系。因此，只有坚持以市场为导向，把市场需求作为企业技术创新的基本出发点和落脚点，充分发挥市场机制在配置科技资源、引导企业技术创新活动的基础性作用。坚持以企业为主体，鼓励和推动高等院校和科研院所的科研力量进入企业和企业集团或采取多种形式的产学研联合，才能形成有利于持续创新的机制，才能形成以市场为导向，以合作共赢为目的的新型合作机制。但是，从西部地区的科技活动的经费使用和从事科技活动人员的分布看，市场在配置资源方面发挥的作用还不够充分，行政干预还发挥着相当重要的作用，这在一定程度上导致了科技创新资源的配置不够合理，导致了创新过程的效率低下。从浙江省已认定的两批省级技术中心看，他们与一般企业不同，都建有较好的投入机制、运作机制和激励机制，并把市场作为新产品开发成功与否的最终评判者，抓紧筹建没有"围墙"的技术中心，走产学研相结合的路子，把不断开发适应市场需求的新产品作为最终目的，加快了企业创新机制的建立，提高了浙江产品的市场竞争力，为推进浙江省产业结构的调整和升级创造了条件。据统计，2004年浙江省共开发国家级新产品113个，其中技术水平国际领先的占13.27%，达到国际水平的占32.74%，达到国内先进

水平的占53.98%。因此,要加强面向市场的研究开发,大力推广、应用高新技术和适用技术,使科技成果迅速而有效地转化为富有市场竞争力的商品。另外,应当加强对科技成果商品化、产业化的方向和重点的宏观引导,在充分运用市场机制的基础上,正确发挥政府的宏观调控作用统筹规划,突出重点,明确优势、产业关联度大、市场前景好以及有利于解决西部地区经济重点、热点、难点问题的技术和产业领域,鼓励协同攻关,力求突破。

3.2.2 条块分割,协调机制不健全

军地产学研合作是一项复杂的系统工程,因此,各部门、各行业、各领域之间的横向和纵向沟通显得尤为必要,从主要国家军民融合建设的经验看,各国都根据国情建立了与之相适应的协调机制。当前,西部军地产学研合作技术创新还存协调机制不健全的问题,主要是各自为政、地方封锁、缺乏与经济发展相协调的配合机制,表现在以下几方面:一是在军工企业中,政企不分的现象相当严重。军工企业的资金全靠国家拨付,项目全靠国家批准。在这种投资管理体制下,即使企业想自主决策,也是"英雄无用武之地"。二是技术创新主管部门之间协调不够。目前,我国归口管理军工技术创新的部门有多个,相互之间尚缺乏有效的统筹协作和沟通合作,很容易造成投入分散或重复,难以集中优势资金解决重大科技创新课题,这就要求加强协调。从企业经营管理的角度看,由于企业的原材料输入和产品的输出都是完全市场化的运作和管理,其管理方式与效率和效益联系密切。那么,企业怎样才能敏捷地了解市场需求,并将这种需求与高校的成果和科研单位的技术完美地结合起来?就必须形成优势互补、相互促进的科研生产相结合的机制,根据各自的比较优势和比较利益,实现生产要素互补,最大限度地发挥整体优势。要达到这样的目标,必须有完善的协调机制。

美国的产学研合作模式的特殊表现是在大学与企业开展合作研究;英国产学研的主要方式是鼓励企业在高新技术方面进行投资,支持中小企业的发展。这些成功的例子都证明产学研结合机制上最为灵活和最为关键的是协调机制。我国山东省自1991年开始有计划、有组织地推进产、学、研联合工作,成立了产学研联合协调领导小组,在省产、学、研办公室牵头组织下,已举办了11次大型产学研交流洽谈会;3次民营企业产、学、研洽谈会,多次专题产学研洽谈会,汇集科技成果6万多项,达成合作意向6 000多项,签订正式合同2 000多项,有1 200多项高新技术成果在山东转化为现实生产力,为全省企业解决了900多项关键技术难题,新增经济效益260多亿元。近几年,山东省与清华大学、中科院、中国工程院等10家重点高校、科研单位签订了长期全面合作协议,与国外著名

大学、大公司开展了多方面合作，800多家企业针对人才培养、核心技术开发与有关高校科研单位共建实验室、技术中心、中试基地或经济实体，进一步拓展了产学研的合作领域，提升了合作层次。在产学研联合内容和方式上，也进行了不断创新和探索，由最初的科技成果转让、企业难题招标，逐步增加到科技信息发布、人才智力交流、企业招商合作、产权转让、中介咨询服务，由注重"短平快"合作逐步转到长期稳定合作，由单纯的项目合作延伸到区域经济、科技发展和人才培养的全面合作。这些做法和经验正是西部军地产、学、研合作创新所必须学习和借鉴的。

3.2.3 受传统观念束缚，思想认识滞后

认识是形成观念的前提条件，是行为产生的内在动力。党的十八大以来，从中央到地方，都在紧锣密鼓、稳定有序地推进军民融合走向深入，全力在"融入"上下功夫、见成效。在军地产学研合作技术创新上，尽管国家、省、市各级有关领导和政府部门的认识是比较清楚的。国家教委、经贸委都明确提出在企业、高校中探索产学研合作形式和运行机制，开展技术创新，为企业提供支持，为地方经济发展服务。考察近年来我国军地产学研合作项目，基本都上是在政府出面下组织进行。但是，由于计划经济传统观念的影响，无论是军工企业还是科研单位都习惯于在各自路径上从事各自的科技发展，造成军工企业、科研院所不清楚通过什么渠道使军工科技进入民用科技领域，民企也不清楚自己的科技如何进入军工领域。在对待民营企业从事军品科研生产问题上，虽然承认民营企业在这方面有自己的优势，但总是不放心，担心民营企业靠不住、不稳定。民营企业也同样有顾虑，担心国家政策不能保护自己的利益。由于我们过去通过国防工业独立发展的政策奠定的国防工业发展的基础，强调军品市场的特殊性，军品的科研生产一般不面向市场，使不少军工企业普遍缺乏市场意识，缺乏相应的效益意识。军工企业这种长期依靠军方的计划定单"吃皇粮"的观念，在缺乏竞争压力的情况下严重也影响了技术创新的主动性。航天工业是计划经济的典型，从体制、机制到管理思想、观念、办法都是适应计划经济体制的，他们的一些企业目前在军地合作创新方面的认识仍然停留在如何进一步做好军转民工作，推动军用技术向民用转移方面，而在军转民的工作方面，大多也仅限于一般零部件协作配套方面，对推动军用技术向民用转化方面缺乏积极的引导措施。而民用工业部门的民用技术转军用则非常被动，难以跨进军工的门槛，即使进入军工领域，承担的军工任务仍然局限在配套方面。民用发展较快的高新技术很难参与武器装备的总体设计、技术攻关等关键环节。许多民用企业具备集资灵活、负担轻、普

遍重视科技开发等特点,他们对参与军品科研生产有着浓厚的兴趣和强烈的愿望,但由于现行政策的限制难以进入。

3.2.4 结合模式不够灵活,与市场衔接不紧

产学研结合模式就目前流行基本上有三种。第一种是以平台企业为主体的产学研结合的模式。大学科技园是国家继高新技术开发区之后启动的一种国家源头创新平台企业。清华科技园、北大科技园等以孵化为主要功能的大学科技园已经成为专业的产学研结合的平台企业。第二种是以高校企业为主的产学研结合的模式。清华紫光、清华同方、北大方正等是大学或科研机构自己创办的企业,与大学和科研机构有着天然的血缘关系,在产学研方面有着独特的优势。第三种是以社会企业为主体的产学研结合的模式。从这三种模式看,产学研结合模式不够全面、不够灵活。必须采取多种形式的产学研合作模式和政策引导、资金支持的有效运行机制。山东省在产学研结合的内容和方式上进行了不断的创新和探索。他们还与清华大学、中科院、中国工程院等多家单位签订了长期全面的合作协议,还与国外的著名大学、知名公司开展了多方面合作。而西部军地产、学、研合作创新模式还没有达到上述程度。

除以上三种基本模式之外,还有技术资产经营模式、带土移植模式、代理创业模式、学科性公司模式等,有些模式尚在探索之中。这些模式西部军地产、学、研合作创新也可以借鉴。"技术资产经营"是清华科技园提出的一种产学研结合的模式,即由一个公司主导为每一个科技项目配备上资金、经营团队进行技术项目的产业化,等到项目基本成熟后再将其独立为公司。"带土移植"是把实验室里的"苗"(科研成果),连同培育它的"土"(科研人员与技术平台)一起进行产业化移植,用通俗的说法,叫做"谁下的蛋谁来孵"。即允许科研项目的研发者离开学校两年,专门从事项目的转化和产业化,确保转化和产业化的成功。清华大学的大型集装箱检查系统就是一个带土移植成功的典型案例,早在1997年,针对大型集装箱检查系统的技术特点和产业化需求,清华大学将曾经在科技攻关阶段担任专题负责人的核技术研究所常务副所长派到清华同方核技术公司兼任总经理一职,带领一批年轻学者开始了项目产业化工作。现在这批"苗"已经成功实现了产业化,用硕果回报了培育它的"苗圃",带动了系里教学和科研工作的发展。"代理创业"是清华科技园和清华紫光近年来正在探索的一种产学研结合模式,特点是鼓励科技项目研发者的学生,特别是科技项目研发者的研究生代替研发者以研发者的科研成果进行创业。这样,既可以保证研发者不离开现有工作与岗位,又可保证科技成果转化过程中得到研发者的信任与持续的支持。"学科

性公司"是由中南大学提出的产学研结合的新模式。其特征为依托学校学科优势,以科技成果作价入股作为核心技术创建科技型企业,以运用现代企业制度,在市场经济环境下更有效地开展成果转化和高新技术产业化,并推动学校学科建设的发展。

3.2.5　科技研发与生产结合不紧,成果转化不畅

为加强产学研结合,加速科技成果的转化,近几年来,从中央到西部各省都已取得了很大成就。其中,2014年4月,为进一步贯彻落实《国务院中央军委关于建立和完善军民结合寓军于民武器装备科研生产体系的若干意见》,推进工业和信息化领域军民融合深度发展,工业和信息化部印发了《促进军民融合式发展的指导意见》。该文件针对军民科技成果转化提出了针对性意见,是对前期军民融合相关政策的进一步细化,利于军民融合向纵深发展。但由于观念、体制、机制等多种因素的影响和制约,当前技术创新工作面临的一个突出问题仍然是科技成果转化不畅,转化率低。例如,西安交大科技成果在省内企业转化率还不足15%。因此,必须紧紧抓住科技成果转化这个关键,从体制、机制、政策等多方面,促进科技与经济的紧密结合,提高企业在转化中的主体地位和能力。以优势企业为依托,吸引科研院所与企业联合或整建制进入企业,解决科技力量游离于企业之外的矛盾,从体制改革、建立机制和创造政策环境等多方面大力推进科技成果产业化。企业是成果转化的主要决策者、投入者和受益者,要把企业科技成果的转化率、产品创新和技术创新的比率作为考核国有企业的重要指标。企业要主动加强科技成果的应用和转化,注重技术可能与市场机会的结合,有效促进有市场前景的新产品、新工艺、新设备和新材料的开发应用,以加强科技研发与生产的结合,解决科技成果转化不畅的问题。

3.2.6　人才机制不完善,优秀人才作用难以发挥

技术创新成功与否、效果如何,关键在于人才,尤其是科技人才和企业家。目前,尽管西部地区聚集了大批优秀人才,客观上讲缺乏的是适合技术创新人才成长的环境和机制。具体来说,一是没有形成有效的军工技术创新激励机制,分配上的平均主义、大锅饭依然存在。这是造成科技人才大量流失的一个重要原因,尤其是军工科技人才大量流失。二是没有形成优胜劣汰竞争上岗的竞争机制。由于军工企业负责人主要由上级任命,这种干部任命制的存在影响了许多人的积极性,造成只对行政部门领导负责,阻碍了技术创新的开展。三是没有形

成有效的监督机制和约束机制。要建立是优秀人才能够脱颖而出、能够充分发挥才能的机制。一方面,军工技术创新应与科技人员、企业管理者的收益挂钩。另一方面,也应与科技人员和企业管理者的风险挂钩。不仅要使技术创新人员有技术创新的动力,而且还要使他们有技术创新的压力。

人才是第一资源,只有形成育才、引才、聚才和用才的良好环境,才能充分发挥人才在技术创新体系中的核心作用。美国企业研发人员占企业职工总人数的比例一般在10%以上。法国对为企业服务的大学科研人员给予重奖。英国科学和工程委员会设立产业研究奖金,奖励大学与企业研究人员进入对方领域进行合作研究,对成就突出的企业技术中心科技研发带头人给予奖励。山东省在资金、人才、中心建设和成果奖励等方面采取了许多切实可行的鼓励政策,对重大项目由省经贸委牵头,联合财政、金融、科技部门组成专门工作班子,建立目标责任制,组织实施引进、消化、创新一条龙工程,集中资源、重点扶持,有力地推进了引进消化创新工作的开展。应尽快建立完善的人才机制。允许知识资本参与分配是我们党明确提出的,但在企业的具体落实上有很多关系不好处理,如经营者的年薪如何确定,名目繁多的职称人员如何区分,高劳动强度的工人到底该如何拉开档次,等等。如何把企业科技人员的利益捆绑在企业的利益之上,使两者达到紧密的统一,是推进技术创新持续发展的关键。企业除了给技术创新人员更大的活动空间和良好的工作环境之外,还要科学而规范地确认技术创新人员的人力资本的价值。要按照市场经济规律要求,完善收入分配、激励机制和约束机制,确立能够吸引科技人员从事技术发展与成果转化的利益机制。企业要探索多种分配形式,如技术入股、股票期权、管理入股、创业股等,通过企业股份制改造,建立适应于以智力资本为主的新型激励机制。要鼓励企业大胆探索有利于科技人才脱颖而出的用人制度和有利于科技人才发挥作用的人才流动制度,建立企业技术创新的人才激励机制。从目前来看科研院所制度是一种很好的制度。现代科研院所机制是机构开放、人员流动、公平竞争、择优支持、评价从严、待遇从优、动态调整、激励竞争。具体包括:明确的科研方向和基本任务;完善的"年度预算拨款制度";科研院所研究理事会制度;科研人员聘任年限制度;科学合理的评议制度和监督审计制度;加强国内外学术交流与合作,促进知识和人才流动。也就是要求军工科研院所像军工企业一样进行运行。建立和完善创新性人才形成机制和激励机制。要牢固树立"人才资源是第一资源"的思想,坚持培养人才、引进人才和使用人才并重,形成育才、引才、聚才和用才的良好环境和政策优势。改革劳动人事分配制度,探索技术要素参与分配的形式和方法,对高精尖特殊人才确保在本单位享有一流待遇。建立以竞争为形式,以择优为目标,以激励为动力,以监督为保证,贯穿于企业经营者培养、选拔、考核、激励、约束等全过程管理的,与现代企业制度相适应的企业领导干部管理体制。最终建立一支包括技术骨干、经营管理人才、市场开拓及营销人才等在内的各类人才,组成具有较高水平的军民两用技术产业化人才队伍。

3.2.7 投融资机制梗阻,技术创新投入不足

改革开放以来,我国一贯高度重视对军民融合产业的财政支持,健全税收优惠制度,完善投资和金融政策,政府采购和价格政策等,在项目立项、投资融资、价格税收和土地使用等方面,初步建立了利益补偿激励机制,财政支持和税费优惠办法等。但与创新型国家相比,政策激励的效果仍不理想,目前还存在一些不利于促进企业自主创新的税制环境。此外,仍然缺少针对战略性新兴产业发展的相关税收规定,降低了社会资本的积极性,成为阻碍我国尤其是西部地区军地合作开展技术创新活动的主要因素。

1. 军工技术创新投资相对不足

从 R&D 经费占国内生产总值(GDP)的比例看,2000 年美国为 2.76%,德国为 2.46%,中国为 1.00%。2002 年和 2003 年美国国防科研活动经费分别高达 497 亿美元和 537 亿美元,而我国国防科研活动经费远远低于美国。目前,发达国家科研人员和经费分布在企业的比例,美国为 79.4% 和 71.1%,日本为 61.6% 和 66.1%,而我国只有 15% 和 27%。况且全国还有 2/3 的大中型企业没有研发机构。陕西省虽然已建立 118 家企业技术中心,也仅占全省大中型企业的 25%。更何况多数企业研发经费占销售收入的比例不足 1%,低于全国 1.4% 的平均水平。

2. 风险投资严重缺乏

尽管技术创新有高收益,但也蕴涵着高风险。因此,发展风险投资,实现高投入、分担高风险、共享高回报,是推进军工企业技术创新的必然选择。在美国,风险投资十分发达,为美国催化了像英特尔、微软等世界级的高技术企业。而在我国,风险投资发展步履维艰。目前,虽然我国已有近百家风险投资公司,管理风险投资的全额约百亿美元,但由于管理不规范、风险投资人才缺乏等原因,我国风险投资没有达到促进技术创新的预期目标。一些公司违背风险投资的初衷去炒房地产、股票,甚至违规经营。军工企业更是依靠国家,目前还没有关于军工企业在科技创新方面通过风险投资公司融资的报道。

3. 资本市场发育滞后

我国证券市场的发展还处于初级阶段,证券市场的建立为企业技术创新提供了一个筹资渠道。但受上市指标的限制,目前能够到证券市场筹集技术创新

资金的企业很少。军工企业因保密和国家政策方面的制约,纯军工企业尚不许到证券市场筹集资金。因此,建立现代企业制度,大力推进产权改革,通过多种形式实现投资主体多元化,是建立新的创新体制的重要任务。要大力推进管理创新,切实提高企业整体素质,大力推进用信息技术改造军工制造业,提高原始创新和持续创新能力,为民品发展实现新跨越夯实基础。

3.2.8 内外环境不宽松,联合研发活动开展少

内外环境宽松是产学研合作技术创新的关键。德国赫斯特公司在科技人员上不单纯追求数量的增加,而是注重科研人员素质和效率的提高,20世纪90年代专家级科研人员数比60年代增加了近一倍。法国政府规定,凡面向企业一两年以上的大学科研人员可以得到相当于1年工资的奖金,并在工资、福利和退休条件等方面给予流动科技人员更多的优惠。英国科学和工程委员会还设立产业研究奖金,奖励大学与企业研究人员彼此进入对方领域进行合作研究。从外部环境看,各国都从财税、金融、组织机构等方面对技术创新加以支持。克林顿就任美国总统一个月后,要求各联邦机构、国家实验室、学术界都同工业界结成密切的伙伴关系,共同推进技术的研究、开发与应用。此后,美国国家科学技术委员会又发表了题为《有利于国家利益的技术》报告。该报告把技术创新与应用提到国家安全和保持经济大国地位的战略高度加以超前扶持。欧共体为了支持技术创新与高技术的发展,制定了《欧洲信息技术研究和开发战略计划》《欧洲先进通信技术研究和开发计划》以及《尤里卡计划》,等等,采取政府直接投资的资助方式来保障计划的顺利实施。并以技术创新和高技术为导向调整产业结构、产品结构和企业重组,由此推动经济增长,增加就业机会和加强竞争力。而西部军地产、学、研合作创新内外环境不宽松,联合研发活动开展少。因此,要逐步树立创新意识,不断改善和优化技术创新的政策环境,引导各级各部门和企业进一步确立创新是一个战略性问题,是实现经济增长方式转变的根本性措施的观念。努力改善和优化技术创新政策环境,应尽快落实资金、减负等问题。这就要求企业应拓宽融资渠道,加大科技投入,建立完善企业、金融机构、政府三位一体的科技投入体系。政府要为企业技术创新开"绿灯",继续提高科技投入比例;金融部门要全面支持企业进行技术改造和发展高新技术,不断扩大技术信贷规模;企业应采取多元化筹资,提高产品的科技含量,以保证产品的市场占有率,提高经济效益。要搞好宏观调控,维护正常的经济秩序,营造公平竞争的市场环境,要让国企、民企、外企在市场监管、税费收缴等方面站在同一起跑线上,要千方百计地建立并完善社会保障体系,使企业有一个安定的创新及发展环境。结合企业内

部三项制度改革,从人事、分配、奖励等多方面探索建立企业有效吸引和使用人才、增加技术创新投入、开发新产品、采用新技术的激励机制。建立健全对企业技术创新考核办法,促进激励和约束机制的形成。规范和完善对经营管理者的管理、考核、监督的办法,营造经营管理者和企业家队伍健康成长的法律环境。

3.2.9 体制改革滞后,内部管理不协调

我国在西部军工企业内部管理体制方面已经做了大量工作,取得了很大进展,但改革仍然滞后,内部管理不协调,制约了军地产、学、研合作创新体制的建立。西光集团已对公司军、民品进行了完全分离,目前军品的科研任务主要由技术开发中心来承担,生产由军品公司来承担,下达计划、销售和货款回收由营销管理部来承担;而民品的科研、生产和市场销售则主要有民品公司来承担。成立技术创新服务中心,为产学研的合作提供科技信息、人员培训、技术推广、资金筹措、咨询论证和法律顾问等服务的新管理、新机制。陕西的其他军工企业和我国其他省市在这方面都进行了有益的探索。不少地方组织校企开展合作洽谈、高层互访,召开产学研洽谈会、校长和厂长联谊会,组织校企合作委员会等方式大力促进产学研联合工作。组织院士行活动,为相关行业和企业做技术诊断。通过产学研联合加快企业引进国外先进技术,促进引进技术的消化吸收及创新工作。但是,多数企业的内部改革还比较滞后,还没有建立起企业内部新的技术创新体系。技术创新有成功就有失败,有关政府部门应致力于为军民融合科技创新提供良好有效环境,建立促进企业技术创新、减少企业技术创新失败的成本风险化解机制。市场经济的实践已经表明,风险是市场经济发展所必不可少的因素,不愿承担风险就不会取得成功。重要的是在体制和机制上如何有效地控制风险,以多方面的有效措施形成完善机制,将风险转化为利润。

第4章
西部军地产学研合作技术创新战略

当前,军民融合发展已上升为国家战略,2015年3月12日,习近平同志在出席十二届全国人大三次会议解放军代表团全体会议时强调,深入实施军民融合发展战略,努力开创强军兴军新局面。中共中央政治局于2017年1月22日召开会议,决定设立中央军民融合发展委员会。党的十九大报告也指出,"形成军民融合深度发展格局,构建一体化的国家战略体系和能力"。这充分体现了军民融合在党的工作中的重要地位,也为军地产学研合作提供了重要遵循。从西部军地产学研实际来看,实现西部资源的有效配置和综合集成,促进西部经济和国防工业的跨越式发展,必须要有正确的军地产学研合作技术创新战略作为指导。西部军地产学研合作技术创新战略包括战略思路、战略目标和阶段任务等内容。其中战略思路决定着西部军地产学研合作技术创新的思维、模式、方法与途径等问题;战略目标决定着西部军地产学研合作技术创新的方向、目的与任务;阶段任务决定着西部军地产学研合作技术创新各个阶段的具体任务和分工,三者相互联系、相互依存,缺一不可。

4.1 西部军地产学研合作技术创新的战略思路

西部是我国军民融合战略的重要区域,具有军事院校众多、国防技术积累深厚、产业领域宽广等优势。目前,西部军地产学研合作技术创新的实际效果不够理想,这既有军民管理体制分割、合作机制不完善、缺乏创新平台等原因,也有管理思想、管理方法落后等原因。因此,构思西部军地产学研合作技术创新的战略思路,必须结合西部军地产学研合作技术创新的实际,在机制、创新平台建设、开展战略联盟、大力发展产业集群等方面进行突破。

4.1.1 建立军地产学研合作技术创新机制

习近平同志指出,创新是一个民族进步的灵魂,是一个国家兴亡发达的不竭动力,也是中华民族最深层的民族禀赋。长期以来,西部作为我国国防科技工业重地,在推动国防建设和经济建设中有着十分重要的作用。但是,由于我国国防科技工业是在高度集中统一的计划经济体制下建立起来的,军民分离、自成体系的特征比较明显。军工企业普遍存在竞争意识薄弱,市场反应不灵敏,技术创新迟缓等问题。因此,实施"军民结合、寓军于民"战略,西部必须建立行之有效的军地产学研合作技术创新机制。

西部军地产学研合作技术创新机制,是指能将西部多个军地产学研单位,即

第4章 西部军地产学研合作技术创新战略

创新主体协调合作在一起,共同从事技术创新的过程与方式。显然,这一创新机制是建立在平等、自愿、互利的基础之上的,通过市场化运作及契约规范,建立战略联盟或股份制科技型企业,合作进行技术研究和开发,并在合作过程中各参与主体之间相互不断地交换市场信息和技术资源,分担风险、共享收益的过程中,逐步形成并完善的。立足西部实际,着眼未来发展,构建西部军地产学研合作技术创新机制必须考虑三个原则:一是要有利于合作。这是西部军地产学研合作技术创新的基础。显然,坚持平等、自愿、互利,是这一原则的基本条件。二是要有利于快出、多出重大关键(核心)技术创新成果。这要求在西部军地产学研合作技术创新过程中,各创新主体之间一定要既有合作又有合理分工,通过有效分工与合作,明确责权利关系,加强各创新主体的责任感、事业心等,提高各创新主体的工作质量与办事效率,从而达到快出、多出重大关键核心技术创新成果之目的。三是要有利于竞争。西部军地产学研合作技术创新的目的,是持久不断地出成果,尽快拥有一批在国际、国内市场上具有竞争力的重大关键核心技术,并使之尽快产业化,形成产业集群。因此,西部军地产学研合作技术创新主体都要有很强的竞争意识,通过招标等竞争方式筛选合作伙伴。在合作中,各合作伙伴要通过内部竞争,争时间、比速度、比质量,保质保量按时完成合作任务。

具体而言,西部军地产学研合作技术创新机制由利益分配、竞争合作、评价、监督和创新激励等组成。

1. 利益分配机制

技术创新特别是重大技术创新活动,通常都需要投入大量的人力、物力和财力资源。尽管如此,技术创新有时往往还不易成功。因此,技术创新是一件投入多、风险大的工作。军地产学研合作涉及多方主体,既包括军队、国家行政机关,也包括科研机构、企业、院校,甚至个人等,各主体由于认知、立场、利益的差别,如何平衡和分配好各方利益成为机制设计的关键。也正是这个原因,给西部军地产学研合作技术创新在利益分配上带来了难题。首先,技术创新的成果怎么分配,会不影响各个创新主体的切身利益?如果利益分配不合理,会严重影响各创新主体合作的意愿与积极性。其次,在各创新主体内部,怎样保证创新收益在内部的公正分配,持续激励员工的创新欲望与创新动力?这个问题解决不好,会严重影响合作技术创新的持续能力。可见,西部军地产学研合作技术创新,一定要妥善解决好收益分配机制问题。

2. 竞争合作机制

技术创新特别是重大技术创新活动,常常需要众多的创新主体共同参与才能完成,因此,合作不可避免。但是,光讲合作,没有竞争,时间一长,就会使各创新主体失去创新的活力与动力。因此,西部军地产学研合作技术创新,要有竞争合作机制：一方面，通过合作有效地保证合作技术创新各主体形成紧密关系，谋求共同发展；另一方面，通过竞争又使各创新主体不失应有的创新动力与活力。当然，这里所讲的合作不仅仅是简单的人与事合作，而是参加合作的各创新主体都拿出自己的强兵强将与优势项目合作，形成优势互补、强强联合格局。竞争，对于西部军地产学研合作技术创新联盟而言，在内部就是参加合作的各创新主体要比速度、比质量；对外部则是团结一致、齐心协力与合作体外的竞争对手展开全方位的市场竞争。显然，建立竞争合作机制，具有整合各方优势、凝聚各方力量的作用。除此，建立竞争合作机制还可使参与合作技术创新的各主体之间加强技术、市场信息的沟通与交流，有利于军工技术和先进的民用技术之间形成双向渗透、融合，降低军地产学研合作的交易成本，开发出高技术含量的军民两用技术，有效加快高新技术的产业化过程。所以说，合作竞争机制是市场化条件下，适应合作技术创新的有效运行机制，是西部实现军地产学研合作技术创新的基本保证。

3. 监督评价机制

监督评价机制是实施有效激励的前提和基础。只有形成良好的监督和评价机制，才能对西部军地产学研合作技术创新各主体进行有效的激励，充分调动他们的积极性。对于西部军地产学研合作技术创新来说，必须研究制订相关监督评估管理办法，推动形成行业内部评估与第三方评估、中期评估与总结评估、定性评估与定量评估相结合的监督评估体系。制订可衡量各相关部门工作业绩的评价标准，进行年度评估，为主管机构实施监督提供依据。可考虑将军地产学研合作技术创新工作业绩纳入军地相关部门的政绩考核体系、绩效考评制度，实施严格的问责制。

4. 激励机制

激励机制是动力机制和利益机制混和作用的机制。在国防工业与区域经济发展过程中，军地企业和研究院所都面临着组织生存与发展的双重压力。为了生存和发展，西部军地各个企业、大专院校、科研院所都普遍存在着较强的合作技术创新动力。这种动力反过来又激励着西部军地企业、大专院校、科研院所积极开展合作技术创新。利益驱动是西部军地产学研合作技术创新体系赖以形成、存在和发展的基本动力。利益分配不合理，将会严重影响各创新主体的创新积极性和创新效果。因此，激励机制的核心是利益分配问题。长期以来，我国及西部各省出台了一大批军地产学研合作方面的税收激励政策。但政策激励的效果仍不理想，目前还存在一些不利于促进企业自主创新的税制环境。此外，仍然缺少针对战略性新兴产业发展的相关税收规定，降低了社会资本的积极性。这就需要我们结合西部军地实际情况，创新税收激励政策，促进战略性新兴产业的

第4章 西部军地产学研合作技术创新战略

发展。

建立西部军地产学研合作技术创新机制是推动西部技术创新的有效措施。只有以企业为主导,按市场化运作,才能实现研发工作的市场导向,准确地把握市场的技术需求,把西部高校、科研院所和企业的科技资源整合起来,提供有市场前景的产品和服务,提高产学研合作技术创新的成功率与社会经济效益。

4.1.2 加强研究与开发

陕西、四川、贵州、甘肃四省和重庆市,是我国国防科技工业企业的密集区。这些省市一方面要承担国家军事武器装备的研制任务,确保国家新军事变革和国防安全,另一方面要不断进行技术更新换代,完成本省市的产业结构优化升级,实现西部经济腾飞。相应地这些省市要面临军事与民用两大技术的研究开发,任务比我国其他地区显得更重,加强研究开发十分重要。

当前,西部的军工科研院所、企业在技术、资金和人力资源方面,既拥有较大优势,又具有一定实力。如陕西集中了数十家军工科研院所和企业,已形成了以西安为中心的电子城、航天城、飞机城等高科技密集区,军工单位具有高中级技术职称的人员占全省同类人员一半以上,研究领域涉及航空、航天、航海、核能、通信信息等多个领域。四川省军工高技术产品也涉及核工业、航空航天、电子信息、机械冶金、化工医药、新型材料多个领域,而被誉为"中国西部科技城"的绵阳市,有把"两弹"送上蓝天的中国工程物理研究院,虎踞着亚洲最大的风洞群、我国唯一的燃气涡轮中心等18家国防科研院所和军工企业,各类工程技术人员17万人,其中"两院"院士26名。由军工带动的电子工业,就占四川省电子工业总产值的一半以上。贵州省目前已初步形成了以三大军工基地为主体的高科技密集区,军工系统的工业总产值占全省工业的40%。因此,如能使军工企业广泛与地方企业及大专院校和科研所进行技术交流与合作,组成军地产学研合作技术创新战略联盟,就能形成一股强有力的推动力量,推动西部大开发,促使西部经济繁荣昌盛。

但是,西部军工的科技经济优势,尚未得到充分发挥。与经济发达地区比较,还存在一定差距。

1. 研究经费投入少

由于多种原因,我国军地产学研合作方面技术创新的的统计数据很难直接获得。因此,我们采用间接比较的方法,来说明这一问题。据有关资料显示,2003年我国所有大中型企业中,仅有30%的企业进行了研究开发活动,而有技术开发机构的企业仅占25%。2004年,西部省份政府科技投入占GDP的比例除陕西、四川较高外,其他省份均比国内发达地区低,西部省份大中型企业科技活动经费内部支出总额也不及国内发达地区。政府科技投入低,企业科技活动经费少,必然会影响其技术创新的效果。以上情况可以从2004年西部地区与其他地区发明与获得专利权的数量的比较中得到验证(见表4.1)。

表4.1 西部省份与国内部分发达地区比较表

省份	政府科技投入万元	政府科技投入占GDP的比例(%)	发明专利申请受理数项	发明专利联合申请占全国份额(%)	发明专利受权数项	实用新型专利申请数项	外观设计专利申请数项	大中型企业科技活动经费内部支出总额万元	大中型企业中有科研机构的企业占总企业数的比例(%)	民营科技企业数个	高新技术企业数个
北京	2 150 964	6.7	5 785	52.45	1 061	5 920	2 173	400 585	18.23	10 353	9 997
上海	627 725	1.16	3 968	16.75	341	4 952	11 050	1 149 053	11.43	18 977	1 726
天津	150 616	0.73	2 070	0.93	102	2 361	929	283 342	15.5	4 162	1 863
浙江	218 123	0.28	1 843	1.95	188	6 390	9 032	396 802	32.24	4 331	1 104
江苏	384 175	0.36	1 940	6.35	334	7 002	4 133	1 419 878	34.15	4 232	2 519
广东	322 137	0.27	3 819	4.5	352	9 972	20 561	1 623 896	24.59	6 540	2 441
山东	204 984	0.19	1 682	5.41	322	7 884	3 290	1 485 312	24.85	8 610	2 021
辽宁	470 317	0.86	1 619	1.44	385	6 388	1 844	685 565	21.27	6 003	2 887
陕西	645 655	3.17	684	0.42	146	1 470	376	277 669	35.41	6 488	2 415
四川	606 462	1.24	1 193	1.69	231	2 371	2 433	202 965	37.24	829	579
重庆	78 913	0.4	367	0.85	51	1 421	1 354	461 133	24.37	1 370	946
甘肃	105 493	0.91	277	0.5	71	441	113	73 718	34.02	796	442
贵州	46 277	0.39	354	0.25	47	544	362	89 896	34.55	427	96
云南	108 545	0.49	488	0.93	83	721	611	71 006	23.04	2 150	208
广西	66 936	0.27	380	0.25	46	1 110	437	130 461	27.47	622	2 566
青海	10 671	0.58	40	0	14	56	55	34 166	27.12	40	8
宁夏	21 316	0.65	105	0.08	22	226	172	29 678	26.96	160	49
新疆	46 117	0.29	216	0.34	61	799	244	64 283	30.77	1 258	118
内蒙古	51 915	0.3	233	0.34	53	643	326	73 415	22.88	780	337
西藏	7 444	0.46	4	0	1	5	6	0	0	0	5

注:资料来源:中国科技发展战略研究小组,中国区域创新能力报告2004-2005.北京:知识产权出版社,2005.

通常,作为一个后发展国家,充分利用当今开放的国际环境,在引进国外先进技术的基础上进行必要的消化吸收和再创新,是赶超世界先进的一条捷径。但是,我国企业用于技术引进与消化吸收的投入之比只有1:0.078,而日本和韩国这一比例却为1:5~1:8。这也从另一个侧面说明我国特别是西部省份在研究与开发方面,存在着严重的投入不足问题。

2. 企业竞争意识和创新意识不强

从目前西部国防科技企业承担的研发项目来看,政府投资的项目数量占比大。而在政府投资的研发项目上,许多又是政府主导的产学研合作技术创新。这说明,西部包括国防科技企业在内的大部分科技企业还没有完全成为技术创新的主体,企业本身的竞争意识和创新意识不强。

3. 军地合作研发项目少

由于军地长期分离及体制的异样性,使军工企业和地方企业在合作技术研发方面缺少必要的交流与合作,从而导致军地企业在研发方面很难融合。结果出现了一些技术重复研发的现象,不仅浪费了国家和企业自身资源,同时由于缺乏合作也失去很多联合大专院校和科研院所冲击国际先进以至领先技术的机遇。

因此,不论是从西部企业承担军事与民用两大技术研发的地位来讲,还是从西部企业本身的发展来讲,加强研究与开发,对于西部企业都是至关重要的。首先,西部企业都要牢固树立竞争意识、创新意识。只有企业有了很强的竞争意识、创新意识,企业就会将研究开发作为自发行动,投入人力、经费,积极开展包括独个的、与他人合作的各种研发活动。其次,国家和西部地区政府应加大西部科研支持力度。一方面加大科研经费投入,另一方面设立科研风险基金,还应制定财税金融政策等鼓励支持、保护西部企业技术创新。再者,应尽快建立以军地科技企业为主体、政府政策为指导的企业技术合作创新体制。实践证明,体制与机制是一把双刃剑,不好的体制与机制会限制人们的行为,扼杀人的聪明才智。相反,好的体制与机制却能极大激发人们的工作热情,调动人的积极性,把工作做得尽善尽美。所以,为充分调动西部军地产学研各方合作技术创新的积极性,西部各省份应不断探索、创新技术创新机制,只有军工企业与地方企业真正成为技术进步的组织者和实施者,并且加强合作,西部技术进步才能真正成为为现实。

4.1.3 强化产业集群

产业集群,又称企业集群,是指将一群相互独立、彼此依赖,既有专业分工又有资源互补,在同一产业链上生存发展的不同企业在某个地理区域进行聚集的经济现象。由于产业集群能使集群内的企业更方便地接近市场,及时了解用户的消费需求,能给集群内企业带来库存成本低,运输费用省,规模收益大,获得与交流市场信息快等好处,现在产业集群已是一种很重要的区域经济发展模式。

世界上许多发达国家都非常重视产业集群的发展,几乎每个国家都有自己独具实力的产业集群。如美国的航空、计算机,意大利的服装,日本的消费电子,瑞士的手表等。一些国家或地区还成立专门机构,负责制定产业集群发展规划与相关政策,推动国家或地区产业集群的良性发展。改革开放后,我国珠三角地区、长三角地区等东南沿海地区经济为什么发展如此迅速,也与这些地区政府非常重视产业集群,拥有一批集聚程度高、专业化分工细的产业集群有着十分重大的关系。

然而,发展产业集群必须不断加强集群的创新能力。因为产业集群具有专业化、网络化、根植性、学习性、集聚性等特征,集群的经济活动不是单一企业的经营活动,加之用户需求的不断更新,市场竞争的激烈变化,都迫使参加集群的所有企业单位必须不断地对技术、产品、管理、观念进行创新。否则,集群就不能有效地适应环境的变化,特别是市场竞争的需要。另一方面,发展产业集群也非常有利于技术创新。因为:①产业集群作为技术创新的有效组织模式,是企业与区域提高技术创新的基础。产业集群是介于市场和层级两种组织之间,却比市场组织稳定,比层级组织灵活的特殊组织结构。借助这种特殊的组织结构,企业之间通过长期、稳定的创新协作关系,可以有针对性地解决自身发展过程中存在的技术问题,实现集群内部的技术创新;②产业集群还是技术创新的有效载体。一般情况下,集群内部的技术创新成果均被集群所采用吸收,集群成了技术创新成果的吸收器与有效载体,使技术创新成果有了用武之地,产生出应有效益,反过来又会促使集群技术创新能力的不断提高,维持技术创新活动持续进行;③集群还带来了更大强度的企业竞争和合作。竞争的态势有利于提高企业技术创新动力,合作则增强了企业技术创新能力。世界上很多成功的产业集群都是借助于集群与技术创新的合作与竞争的互动作用而发展起来的。

产业集群与产学研合作技术创新有着良好的互动作用。首先,产业集群为产学研合作技术创新创造了良好条件。产业集群的空间集聚性使企业、大专院校、科研机构等在物质、人力和技术资源上进行优势互补,这使得集群内部企业可以通过加快学习,获取新的、互补的技术,从资源互补和经济利用的过程中,创造市场(或克服进入壁垒),降低交易成本,分散创新风险,取得协同经济效果,获得收益。而关联性很强的企业(包括专业供应商)、知识生产机构(大学、研究机构、工程公司)、中介机构和顾客则通过依附的产业联系形成供应链网络,从而为产学研合作技术创新创造了有利条件。而大量的同行业协作企业及与之相关的大专院校、科研机构集聚在一起,使创新与资源互补能更好地进行,也非常有利于规模更大、速度更快的产学研合作技术创新体系的形成。其次,产学研合作技术创新能为产业集群的优化和产业结构的调整提供技术支持。由于产业集群内的业主及技术人员之间存在着紧密的个人关系和社会关系,具备相似的教育背景,产学研合作技术创新非常利于技术知识的传播与扩散,提高技术创新的速度与等级。而产业集群内企业、科研院所、大专院校之间技术交易的低成本化,也在很大程度上提高了集群技术创新的绩效和前景预期。最后,集群内部产学研合作技术创新各主体之间,因利益、技术和契约所形成的错综复杂联系,而构成的创新网络会加速网络中组织之间的信息分享,促进技术快速创新,因而可保证集群内部的各个企业的产品技术不断提升,产业结构不断调整优化,从而带动整个产业的技术提升,促进区域、国家的产业结构调整、优化。

纵观西部地区产业集群的发展状况,情况并不容人乐观,存在的突出的问题是产业集群数量少、规模小,实力弱,而且分布极不均匀。据《中国城市竞争力报告》①分析,出现产业集群的主要部门或行业,西部地区共有78个产业集群,数量远远低于东部地区,西部12个省份共有的产业集群数还不及广东或浙江一个省多,与中部地区也有明显差距(见表4.2,表4.3)。而且,西部地区产值过10亿元的产业集群过少,产业集群的竞争力较弱,多集中食品加工、金色冶炼,或与煤炭、石油等资源开采与利用有关的能源、化工、建材行业方面,产业链条短,污染大,集聚效益较差。

表4.2 西部地区产业集群数

省(区、市)名	出现产业集群的主要部门或行业	集群数/个
陕西	软件、电子信息、能源化工、现代医药、食品加工、有色冶金、木器加工、铸造、水泥、装备制造、非标准件、航空航天、汽车制造、报刊出版、广播音像、煤炭、石化装备	18
甘肃	石油、石化设备	2
宁夏	食品加工、羊绒、石油、煤化工、生物制药	5
青海	煤炭	1
新疆	石油化工	2
四川	软件、电子、服装、机床制造、石化设备、航空航天、家电、电子信息、报刊出版、钢铁、装备机械、电力设备、建筑陶瓷、电力机车	18
重庆	汽车摩托车、天然气化工、仪器仪表、铝加工、磨具、报刊出版	7
云南	煤炭、花卉、烟草、机床制造	4
贵州	烟草	1
西藏		

---

① 倪鹏飞.中国城市竞争力报告.北京:社会科学文献出版社.

续表

省(区、市)名	出现产业集群的主要部门或行业	集群数/个
广西	造纸、皮包加工、竹编、医药制造、拖拉机、宝石	6
内蒙古	乳制品加工、贵金属、生物制药、天然气加工、稀土、铝业、煤化工、建材、钢铁、重型汽车、铁路车辆	14
合计		78

注：资料根据倪鹏飞主编《中国城市竞争力报告 NO3》(社会科学文献出版社，2005 年 5 月第一版，第 140 页)整理而得。

表 4.3　我国中、东部地区产业集群数

地区	省(区、市)名	城市及产业集群数	集群数/个
东部地区	广东	广州 15，韶关 6，深圳 11，珠海 3，汕头 10，佛山 15，江门 6，湛江 3，茂名 2，肇庆 4，惠州 5，梅州 3，汕尾 1，阳江 1，东莞 13，中山 9，潮州 4，揭阳 2，云浮 2	113
	浙江	杭州 15，宁波 9，温州 12，嘉兴 9，湖州 4，绍兴 11，金华 9，衢州 5，舟山 7，台州 12，丽水 6	99
	江苏	南京 10，无锡 11，徐州 4，常州 8，苏州 9，南通 5，盐城 2，扬州 13，镇江 6	69
	福建	福州 13，厦门 8，莆田 2，三明 6，泉州 17，漳州 10，南平 5，龙岩 3，宁德 5	69
	北京	15	15
	上海	20	20
	天津	11	11
	山东	济南 2，青岛 10，淄博 5，枣庄 18，烟台 7，潍坊 2，威海 6	50
	辽宁	沈阳 19，大连 11，鞍山 2，抚顺 1，本溪 1，丹东 1，锦州 2，营口 1，阜新 1，辽阳 3，盘锦 2	44
	河北	石家庄 4，唐山 1，秦皇岛 5，邯郸 1，邢台保定 2，沧州 1，廊坊 6，衡水 1	21
	海南		0
	合计		511
中部地区	山西	太原 6，大同 4，阳泉 3，长治 2，朔州 3，运城 3，临汾 3	25
	吉林	长春 6，四平 3，吉林 4，通化 1	15
	黑龙江	哈尔滨 4，齐齐哈尔 2，鸡西 1，鹤岗 1，大庆 2	10
	安徽	合肥 4，芜湖 5，蚌埠 1，淮南 1，马鞍山 2，淮北 1，州 1	15
	江西	景德镇 1，宜春 2	3
	湖南	长沙 11，株洲 7，湘潭 3，衡阳 5，邵阳 1，岳阳 1，宜阳 1，郴州 1	29
	湖北	武汉 9，黄石 1，十堰 1，宜昌 1，襄樊 1，荆门 8，黄冈 3，咸宁 1	25
	河南	洛阳 4，平顶山 1，安阳 1，鹤壁 1，焦作 2，濮阳 4，许昌 1，漯河 1，三门峡 1，南阳 1，驻马店 1	18
	中部合计		140

注：资料根据倪鹏飞主编《中国城市竞争力报告 NO3》(社会科学文献出版社，2005 年 5 月，第 134—139 页)整理而得。

第4章 西部军地产学研合作技术创新战略

西部地区产业集群为什么发展得不够理想？首先，既有西部地区商品市场发展落后、管理观念跟不上形势发展需要的原因，也有管理体制的原因。西部地区特别是陕西、四川、重庆、甘肃、贵州等地，解放后国家虽然在这里建设了大量军工企业，使这些省份成为国家重要的国防基地，但由于保密性和安全性的特别要求，许多军工企业都是在不同的地域单独建立的，周围没有或很少有配套企业，这在地理环境上就人为地限制了军工产业集群的发展，也影响了军工企业进入民品产业集群。其次，地方企业比例偏小，加之体制上存在着军地分割，使得利益分配、地方保护主义等重大问题难以解决，军地企业常常独立作战，很难集中形成产业集群。如陕西是我国第一军工大省，①肩负着航天、航空、兵器、船舶、核能、电子信息等重大尖端技术与武器装备的科研与制造任务。全国实行军民结合战略以来，陕西国防科技工业系统积极响应，先后开发出数千种民用产品，在光机电一体化、电子与信息、化工、医药、农药、民用爆破器材、卫星应用与空间资源开发、现代航空技术、防灾与减灾等领域都有着突出的优势。但是，由于体制、机制、资金、技术、管理等问题，陕西国防军工系统的发展与陕西经济的发展很不协调，军地产学研两张皮的现象比较严重。也就是说陕西国防军工系统还没有完全融入到陕西地方经济发展中去，带动陕西经济的发展。主要表现在陕西国防军工系统不论是军品还是民品至今在陕西还没有像样的产业集群，民品产值在陕西经济的比例仍然较低。因此，如何促进西部国防工业转型升级，一方面提高他们的武器装备设计制造能力，保障国家军事安全，另一方面又使他们积极参与地方经济，军民融合，带动西部经济发展，就成为当前普遍关心、并急需研究解决的重要问题。

美国和日本等国的实践证明，军地产学研合作技术创新，形成共同作用，发挥各自优势的产业集群是促进国防科技工业产业与当地产业升级的有效方法之一。因此，西部地区应大力发展军民结合性产业集群。首先，西部地区应强化集群化发展观念，坚决摒弃过去那种单打独斗或者集而不群，形成不了竞争力的企业集聚方式。其次，搞好调查研究，认真找准军民融合的切入点与切入途径。我们认为只要能充分发挥军工和地方产学研优势，符合国家和西部中长期发展规划，有巨大市场前景的技术、产品，不论军用民用，都是军民融合最佳的切入点，像陕西的民用飞机，重庆的汽车，四川的家用电器等。再次，积极搞好产业集群规划，布局产业集群的发展重点、发展区域，按产业集群发展产业。最后，从产业、财税、金融、土地、科技、人才等方面制定相关政策法规，保证军民融合性产业集群健康良性发展。

---

① 党文朗.军工企业能否领跑三秦经济[J].西部大开发，2006(8).

4.1.4 培育名牌产品

品牌是一个企业技术水平、管理水平及综合素质的集中体现,是一个地区或一个企业的产品和地区或企业的自身形象在客户及消费者心中的一种感知和认可程度的标识。品牌作为一个地区、一个企业核心竞争能力的最直接体现,已是不争的事实。正是基于这个原因,世界上许多国家、地区和企业为了获得长久的竞争优势,谋求健康和高速发展,都在大力推行品牌战略和名牌战略。通过品牌战略的科学制定和有效实施,建立核心竞争优势,提高竞争能力,赢得地区或企业的可持续发展。

一般情况下,构成一个产品的品牌有内外两类要素。产品生产的核心技术工艺,产品的性能、质量等构成品牌的内在因素;产品外包装、广告、售后服务等构成品牌的外在因素。而内在因素以外在因素作为载体体现出来,从而构成一个地区或一个企业区别于其他地区其它企业的品牌。

一个强势品牌离不开技术创新的支撑,品牌的壮大更是伴随着各种创新行为。广东科龙公司为什么能在行业竞争中巩固自己的品牌地位,就是因为该公司一直重视制冷技术、环保节能技术、新材料的开发和应用,结果使公司产品技术始终处于全国同行领先水平。因此,地区(或企业)在市场竞争中要想进一步提高自己的产品形象,就得通过技术创新不断生产新产品,或者利用高新技术与先进适用技术对本地区(或企业)的传统产品进行改造,只有这样,才能使产品的性能得到改善,品牌的内涵得以增强。

品牌战略已是一个地区一个企业的长远战略。世界上许多国家、地区和企业都非常重视品牌建设。许多地方或企业的产品之所以能战胜对手,在市场上立于不败之地,就是以其品牌取胜的。但是,运用品牌战略必须与技术创新紧密结合。

技术创新与品牌建设是相辅相成,相互促进的。首先,技术创新能保证产品质量,能满足用户在技术性能、款式等方面的更高要求,进一步提高品牌的价值。其次,良好的、用户值得信赖的品牌能促使技术创新成果很快被人接受,转化为效益,为技术创新提供财力支持,促使企业或地区技术创新活动持续开展。

目前,西部地区知名品牌特别是地方知名品牌较少。除四川长虹、重庆嘉陵、长安汽车等少数全国知名品牌外,绝大多数省份缺乏全国叫得响的知名品牌,而全国知名的地方产品品牌几乎没有,这怎能不对西部经济发展造成影响呢?因此,加紧培育名牌产品特别是地方品牌产品,应作为西部军地产学研合作技术创新很重要的战略思路。

4.1.5 发展技术创新联盟

随着经济的全球化发展,企业边界将变得越来越模糊,为实现既定的战略目标,企业开始由分立走向联合,其中战略联盟就是企业间合作的重要方式之一。西部军地产学研合作技术创新,也应高度重视战略联盟问题。

战略联盟是指两个或两个以上的企业(注:包括科研院所、大专院校等,以下同)为了实现各自的战略目标,通过公司契约或联合组织等方式而结成的一种网络式的联合体。战略联盟既包括从事类似活动的公司之间的联合,也包括从事互补性活动的公司之间的合作,既有强强联合,又有强弱联合等。从组织结构形式上区分,战略联盟有横向联盟、纵向联盟、混合联盟之分。① 从形式上分,战略联盟有技术联盟、生产联盟、销售联盟、供销联盟等② 战略联盟的前提和基础是优势互补、信息共享、风险分担、利益互惠。③ 战略联盟追寻的是产品、技术等市场机会,强调在市场机会出现时,成员企业以各自的优势(即开发某种新产品或技术所需要的独特的、别人没有的,或比别人更先进的知识、技术、独占性专项资产等)结合成一个临时的联盟体,由联盟体成员合作开发某一产品或技术,共同面对有关市场挑战,联合参与市场竞争。

企业战略联盟强调当市场机会出现时,企业要能快速、有效地将各自的优势资源,依据契约关系实现最优配置,从而获得诸如研发、生产、销售、服务等一系列的能力和优势。战略联盟是成员企业各自特征优势的优化与组合,能使参加联盟的所有企业单位,在生产、开发、营销、服务等方面实现很强的互补。所以它具有成员企业功能上的不完整性、组织结构上的非永久性和地域上的可分散性等特征。④ 战略联盟重视的是相互之间某些经营资源的共同运用,对相容的要求是部分的、有选择的。它可以根据不同的选择,组建不同类型的战略联盟,具有快速、灵活、经济等优势,因而受到很多企业的追捧。

产学研合作技术创新与战略联盟具有很强的互动性。一方面,战略联盟以共同拥有市场、合作开发高新技术产品等为战略目标,成员企业是在资源共享、优势相补、相互信任、相互独立的基础上通过事先达成的协议平等组成的,这样

---

① 佚名:浅议战略联盟与联盟战略,http://www.dianliang.com,2006-6-14.
② 埃德·瑞格斯彼.发展战略联盟[M].北京:机械工业出版社,2003.
③ 赵广信.战略联盟:中小企业发展壮大的有效途径[M].西安:陕西人民出版社,2004.
④ 四川大学中小企业项目管理网:战略联盟选择方法研究,2005.11.

可以将原本分散的技术资源、人力资源和管理资源迅速集合成为一个高速快捷的生产系统,形成优势互补的组织形式。通过战略联盟,企业能够更好地适应市场的变化,紧紧把握市场变化的动态,及时开发出具有国际竞争力的新技术和新产品,以此来提高自己的竞争力,实现自己的长期战略目标。另一方面,产学研合作技术创新,能克服单个企业资金不足、能力不足、风险过大等困难,促使企业积极参加战略联盟。因此,现在世界上许多国家和企业都喜欢采用战略联盟的方式,积极从事技术创新开发。如美国的联合攻击机(JSF)项目研发,就有十来个国家参与系统的开发和论证工作,几百家国际供应商同JSF的各国合同商一起加入到项目当中。① 现在,发达国家的企业,特别是大型企业都是在全世界范围内配置资源的,许多项目都由众多的发达国家,甚至一些发展中国家和地区共同参与完成。

由于长期实行计划经济的影响,中国企业特别是西部企业"大而全""小而全"、万事不求人的思想观念依然存在,对战略联盟普遍重视不够。据我们调查,西部企业至今还有许多领导人不知道战略联盟的准确含义,参加战略联盟的企业比较少,还有相当一批企业游离于战略联盟之外。显然,这是极不利于西部企业发展壮大的。西部军地企业建立战略联盟既可以与本系统的企业、大专院校、科研院所之间进行,更有必要在军地企业、大专院校及科研院所之间进行,还可以与外地区甚至国外的企业、大专院校、科研院所进行结盟。正是因为战略联盟是建立在优势互补、信息共享、风险分担、利益互惠的基础上,能有效解决合作各方在投资、风险、利益等方面客观存在的问题,因此西部军地产学研单位要运用好战略联盟,丰富和发展合作技术创新组织形式。通过战略联盟,西部军地产学研合作技术创新各主体能够更好地适应市场的变化,跟踪国内外技术和产业发展的前沿,实现技术资源、人力资源与物质资源的有效结合,及时开发出具有国际竞争力的新技术和新产品,实现共同的战略目标,达到共赢之目的。应完善"一带一路"政府间科技合作机制,支持西部企业、科研院所、高校、园区走出去,在国外设立研发中心、技术转移中心、成果转化中心等机构。

应注意的是,西部军地产学研合作技术创新过程中,每个创新主体都会基于对自己合作创新的收益、成本与风险分析与权衡,通过对市场机会的识别,并对比自身的利益预期,决定是否进行合作技术创新。因此,风险分担与利益共享是西部军地产学研合作技术创新战略联盟的价值基础,其对应的利益共享与风险共担的运行机制是西部军地产学研合作技术创新战略联盟持续、稳定发展的基本保障。

---

① 何奇松.冷战结束后美国工业重组[J].美国研究,2005(5).

4.1.6　市场化运作及政府推动相结合

在市场经济中,各种社会主体的行为都要受价格的支配。通过价格调节,实现社会资源配置与各社会主体的利益分配。西部军地产学研合作技术创新是由许多不同的创新主体共同参与完成的。这些参与主体分属不同的经济实体,都有各自的利益追求,这就决定了西部军地产学研合作技术创新应走市场化运作的路子。但是,由于国防科技工业与地方企业单位分属不同的管理体制,这种管理体制模式限制了国防科技工业系统的企业、大专院校和科研院所难以与地方企业、大专院校和科研院所进行合作。因此,西部军地产学研合作技术创新需要政府推动。而且,政府对推动西部军地产学研合作技术创新的作用至为关键。①政府是产业、科技、教育等政策的制定者和国家资源的掌控者,能把握经济、科技发展的趋势,结合产业发展的现状,对军地产学研合作技术创新予以宏观上的指导。②政府可以通过制定财税政策、金融政策,对军地产学研合作技术创新起导向作用,引导军地产学研合作技术创新由低层次向高层次跃进,促使军地产学研合作技术创新由政府主导型逐渐向自主联合型转化。③政府还是各方利益的协调者。当创新主体之间由于分割或垄断等因素导致利益出现分配不公时,政府会充当管理者的角色,对利益进行分配,维护军地产学研合作技术创新的健康发展。④在市场经济条件下,政府还能为为军地产学研合作技术创新所需的人才、资金、技术的集聚创造条件,在信息、咨询、检测等服务方面为西部军地产学研各主体提供便捷和高效的中介服务及其他各种服务。

然而,政府的力量也是有限的。实践证明,过分地依靠政府力量来主导各经济实体的行为,往往会严重挫伤他们的积极性。正因为市场运作与政府直接推动各有利弊,因此,西部军地产学研合作技术创新必须在重视政府推动作用的同时,采取市场化运作措施,达到二者的有机结合。针对西部地区实际情况,我们认为西部地方政府应以提高军地企业的自主创新能力为出发点和归宿点,积极营造有利于西部军地产学研合作技术创新的环境。政府不仅要在区域内架起各合作创新主体之间技术沟通的桥梁,同时也要采取积极措施将外部发达地区的科技、智力、风险资金等有利于创新的资源引入区域内部,从内外两方面构建军地产学研合作技术创新的宏微观环境。具体讲,为使西部军地产学研合作技术创新健康进行,西部地区各级政府应做好以下工作:①树立以军地产学研合作技术创新促进西部较快发展的思想;②营造有利于军地产学研合作技术创新的政策环境。政府可以通过立法、执法等行政工作,不断完善市场竞争机制,建立健全现代企业制度,培育技术市场,为军地产学研合作技术提供一个良好的社会大环境;③借助一切外力,扩充军地产学研合作技术创新优势。政府可以通过举办各种技术、经济、贸易交流活动,从高梯度技术地区引入军民两用技术及智力、资金等资源,扩充自己的优势,提高本地军地合作技术创新能力,以推进军地产学研合作技术创新的深入开展;④建立科技成果市场,规范科技成果评判标准。军地产学研合作技术创新通过市场来配置资源,其中科技成果的评判、交易十分关键。正基于此,西部地区各级政府可在公平互利的基础上,建立科技成果的评判标准与科技成果转让市场,努力促使西部军地产学研合作技术创新健康进行。西部各地政府在推动军地产学研合作技术创新方面,还存在着思想观念落后、政府职能不清、政策措施不力等问题。因此,要通过军地产学研合作技术创新推动西部科技创新,提高西部竞争力,促进西部经济较快发展,西部各级政府应转变思想观念,理清并落实政府职能,建设良好的政策环境,把各项举措落到实处,在出成效、出大成效上狠下功夫;⑤构建军地产学研一体化中介服务体系。鼓励有条件的企业、高校、科研院所,在研究开发、技术转移、创业孵化、知识产权、科技咨询等领域,培育发展形式多样的科技中介服务机构。

4.2 西部军地产学研合作技术创新的战略目标

根据西部军地产学研合作技术创新的实际现状和今后发展的战略思路,我们认为西部军地产学研合作技术创新的战略目标应包括:建立西部军地产学研合作技术创新平台;西部军地产、学、研合作技术创新与地方经济同步协调发展;加强西部高新技术产业集群的形成与优化,促进区域自主创新能力的提升;提高武器装备与产品竞争能力;形成军地复合型人才基地等内容。

4.2.1 建立西部军地产学研合作技术产品创新平台

近几年来,党和政府在公开场合发出"大众创业、万众创新"的号召,军地产学研合作技术产品创新平台建设迎来重要契机。西部军地产学研合作技术创新的目的是为了提高整个西部地区的自主创新能力,通过创新平台和基地建设辐射、带动周边地区科技与经济的发展是提高区域自主创新能力、大力发展军民结合技术产业的一条有效途径。自主创新的成效是通过产品体现出来,因而构建技术创新平台的实质在于构建产品创新平台。

随着科技创新的周期日益缩短,产品更新的速度越来越快,高质量、低成本、快速度地向市场源源不断地推出新技术、新产品,已经成为企业获取和保持竞争

第4章 西部军地产学研合作技术创新战略

优势的关键。国内外无数企业产品创新成败的案例表明，构建科学有效的产品创新平台必要而且十分重要。因为产品创新是以顾客需求为导向，贯穿产品构思、设计、试制、营销整个过程的系统工程。它集功能创新、形式创新、服务创新于一体，是一种集成化的技术经济活动，不仅要对技术集成、产品创新相关信息集成，而且要求对产品创新全过程进行集成化管理。产品创新平台主要包括技术平台、信息平台与管理平台。[①] 其中：技术平台是指在某个产品领域内，设计、生产和制造一系列相关产品可以共同利用的技术，由技术原理、设计方法、生产工艺及关键设备等组成。由于多种科学技术的集成和多种设计方法的集成是产品创新的最大特点，所以以技术为核心的产品创新，能源源不断地使企业推出高档次、高质量的新产品，保持企业的技术开发能力和水平的不断提高。信息平台是产品创新的支撑系统和工作平台。其主要任务是将分散在各部门、各员工、价值流各个环节中的零散信息，以及隐含在企业的供应商、经销商、最终顾客、社会媒体、政府部门等各机构和群体交流中的政治、经济、技术等信息，快速收集、整理，进行集成管理，目的是促进开发过程中企业内部及企业与外部社会各界的信息的交流。如果不能及时对企业产品创新过程中的产品构思、设计、制造和销售所需要的信息和所产生的全部数据进行集成管理，就很难想象其产品创新会取得成功。管理平台，主要是指从事产品创新活动的设备、工具、技术手段、组织结构以及指导思想、观念、方法与管理实施程序等，集成了各种管理职能、管理方法和管理行为，是促进产品创新活动系统有序进行和影响开发效果的最大影响因素。

如从主体层次上划分，产品创新平台可分为公共创新平台、行业创新平台和企业创新平台三个层次。公共创新平台，通常是由政府牵头，通过政策支撑、资金投入，集成全国获区域各部门的创新资源而构建起的创新平台。公共创新平台，主要用于风险不确定、技术专业面广、投资巨大及成果共享等那些关系产业长远发展、国家经济稳定和安全需要的产品创新活动。行业创新平台，通常是由行业协会或企业自发组织起来的。它是由相关行业或企业联合参与的从事产品创新的平台，主要适用于那些比较复杂，单靠行业内部或几个企业的力量无法完成，或创新效果不显著，而政府与众多的企业之间又难以建立直接的合作创新关系时的产品创新。企业创新平台，则完全由企业单独搭建。是企业在产品平台、技术平台、生产平台、营销平台的基础上，集产品、过程、组织为一体，注重产品功能、形式、服务组合创新的产品创新平台。[②]

---

① 胡松华，王秀婷. 论产品创新平台[J]. 中国机械工业，2004，15(8).
② 胡树华，汪秀婷. 产品创新平台的理论研究与实证分析[J]. 科学研究，2003，24(5).

建立产品创新平台对于西部军地产学研合作技术创新十分重要。首先,由于军地产学研单位的管理体制不同,合作技术创新的又是关系国计民生的重大关键核心技术,只有政府牵头,政策支撑、投入引导,集成西部甚至全国的创新资源构建创新平台,才能完成国家国防安全与推动地方经济、全国经济发展,优化西部及全国产业结构的双重重任。其次,建立产品创新平台,不仅能使政府、企业、大专院校、科研院所等管理层在适当的时机做出关键决策,而且能不断优化配置创新资源,降低供应链成本,拥有更多与众不同的产品,以更高的价值推向市场。再者,产品创新平台还能有效地提高产品创新活动效率,为具有重大竞争力的新一代技术的研发作好战略准备。正是基于这种考虑,建立产品创新平台应是西部军地产学研合作技术创新很重要的战略目标之一。

2015年,《陕西省科技厅关于促进产学研合作工作的指导意见》明确提出要推进产学研合作平台建设。支持中国西部科技创新港建设,打造集国家科研、高新技术成果转化、高端人才培养、高新企业孵化于一体的研究开发大平台。加快工研院企业化改革,承载、转化高校优质科技成果,打造成果转化大平台。支持企业、高校、科研院所联合组建产业技术创新战略联盟,提升支柱、主导、先导产业核心竞争力。支持行业骨干企业牵头组建国家级产业技术创新战略联盟。我们认为从实际出发,西部军地产学研合作技术创新平台的建设,在现阶段应加强企业技术中心、区域性大型协作型技术合作创新平台、国家工程研究中心,以及宽领域、多行业的信息化平台建设。同时,加强西部军地产学研合作技术创新服务平台的建设。其中,企业技术中心建设是区域技术创新平台建设的基础。企业除自己能开发、消化、吸收新技术外,还应成为大专院校和科研院技术创新成果应用的载体。区域性大型协作型技术创新平台建设,是区域合作技术创新平台建设的重点。由于技术创新平台具有动态性、开放性、协作性等特点,因此西部地区产学研合作技术创新今后的主要目标就是要在西部军工企业密集的陕西、四川、重庆、甘肃、贵州等地区,充分利用科技及人力资源优势,组建区域性大型协作型技术创新平台。一方面通过区域性大型协作技术创新平台服务于军地企业的技术创新,另一方面,通过促进军地产学研技术平台与国家、地区及省级工程技术中心、重点实验室等的相互协作与交流,促进区域自主创新能力的快速提升。国家工程研究中心建设,是区域合作技术创新平台建设的方向。国家工程中心进行的是面向全世界竞争的前瞻技术、重大关键核心技术的创新,其成果往往具有独立自主知识产权,对提高整个国家的竞争力有着巨大作用。这些技术创新不是一家单位能完成的,也不是几家单位可以完成的,只有举国家之力,才有可能成功。宽领域、多行业的信息平台建设,是区域合作技术创新平台建设的保证。西部地区企业、科研院所、高等院校间建立起若干宽领域、多行业的创新信息化平台,有利于形成合作交流的共享网络,实现信息的交流与共享。西部可以从实际出发,以大型科技企业、重要研究院所为主导力量,分区域、分行业搭建创新信息平台。西部军地产学研合作技术创新服务平台,是区域合作技术创新平台建设的辅助,也是必不可少的支撑。包括创业服务中心,科技企业孵化器以及信息、咨询、法律、投融资、产权交易、技术市场等中介服务机构等,目的在于为合作技术创新提供配套服务。

4.2.2 西部军地产学研合作技术创新与地方经济、国家经济同步协调发展

党的十九大为国防科技发展指明了方向,在推进"十三五"规划实施的关键阶段,加速推进国防科技工业改革发展,形成国防建设与经济建设协调发展的良好局面,是国家发展的重要目标。西部军地产学研合作技术创新作为国家创新体系很重要的组成部分,理所当然国家目标就是其重要的战略目标。

西部军地产学研合作技术创新与地方经济、国家经济同步协调发展,简言之,就是西部军地产学研在合作技术创新过程中,其创新的技术方向、技术成果,一方面要利于我国新军事变革,极大限度地提高我军武器装备的战斗力;另一方面又能适应社会生产力的发展要求,极大地提高西部各省、乃至全国的科技水平和竞争实力,促进西部各省及全国的产业优化升级,使西部各省经济建设与国家经济和国防建设同步发展、互促共长。

西部军地产学研合作技术创新与地方经济、国家经济同步协调发展既是我国新军事变革,实现国防现代化发展的迫切需要,也是我国走新型工业化道路,实现产业结构优化升级的迫切需要。一方面,不论是实现新军事变革,实现国防现代化,还是走新型工业化道路,实现产业结构优化升级,我国都离不开技术与经济的大力支撑,而西部军地产学研合作技术创新因集中了西部所有的科技优势,又采用政府推动与市场化相结合的运作机制,非常有利于技术创新。如果能做到技术创新与地方经济、国家经济同步协调发展,必然会为我国新军事变革,国防现代化,走新型工业化道路,实现产业结构优化升级提供技术保障。另一方面,实现新军事变革、国防现代化、产业结构优化升级等也离不开大量资金,只有西部和国家的经济发展了、富裕了,国家实现新军事变革、国防现代化才有实力,西部及国家实现产业结构优化升级才有经济支撑。因此,不论从国家安全层面上,还是从国家、西部经济发展层面上,西部地区都应将西部军地产、学、研合作技术创新与地方经济同步协调发展,作为很重要的战略目标。

当前,西部军地产学研合作技术创新与地方经济、国家经济发展还存在着许

多不协调之处。主要表现在：①西部军地产学研合作技术创新还没有引起军地双方足够重视，技术创新基本仍按各自的体系运作，同一项目重复开发现象严重；②在军工项目上，军工企业及科研院所喜欢独揽，对地方单位采取排挤态度，即就是地方单位实力雄厚，也很难参与到军工项目的研制中去；③在地方建设项目上，地方政府很少与军工单位合作，军工单位所从事的民品研发制造项目，也不愿地方企业进入。为什么西部军地产学研合作技术创新与地方经济、国家经济发展不协调呢？主要原因，就是体制分割造成的利益难以分配。由于军工单位与地方单位产值利润分别上报所属军工集团、所属当地政府，成绩分归所属军工集团、所属当地政府，其业绩也分由所属军工集团、所属政府考核。因此，客观上存在着军工集团与地方政府、军工单位与地方单位之间的利益之争。

怎样解决西部军地产学研合作技术创新中存在的军工集团与地方政府、军工单位与地方单位之间的利益之争？首先，西部军地产学研合作技术创新，应围绕重大项目建立股份制技术创新企业或者战略联盟，因为这样一方面能通过市场等渠道募集各种资金、汇集各方优势，另一方面通过股份分红或者契约的方式从根本上解决体制分割带来的利益分配问题。其次，在军地产学合作技术创新的技术方向与等级上，坚持"军民结合、寓军于民"与"军民一体化"原则，努力服从国家与地方经济的发展和技术规划，从根本上可避免技术创新与国家经济、地方经济发展不协调的事情再次发生。最后就是建立军地互动机制，加强军地互动，使军地科技企业分工协作、优势互补、相互促进、共同发展。

陕西省军民互动、合作技术创新实践是个很有说服力的例子。为了配合国家推进军工主导民品产业化工程，该省大力培育和发展民用航空、航天和电子信息等高技术产业。通过整合航空工业资源，加快研制新一代支线客机和大型运输机，抓好现有民机改进改型和市场开拓，扩大航空零部件转包生产，建成全国最大的飞机制造基地——阎良国家航空高技术产业基地；依托国家重大航天工程和国际合作项目，加大新型航天发动机和空间技术研发力度，加快产业发展和商业化运作步伐，在航天动力和卫星应用领域已形成产业优势；整合军工和民用单位在微电子、光电子、数字化技术等方面的优势，着力做大集成电路、新型元器件、通信导航设备、计算机及软件产业，电子信息产业不断壮大；支持军工企业通过合资合作、技术改造，扩大豪华大客车、微型汽车及洗车零部件的生产规模和市场占有率，并鼓励军工企业与民用厂家加强协调配套、联合重组，已在西安至蔡家坡一线形成西北最大的汽车零部件生产基地；鼓励军工企业从事输变电设备、工程机械、机床工具及石化、纺织等专用机械的研发、生产和营销，依托优势企业和优势区位形成多个产业集群。特别值得注意的是，陕西非常注重引导军工单位参与区域经济开发和大型工程建设，充分利用陕西军工在地质勘探、采矿、特种化工等领域的技术优势,促其参与陕北能源化工基地建设开发,将军工在卫星通信、遥感遥测、工程控制等方面的先进技术和装备,大力推广和应用在陕西机场、公路、铁路、通信等大型工程建设之中;鼓励以优势企业为核心,利用市场机制,积极推动军工和民用勘察、规划、设计、施工及设备制造等单位的联合重组,提高工程承包和设备成套供应能力,共同参与国内外大型工程的市场竞争。① 可见,西部军地产学研合作技术创新要想取得与当地经济协调发展的良好效果,坚持军地互动是十分常重要的。

不仅陕西、四川、重庆等省市坚持军地互动也取得了良好效果。由于军工集团、当地政府与长虹集团等军工单位和地方单位的共同奋斗,四川省绵阳市已被誉为"中国西部电子城";而重庆则以"嘉陵""长安"为代表的摩托车、汽车产业,成为我国汽车工业的新兴基地。②

陕西等省军地合作技术创新,给我们一个重要启示:这就是创新主体之间合作的紧密程度,直接影响西部军地产学研合作技术创新的成效与当地经济的发展水平。因此,建立并强化西部军地企业技术创新协同体系是十分重要的。西部各省份应以军工优势为依托,以经济发展为中心,以教育、科研体制改革为契机,加强军地企业、大专院校和科研院所之间联合的紧密联系,提高合作技术创新的层次和规模,只有充分发挥了产学研各方在资金、技术、人才、市场等方面的优势,创造出具有核心价值的技术,促其产业化,使合作各方公平得到各自利益,西部军地产学研合作技术创新的体系才能牢固建立,有效运转。除此,军地产学研合作技术创新应有切实有效地的组织形式,逐步实现由成果转让的松散型合作向联合开发、科技经济一体化的紧密型合作转变。重点推进军民龙头企业、重点大学和研究所、大型商贸企业结合形成的技术经济产业一体化的运行机制,从根本上改变大部分科技力量游离于企业和市场之外的状况。

当前,西部军地产学研合作技术创新的一个重要方向,是通过合作技术创新,发展和成立一批企业,一方面延长现有的产业链,把现有的产业做大做强,使之尽快形成很有竞争力的产业集群。另一方面积极培育和发展新的产业链条,为西部今后竞争开拓新的产业。由于军民融合型产业链,能使军地更多的不同企业、高等院校、科研院所等都参与进来,形成大型产业集群,拉动效应更大。所以,应作为西部积极培育和发展的重点。

---

① 丁德科.陕西军民结合产业基地发展透析[J].中国军转民,2007(4).
② 四川政府网、重庆政府网.

4.2.4 提高武器装备打击能力与民品竞争能力

党的十九大报告提出:适应世界新军事革命发展趋势和国家安全需求,提高建设质量和效益,确保到 2020 年基本实现机械化,信息化建设取得重大进展,战略能力有大的提升。同国家现代化进程相一致,全面推进军事理论现代化、军队组织形态现代化、军事人员现代化、武器装备现代化,力争到 2035 年基本实现国防和军队现代化,到本世纪中叶把人民军队全面建成世界一流军队。国防工业是为军队提供武器装备等物质技术手段的战略性产业部门。所以,加强西部军地产学研合作技术创新,对于积极促使装备制造业的发展和民品竞争能力的提高以及军队现代化具有重要意义。

随着我国近年来国防科技工业改革向纵深推进,西部地区要紧紧抓住这个战略机遇期,全面增强自主创新能力、高新技术武器装备供给与精确打击能力和军民结合高技术产业发展能力,初步形成以能力为基础,小核心、大协作、高水平、可持续的新型国防科技工业,满足国防建设和国民经济发展的需要。为此,西部地区应:

1.建立军地产学研技术创新体系,加强基础研究和高技术研究,促进军工科研成果的转化

基础研究和高新技术研究是科学技术进步的基石,也是武器装备创新的动力和源泉。加强基础研究与高新技术研究,特别是加强国家安全的重大基础及高新技术研究,是适应当代军事技术变革发展趋势,增强自主创新能力,促进武器装备和国防科技跨越发展的重大举措。西部地区要充分利用军工优势,以产学研合作技术创新为组织形式,加强武器装备与国防科技的基础研究与高新技术研究,通过攻克难关,提高武器装备的自主创新能力,为新军事变革提供物质支持。

西部地区应该充分发挥现有大型军工企业、研究院所、高等院校的资源与科技优势,建立制造技术工程化的产学研联合体,成立一批军工先进工业技术研究应用中心,构筑技术研究成果向现实生产力转化的桥梁和纽带,促进军工科研成果的转化。

2.坚持军民融合发展的技术创新原则

国防工业在西部军地产学研合作技术创新中要把国防科技及武器装备的发展放到首位。应按照小核心、大协作的要求,健全军民互动的协调机制,进一步优化军工产业结构,提高军工科研水平,大力发展先进的军工装备制造业,提高军品的研发和制造水平;加快军工高新技术产业发展,在确保先进武器供给的同

第4章 西部军地产学研合作技术创新战略

时,促进军地产学研合作技术创新,推动军民两用高技术产品的研发与创新;发展具有军工比较优势的高新技术产业,延长产业链条,实现地区产业的结构优化与调整。同时,要积极吸纳民用工业先进技术,促进民用高科技向军工领域转移,实现军地产学研多维度的合作技术创新,加快区域自主创新能力的迅速提升。

3. 围绕重大科技项目,积极开展军地产学研合作技术创新

国外实践证明,围绕重大科技项目,积极开展军地产学研合作技术创新,是全面提升武器装备与民品竞争能力的有效方法。因此,西部也应围绕重大科技项目,积极开展军地产学研合作技术创新。根据国家"十三五"规划确定的重大科技专项项目①及区位优势,西部应集中优势兵力,抓住若干个重大项目,作为重点,通过区域合理分工协作、联合攻关,实现重大技术的突破。

大型飞机研制,陕西、四川、贵州均有实力。但由于陕西有成功研制多种军用飞机、民用飞机的经验,实力相对较强,②可以陕西为主,组织协调四川、贵州力量,共同完成大型飞机的研制任务。

大型先进压水堆及高温气冷堆核电站,四川因其东方电气集团在核岛设备和常规岛设备上都具有较强的优势,③可以四川为主,陕西等省配合,共同完成其研制工作。

在高分辨率对地观测探测与载人航天与探月工程方面,陕西、四川两省实力较强,可以陕西、四川为主,汇集重庆、贵州、甘肃等省市优势,共同攻克高分辨率对地观测探测与载人航天与探月工程中的技术难关。

西部各省还可在核心电子器件、高端通用芯片及基础软件,极大规模集成电路制造技术及成套工艺,新一代宽带无线移动通信,高档数控机床与基础制造技术,大型油气田及煤层气开发,水体污染控制与治理,重大新药创新等重大专项,

---

① 国家"十一五"规划确定的重大科技专项项目有:核心电子器件、高端通用芯片及基础软件,极大规模集成电路制造技术及成套工艺,新一代宽带无线移动通信,高档数控机床与基础制造技术,大型油气田及煤层气开发,大型先进压水堆及高温气冷堆核电站,水体污染控制与治理,转基因生物新品种培育,重大新药创制,艾滋病和病毒性肝炎等重大传染病防治,大型飞机,高分辨率对地观测系统,载人航天与探月工程等。

② 陕西全省现有航空工业企业21家,独立科研院所5所,航空大专院校7所,总资产400多亿元,航空产品累计订货728亿元,拥有航空从业人员11万余人,综合实力约占全国航空工业的1/3。此外,还拥有大中型军民用飞机设计、试验、试飞研究院所及无人机研发中心,有5个国防区域计量站、5个国家重点实验室、11个国防科技重点实验室和12个国家及省级企业技术中心等。

③ 佚名:中国核电设备制造企业,你准备好了吗?中国工业报 2005 - 10 - 12.

就某些重大技术建立若干个区域联合攻关小组或省际攻关小组,积极开展各种形式、各种级别的产学研合作技术创新。只有这样,西部地区才会有自主知识产权的技术、产品,才能不断培育出新的经济增长点,形成具有竞争优势的高新技术产业集群,带动西部产业结构优化升级,实现西部经济跨越式发展。

4.2.5 形成军地复合型人才基地

发挥西部军工科技优势,提高西部自主创新能力,归根结底要靠人才。因此,创造良好的人才环境,培养更多的年轻科技创新人才,使一批又一批的优秀人才脱颖而出,也是西部军地产学研合作技术创新的战略目标之一。

1. 搭建人才事业发展平台

搭建人才事业发展平台,就是要让具有才华的人在事业上,有尽情发展的空间舞台。2015年,《陕西省科技厅关于促进产学研合作工作的指导意见》指出,改进高校、科研院所科研评价体系,对从事基础和前沿技术研究、应用研究、成果转化等不同活动的人员建立分类评价制度,增加研究质量、原创价值、实际贡献等指标的权重。省内高校、科研院所、国有事业单位利用财政资金形成的职务发明成果,其企业转化所得收益可按不低于70%的比例划归参与研发的科技人员及其团队拥有。鼓励各类企业通过股权、期权、分红等激励方式,调动科研人员创新积极性。国有企业事业单位成果转化奖励资金,计入当年单位工资总额,但不纳入工资总额基数。另外,西部各级政府应在建设各种创业服务中心、大学科技园及高新技术产业开发区、留学回国人员创业园区和各类专业孵化器的同时,鼓励和支持企业与高等院校、科研院所共建各种工程技术研究中心,加快高新技术、军转民技术等科技成果的再创新。同时,积极探索利于产业开发的新模式和调动人们积极性的利益分配办法,使人尽其才。

2. 构建军地产学研合作技术创新的综合性人才体系

围绕着与装备制造业、高新技术产业、能源化工产业等重点发展产业中自主创新性强、技术含量高、具有竞争力、市场前景好的研究开发项目,西部各级政府应以企业为创新主体,大学和科研院所为依托,通过重大项目带动人才培养,形成利于军地产学研合作技术创新的创新人才体系。为此,西部相关政府主管部门可先根据国家"十三五"发展规划、本地区"十三五"发展规划和实际状况,确定军地合作的重点领域、重点产业与重点产品,然后有意识地再在这些重点领域、重点产业与重点产品中推进军地产学研合作技术创新。

3. 积极引进海内外优秀人才,优化军地产学研合作技术创新人才队伍

积极引进海内外优秀人才,是发展西部经济的好方法。目前,西部高级创新

型人才最为短缺。因此,西部要把引进两院院士、国家有突出贡献的中青年专家、国家重点学科或技术带头人、博士生导师、享受政府特殊津贴人员、博士及其他确有特殊专长且技能确属西部地区高新技术产业、支柱产业、新兴产业、重大工程科技项目所急需的各类高层次人才作为重点。而西部的重大科技专项和重点创新项目,应着力引进优秀留学人员和海外科技人员,特别是带技术、带项目、资金的优秀创新人才。

4.3 西部军地产学研合作技术创新的阶段任务

划分不同阶段的战略任务既是实施西部军地产学研合作技术创新战略的客观需要,也是检查该战略实现状况的依据。为此,划分不同阶段的战略任务是十分必要的。

4.3.1 近期任务

1. 搭建好西部军地产学研合作技术创新平台

搭建好军地产学研合作技术创新平台,是西部地区开展军地产学研合作技术创新的基础。目前,西部地区军地产学研合作技术创新平台还没有完全搭建好,涉及多个创新主体的广义的、能集成各种资源、为各创新主体实现高效产品创新的创新平台还没有真正形成。单个企业单位内部的产品创新平台也存在着技术平台、信息平台与管理平台不全或者不够配套协调等问题。由政府牵头,通过政策支撑、资金投入、集成全国各部门的创新资源而构建起的公共创新平台,与由行业协会或企业自发组织起来的行业创新平台还不够普遍,宽领域、多行业的信息平台也没有完全建立起来,这些都会严重影响西部军地产学研合作技术创新的开展。因此,尽快搭建好利于西部军地产学研合作技术创新的创新平台,是西部地区各级政府和企业单位非常重要的近期任务之一。

笔者认为,搭建西部军地产学研合作技术创新平台,应采取国家、地方政府、行业与企业单位合理分工、齐抓共建的方式。国家和西部各省市政府主要抓好公共创新平台与宽领域、多行业的信息平台建设,如建设国家重点工程项目研究中心、省级重点工程项目研究中心等。各行业学会主要负责各行业创新平台的建设,通过建立各行业重点技术研发中心,来实现各行业的技术突破。企业、科研院所与大专院校则主要负责自身创新平台的建设,通过不断完善自身的技术平台、信息平台、管理平台,实现与公共创新平台、行业创新平台的对接,完成各种技术创新任务。

2. 理顺管理体制与机制

管理体制与机制是影响西部军地产学研合作技术创新的关键因素。由于管理体制不同,军地企业单位之间的运行机制存在着很大差异,结果使得军地产学研各方往往很难合作。首先,军工单位实行高度集中统一的管理体制,高度强调安全、保密,使得军工企业单位不能随意与民品生产企业单位合作。其次,这种高度集中统一的管理体制,使得军工企业单位远离市场,缺乏竞争意识与竞争压力,对军地产学研合作技术创新不够重视。因此,西部要搞好军地产学研合作技术创新,必须先理顺管理体制与机制。我们认为在不影响国家军事和经济安全的前提下,解决体制与机制问题,实行项目管理——即对于重大项目实行层层招标制,是比较好的办法之一。具体做法是按市场运作方式先利用招标方式确定重大项目的总承包商,接着国家协同总承包商在利于保密的基础上,将重大项目分解成若干个中、小项目,再利用招标方式在军工企业单位与民品企业单位之间确定每个中小项目的承包商。这样,一方面既能保证国家和地方重大项目在安全保密情况下顺利完成,又因军工企业单位与民品企业单位在同一起跑线上竞争,能利于企业建立利益分配机制、竞争合作机制、评价机制、监督机制和创新激励机制等与市场经济有关的机制。更重要的是它能在一定程度上打破体制带来的障碍,因而可促使西部军地产学研合作技术创新良性发展。

3. 完善相关政策体系

西部开展军地产学研合作技术创新需要一系列政策支持。这些政策既有产业发展方面的,也有财税金融方面的,还有科技发展、人才使用方面的,等等。目前,西部地区虽然已有一些关于军地产学研合作技术创新的政策,但作为完整的政策体系还未完全形成。所以,加快完善西部军地产学研合作技术创新相关政策体系,也是近期很重要的任务。

4. 创造良好的军地产学研合作技术创新环境

创造良好的创新环境,是西部军地产学研合作技术创新必不可少的重要条件。创新环境包括自然环境、社会环境、人文环境、市场环境、综合服务环境、自主创新环境、制度环境、法律环境等,①它是军地产学研合作技术创新的基础保障。目前,西部地区的创新环境不够理想,主要表现在生态环境恶劣、污染严重、交通与通信落后、法律不完善、人员素质低等方面。因此,创造良好的创新环境对于西部来说,近期必须努力完成。

---

① 王芬. 加强制度环境和文化环境的建设为企业自主创新构建良好平台, 国家信息中心中经专网.

4.3.2 中期任务

西部军地产学研合作技术创新的中期任务,就是争取用3~5年时间形成一批军地产学研合作技术创新企业与创新联盟体,获得50~100项重大科研成果,并使产业化率达到70%以上。为顺利完成中期任务,从现在开始,国家和西部各级政府就应有意识地筛选需要联合攻关的重大项目,找准军民融合的切入点、切入途径和切入方法,积极探索建立股份制军民合作技术创新企业的方法及战略联盟在军地产学研合作技术创新中的应用经验,加大科技成果产业化工作力度。否则,中期任务是很难完成的。

4.3.3 长期任务

西部军地产学研合作技术创新的长期任务,就是形成军地产学研合作技术创新的长效激励机制,促进西部军地产学研合作技术创新的稳定持续发展,力争使西部经济份额占全国比例在30%以上。形成军地产学研合作技术创新的长效激励机制,关键是处理好利益分配问题。这需要国家、各军工集团及西部地区各级政府的正确规划和政策支持,也需要西部地区省际之间、省内军地单位之间齐心协力和相互支持,还需要在薪酬制度上探索应用新的模式。由于军地产学研合作技术创新主要由工程技术人员承担,技术创新过程时间长且需要大量资金并存在着巨大风险,因此,项目承担单位可吸收工程技术人员资本入股、技术入股,通过采取资本分红、技术分红及股权激励等各种激励办法来解决工程技术人员的薪酬问题。相信,一旦形成了长效激励机制,西部军地产学研合作技术创新一定会持续稳定,那时,呈现在人们面前的西部,将是富裕的、欣欣向荣的新西部!

第 5 章

西部军地产学研合作技术创新的切入点与切入途径

推进军地产学研创新是一个系统工程,要善于运用系统科学、系统思维、系统方法研究解决问题,切实找准任务的切入点和切入途径。党的十八大以来,党中央、中央军委就推进军民融合深度发展做出了重要战略部署,并将法治在推进军民融合深度发展中的地位提升到了新的高度,提出"要坚持走中国特色军民融合式发展路子,坚持富国和强军相统一,加强军民融合式发展战略规划、体制机制建设、法规建设。"实施军地产学研合作技术创新,是贯彻落实中央军民融合战略的重要组成部分,有利于国防科技资源和民用科技资源的互补和互动,有利于实现社会资源的有效配置及经济发展。当前,重要的任务就是必须找准西部军地产学研合作技术创新的切入点与切入途径,这是西部军地产学研合作技术创新快速取得最佳成效的基础与关键。

第 5 章 西部军地产学研合作技术创新的切入点与切入途径

5.1 西部军地产学研合作技术创新的切入点

近几年来,随着我国军民融合发展战略的推进,一系列相关法律法规相继出台,为军民融合各领域的发展建设指明了方向,绘制了蓝图。2016 年 1 月 2 日,《中央军委关于深化国防和军队改革的意见》,首次从中央层面明确了军民融合发展的重点。国务院、中央军委颁布实施《经济建设和国防建设融合发展"十三五"规划》,勾画出"十三五"时期军民融合发展蓝图。《国防交通法》《军人保险法》等颁布实施,综合性法律立法工作加紧推进等,都为西部军地产学研合作技术创新提供了重要方向和原则路径。

5.1.1 寻找切入点的基本原则

寻求西部军地产学研合作技术创新的切入点应遵循下述基本原则。

1. 发挥优势原则

党的十九大报告根据我国社会主要矛盾的变化,立足于解决发展不平衡不充分问题,以全方位、系统化视角,提出今后一个时期实施区域协调发展战略问题,对于推进西部大开发新格局的形成具有重要的引领作用。西部地区拥有丰富的国防资源,对其进行有效开发、利用与整合,使其与地方经济发展相融合,将是西部大开发中的又一重要主题。研究军工企业与地方经济的协调发展,不仅要考虑形成一种独特的发展空间,还要认识军工企业与地区的资源优势、产业优势和环境优势,发挥这些优势来寻求西部军地产学研合作技术创新的切入点。

2. 军民融合原则

深入实施军民融合发展战略,是以习近平同志为核心的党中央着眼新时代坚持和发展中国特色社会主义,着眼国家发展和安全全局做出的重大战略部署。是处理国防建设和经济建设相互关系的基本准则。在推动西部军地产学研合作技术创新发展中,一方面要注重把国防建设纳入国家经济和社会发展的计划,在经济建设中贯彻军事需求,如扩大国防费用在 GDP 中的份额,国家在经济建设尤其在基础建设中要考虑军事变革的需要,这样既有助于把国防技术转化为民用,又有助于按照社会大生产的要求搞好分工协作,促进战时军事生产的扩大。另一方面,国防建设要充分考虑经济建设的需要,最大限度地提高国防资源在经济建设中的利用率,如军地两用人才的培养,军事技术转为民用,通用性很强的军事设施,以便军民共用。

3. 关键性原则

党的十八大以来,我国把面向世界科技前沿、面向经济主战场、面向国家重大需求,作为我国科技创新的战略主攻方向。从西部现有基础和实际情况来看,目前尚不具备全面铺开来大量开发高新技术的社会基础条件和物力财力,不完全具备承担失败和风险的能力。因此,只能选择有限的领域和项目,跟踪发达国家高技术产业的发展趋势,创建自己的产业基础,以快速引进、消化、吸收和应用高新技术成果,改造传统产业,促进产业总体技术水平提高。在此基础上再进行技术的升华,开发自有高新技术产品项目,在国际市场上进行角逐。

4. 协调发展的原则

我国的国防科技工业布局,经几次调整,多数地处中西部地区,这为当前西部大开发战略的实施奠定了较好的基础。搞好国防科技工业参与西部开发的规划,使之与区域经济协同发展,不仅可以减少和避免与地方的重复建设,也将促进国防科技工业的结构调整,盘活军工存量资产和闲置资源,从整体上节约西部开发成本,提高开发效益。尤其是要把大力发展军民两用高技术及其产业作为重要内容,对科技强军和西部地区产业升级,是互动双赢的。

5.1.2 西部军地产学研合作技术创新切入点的寻找思路

根据上述原则,可以看出西部军地产学研合作技术创新的切入点应该是能够发挥西部军地双方优势、遵循国家与西部各省发展规划要求的交集处。如图 5.1 所示。

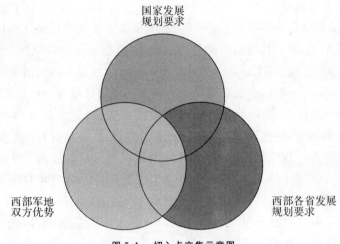

图 5.1　切入点交集示意图

1. 寻找西部军地双方优势

结合西部实际,要实现军地产学研合作技术创新,应着重发展现代航空航天技术,商用火箭、卫星应用与空间资源开发技术,电子和信息技术,新能源与新材料技术领域的相关项目。在这些领域西部具有优势。

航空产业作为陕西省重点发展的高技术产业,具备产业优势。目前正在形成"一基地四园区"的产业发展格局,即以阎良为核心的国家航空产业基地,下辖阎良航空制造园、蒲城通用航空产业园、咸阳空港产业园、宝鸡飞行培训产业园。航空产业科研、教学、生产及相关配套产业齐全,具有发展航空高技术产业的极大潜力,是陕西省委、省政府确定的经济发展的重要战略支撑点,有利于发挥陕西省航空龙头企业的作用,有利于航空产业优化调整,有利于改善航空产业发展的外围环境,有利于整合陕西省航空企业的资源,提升航空相关产业的整体技术水平和产业规模,对于国防和经济建设具有重要战略意义。同时,阎良航空产业基地的建立能够充分调动国内外各种资源支持陕西省航空产业的发展,给航空产业的发展提供强大基础支撑。

贵州省由 011 基地、061 基地和 083 基地三大基地企业构成的国防系统工业,是贵州省高技术产业的最重要组成部分。基地集中了贵州省高技术产业一半以上的创新资源尤其是人才和技术资源,因此也是贵州省高技术产业创新能力和创新实力最强的产业,涉及领域包括航空航天制造业、先进制造业、电子信息制造业等。在2005年承担了为"神舟六号"载人飞船的配套研制任务,为首飞成功做出了贡献。研制成功无人驾驶飞机并成功首飞,填补了国内空白。

作为国家级信息安全基地,四川省信息安全技术和产品已处于全国领先水平,重点发展数字化消费类产品、3G产品、军事电子装备及系统、应用软件、信息安全产品及系统、新一代通信产品和网络产品、新型显示器件及新型元器件,以及汽车电子、机床电子、工控电子等。电子信息产业已成为四川诸多高技术产业中发展最快的一个领域,并已成为四川省新的经济增长点和支柱产业之一。

2003年10月,宁夏自治区人民政府确定并实施《宁夏新材料产业发展规划》,该规划的实施,对推动宁夏新材料产业的发展、促进新材料产业集群的形成具有重要的作用。围绕这一规划,2004年自治区相继启动了"10万吨镁合金加工材料""50万吨电石氯碱法聚氯乙烯"等一批重大项目,这些项目涉及稀有金属材料、轻金属合金材料、碳基材料等多个领域,产品市场前景广阔,行业辐射面大,具有较强的产业带动能力,可以有力地推动宁夏产业结构、优化升级的进程,对改变我国的经济增长方式,实现跨越式发展,走新型工业化道路具有重要的意义。

2.遵循国家重大科技发展方针

2016年1月2日,《中央军委关于深化国防和军队改革的意见》围绕军民融合发展再次明确:"着眼形成全要素、多领域、高效益的军民融合深度发展格局,构建统一领导、军地协调、顺畅高效的组织管理体系,国家主导、需求牵引、市场运作相统一的工作运行体系,系统完备、衔接配套、有效激励的政策制度体系。分类推进相关领域改革,健全军民融合发展法规制度和创新发展机制。"从西部军地产学研合作技术创新的发展来看,规划制定的一个重要指导方针就是坚持寓军于民,促进军民结合。特别是正在酝酿提出实施国家战略技术重大专项,组织和集成全社会创新资源,在技术和产业关联度较大,涉及国计民生和国家安全的极少数战略技术领域集中力量寻求突破,锻造新时期的"两弹一星"工程。在此过程中,我们将突出战略技术发展中的国家目标和政治意志,充分强调军民结合。这是因为,发展战略技术是国家长远和根本利益所在,是未来经济长期增长的基础。战略技术的实现通常需要几代人、几届政府持续不断的努力,需要国家和社会的持续投入。因此,必须在国家层次上形成明确的发展目标、重大战略部署、强有力的组织以及相应的政府措施,军民结合和寓军于民对于实现这一战略目标不可或缺。

3.遵循西部发展规划要求

党的十八大以来,推进"一带一路"建设和长江经济带发展,增强了西部地区与沿海地区经济联系,拓展了西部地区对外开放空间。今后一个时期推进西部大开发,要充分发挥"一带一路"建设的引领带动作用,加大西部开放力度,加快建设内外通道和区域性枢纽,完善基础设施网络,提高对外开放和外向型经济发展水平。加快培育发展符合西部地区比较优势的特色产业和新兴产业,增强产业竞争力。西部各省在发展过程中,首先,要充分利用国防工业的信息技术优势,加强信息技术的基础建设,促进信息技术的研究与开发,帮助西部民用部门进行信息化改造,努力促进西部信息化水平;其次,要通过军转民技术与产品的产业化发展和产业延伸,对西部地区有关产业进行技术改造和升级,努力降低资源消耗量和严格控制排污量,并大力发展低能耗和低污染的高新技术产业和第三产业;再次,还要进一步发挥国防工业的产业集群效应和辐射效应,通过创办或依托地方的"科技园""工业园"或"产业园"等高新科技园区,使之成为吸纳和扩散科技成果及工业性项目的重要基地,加速西部新型工业化进程。

5.1.3 西部军地产学研合作技术创新的切入点

1. 以项目为载体,推动西部产学研合作技术创新发展

一个好的项目可以带动一个产业的发展,形成产业集群和产业链,促进经济结构的调整、转型和升级。以项目为龙头,组织跨军工科研单位、跨军地的重大项目开发。通过项目开发,形成多层次的联合和多形式的合作;利用地域内群体研究开发优势和地方的资源优势,逐步形成区域性产业优势。例如:2008年1月28日,国家发改委正式批复立项了阎良航空产业基地新舟60货运型飞机研制等8个重点产业化项目,并给予1.42亿元的重大资金支持,以此为契机必将极大推动航空产业发展。绵阳市为了推动军转民科技进步,每年都选定10~15个新产品、新技术重点项目,组织跨军地、跨院所、跨学科的技术攻关,尽快搞出一批综合性、多层次、系列化的重大技术成果,推动重点产业的发展。如长虹家电的数字化技术水平提高、东材公司绝缘材料的技改、超微粉体新材料技术、核幅照技术的民用、油脂精细化工技术等,都对相关产业的迅速发展提供了坚实的科技基础,推动了相关产业的迅速发展。

(1)项目选择应遵循的原则。

1)安全性原则。党的十九大报告指出,"国家安全是安邦定国的重要基石,维护国家安全是全国各族人民根本利益所在。要完善国家安全战略和国家安全政策,坚决维护国家政治安全,统筹推进各项安全工作"。当前,经济全球化不仅使国家安全向经济领域扩展,也使安全领域各个方面的关系更加密切和复杂。一个国家的经济危机、金融动荡很可能会蔓延开来影响国家安全;经济全球化虽然遵守的是市场经济规则,但由于在全球化过程中的受益不均,因而将产生矛盾和摩擦;西方发达国家往往会利用其在经济、科技、国际联盟和组织等方面的优势,打压不发达国家,不发达国家也会采取报复行为。9·11事件后,美国政府把反恐作为保卫本土安全的头等大事。2004财年拨款70亿美元实施庞大的科技反恐计划。该计划整合十几个联邦部门的科研力量,通过强-强联合,发挥整体实力;全美数百个研究所和实验室,数以万计的科学家为此工作,以防范使用生物、化学或核武器发动的恐怖袭击。因此,在经济全球化的时代背景下,发展中国家应在发展高技术产业的同时,确立两种安全观念。

①总体安全观。党的十九大报告把"坚持总体国家安全观"作为"新时代坚持和发展中国特色社会主义"的基本方略之一。信息时代的国家安全是由军事、政治、经济、科技、信息、文化等多种因素决定的,军事以外的其他因素对国家安全的影响作用上升,已经成为影响国家安全的基本因素。因此,在考察国家安全的状况、分析国家安全形势及制定国家安全方针和策略时,应该从更大的范围、更多的领域、更宏观的层面上去考虑,充分注意到军事以外的其他因素对国家安全的影响,并重视从军事以外的其他领域强化国家安全。

②重点安全观。影响国家安全的因素在信息时代虽然比过去更多了,也就是说,国家安全的重点扩大了,但也必须看到,军事因素仍然是国家安全的核心和最重要的因素。经济、科技、文化、信息等力量只有转化为军事力量,才能成为国防实力,而在此之前它们只是一种国防潜力。因此,在发展军地产、学、研合作技术创新时,还必须确立重点安全观,高度重视从军事安全角度来思考国家安全问题,开发出军民两用的高技术产品。

2)可持续发展原则。党的十九大报告充分体现了可持续发展的理念,将坚持人与自然和谐共生作为新时代坚持和发展中国特色社会主义的基本方略之一,将建设美丽中国作为全面建设社会主义现代化国家的重大目标。事实上,发达国家也非常注重将科技创新的重点放在解决国家重大问题上,突出表现在解决可持续发展问题上。2004年油价一路大幅攀升,全球以石油为代表的能源供应日趋紧张,环境、气候等问题也日益突出,通过科学技术的力量解决可持续发展的问题更显重要。首先是全球气候变化的研究,全球气候变化是能源与环境领域面临的一项重要和长期的挑战,要求对生产和使用能源的传统方式做出重大改变。我国目前的人均生态空间占用程度已超出实际可利用的生态承载能力。因此,实施军地产学研合作技术创新必须要考虑有利于环境保护、防治自然灾害和可持续发展的项目。

(2)找准西部军地产学研合作技术创新项目。西部要实现军地产学研合作

第5章 西部军地产学研合作技术创新的切入点与切入途径

技术创新,应着重发展现代航空技术、航天技术、电子和信息技术、新能源与新材料技术领域的相关项目。

加快发展先进的民用航空器技术、各种特殊和专用用途的航空动力技术、民用航空电子技术、航空材料技术等关键技术和产品,推动军民航空技术的进步,并带动和促进民用相关领域的发展。

在商用火箭、卫星应用与空间资源开发技术领域加强对航天领域关键技术和重点装备的攻关,力争取得突破,重点发展大型运载火箭技术、大推力液氧、煤油发动机技术、大容量静止轨道卫星共用平台技术以及无度、高效、廉价的小卫星运载火箭技术等。

在吸收国内外先进的电子和信息技术,促进国防科技电子和信息技术跨越发展的同时,重点发展大规模并行处理技术、超薄平面显示技术、微电子技术及电子器件、新型探测技术、信息网络系统技术和软件技术等。

针对国防建设和经济发展对新型能源的急需,开发军民两用型动力装置和节能技术。积极开展新材料产业基地建设,以军工为依托,大力发展环保产业。

除此之外,相关优势项目也应引起重视。如云南军工企业民爆、光学仪器、电工设备、生物医药、塑料建材、采矿及冶炼等产品,都已初具规模。其中,烟草成套设备及自动化物流系统为国内之首;民爆产品在国内处于先进水平;光学望远镜已成为全国最大的生产及出口基地,应该把这些优势的特色产品规模做大,实施重大项目带动战略。

(3)建立西部产学研合作技术创新平台。党的十九大报告提出坚定实施创新驱动发展战略,创新平台作为技术创新的基础,也是西部产学研合作技术创新的重点。西部地方政府应加快建立以企业为主体、市场为导向、产学研相结合的技术创新体系,形成自主创新的基本体制架构。技术创新平台能够提高技术成果转化速度,加速学科交叉和会聚,有利于实现集成创新和原始创新。首先,军地产学研合作技术创新的技术与产品创新平台可以以军民两用技术性产品为突破口,以大专院校和科研机构为技术研发主体,以市场为导向,促进企业生产高质量、高性能的产品,加强技术创新对产品创新的带动作用。另外,根据西部特征,在军地产学研合作技术创新过程中,还应分区域、分行业的搭建创新信息平台。根据区域军地产业特征,以大型科技企业或重要的研究院所为主导,建立相关行业的信息化共享平台。如在陕西、四川、重庆、贵州等地建立航空航天、电子、航空动力等军民结合的、包括大专院校和科研院所在内的创新信息化平台。同时,在产学研合作技术创新中,还应创建创新服务平台。西部地区应该根据自身技术创新现状,政府应倡导社会各界创办创业服务中心、科技企业孵化器等创新服务机构,加快建立和完善信息、咨询、法律、投融资、产权交易、技术市场等中介服务机构,为科技企业创新、科技成果转化和转让提供配套服务。

2. 以产权为纽带,建立西部军地产学研合作技术创新企业

(1)西部军地产学研合作技术创新中产权制度的建立。军工与地区民用行业之间,打破部门界限开展分工协作,是生产力领域的一场革命。它要求生产关系、特别是产权制度的变革与之相适应。2016年,国务院办公厅印发《促进科技成果转移转化行动方案》明确提出,"建设国防科技工业成果信息与推广转化平台,研究设立国防科技工业军民融合产业投资基金,支持军民融合科技成果推广应用。梳理具有市场应用前景的项目,发布军用技术转民用推广目录、'民参军'技术与产品推荐目录、国防科技工业知识产权转化目录。实施军工技术推广专项,推动国防科技成果向民用领域转化应用。"过去军地合作正反两方面的经验证明,只有按照生产力发展的客观要求,打破部门、地区和所有制界限,实现资本在军工与地区民用企业之间横向合理流动,用资本纽带巩固产业链条,才能有效推动生产技术领域的军地融合,促进军地协调发展。目前,资本横向流动的障碍主要不在民用企业,而在军工企业。民用企业除少数垄断经营的企业,都是鼓励外部资本进入的,军工并购或参股民用企业不存在政策上的限制。而军工产权制度的改革则明显滞后,军品生产限制外部资本进入,民品生产虽然鼓励外部资本进入,但尚无明确具体的政策规定,实际操作上仍存在种种困难,军工与外部资本的合作仅限于局部范围,处在个案阶段。因此,要加固军地协调发展的资本纽带,关键是加快军工产权制度改革,推进军工企业投资主体多元化和经营机制的转换。同时制定相应的鼓励政策、设立扶持资金、加大宣传力度,吸引和鼓励大量优质的民营企业进入行业领域。

(2)建立西部军地产学研合作技术创新企业或企业集团。军地联手,围绕重点骨干企业和重大龙头产品,跨部门、跨地区、跨所有制进行资产重组,通过企业改制、并购、参股和委托经营等多种形式,培育一批实力雄厚、产品有竞争力、技术有创新力、资产有增值力、对市场有应变力、在国内国际有影响的大型企业和企业集团;加快军工企业战略重组,积极推进投资主体多元化。除涉及国家战略安全的少数重点军工企业的军品核心部分要采取国有独资公司形式外,其他军工企业应逐步改为多元化股东结构的有限责任公司或股份有限公司。在军民品分线、分立的基础上,采取相关军品生产企业相互参股及民用企业参股的办法,保证新组建的军品公司有多个国有法人作为投资主体,促进军品生产建立起新的管理体制和运行机制;绝大多数生产一般常规武器和军民通用产品或不再承担军品任务的企业,可借鉴民用企业的办法,由集体企业、民营企业、私营企业以

及外资企业参股或控股,成立中外合资企业,也可以搞股份合作制。特别要加大民品部分的股份制改造,广泛吸取职工、用户、各类法人实体等参股,努力减少国有经济成份,进一步完善民品生产的多元化所有制结构。如在陕西可重点培育西飞集团、西航集团、庆安集团和长岭集团。同时鼓励军工企业以多种方式进入民用行业的企业集团。

3.建立战略联盟,培育西部军地产学研合作技术创新产业集群

当今世界的经济发展是以产业集群为特征的。纵览当今世界上众多富裕的区域,绝大多数都是通过发展产业集群而实现的。正如斯科特与斯多波所言,在当今的世界经济版图上,由于大量产业集群的存在,形成了色彩斑斓、块状明显的"经济马赛克",世界财富的绝大多数都是在这些块状区域内被创造出来的。一些具有强大科技创新能力的产业集群是以科技创新系统为基础的,世界上很多成功的产业集群都是通过集群与科技创新的互动而发展起来的,即产业集群借助科技创新而发展的同时,形成了很好的科技创新系统,为科技创新提供了良好的"栖息地",有力地促进了产业集群的科技创新能力。

(1)进行西部军地产学研合作技术创新中应大力发展产业集群。军工生产(包括部分军工企业的民品生产)游离于地区经济的投入产出之外,是阻碍军地协调发展的症结所在。促使军工与地方经济融为一体,应作为军地协调发展的突破口。其基本途径是:选择若干重点产品,组织军工与区内民用行业开展分工协作,加强产业关联;充分发挥分工协作产生的效率倍增效应,打造若干具有鲜明地域特色和较强市场竞争能力的产业链,用产业链条把军工与区内民用行业联系起来,形成适应社会大生产物质技术要求的生产地域综合体。选择某一类功能或技术相近的产品群,组织区域内军工和民用企业分工进行联合开发、联合生产、联合经营,形成篦形产业链条,以期在国内外市场造成一定"气候"。围绕某一类产品,由若干主机厂并列而又有联系地进行开发生产,形成矩阵式的产业集群。组织区内军工与民用企业联合开发生产重大设备或合作承包(分包)重大工程。例如:陕西军工在机场和机场设施建设以及机场专用设备生产方面具有一定优势,可与区域内相关企业一起承担机场新建和改(扩)建工程。军工拥有的遥感遥测、大型工程控制及特种爆破技术,也可广泛用于大型工程建设。

(2)发展产业集群要注重应用战略联盟。首先,产业集群常需要把某个产业链上的相关企业聚集在一起,由于战略联盟是按优势互补、信息共享、利益互惠、风险共担原则组成的命运共同体,因而利用战略联盟能有效地把产业链上的各个公司联系起来,形成紧密关系,为产业集群创造条件;第二,在产业集群过程中,战略联盟能使各个企业的竞争行为与整个集群的行为趋近,形成责、权、利明

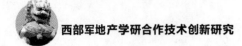

确的经营机制,使参与的企业形成集群整体规模,经济效益递增,竞争实力增强;第三,战略联盟所催生的产业集群,随着发展和协作的扩延,重新构架对资源的控制体系,使得资源的使用效率最大化,所有集群内部的成员企业协作最佳化,资源成本最低;第四,战略联盟所形成的产业集群是以大集团的势态出现在竞争过程中,使得竞争更为激烈,任何过去在某一行业占据主导地位的企业也不得不重新思考其竞争的策略。如果我们把企业比喻作一块一块建筑用砖,那么战略联盟就是连接各个企业的纽带——灰浆,是联盟这个灰浆把企业这些砖块粘合起来而形成一个高大的建筑物——产业集群的。因此,发展产业集群时必须注重应用战略联盟。

战略联盟的发展首先是为了获得技术和知识的互补效应。环境变化因素在企业发展战略中起关键性作用,随着现代科技的飞速发展,高精尖技术产品的研制过程表现为一项庞大而复杂的系统工程,对资金、技术、人才及组织形式等各方面的要求越来越高,技术的突破与创新越来越依靠学科间的交流与合作,没有哪家企业能够垄断其所在领域的所有技术优势。而这种互换或互补,在传统的制度安排下是无法获得的;如果通过纯粹市场交易购买别人的技术成果,市场安排的交易成本依然存在,而且总是处于技术的后进地位;如果通过内部一体化组织自行开发,则必须承担一体化的成本,风险也无法分散。所以客观上要求企业在比较优势的基础上开展世界范围内的学科间和产业间的技术交流和合作,充分发挥各自的专业化水平,实现合作方技术资源优势的互补,从而弥补这种"战略缺口"。于是,国际间许多大公司都建立了准一体化形式的战略联盟,在通信、计算机、电子、医药等技术密集型产业,这种交流与合作的趋势更加明显。通过这种互补与互换,大企业分享各自的成果,共同构成了多企业的技术优势地位,保证其在新经济挑战面前立于不败之地。

作为世界经济一大"亮点"的技术联盟,也已为我国企业所重视,许多企业在技术创新过程中,研究开发能力薄弱、水平低、创新系统内部技术生产及销售三个环节的低投入、低转化率、低产出效应,已成为多年来限制我国企业技术创新能力提高的瓶颈。因此,组建产、学、研联盟,通过联盟与企业外部的技术力量,特别是与过分集中于高等院校和科研机构的技术力量进行合作,共享资源,优势互补,共担风险,共享利益,对于迅速增强企业技术创新能力具有明显的优势。我们在培育西部军地产、学、研合作技术创新产业集群中,同样可以采用军地产、学、研技术创新联盟。通过联盟,整合军地双方的创新资源,使其成为创新资源有效配置的重要途径,有利于创新资源向最需要且最能发挥其效益的方面转移,以促进创新效率的提高。

5.2 西部军地产学研合作技术创新的切入途径

5.2.1 以重大科研项目及其产业化为中心，建立西部军地产学研合作技术创新联盟

1. 西部军地两用重大科研项目及其产业化

(1)对重大科技项目的认识。对于重大科技项目的概念，目前学术界的理解并非完全一致，如美国佛罗里达国际大学公共管理学院院长 H·A·阿威克教授指出:"我给出必须同时满足的三个判据来定义科研大项目:第一，在项目的整个预期周期中，'系统'的耗资超过10亿美元;第二，即将产生的科学或技术需要有大规模、数额巨大、连续不断的资金投入;第三，信息输出高度不确定或尚属未知。"这一定义从规模、内容、资金、周期、信息输出五个方面对"重大科研项目"进行了界定，尽管不十分完美，如以10亿美元作为资金标准，并非适应所有的国家和地区，但毕竟使重大科研项目有了衡量标准。我国许多学者也从不同的指标设计方面进行说明，如从参与人员数、资金投入数、研究周期等进行界定，但认识尚不明确也不规范。

通常认为重大科技项目是相对于一般的科研项目而言的，是指位于世界科技前沿的、对经济和社会生活有重大影响，关乎到一个国家、地区或企业竞争实力的，其规模较大、耗资巨多，研究周期较长，以最新科技成就为基础，其研究成果能广泛向传统产业渗透，促进产品更新换代，并且推动产业升级的高新科技项目。重大科技项目具有以下主要特征:第一，重要性。重大科技项目所显示的实力，能对一个国家、地区或企业的政治、经济、国防地位产生不可忽略的影响;第二，庞大性。重大科技项目属于高智力投入，需要组织各方面的科研人员集体攻关，规模很大，在研究开发的过程中需要大量高、精、尖设备的投入，故投资额巨大;第三，创新性。重大科技项目往往是科学研究中的重点和难点，是一个对新领域探索的过程，攻克难度较大，开发往往具有开创性、探索性，这也决定了重大科技项目具有很大的风险，可是一旦成功会创造巨大的经济效益;第四，竞争性。美国经济学家瑟罗指出:"今天的知识和技术是在各种竞争中获得优势的唯一源泉"，所以重大科技项目及其产业化已成为各国家、地区、集团之间竞争的制高点;第五，高科技含量。当今社会重大科技项目主要分布在以下领域:电子信息、航空航天、新材料新能源、核技术、生物工程、资源环境技术、先进制造与自动化

技术等,这些领域均有较高的科技含量,其成果辐射力很强。

(2)西部军民两用重大科研项目及其实施意义。西部军民两用重大科研项目是指能发挥西部军工优势的、在西部经济和社会发展中占有重要地位,能有效解决西部经济发展障碍的、提升西部竞争力,具有较强的辐射作用、从而带动西部高新产业及其相关产业发展的、从而缩短东西部差距的高新技术项目。

1)西部军民两用重大科研项目领域。我国建设创新型国家的战略目标是,到2020年进入创新型国家行列,到2035年跻身创新型国家前列,到新中国成立100年时成为世界科技强国。当前,我国发展站到了新的历史起点上,正在由发展中大国向现代化强国迈进,如果我们不能在创新领域取胜,就不能掌握全球竞争先机和优势,迈向现代化强国就会失去支撑。国家中长期科学和技术发展规划纲要(2006—2020年)提出了科技发展的重大专项,重大专项是为了实现国家目标,通过核心技术突破和资源集成,在一定时限内完成的重大战略产品、关键共性技术和重大工程,是我国科技发展的重中之重。《规划纲要》确定了核心电子器件、高端通用芯片及基础软件,极大规模集成电路制造技术及成套工艺,新一代宽带无线移动通信,高档数控机床与基础制造技术,大型油气田及煤层气开发,大型先进压水堆及高温气冷堆核电站,水体污染控制与治理,转基因生物新品种培育,重大新药创制,艾滋病和病毒性肝炎等重大传染病防治,大型飞机,高分辨率对地观测系统,载人航天与探月工程等16个重大专项,涉及信息、生物等战略产业领域,能源资源环境和人民健康等重大紧迫问题,以及军民两用技术和国防技术。

据此西部各省市制定了各自的十三五规划,根据高新技术的发展趋势,结合国家科技发展规划、西部十三五规划,考虑到西部地区高新产业领域,西部军民两用重大科研项目应在航空航天、电子信息、新医药技术、生物工程、新材料及应用技术、装备制造技术、核应用技术和环境保护等领域。首先,西部在航空航天产业有一定的基础和优势。陕西是中国航空工业最密集的省份,拥有国内领先的航空工业的专业院校、门类齐全的科研机构和制造企业,航空工业经济体量大,产业体系完备,人才资源充沛,在军民融合发展中具有深厚的基础和优越的条件。航空专业人才占全国航空专业人员的1/4,有41个航空企事业单位,有一批国家级的研究院所、航空中点实验室及相关的航空配套企业;西安以航天研究四院、067基地、航天六院、五院西安分院、二院210所等单位为主体的航天系统中,民用航天技术重点表现在航天动力及辐射产生的大系统控制、特殊控制、航天材料的合成制造技术、分析技术等;在贵州以中国贵州航空工业集团、中国江南航天工业集团为核心的航天产品科研生产基地和航空工业基地。在实行军工技术向民用工业转移,在建立新的科研生产体系,大力发展高科技含量的民

第5章 西部军地产学研合作技术创新的切入点与切入途径

用产品方面积累了许多成功的经验;甘肃航天510所是我国航天真空低温核表面工程的重要科研生产基地;西部地区拥有酒泉、西昌两个卫星发射中心等。其次,西部在在电子信息领域也有广阔的发展和应用空间。较为典型的有四川绵阳以长虹为中心形成的电子信息科技创新产业;贵州以中国振华电子集团为中心的083基地;西安围绕军工电子厂所与大唐电信、中兴通讯而形成电子信息创新产业链等。此外,西部各省市国防军工在核应用技术、装备制造技术、新医药技术等高新领域也有一定的基础和不同的侧重,军民两用重大科研项目创新活动应选择在这些领域进行有利于激活国家在西部的巨额投资、有利于发挥西部军工优势、有利于带动和促进性相关产业的发展。

2)西部军民两用重大科研项目的实施意义。西部组织实施军民两用重大科技项目意义深远。众所周知,我国西部产业结构层次低,经济发展滞后于东部沿海发达地区,政府实施西部大开发战略目的就是提升西部的竞争力,改变西部的落后局面,使西部与东部平衡发展。西部大开发战略应将生态环境保护与基础设施建设置于重要地位,对此人们已形成共识,而对于是否将重大科研项目及其产业化放在重要地位认识不一。

笔者认为西部大开发必须高度重视高新技术及其应用,具有军民两用特色的重大科研项目及其产业化对于西部经济的推动作用不能忽视,主要有以下理由:

①历史经验表明,重大科技项目是带动一个国家或地区技术和经济发展的根本原因。众所周知,15世纪以力学为基础的轻工技术带动了意大利的丝绸纺织、钟表制造、冶金和枪炮技术,使意大利成为当时世界技术经济活动的中心;18世纪英国成为近代第二个技术经济中心,是以蒸汽机革命的带动下,形成了以动力技术为核心的技术体系;接着法国抓住了以机械工业、轻工业、建筑业为核心的重大技术项目成为第三个技术经济中心;19世纪德国抓住了重工业和化学工业,形成天然染料、化学肥料、塑料、硫酸、硝酸纤维人造丝等成为第四个技术经济中心;20世纪至今美国紧紧抓住计算机这一核心技术项目,并使其渗透到各个领域,使美国成为当今社会头号资本主义大国。可见抓住重大科技项目,并极力将其渗透到各个技术领域,是实现国家或区域跨越式发展的根本措施。

②将军民两用重大科研项目及其产业化作为重点是发达国家开发落后地区的经验。美国在两次世界大战期间在当时较落后的西部地区发展了一批具有相当技术水平和规模实力的军工企业。冷战期间美国大量的军工企业转为民用,利用原有的军事高科技基础加上西部地区丰富的资源与廉价的土地和劳动力,美国西部以宇航、原子能、电子、生物等为代表的高科技产业迅速发展,极大地推动了美国西部的产业结构升级换代。世界著名的硅谷位于美国西部的加利福利

亚洲,它从20世纪50年代起步经过数十年的发展由小变大、由弱变强现已成为世界闻名的高新技术产业的聚集地。我国西部现状与当年美国刚开发西部时的情况极为类似,我国西部的省市,陕西、四川、重庆、甘肃、贵州等在"三线建设"时建立了大批军工企业,而且这些军工企业大多具有较强的科研生产能力和科技创新能力,为西部实施具有军工特色的重大科研项目及其产业化奠定了良好的基础。

③西部产业结构层次低、产品缺乏科技含量是造成西部经济落后的主要原因。西部相对于东部沿海有较丰富的自然资源,但目前初级产品在市场上没有竞争力,难于产生较大的经济效益,更何况以资源开发作为重点,可能导致西部产生严重的生态环境问题,影响可持续发展。重大科研项目及其产业化不仅可以提升产品的科技附加值,推进西部产业升级,也能为环境保护提供强大的技术支持。

西部在20世纪80年代以前是与东部在同一起点上的,由于受政策的影响和客观因素的限制,从80年代至今其发展速度与东部的差别越来越大,直至形成了目前的东部发达地区与西部发展中地区。但在高新技术产业方面西部基本上与全国是同步的,比如经过改革开放40年来的发展,贵州省高新技术产业化获得了长足的进步,已经具有了一定的发展基础,尤其是在电子信息、航空航天、民族制药等领域初步形成了一些具有一定竞争力的产业、企业和产品。作为贵州建设国家大数据综合试验区的主战场之一,贵安新区在做大大数据产业集群上频出妙招,初步形成了优质的产业发展生态圈。2015年6月,习近平同志在贵安新区考察时要求,新区的规划和建设一定要高端化、绿色化、集约化,不能降格以求。这些年来国家一直加强对西部地区的科研投入,西部集中着大量的科技人才、先进设备和军工科研院所与企业,这为西部组织实施军民两用重大科技项目,用军工技术生产科技附加值高的民品,从而带动西部高新产业及其相关产业发展奠定了良好的基础。

(3)西部军地两用重大科研项目的产业化。

1)对重大科研项目产业化的认识。重大科技项目产业化是将科技创新成果商品化、市场化的过程,即把研究成果应用于生产领域,开发生产出性能良好、功能优异和高附加值的新产品、新资源和新服务,形成新的社会生产力。其中重大科技项目的商品化是把研究成果转化为能在市场上销售的新产品、新工艺;重大科技项目产业化是将商品进一步形成规模和产业。科技成果商品化与产业化并不是一回事,商品化可由单个企业来完成,而产业化过程要由企业集群来完成;商品化主要受制于成果的科学技术成熟程度,产业化主要受制于企业的经营管理能力和水平;商品化注重的是能否转化为现实商品,产业化注重的是能否成为巨大产业、获得最大的效益;商品化中企业生产规模小、批量小,对社会影响小、推动力小,产业化中企业集群经营,规模大、批量大,对社会影响大,推动力大,等等。实现重大科技项目的产业化是当今各国、各地区经济科技发展最明显的特征。因此,西部地区也应该对重大科技项目的产业化在政策上、资源配置上进行重点扶持。重大科研项目产业化具有以下显著特点:

①高投入。科技项目产业化涉及产品工艺、设备、造型、包装及原辅材料、基础设施建设等多方面的问题,特别是重大高新科技项目,配套的问题更多。有学者估计重大科技项目研究开发、商品化、产业化的投入之比是1:10:100。

②高风险。重大科技项目成果处于当代科学技术的前沿,能否在有利的时机开发出满足需求的产品具有很大的市场风险。

③高收益。重大科技项目产业化能够显著提高工艺性能,增加产品科技附加值,从而带来巨大效益。一旦高新技术产品投入市场,在垄断市场这段时期可获得高额利润,在将成熟技术向其他企业扩散过程中也可获得巨额利润,即创新产品可获得巨大的垄断市场和技术扩散的双重利润。据统计,科技创新的平均回报率为20%~30%,而社会回报率为50%,是其他行业所无法比拟的,所以尽管重大科技项目研发难度大、投入多、失败率高,但却以其高回报受到各方,尤其是企业的青睐。

④高渗透。重大科技项目成果不仅能直接形成产业,而且能广泛地向各相关领域和传统产业渗透,改变落后的工艺流程,提高产品性能,促进产品的更新换代,增强产业活力和产品竞争力。

这些特征决定了为重大科技项目成果商品化、产业化创造特殊的创业环境和风险资本的支持非常重要,西部政府应通过建立孵化器、高科技园区、优惠政策等为其创造局部优化环境。

2)重大科技项目产业化的效应分析。重大科技项目产业化不仅使高额投资得到回报,以避免研发投资的浪费,尤其能拉动相关产业的发展,带动经济的增长。纵观国内外重大科技项目的产业化状况莫不如此:

党的十八大以来,我国在实施创新驱动发展战略上取得了显著成就,科技进步对经济增长贡献率从2012年的52.2%提高到2016年的56.2%,有力推动产业转型升级。2016年高技术产业增加值占规模以上工业增加值的比例达到12.4%,比2012年提高3个百分点。高速铁路、水电装备、特高压输变电、杂交水稻、对地观测卫星、北斗导航、电动汽车等重大科技成果产业化取得突破,部分产业走在世界前列,持续提升我国经济发展的质量和效益,开辟我国发展的新空间。

美国作为当今高新技术集中程度最高的国家,对重大科技项目及其产业化极为重视,先后出台的有"阿波罗计划""航天飞机计划""星球大战计划""信息高速公路计划"等项目。这些重大科技项目极大地带动了信息技术、定向能技术、航天技术、计算机技术、遥感技术等迅速发展。例如阿波罗计划当年投资240亿美元,随后带来了数千亿美元的民用市场。波音公司运用这些科技成果发展其产品和服务,数十年来,波音一直是全球最主要的民用飞机制造商,一直垄断着大型运输机的市场,同时也是军用飞机、卫星、导弹防御、人类太空飞行和运载火箭发射领域的全球市场领先者,当前一架波音747客机的售价是1.3亿美元,一套中国全毛西服的售价是100美元,也就是说130万套西服的生产劳动只相当于一架波音飞机的生产劳动。

2.西部军地两用重大科研项目及其产业化状况分析

(1)西部军地两用重大科研项目及其产业化的现状。西部在军地科研项目及其产业化方面已经取得了一定的成效,譬如在西安,阎良的西安飞机工业(集团)有限公司(以下简称西飞)是一家特大型航空工业企业,是我国大中型军民两用飞机的研制企业,是国家一级企业,其研制开发的新舟60飞机,产业化规模已经形成,已与国内外多家航空公司和相关的金融机构签订了10余家订货合同和数十家意向订货合同,预计未来20年将是新舟60飞机发展的黄金时代。目前正在开发60~80座的涡扇支线飞机,还有西飞公司的西飞牌铝型材、西沃牌豪华客车也具有较强的市场竞争力和知名度。

然而,西部军地两用重大科研项目及其产业化状况不容乐观。以陕西为例,主要表现有:

1)军工科研项目的成果转化率低、军工科技资源军民共享不够。"十五"以来,陕西军工取得各种科研成果3 000余项,实现产业化开发的有600多项,科技成果转化率为20%,远远低于发达国家科技成果50%以上的转化率。陕西军工拥有大量的科研、生产、试验、检测设备等资源,其中各类数控加工设备2230台,具有国际先进水平的科研生产设备600多台,国防重点实验室11个,国家级和部省级技术中心37个,这些资源因种种原因基本上没有对外开放,利用率低、资源共享性差。

2)军工科技项目民用的产业化规模偏小、军民品比例不协调、产业难以做大做强。已经形成经济规模的品种比较少,陕西列入统计的295种民品中,产值上亿元的只有16个品种,仅占5.4%,而产值在1 000万元以下的就有168个品种,占到了56.9%。全国国防科技工业军民品比例为4∶6,陕西"十五"初期达到了5∶5,近3年军品增长较快,军民品比例为6∶4,民品发展较慢,其中2004年陕西航空工业军民品比例为6∶4,航天工业比例为7∶3,兵器工业为7∶3,民品发展的差距较大,产业难以做大。

3)缺乏名牌产品,无法发挥著名品牌的影响作用从而形成产业链。陕西军工在众多民用产品中,真正市场知名度高、品牌效益好的产品不到10个,且市场份额较小,缺乏高技术含量、高附加值的产品,可见军地两用科技项目在民品开发生产中的产业化程度不高。

(2)西部军地两用重大科研项目及其产业化水平较低的主要原因。

1)军地产学研互动机制未构建起来是导致科技成果转化率低的主要原因。军地产学研紧密合作是实现科技项目产业化的有效手段,企业是科技成果产业化的主体,高校和科研机构不仅提供科研成果,而且在科研成果的商品化与产业化过程中也提供技术支持。在许多国家产学研科技融合水平相当高,比如在美国,70%的科研开发是在企业中进行的,官产学研结合得很紧密。而西部现行的科研体制造成军地之间在科研成果与其产业化运作"两张皮",军地科研单位和高等院校科技项目的立项、审批、经费分配、科研组织、成果鉴定等均在封闭性的军工或民用科研组织体系内运行,较为关注的是理论成果,而忽视其商品化与产业化,而企业受科研成果应用性研究能力的制约及其对商业化风险的承受力的限制,也很难使科研成果商品化。

2)尚未建立有效的军地科技信息交流平台,使科研成果产业化无法实施。良好的信息交流平台,能使科技成果的供方与需方实现对接,使科研成果产业化得到实施,但目前西部缺乏这样的信息交流平台,造成信息不对称,一方面是军工科研单位拿着具有良好市场前景的科研成果想在本地转化却找不到接产单位,另一方面是本地企业拿着资金和技术难题而苦于找不到合作伙伴,错失转化良机。

3)军工自身思想观念陈旧,市场意识不强,缺乏经营民品的积极性,使大有市场前景的科研成果难以创造经济效益。西部军工具有科研优势,军工企业也有生产能力,但许多军工企业没有把民品发展放到战略位置,而是倾向于生产军品,因为军品生产计划安排、产品销售全由上级主管部门负责,企业不用承担经营风险,而民品生产受市场需求的影响,前景难以预料,所以只要军品任务饱满,企业就不会重视如何使能够生产军品的科研成果商品化,也就不会投入经费进行应用性研究。与此同时民品生产企业一方面无法获知科研成果情况,另一方面却为自身产品科技含量低、工艺落后而丧失市场感到苦恼。

4)地方政府对于科研项目产业化的支持性措施不到位。主要表现在两方面:一方面科研项目产业化能够繁荣地方经济、提升区域竞争力,必然会得到地方政府的积极支持,但是由于军工单位多为国家直接管理,地方政府的支持性措施难以有效发挥作用。譬如,地方政府对于科研项目产业化的资金支持与军工单位直接从国家得到的经费相比,可能不会为军工单位所看重而失去作用;另一方面地方政府对于科研项目产业化的支持缺乏相应的措施及相应的机构或部门,如在西安,西安航天动力试验技术研究所几年前一个重大项目准备落户长安区,购置土地的款项早已支付,但所购置的土地却迟迟拿不到手,迫不得已航天动力准备将这一项目放在长庆油田实施。军地重大科研项目产业化应得到政府的有效组织,但西部至今没有专门负责与国防科工委和西部企业相联接的政府管理部门。

5)重大科研项目产业化风险机制尚未建立起来。目前,多数院校和科研院所主要靠政府在科研项目的研发和中试上投资,而西部经济落后,政府财力有限,其他各方投资又缺乏完善的风险机制,目前这是重大科研项目产业化水平低的重要原因。在西安就曾经由于地区财力不足,缺乏完善的投资风险机制,许多科技成果无法就地开花结果而在异地落户,例如603所设计的低空飞行小型飞机小鹰500,多次在西安申请重大科技项目,都没有得到响应和支持,后该技术落户石家庄,被河北省发改委列为重大项目,并在国家发改委申请到第一期1亿元人民币资金支持。

6)军工民用产业化的发展体制不合理,军工资源和地方资源得不到相互渗透和融合,导致市场前景看好的科研项目难以实施。目前各军工集团大都实行高度集权管理,军工民用产业发展仍实行以军工集团为主的条块管理模式,民品的科技开发、技术改造、产业布局难以与地方的经济发展衔接,地方政府对军工民用产业的发展缺乏调控手段,军工与地方资源难以整合制约着重大科研项目产业化的实施。

3. 建立军地产学研合作技术创新联盟是西部重大科研项目产业化的重要途径

(1)建立技术创新联盟能充分发挥西部军地产学研合作各方的优势,增加重大科研项目产业化的成功率。

企业是技术创新的主体,在市场经济条件下,企业开展技术创新是以需求为出发点的,产学研合作技术创新联盟为重大科技产业化奠定了良好的基础。据统计,2016年企业在全社会研发经费支出中占比超过77.5%,涌现出一批具有国际影响力的科技型企业。从目前来看,西部企业科技力量相对薄弱,技术创新的主要承担者是高等院校和科研机构,这些单位具有较为完备的技术创新条件,结合西部军工积聚、高校和科研机构较多的实际,建立军地产、学、研合作技术创新联盟能实现资源共享,使合作各方的优势得到充分的发挥,使创新资源向最需要且最能发挥效益的方面转移,增加了重大科研项目产业化的成功率。

(2)建立军地技术创新联盟增强了抵御重大科研项目产业化风险的能力。军地重大科研项目产业化投资多、风险大,军地技术创新联盟既能争取政府的资金支持,又能将科研院所和高等院校的资金配套,还能调动联盟各方企业资金参与的积极性,做到共同投入、共同参与、共享成果、共担风险,同时依靠相互之间不断的信息反馈和沟通,减少创新过程的失误和时间损失,增强了军地重大科研项目产业化风险的抵御能力。

(3)建立军地技术创新联盟也能推动科研体制的改革。军地技术创新联盟使得重大科研项目衡量标准不仅仅是其理论成果,还有其产业化水平,在一定程度上对突破现有的军工集团高度集权的管理模式、改革现行的科研体制提出要求。

(4)建立军地技术创新联盟是企业灵活及有效的科研项目产业化模式。军地技术创新联盟能够吸引高校、科研机构以及社会各种科技资源到企业中去,补充企业科研项目商业化运作能力的不足。无论是对于技术力量薄弱而没有独立能力进行研发的中小企业,还是对于需要分散资金压力、缩短科技成果商业化时间的大型企业都是最佳的选择。

(5)建立军地技术创新联盟、促进重大科研项目商品化,由此带来的巨大经济效益会激发军工、民用企业开展技术创新的积极性,提高企业与高校、科研单位联合进行科技攻关的热情,从而形成科技研发活动的良性循环。

西部在国防军工内部,由于隶属关系和国防系统军事化和指令性特点,产学研技术创新联盟已经形成,相关领域的研究院所、重点实验室、高等院校及其配套企业之间联系紧密,但军地技术创新联盟尽管近年来在"平战结合""寓军于民"的思想指导下取得了一定的成效,如航天四院与西安交通大学联合研制开发具有90年代世界先进水平的低噪声风机和防爆机取得了明显的成效,但总体状况却不尽人意,究其原因从微观上讲是西部地区受计划经济惯性的影响较大,现代企业制度尚未建立起来,企业、高校、研究院所通过技术创新联盟使科技成果商品化、产业化的市场意识不是非常强烈,从宏观上看,缺乏开展军地技术创新联盟相关的政策支持、有力的组织协调和良好的环境条件。

5.2.2 以龙头企业为中心,建立西部军地产学研合作技术创新产业链

1. 对龙头企业的认识

(1)对龙头企业的界定。目前对龙头企业的含义理论界尚无确切的定义,现实中人们一般认为龙头企业是规模较大、辐射面广、带动力强、市场前景好、竞争有优势的、充满生机和活力的经营实体。龙头核心企业有广义和狭义之分,广义的龙头企业应包含一定规模以上的、企业化运营的、活跃在各行各业中发挥着

"龙头"带动作用的各种类型、各种所有制形式的企业(集团)、批发市场、中介组织等经营实体;狭义的龙头核心企业指具备法人条件的企业或集团。作为龙头企业必须具备以下基本条件:

1)从事产品的生产、加工、经营或服务,经营灵活,形式多样,规模大,效益好,具有较高的市场占有率和较强的市场开拓、科技创新能力,示范带动作用明显,能够带动地方优势产业发展,龙头企业是具有独立法人资格的企业。

2)龙头企业能够努力建立现代企业的制度,具有较完善的法人治理结构和健全的科学管理体系,具有较高的经营管理水平。

3)与协作伙伴有稳定、可靠的利益联结机制。龙头企业作为产业链条中的重要链结,能够正确处理自身发展与整个产业发展的关系,与各个协作伙伴结成风险共担、利益共享的经济利益共同体。

如四川长虹的前身是是研制和生产军用歼击机雷达的军工企业,现已入选世界品牌500强,相关部门评估,长虹品牌已超过300亿元,净资产200亿元以上,如今,长虹彩电及产品已遍销全世界,在全国消费者中,四台彩电中就有一台是长虹,能够成为绵阳地区的龙头核心企业。

(2)龙头企业的作用。

1)龙头企业有较强的带动和辐射作用,能够形成产业链,进而形成产业集群。例如在西安,西安航空发动机公司每年外协件加工量在2亿元人民币以上,带动周围乃至全省200多个企业为之配套生产;西北光学仪器厂周围仅生产光学玻璃的相关民营企业已有60多个;创联集团集聚了200家公司在其周围,已成为统一标准、统一价位、统一出口的店连接器出口基地。

2)龙头企业凭借其较高的知名度和较强的品牌优势,容易获得各方的普遍关注和广泛支持,具有良好的发展环境。政府会因其是纳税大户、能带动当地经济的发展而给予有力的政策支持;消费者会因其知名品牌而购买其产品和服务;高校和科研院所会因其良好的市场前景与其开展技术合作;众多的中小企业会因为其生产协作件和零配件而聚集在其周围;银行愿意为其提供金融支持;供应商、经销商愿意与其联合从而形成供应链,等等,这一切使得龙头核心企业具有良好的发展基础。

3)龙头企业能够带动地方经济的发展,甚至形成区域经济特色。在我国许多区域都有这种情况,譬如在青岛有以海尔、海信、澳柯玛为龙头企业,形成了以家用电器为特色的经济模式。在西部以军工龙头企业为核心带动区域经济的发展是一大特色,如重庆有以长安、嘉陵、建设、空压、望江、江陵等军工企业为龙头企业(其中前身为中国第一家兵工厂的重庆长安集团目前已成为中国最大的微型汽车生产基地),形成的汽车、摩托车产业经济模式,等等,有力地拉动了地方经济的发展。不仅如此,以龙头核心企业作为中坚力量形成的产业链,有实力、有动力进行技术创新,有利于产业集群良性发展。通过对我国及对外国成功产业集群的分析,能够发现大多数比较成功的产业集群都有一些比较大的龙头核心企业,也就是说以龙头企业为核心形成的产业集群有利于科技创新。在产业链的基础上形成的产业集群有两种典型模式,一种是由众多中小企业通过分工协作形成的,如我国的珠江三角洲地区的广东、江浙一带的产业集群。另一种就是以龙头企业为核心形成的,如青岛以海尔、海信、澳柯玛为龙头形成了家电、电子产业集群。在以中小企业为主的产业集群中常常竞争很激烈,相互之间的模仿极其频繁,创新者的利益很难得到保障,企业因此往往不愿意创新,并把竞争手段集中于价格战、营销战上,把整个行业的利润做得很薄甚至亏损,长此以往整个产业集群就逐渐衰弱;而以龙头企业为核心形成的产业集群有利于科技创新,理由是:第一,龙头核心企业出于对产品声誉、企业形象的考虑,对协作企业的工艺水平、生产质量有较高的要求,因此龙头核心企业不仅自身要进行技术创新以满足需求提高竞争力,也迫使协作厂家重视技术创新,为企业开展科技创新奠定了良好的基础。第二,龙头核心企业实力雄厚、技术创新能力强,有与高校、科研院所联合进行科技研发的愿望,也具备开展技术联盟的良好条件,在重大科技项目研究及其产业化方面有明显的优势。第三,在龙头核心企业产业集群里,由于龙头核心企业与协作企业是一个利益共同体,所以龙头核心企业愿意把各种知识与上下游企业协作企业共享,协作企业也愿意把各种知识与龙头企业共享,这样所扩散的知识的深度大大增强,准确度大大提高。

2. 技术创新产业链

(1)传统的产业链理论。产业链是产业经济学中的一个概念,传统的产业链是什么呢?学术界没有达成一个统一的认识,较有代表意义的观点认为"产业链是构成同一产业内所有具有连续追加价值关系的活动所构成的价值链关系",或"产业链就是以市场前景比较好、科技含量比较高、产品关联度比较强的优势企业和优势产品为链核,通过这些链核,以产品技术为联系,以资本为纽带,上下连接,向后延伸,前后联系形成链条,这样,一个企业的单体优势就转化为一个区域和产业的整体优势,从而形成这个区域和产业的核心竞争力"。有一个经典的经济学故事形象地说明了产业链:一个犹太人在美国西部淘金,第二个来此的犹太人就做起了出租淘金工具的生意,第三个犹太人则主动做黄金分销的生意。他们由此形成了不可替代的各个环节,从而使得淘金产业越做越大,每个人都有收获。

产业链分为垂直的供需链和横向的协作链,垂直关系是产业链的主要结构,是指产业中的上、中、下游关系;横向协作关系则是指产业配套。从现代工业的产业链环节来看，一个完整的产业链包括原材料加工、中间产品生产、制成品组装、销售、服务等多个环节。产业链具有以下特征：

1) 相关性。产业链是围绕某核心技术或产品形成的，具有相互衔接关系的企业的集合。

2) 动态性。产业链的形成和发展过程是一个动态过程，科技的发展会导致产业链上一些企业被淘汰，同时一些新的企业又会不断产生。

3) 非平衡性。产业链上各企业由于技术、资源、市场以及环境等因素的不同，在技术层次、产品增值与盈利能力的差异，导致了各方发展的不平衡性。

实践证明，具有较强竞争力的产业链还表现出一定的地理集中性，形成产业集群。这样有利于政府集中科技力量、资金和资源等优势，建设基础设施，创造相应条件来重点培育产业链的发展，也能加强产业链各方之间的组织与协调，形成规模效应。

产业链的形成对一个地区产业发展起着重要的作用。对一个地区经济而言，当某种产业上游企业单独发展的时候，它可能达不到预期的效果，而当上游企业和与其相匹配的优势产业——下游企业共同融合在一起时，就可以发挥出巨大的作用，因此产业链已经成为区域核心竞争力和投资环境的重要组成部分。一个完备的产业链能够产生很大的吸附作用，吸引大量的企业不断加入到这个好的生态环境中寻求最大的商业利益，他们之间在技术上既替代又配套，在市场上既竞争又结盟，使得生产成本大幅度降低和生产效率迅速提高。产业链能增强产业和区域经济的抗风险能力，能在整体上参与国际竞争。

(2) 技术创新产业链。技术创新产业链是指根据市场需求，由高校和科研院所进行科技研究开发，并与企业一起使其商品化、产业化，在此基础上形成产业集群。也就是说，技术创新产业链将大学、科研院所和企业带到一起，政府通过政策和税收优惠等方式，鼓励产学研的结合，让懂得市场的经理和懂得技术的专家学者一起预测科技的发展，在此基础上进行科学研究、资源共享，加速实现科技成果的产业化。技术创新产业链仍要以传统产业链为其基本的构成部分，但与传统的产业链有以下不同：

1) 形成产业链的主体不同。传统的产业链的构成主体是上下游企业或相互协作的企业，而技术创新产业链的构成主体不仅有企业，还有进行科技研发活动的高校和科研单位。

2) 产业链上的协作关系不同。传统的产业链的协作关系是在同一产业内的分工合作，而技术创新产业链则是科研开发、成果转化、形成商品进而产业化，并在产业链的基础上发展成产业集群。

3) 产业链的主要作用不同。传统的产业链主要作用是便于链条上的企业之间的协作配合,而技术创新产业链却能提高科技成果的应用率,有利于促进技术产业化和知识转移,从而产生良好的经济效益,使产学研形成良性循环。

技术创新产业链这一概念虽然鲜为人知,但在现实中已有实际的操作。譬如英国在基础研究方面是一个实力很强的国家,它的人口仅占世界的1%,却承担了5%的全球研究开发工作、完成8%的科学论文,诺贝尔科学奖的获得是除美国之外最多的国家,但同时也是一个科技产业化能力较低的国家。英国人发明了专利,却让美国人申请专利赚了钱;研究出了液晶材料,却在日本、韩国实现产业化,因此英国被认为"精于科学,但不善于转化",并且由于产业化程度低,研究开发投入在下降。为改变这一状况,英国制定了以促进高新技术产业化为目的的产、学、研一体化的政府战略计划,该计划将产学研带到一起,共同对未来的科技发展进行预测,在2000年完成了对20个领域未来20年的预测,为产学研合作奠定了良好的基础,对促进科技成果的产业化发挥了关键作用。借鉴英国经验,构建技术创新产业链应引起我们的高度重视。

在西部,有形成军地结合的技术创新产业链的天然优势。比如西安作为西部最大的中心城市之一,拥有高等院校51所,大中型科研院所524个,国家级实验室和测试中心75个,各类专业技术人员40多万人,并集中了90多个军工单位,一些龙头核心企业及其拳头产品布局在西安,科技和产业创新能力居全国前列。一旦形成无缝平滑衔接的、军地结合的技术创新产业链,将有利于提高产品的科技附加值,增强高科技产业的竞争力,有利于科技成果的尽快转化,可以避免产学研由于信息不对称而产生的巨大转化成本,并且有利于科研体制改革和现代企业制度的建设。

3. 以龙头企业为中心建立技术创新产业链,是西部军地产学研合作技术创新的重要途径

企业是高新科技成果转化为产品、形成产业的主体,追求高新技术产业化所带来的经济回报是企业的根本目标。高校和科研机构可以在一定程度上不以经济效益而以技术的先进性作为开发的重要标准,而企业则以科技成果的市场价值作为标准,没有市场需求、不能带来效益的技术,即使其技术再新、再高也不会有企业敢冒风险去实施产业化,以企业为中心建立技术创新产业链,从技术创新一开始就为其成果转化奠定了良好的基础。龙头企业有较强的实力和较大的带动辐射作用,以军工龙头企业为中心建立技术创新产业链,是西部军地产学研合作技术创新的重要途径。

(1)西部具有以军工龙头企业为中心形成技术创新产业链的良好基础。由于历史的原因,在西部一批龙头军工企业和国有大中型企业在区域经济中扮演重要角色,其产品和科技成果有带动相关企业和机构与之配套的实力,许多技术

创新产业链均能够以龙头企业为核心而建立起来。如在陕西,西安阎良国家航空高技术产业基地能够以西飞为中心,以中国第一飞机设计研究院、中国飞行试验研究所为依托,围绕整机制造、零部件加工制造、科技研发、教育培训、航空服务等业务形成航空技术创新产业链;民用航天科技创新产业链可以围绕航天研究四院、067基地、五院西部分院、771所等单位而形成;电子信息创新产业链可以围绕军工电子厂所与大唐电信、中兴通讯而形成等。在四川绵阳有中国最大的彩电生产基地,能够以长虹为中心形成的电子信息科技创新产业链;在贵州电子、航空、航天三大产业基地分别是以中国振华电子集团为中心的083基地、以贵州航空工业公司为中心的011基地、以江南航天工业集团为中心的061基地,均是以军工企业为中心形成的。在甘肃,兵器805厂是我国火炸药行业的龙头企业,航天510所是我国航天真空低温核表面工程的重要科研生产基地,以其为核心能够形成相关的科技创新产业链,等等。

(2)西部军工龙头企业主要分布在航空航天、核、电子信息领域,属于国家战略产业,与高新产业高度融合,客观上要求形成产学研技术创新产业链。

譬如,位于甘肃的航天510所、兰州真空设备厂、兰州化物所、涂料所、电子749厂、871厂、860厂等十几个单位参加了载人航天工程的设计、研制和建设,他们团结合作,克服了重重艰难险阻,攻克了大量工程技术难关。510所承担了载人航天工程的十几项产品,广泛应用于飞船舱内隔热、温度控制、测控系统、回收系统和航天员逃逸系统。兰州真空设备有限责任公司研制的应急生保试验副舱、航天服试验模拟舱、湿温度环境试验舱、76厘米高空火箭姿势调整试验平台,为航天员训练和生命保障、航天服性能试验等做出了成绩。化物所为神舟研制了有关部件润滑及防止真空冷焊涂层材料。西北铝加工厂研制提供了用于航天飞船返回舱、轨道舱包装箱用材料的型材、棒材。电子749厂、871厂、860厂生产的各型电子元器件、电路等广泛应用于火箭、飞船及逃逸系统、西安卫星测控中心和酒泉卫星发射基地卫星轨迹测试,等等。这些军工技术有广泛的民用空间和市场空间,如果形成产学研技术创新产业链,会促进科技成果的产业化从而带来巨大的经济效益。

(3)西部军工龙头企业科研实力雄厚,易于建立技术创新联盟,从而获得最新科技成果并使其产业化,带动产业链合作企业科技进步。

譬如,贵航集团公司以技术创新促进不断发展,分别与清华大学、上海交通大学、北京航空航天大学、南京航空航天大学、西北工业大学、浙江大学等高等院校开展产学研合作项目80多个,在此基础上,贵航集团2003年开发出的新产品达163项,新产品的贡献率达到了22.64%,"山鹰"新一代教练机、无人机、采棉机和汽车零部件、整体环形锻件等产品相继开发,实现了贵航集团高新技术向现实生产力转移。每年开发的新产品高达 100 多项,实现产值 10 亿元以上,近几年获授权专利 86 项,国家、省(部)级科技进步奖 339 项,其中贵航集团公司举全力打造"山鹰",开发无人机,无疑是抢夺航空技术高峰,独领航空技术风骚的举措,为集团抢占技术制高点打下了坚实的基础。

西部虽有以龙头企业为中心建立技术创新产业链的先天优势,但目前这一得天独厚的优势尚未充分发挥出来,为此需要有关各方对此有一个清楚的认识,进一步培育和支持龙头核心企业,并制定相应的政策,促进军地产学研技术创新产业链的形成,加速高新技术的产业化。

5.2.3 做好规划设计,形成西部军地产学研合作技术创新成果转化科技园区

1. 对科技园区的认识

(1)科技园区及其类型。建立科技园区是世界各国在科技产业化方面最重要的创举。自 1951 年美国斯坦福大学在校园创办了斯坦福研究园,迅速成为举世闻名的"硅谷"以后,世界各国都掀起了创办科技工业园区的热潮,著名的有美国波士顿 128 公路技术带、日本的筑波科学城、英国的剑桥科学园、印度的班加罗尔工业园等,迄今为止全球已有 1 000 多个各种形式的的科技工业园区。在这种背景下,我国的高新区也开始创建和发展起来,自 1985 年在北京以"中关村电子一条街"为中心,建立第一个高新技术产业开发区以及同年 7 月中国科学院和深圳市人民政府共同创办深圳科技工业园,建立我国的第一个科技工业园区以来,到目前为止,国家级的高新区约有 50 多个。以航空领域为例,目前我国各地通航产业园区已从 2010 年的 28 个增至 140 余个,通航企业 200 多家,通航产业发展的基础已基本具备。

对高新区人们的称谓很不相同,有高科技园区、高新科技园区、高新科技工业园、高新技术产业园、高技术开发区、科学城,等等,我国政府部门则规定统一称为"高新技术产业开发区",但此称谓给人的感觉是高新技术产业的发展基地,实际上区域的科技研究、开发、创新功能是十分重要的,大学、研究机构在其中起着非常重要的作用,故而许多研究使用"科技园区"的称谓,强调了科技开发的重要性。在本研究中对使用哪种称谓不作限制,无论是用哪种称谓都应具有这样的内涵:科技园区或高新技术产业开发区是高新科技与其产业化相结合的特殊地理区域,主要任务是研究、开发、孵化高新技术产品,促进高新研究项目的商品化、产业化。其基本构成要素有高新技术企业、大学和科研单位、中介服务机构、风险资本和政府等。

(2)科技园区(高新技术产业开发区)的类型。当今世界,科技园区的具体情况各不相同,在此从以下几个角度进行分类:

1)从性质上分,有创新基地型、科技产业基地型、区域经济辐射型。创新基地型主要是研究开发,不断输出新的科技成果,一般位于中心城市,靠进大学和科研院所集聚地,拥有优秀的科技人才、完善的信息基础设施,在我国,北京的中关村基本属于这种类型。科技产业基地型在园区内集聚着大量的国内与国际公司,以生产高科技产品为主,园区的专业化程度较高,特色支柱产业有一定程度的影响,如中国台湾的新竹科学工业园是以生产计算机而著名,我国的高新技术开发区也多属于这种类型。区域经济辐射型一般位于区域经济中心城市,区内以中小企业为主,它不仅能带动中心城市的发展,而且辐射到区域并带动区域经济的发展。

2)从科技园区内部构成上分,有一区一园型和一区多园型。一区一园型在园区规划上有整体布局,空间上一般由工业区、研究开发区、居住及服务区等构成,一区多园型则不同,在空间规划布局上有创新园、产业园、孵化园、大学科技园、留学生创业园等多种专业园区。根据地理位置关系,又有两种形式:一种是各个园区在地理上连成一片而没有被其他区域分离;一种是在地理位置上没有连成一片,如北京中关村的"一区五园"。

3)从侧重点上分,有智力依托型、引进技术和出口加工型、技术改造型、军民两用型。智力依托型比较注重利用园区知识密集、智力密集的优势,积极开展产、学、研结合,孵化、培育高新技术成果和创新企业。引进技术和出口加工型主要利用外资、引进技术,进行加工出口,如广东的高新区。技术改造型主要对传统产业进行高新技术改造而发展高新技术产业,我国东北老工业基地的高新区属于这种模式。军民两用型科技创新园区主要是在西部"三线"军工实力较强的地区建立的高新区,利用军工单位雄厚的研发力量和工业生产力量发展高新技术产业。军民两用型高科技园区按地理位置分为两种,一种是地理位置不在中心城市,而在国防企事业单位较集中的地区建设的,另一种是地理位置在中心城市,甚至是在高新技术开发区内设置的。根据西部实际,显然应该发挥军民两用型高新科技产业园的作用,促进西部科技项目的产业化。

(3)高新科技产业园区是实现产学研技术创新相结合,促进技术创新产业化的重要途径。早在20世纪的50年代,美国就依靠强大资金和人才优势,采用产、官、学、研联合体的形式建立了世界第一个高新技术开发区"硅谷",并采取多种措施不断推进其集团化、产业化发展。硅谷围绕着斯坦福和伯克利两所主要的大学,分布着许多研究开发机构和3 000多家高科技产业。在这里,高校、研究机构与产业界有着广泛的联系,形成了科技创新互动的状况,并基于此诞生了数以千计的高科技公司和数千亿美元的财富神话,从惠普、英特尔到太阳系统、思科和雅虎,确立了世界上最大科技创新及其产业化中心的地位。可见建设高新科技产业园区是实现产、学、研技术创新相结合,促进技术创新产业化的的重要途径。主要原因是:

1) 高新科技园区通过搭建良好的平台,实现科技与资本、科技与产业、科技与经济的有机结合,进行科研开发,孵化高新技术产品,满足科技成果产业化,由此人们认为建立高新科技园区是20世纪人类实现科技成果产业化最伟大的创举。例如,2015年7月26日,四川省与国家国防科技工业局工作会谈暨战略合作框架协议签署仪式在成都举行。在会谈后举行的签署仪式上,四川省政府分别与国防科工局、中国航天科工集团、中国航空工业集团签署战略合作框架协议。根据协议合作内容,四川省将与国防科工局加强军民融合发展统筹规划,设立军民结合产业投资基金,推动部分区域军民融合相关政策先行先试、军民结合高技术产业、军工科技服务业、军民科技创新平台融合发展和高分科技重大专项应用发展;四川省将与中国航天科工集团联合开展航天云网建设,联合打造众创空间,共同推动航天科工通信产业发展,推动航天科技成果转化;四川省将与中国航空工业集团共同编制航空产业发展规划,推动重大项目和产业基地建设,推进航空文化创意产业发展。

2) 高新科技园区是产学研相结合的载体。如果高新科技园区只有大学和科研单位参与而没有企业参与,就成了从事科学研究和开发基地或科学园区;如果只有企业参与而没有大学和科研单位参与就成了工业园区。所以高新科技园区实现了产学研相结合,并且能产生整体收益大于其各自收益之和的目的。

3) 高新科技园区也能满足参与各方对园区的需求。高新企业对园区的需求是孵化科技成果、降低交易费用、增强创新能力、寻求法律保护和政策优惠;大学和科研机构对园区的需求是获取生产一线大量、真实、准确的科研信息,推动教学科研水平的提高,增加教学科研收入。政府对园区的要求是发展高科技、增强竞争实力、提升产业结构、增加税收等,高新科技园区能使各方需求得到满足。

2. 军民两用型科技创新园区是西部高新科技产业园区建设的鲜明特色

在西部大开发战略中,西部高新科技园区的建设发展占有重要地位,其中西安高新区、成都高新区、重庆高新区等引人注目;西安韦曲航天科技产业基地、绵阳国防军工和科研生产基地、贵州以黎阳航空发动机公司等八家军工企业为主的黎阳高新技术工业园区的军民两用型特点鲜明。这些高新技术产业园区在形成一批具有实力的高新企业、促进科技项目商品化和产业化、带动区域经济发展方面取得了显著的成果。但具有军工特色的、以军工单位为核心的高新科技产业园区在军地产学研相结合及实现科技成果产业化中的作用尚未充分发挥出来。西部建设高新科技产业园区要具有自身特色,鉴于西部军工单位聚集的实际,应建设军民两用型科技创新园区。

(1)西部建立军民两用型科技创新园区现状分析。

1)西部建立军民两用型科技创新园区具有良好的基础。西部建立军民两用型科技创新园区有良好的基础。譬如在西安已经有了初具雏形的以军工单位为核心的高新产业基地,如依托西安惠安化工集团公司的余下精细化工产业基地,依托西飞的阎良航空科技产业基地,依托西安航空发动机公司的西安徐家湾航空动力基地,依托航天四院、六院和航天五院西部分院、771所的韦曲航天科技产业基地等。其中被称为西部慧谷的韦曲航天科技产业基地是以航天科技产业为主导,其产业定位有以发展航天科技产业集聚及军转民为支柱产业的显著特色,能够发挥航天高科技的优势,促进航天科技企业的民用产业发展。位于其内的航天六院有很强的研制能力,"神舟六号"运载火箭的心脏——液体火箭发动机就是由航天六院研制的,我国长征系列运载火箭发动机的设计、生产、试验任务均由其承担,这使得航天六院获得了"中国航天动力之乡"的美誉,迄今为止他们研制火箭发动机一直保持着百分之百的成功纪录。开发区目前已引进航天科技集团公司第六研究院、西安航天动力试验技术研究所、西安电子工程研究所、陕西军野实业公司等项目32个,产业涉及航天动力、光电一体化、精密机械、新材料、软件开发、生物制药等领域,总投资达21.1亿元,项目达产后预计实现工业总产值约30.5亿元。

贵州黎阳高新技术工业园区是经贵州省人民政府于2001年4月正式批准建立的全省唯一的省级高新区。高新区享受中央有关西部开发和省级经济开发区各项政策待遇。高新区内以贵州黎阳航空发动机公司为主的八家军工企业,具有雄厚的可供利用的科研、技术与人才等优势。有高、精、尖配套设备6 000余台。目前开发利用的民品项目有:桑塔纳轿车消声器、汽车变速箱、尾气净化器、石材加工机械设备、铝塑管、柴油净化器、微型耕作机(水旱两用)、余热发动机、透明纸硬盒包装机、汽车无极变速检测台、8000型香烟包装机组、玻璃加工设备、随钻震击器、汽车涡轮增压器等在国内国际都具有相当强的竞争能力,且生产潜力很大,在国内外享有较高声誉。

2)西部军民两用科技产业园区在产学研相结合及实现科技成果产业化中存在的问题。尽管西部西部军民两用科技产业园区在产学研相结合及实现科技成果产业化中取得了一定成效,但却存在许多问题严重影响着军民两用科技产业园区作用的发挥。这些问题主要有:

①缺乏完善的产业链。西部军民两用高新科技园区主要是依靠提供土地和优惠政策来激励企业进区而形成企业在空间上的集聚,只要是属于电子信息、新

材料、新能源等高新领域的投资均可以进入园区,不太讲究项目产业领域是否与开发区的发展方向相吻合,园区企业之间缺乏内在的机制和产业的关联性,没有形成相互联系、相互依存的分工协作产业链条,许多区内高新企业所需的零部件,特别是关键配件还需从其他地区购进,从配套服务上看,为高新产业服务的咨询服务相当缺乏,风险投资机构更是缺乏。美国"硅谷"的成功在很大程度上有赖于内中相互依存、相互协作的产业体系。缺乏完善的产业链,使得区内企业表现出较大的不稳定性。

②制度性障碍制约着军地两用高新科技园区的发育。西部军民两用型高新科技园区高校、科研院所较为密集,科技人才丰富,科研成果颇丰,但由于体制上条块分割,隶属关系上军地有别,传统观念、计划经济体制和运作机制仍然发挥作用,使这些领域的创新资源和科技成果与高新科技园区的结合程度不高,军工领域的大量高新技术转化为民用和实现产业化的步伐缓慢;同时,高新科技园区难以对大学、科研院所进行协调和整合,高校和科研院所相当多的科技智力资源并没有成为高新区的主要来源,军地产学研之间的关系较为松散,影响了高新科技园区开展技术创新,科技创新成果商品化、产业化功能的良好发挥。

③外商投资少,影响了西部军民两用型高新科技园区的国际化水平。高新技术产业的国际化特征十分突出,国内高技术产业与国外高技术产业在产业链条上的关系越紧密竞争力就越强。东部地区因其优越的区位优势、比较完备的基础设施和改革开放的体制优势受到外资的青睐,外商直接投资是带动东部高新区发展的重要因素。而西部许多军工企业虽然较为集中,但远离市区,军地两用型高新科技园区有着天然的区位劣势,外商直接投资很少,从而使推动其进步的外力不强。

④军地产学研之间的互动机制尚未建立起来。西部受计划经济体制的影响,加上军地条块分割,使产学研之间的互动机制尚未建立起来,具体表现在:产学研的结合主要在军工系统内部进行,特别是中央资源与西部地方没有建立起广泛、有效的合作;科技与经济脱节问题尚未得到彻底解决,企业产权主体单一,缺乏创新的动力;大学和科研院所的科技成果与市场之间存在距离,科技成果的转化缺乏风险担保等具体操作的条件,等等。

(2)做好规划建设,充分发挥军民两用高新科技园区在西部军地产学研合作技术创新成果转化中的作用。

1)明确主攻方向和重点领域,形成自身特色。注重特色和个性是各国、各区域发展产业园区的共同规律,自身特色就是根据自身所处的区域、资源条件、现有的产业基础所确定的主导产业和重点领域。西部高新科技园区的建设应在发挥军工优势的同时,结合地方的特色产业和自然资源明确以下主攻方向,一是航天领域的高新科技园区,二是航空领域的高新科技园区,三是电子信息领域高新科技园区,四是核技术产业园,另外还有其他具有军工特色的领域,如西安余下的以惠安公司为核心可形成精细化工产业园。实际上在这些领域西部已经形成高新科技园区的雏形,其中一些已经有较大的影响,譬如在核技术领域,四川有乐山的核技术产业园,这是典型的军工科技园区,尤其是甘肃在核技术领域,在我国核循环和火炸药行业中有突出地位,可以成为核燃料科研基地、后处理基地、火化工科研生产基地、放射性地质勘探和调查研究基地。在西安有阎良航空科技产业基地、韦曲航天科技产业基地;在四川绵阳有电子信息产业园;在贵州有电子、航空、航天三大产业基地,等等。

2)结合优势产业培育龙头企业,拉长军民两用高新科技园区产业链条。龙头企业在军地两用高科技产业园区中发挥着重要作用,其拥有科研实力,能够产生技术溢出效应,能使诸多相关配套企业聚集在其周围,西安阎良以西安飞机工业集团公司为中心的航空产业基地、绵阳以长虹为核心的科技城便是例证。不仅要支持龙头企业的科研活动及其成果的产业化,尤其要培育相关配套的企业,拉成产业链。例如长虹在绵阳一枝独大,由于缺乏相关的企业群体之间的相互支持自1998年以来,业绩出现大滑坡,见表5.1。可见产业结构梯度过大,没有形成紧密关联的产业链是其主要原因。

表 5.1　长虹 1998 年以来业绩情况

行　业	行业工业产值/万元	行业工业产值占绵阳市工业总产值的比率/(%)
电子工业	1 385 405	57.49
食品工业	188 999	7.84
冶金工业	175 227	7.27
机械工业	121 534	5.04
纺织、服装工业	106 024	4.40
化工工业	77 087	3.20
造纸、印刷工业	34 325	1.42
医药	13 858	0.58
木材加工、家具	4 063	0.02

注:资料来源:张霜,蒲洁,等.军转民在城市经济发展中的功能定位和路径研究.西南民族大学学报:人文社科版,2004(1).

西部军地两用型高新科技园区在培育龙头企业、拉长产业链上应采取以下措施:一是在招商过程中,对于进入园区的项目要考虑其与龙头企业及产业链的关联度,尽可能促进相关企业在园区的集聚。二是在引进外资或与东部合作时,应把于现有产业有前后关系的企业作为主攻点,使其能够弥补园区产业链条上的"缺位",以有效地拉长产业链。

3) 制定相关的政策体系,加强军地产学研创新体系建设。科技创新是科技园区的支撑力量,没有创新的企业和产业难以保持园区的竞争优势、获得持续发展。西部应该制定相关的政策体系。加强军地两用科技园区创新体系的建设。科技园区的创新体系通常包括企业、大学与科研机构、政府机构、中介组织、金融风险投资机构五大类,大学与科研机构是科技成果的源头,企业生产经营活动引发出对新技术的需求,中介组织及时传递科技信息并促进各种信息组合,政府政策对科技创新的积极支持,金融机构的风险参与等会导致技术的不断创新。西部许多军民两用高新科技园区尚未形成完整的科技创新体系,所以加强创新体系的建设,促进产学研的合作,完善中介服务体系,为军地两用科技园区的发展制定有力的政策、法律和法规就显得尤为重要。

4) 进行园区规划,根据实际需要以"一区一园"或以"一区多园、功能分工"的方式集聚创新资源、孵化科技成果、实现产业发展。西部军地两用型高新科技园区对于那些在地理位置上军工单位虽然集中但不在中心城市的可采用"一区一园"的空间布局,对于那些地理位置在中心城市的可借助现有的高新区,采取"一区多园、功能分工"的规划建设模式,即在一个高新区内设立"西部军地两用型"园区,这样既可利用先进的军工科技成果向地方经济辐射,也可利用先进的民用科技成果促进军工科技进步。在政策上,对于军地产学研合作技术创新成果转化予以特殊对待、重点扶持。

第 6 章

西部军地产学研合作技术创新的重点领域、重点产业与重点产品

> **党**的十八大报告指出,实施创新驱动发展战略,强调科技创新是提高社会生产力和综合国力的战略支撑,必须摆在国家发展全局的核心位置。十八届五中全会公报也提出,必须把发展基点放在创新上,形成促进创新的体制架构,塑造更多依靠创新驱动,更多发挥先发优势的引领型发展。西部军地产学研合作技术创新重点领域、重点产业与重点产品的确定应全面思考,综合分析,务必在领域、产业与产品上能够体现"重点"。

第6章 西部军地产学研合作技术创新的重点领域、重点产业与重点产品

6.1 确定合作技术创新领域、产业与产品的原则、依据和方法

6.1.1 确定合作技术创新领域、产业与产品的基本原则

确定西部军地产学研合作技术创新的重点领域、重点产业与重点产品,应遵循下述主要原则。

1. 充分考虑国家产业战略布局原则

产业布局是一国或地区经济发展战略的重要组成部分,产业的抉择和发展状况是一个国家经济健康运行的命脉所系。2016年颁布的《关于经济建设和国防建设融合发展的意见》提出,要站在发展战略全局高度,全面深化各领域改革,进一步把国防和军队建设融入经济社会发展体系,把经济布局调整同国防布局完善有机结合起来,不断提高经济建设和国防建设融合发展水平。与此同时,国家重视西部主导产业、关联产业的发展,对不利于西部发展的产业严格限制。西部省区市都应按照国家布局,充分考虑因地制宜、发挥优势,形成既符合国家产业布局又有自身特点和优势的产业发展格局。

2. 充分考虑国家国防安全形势的原则

习近平同志在关于《中共中央关于制定国民经济和社会发展第十三个五年

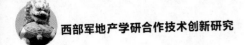

规划的建议》的说明中指出,"'十三五'时期我国发展仍处于可以大有作为的重要战略机遇期,但战略机遇期内涵发生深刻变化,我国发展既面临许多有利条件,也面临不少风险挑战。"因此,国家在经济建设中,特别是在一些基础设施建设上,应该考虑到实战需要。地方产业规划也应该充分考虑国家国防安全因素。西部是国防科技军备集中区域,产业发展不可不重视军用技术民用、国防科技民用。发挥国防工业优势促进区域经济发展和地方企业进入军品生产、军民结合高技术产业对国防科技工业的支持和促进等,这些都是促进国防建设与经济建设协调发展的必要因素。

确定西部军地产学研合作技术创新的重点领域、重点产业与重点产品要注意到这方面因素。

3. 充分考虑全球化进程原则

当前,全球经济正在经历一体化浪潮,国家和地区的地理界限趋于模糊,世界性的市场日渐形成。面对新的形势和新的市场条件,每一个企业都在自觉或者不自觉地去适应全球经济一体化的需要,面向全球大市场进行国际化战略调整。特别是我国加入 WTO 以后,产业发展的重大决策,必须具有国际视角、国际眼光、全球化的角度,面向世界经济制定产业的发展战略。

4. 充分考虑政府推动原则

军民融合涉及经济社会、国防和军队建设,关系到军地双方、各个系统、诸多领域,面临军地众多部门的重大利益格局调整。政府在经济工作中的作用是不容忽视的,必须坚持军事需求牵引、地方政府主导,成立一个权威的顶层协调管理机构,形成一个军地共同参与、纵向贯通横向兼容、运行顺畅高效的管理体制。政府主要是制定规划和扶持政策,为国家以及区域经济的发展和技术创新营造良好的环境。

地方政府的推动作用主要集中在扶植和保护方面。对于率先改革的基层组织给予政策优惠和政治荣誉,在形成"示范效益"后,利用各种手段诱导其他经济组织尾追效仿,从而快速地形成地区的制度优势。在创新活动遇到风险时,政府或是想方设法减轻风险,或是主动承担风险,因而保证了制度创新的顺利进行。

西部军地产学研合作技术创新的重点领域、重点产业与重点产品的确定,要有政府的支持和推动,这样西部军地产学研合作技术创新才有动力。

5. 充分考虑以科技为先导的原则

依靠技术创新创建具有自主知识产权的产品,提高产业的科技含量,必然引发产业结构、市场结构、外贸结构发生重要性以至根本性的变化,同时增强企业竞争力,使企业在激烈的竞争中立于不败之地。西部军地产学研合作技术创新要充分考虑以科技为先导的原则,促进经济的持续增长和经济增长方式的转变。

6.充分考虑延伸产业链原则

产业链指某产品的经营向上或向下或横向延伸整合形成一个经营整体,形成经营整体,进而以此平台为核心,整合相关产业,使各产业在运作过程中实现共赢,得到价值提升。

西部军地产学研合作技术创新重点领域、重点产业与重点产品的确定要充分考虑延伸产业链的问题。

6.1.2 确定合作技术创新重点领域、重点产业与重点产品的依据

确定产学研合作技术创新重点领域、重点产业与重点产品必须有切实、科学的依据。没有依据则不会有良好的效果。西部军地产学研合作技术创新重点领域、重点产业与重点产品的依据,主要有下述几项。

1.以国家和地方国民经济和社会发展五年规划及各专项规划为依据

中央和地方各级每5年制定国民经济和社会发展五年计划及各专项规划和"五年计划"及"远景计划",是中央和各级政府组织党委和政府职能部门、研究机构,反复调查研究而形成的集中智慧,并经过了全国和各级人民代表大会讨论审定的。

这些规划,对推动国民经济持续快速健康发展和社会全面进步,具有重要意义。国家和西部省市区国民经济和社会发展第十一个五年计划以及各专项规划,是西部军地产学研合作技术创新重点领域,重点产业与重点产品确定的重要依据。

2.以国家安全经济发展战略为依据

2016年10月19日,习近平同志在北京参观第二届军民融合发展高技术成果展时再次强调,"军民融合是国家战略,关乎国家安全和发展全局,既是兴国之举,又是强军之策。"因此,我国国防建设与经济建设应当在体制、结构、布局、技术、人才、信息等方面,打破军民分割、自我封闭的传统界限,实行全方位的融合,以充分发挥两大经济体系资源整合的优势,将国防建设植根于国民经济母体之中,实现"寓军于民",形成国民经济对国防经济的强大支撑力;同时,充分发挥国防经济对国民经济的促进作用,形成国防经济对国民经济尤其是高科技产业发展的强大牵引力。西部军地产学研合作技术创新的重点领域、重点产业与重点产品的确定,必须依据国防经济发展战略。

3. 以国家和地方中长期科学和技术发展规划(2006—2020年)与技术发展趋势为依据

技术是经济发展的基础,技术创新已日益成为经济增长的根本源泉,它在工业化国家经济增长中的贡献越来越大。随着国际间技术交流的加强和技术合作的日渐频繁,我国在工业化进程中和国际间的技术合作仅停留在浅层次的引进上,这对我们自身技术的发展和提高,以及经济的发展带来了一定程度的限制。因此,在《国家中长期科学和技术发展规划纲要》中就要求在加强国际技术合作的同时把提高自主创新能力摆在全部科技工作的突出位置。技术创新是使国家经济获得持续、稳定、协调发展的推动器,对促进社会进步、国家综合国力的增强方面都起着巨大的作用。但是自主创新并不排斥技术交流和合作,国际合作技术创新的发展趋势是西部军地产学研合作技术创新的方向和赶超的目标。认真分析和把握新世纪科技发展的态势,加强国家创新体系的建设,对提高我国技术创新能力与国际竞争力,促进我国经济和社会可持续发展具有十分重要的意义。

4. 以西部军地产学研合作技术创新资源和现状为依据

西部有着丰富的自然资源,有知名的高等学府,有技术力量雄厚的科研机构以及三线时期国家大规模在这些地区部署的军工企业,区域经济实力不断增强,国防科技工业发展历史长、基础好。这些都是西部军地产学研合作技术创新的力量和资源所在,也是依据所在。

5. 以西部军地产学研合作技术创新的路径和措施为依据

西部军地产学研合作技术创新有不少成功典型。典型经验特别是关于路径、措施方面的探索,应该作为进一步技术创新的依据。

这方面的例子已经有很多,比如,西安秦川汽车有限责任公司和西安交大、长安大学等高校密切合作,开发出经济适用型"福莱尔"小轿车,这是我国第一个拥有自主知识产权的小轿车;以西安交通大学为核心,在产学研合作技术方面取得了一定的成绩,西安交大产业集团已形成了以计算机软件开发及系统集成为主的信息产业(博通、瑞森、凯特)、机电一体化产业(思源科技、昆明机术)、生物制药(思源制药)、教育产业(西安思源学院、思源中学)、科技成果转化(成果转移中心、科技园)等五大支柱产业群体,并具有一定的规模。西北工业大学与中航集团的技术合作,为我国的军民用飞机的研制开发和生产起到了积极的作用。陕西西北新技术实业股份有限公司联合西北大学、西安石油学院、西安近代化学研究所等单位积极开发环保、能源及新材料等高科技产品,使其产品质量和性能始终处于国内领先和国际先进水平。

6.2 西部军地产学研合作技术创新的重点领域

根据上述原则和依据,西部军地产学研合作技术创新的重点领域应定位于能源、电子信息、机械制造、航空航天、现代医药、新材料、环保科技、化工、现代农业、人力资源开发(共同培养复合型人才)等。

6.2.1 能源领域

能源是指能够提供能量的自然资源,是人类社会赖以生存的物质基础。人类社会越是发展对能源的依赖性越强。在当今世界,人类社会发展对能源的需求犹如人类生存对粮食需求一样不可或缺。正因为如此,世界各国对能源供应安全视作生命。由于全球能源供需矛盾异常尖锐,能源危机已成为威胁人类社会和平与发展的主要因素。为了保证我国能源安全,我国的"十一五"规划纲要和《国家中长期科学和技术发展规划纲要》都把能源列在重点领域的第一位。

西部地区自20世纪50年代,尤其是20世纪80年代以来,在我国能源供应安全中的地位越来越重要。在常规能源中,西部地区的煤炭储量1 660亿吨,占全国煤炭储量的36%;石油储量415.9亿吨,占全国石油储量的39.33%;天然气占全国天然气储量的65.1%;水能蕴藏总量占全国的82.5%;在核能开发和利用方面,西部的的优势确是独一无二的。

目前西部地区的大中企业有玉门油田、长庆油田、塔里木油田、吐哈油田等。从事能源开发和利用的高校有西安石油大学、西南石油学院、西安交通大学、成都理工学院、贵州大学 昆明理工大学 新疆大学、成都理工学院、长安大学、西北大学等。研究院所有西安煤矿设计院、陕西煤田地质勘探局、中国煤炭科学院西安分院、西安煤矿机械厂、西安石油仪器仪表总厂、中国核工业总公司西北地质勘探局、西北核工业管理局、中国西南物理研究院、中国核动力研究院、中国第二套核燃料生产基地等。

西部地区虽经济欠发达但自19世纪中叶以来,尤其是20世纪中期一直是我国的战略后方,西部地区的能源开发和利用对国防安全意义更大,国家和西部省份都将能源安全作为重点列入规划。为满足对能源日益增长的需求,也为了使西部地区的资源优势迅速转化为经济优势,西部军地产学研应当发挥各自优势,把能源开发和利用作为合作技术创新的重点,实现西部军地产学研的共赢发展。

6.2.2 电子信息领域

电子信息技术是 21 世纪世界经济的主导领域，是一个国家发展的重要基础之一。它影响面广、后续产业链长，具有极为重要的战略地位。电子信息技术的发展水准已成为衡量一个国家综合国力的重要标志之一。它遍布于各种电器、数字设备、电信通信设备，也遍布于现代国民经济的几乎一切方面。西部作为国家电子信息技术领域的重要基地，对于实现我国跨越式可持续发展具有非常重要的现实意义。进行西部地区电子信息技术领域合作创新，重点是要加快培育一批从事大规模集成电路、高性能计算机、大型系统软件、超高速网络系统、新一代移动通信装备、数字电视系统等核心信息技术研究、开发和产业化生产的产业和企业。鼓励军地产学研共同参与发展集成电路产业和软件业，努力突破其核心技术，掌握电子信息领域发展的主动权，积极支持西部地区发展电子商务业和电子政务业。通过发展具有品牌的通信、计算机和网络产品，提高企业电子信息化水平。通过调整所有制结构，加快西部地区国有电子信息企业的公司制改组改造，大力发展民营电子信息高科技企业，完善相应的服务体系，努力为各种所有制经济发展电子信息产业创造良好的外部发展环境。一方面通过依托重点优势企业和科研单位，以资本为纽带，通过兼并、联合、租赁和重组等形式，形成一批主业突出、核心竞争力强的电子信息大公司和大企业集团；另一方面通过加快现有电子信息类企业的技术升级和高新技术成果产业化进程，利用电子信息技术改造传统产业，使之成为新时期兴旺发达的"新兴产业"，形成西部地区核心竞争力的电子信息化产业。

电子信息领域是国民经济和社会发展的支撑和保障，西部地区经济和社会发展不仅要大力发展电子信息领域的多方面合作创新，而且还要通过合作创新推进电子信息技术改造传统工业，实现传统工业的现代化。一方面，要通过电子信息技术的合作创新促进传统工业产品的提升，只有这样，才能形成和创造新需求，使传统产业成为经济发展的支撑点；另一方面，要利用电子信息技术提高工业产品的附加价值，促进产品深加工和精加工的技术创新，延长价值链。延长产业的价值链有利于在更大程度上推动传统产业的有效需求，从而使传统产业得以有效发展。西部地区电子信息技术水平总体上虽然与东部地区存在一定的差距，但一些城市如成都、西安等，在电子、新材料、新技术和生物技术等方面具有明显的优势，有大量国内领先的成果还停留在科研院所内，还没有转化为现实的生产力。因此，应当率先通过在电子信息技术领域合作创新改造甘肃、青海、宁夏和新疆等省区的电解铝、稀有稀土金属、石油化工、钾肥、中成药等工业企业，促进本地的资源比较优势向产业竞争优势转化;应当充分利用电子信息技术提升广西、贵州、云南、四川、西藏等省区产业发展的科技层次,使生物制药业的自然资源优势在实现可持续发展的基础上走向全球。同时,要利用重庆市、四川省和陕西省科技、人才优势,积极发展更尖端的电子信息产品,逐步形成有竞争优势的电子信息产业。此外,要利用电子信息技术发展长江、黄河上游生态环保产业和绿色产业。也就是说,西部地区传统工业要积极利用电子信息技术领域的合作创新,紧紧围绕增加品种、改善质量、节能降耗、防治污染和提高经济效益,在能源、冶金、化工、轻纺、机械、汽车、建材及建筑等行业,有重点地用电子信息技术改造一批大型骨干企业以提高它们的竞争力。工业企业要高度重视提高信息采集、传输和利用的能力,发展网上采购、网上销售等电子商务,提高西部整个工业化发展的效率。政府要创造有利于西部高新技术产业成长的环境,为积极推进电子信息技术改造传统工业创造各种条件。只有这样,才能积极推进利用电子信息技术领域合作创新改造传统工业,实现西部地区传统工业的现代化。

作为电子信息技术领域的研究,在西部的高校中,很多重点高校在这个领域已经有较高的学术研究水平,比如电子科技大学、重庆大学、四川大学、西南交通大学、西安电子科技大学、西安交通大学、西安邮电大学等。这些大学依据自己的科研优势,以此为中心,创建了各具特色的大学科技园区,对本地区以及西部的经济有着很强的促进作用。

西部电子信息技术产业发展较快,龙头企业大唐电信,是一个专门从事信息通信系统装备开发、生产和销售的大型高科技企业集团,历来承担着在信息通信技术领域创新和发展的重任。大唐集团拥有国内领先的科研开发和技术创新实力,积极推行对外联合与合作,大力发展高科技产业,在通信各关键技术领域,相继推出了一系列具有国际、国内先进水平的产品,包括移动通信系统、大容量数字程控交换系统、光通信和微波通信系统、有线和无线接入网系统、宽带和数据通信系统、电信软件和系统集成、微电子、特种通信和保密通信等。广泛应用于我国通信公网和水利、电力、公安、铁道、广电等专网,成为我国通信网装备的主要品牌之一,是西部电子信息业的龙头企业。大唐集团以一系列具有自主知识产权的重大技术创新和突破,使我国信息通信技术在较短时间内实现了连续跨越,缩短了我国同世界先进水平的差距。其中,在第三代移动通信领域,大唐集团代表中国提出的 TD-SCDMA 技术方案被国际电联和 3GPP 接纳为国际标准,结束了中国在世界通信标准领域里旁观者的历史,同时也为我国民族移动通信产业的发展带来了难得的机遇,为西部电子信息领域的崛起带来了机遇。

6.2.3　装备制造（交通运输装备）领域

"十五"期间,全国经济发展突飞猛进,提前一年完成了规划的目标。在此五年间,我国装备制造业也取得了长足的发展;多项技术取得历史性突破;设备制造打破国外垄断、实现国产化;经济指数连连创新高。2006年是承前启后的关键一年,是我国"十一五"规划和中长期科技规划全面实施的第一年。国务院通过了《关于加快振兴装备制造业的若干意见》,给我国装备制造行业带来了空前的发展机遇。

中共中央在"十一五规划"纲要中指出,装备制造业,要依托重点建设工程,坚持自主创新与技术引进相结合,强化政策支持,提高重大技术装备国产化水平。结合西部产业布局及其现有的产业优势,应将交通运输装备的制造作为发展的重点领域。

交通运输是国民经济的命脉。当前,我国主要运输装备及核心技术水平与世界先进水平存在较大差距。全面建设小康社会对交通运输提出更高要求,交通装备科技面临重大战略需求。西部是未来中国最大的航空、航天、汽车装备生产基地;现在聚集着多家有一定规模的交通运输装备生产企业和高等院校。

经过改革开放以来40年的努力,西部在交通运输装备领域已经发生并正在发生着积极的变化。其在全国交通运输装备领域的地位也迅速凸显出来,陕西重型汽车有限公司是我国唯一指定装备我军的重型军用越野汽车生产基地和我国唯一进入欧洲市场的重卡生产企业;曾经生产枪弹的重庆长安集团如今已成为中国最大的微型汽车生产基地;重庆重汽作为中国重型汽车主要生产基地之一,经过40年的发展,已经从年产800辆重型军用越野汽车发展为产销量居中国重型汽车行业第三位的"军转民"和国企改革的成功典范;拥有上百年历史的重庆嘉陵公司是全国仅有的几家大规模制造企业之一,也一直是中国摩托车工业的骄傲。

在西部的高校中,对于交通运输装备制造业的研究在很多高校都设有本科和研究生教育,比如陕西的长安大学、西安交通大学、西安理工大学、西北工业大学;甘肃的兰州交通大学;四川的西南交通大学;以及重庆的重庆大学等,这就为交通运输装备制造业的研发打下了坚实的理论基础。

以这些企业和高校为基础的西部交通运输装备制造业在国民经济和社会发展中占有举足轻重的作用,对西部经济的发展起着重要的推动作用,因此依据我国的十一五规划纲要以及西部的产业优势,将交通运输装备制造作为军地产、学、研技术合作创新的重点领域之一。

6.2.4 航空航天领域

航空航天工业是国家的战略性产业,标志着一个国家的科技水平和国防实力,是国家经济、技术、国防实力和工业化水平的综合反映。和世界上许多国家一样,中国政府始终把航空航天科技作为带动国家科学技术发展的重要战略高技术之一,始终把航空航天产业作为提升国家综合国力和国际竞争力、促进国民经济发展、维护国家安全的重要战略性产业之一。

中国的航空航天工业开创于20世纪50年代。现有西安、上海、沈阳和成都四大飞机制造基地,能制造各种军用飞机和民用飞机。1979年以来,中国航空工业公司先后与70多个国家和地区建立了多种形式的贸易和经济技术合作关系,向10多个国家出口飞机、发动机和机载设备,并为国外厂商生产飞机、发动机零部件。航天工业已形成完整的研究、设计、试制、试验和生产体系,能研制各种运载火箭,研制发射各种类型的人造地球卫星,并建成了航天测控体系。目前,中国已掌握了各种卫星的研制和发射技术,如卫星回收、一箭多星、卫星测控、大推力运载火箭捆绑等技术,并进入世界先进行列,已形成近地轨道返回式遥感卫星、地球同步轨道通信卫星和太阳同步轨道的气象卫星三个系统,具备承担外国卫星发射与测控任务的条件和能力。

在我国,陕西省是中国航空企业最密集的省份,全系统现有企事业单位43个,职工14万多人,其中工程技术人员占14.2%。最具代表的企业要数陕飞集团和西飞集团,陕飞集团是我国唯一的大中型运输机的研制、生产基地,拥有一流的飞机设计研究院,亚洲最大的飞机总装厂房、飞机喷漆厂房,为我国国民经济的发展和国防建设做出了巨大贡献;西安飞机工业(集团)有限公司是全国最大的大中型军民用飞机制造企业,是全国唯一的飞行试验研究、鉴定中心。这些企业不仅在技术、产品等方面成为交通运输装备领域的佼佼者,而且完全融入了市场经济中。同时,许多军工科研院所和高校的科研优势也开始得到发挥,它们以其特有的高科技优势,正为我国西部交通运输装备的发展和整个产业的调整升级做出重要的贡献,西安飞行自动控制研究所是我国飞行控制和惯性导航两大专业的研究发展中心,拥有飞行器控制一体化技术"国防科技重点实验室",多项产品填补了我国航空工业的空白。除了以上的企业,在西南还有成都飞机工业集团公司、贵州飞机工业集团公司等骨干企业和飞机试验研究院等一批科研单位。在西部的高校中,西北工业大学是中国唯一一所以发展航空、航天、航海工程为特色的研究型、多科型和开放型的科学技术大学,特别是在航空领域总体处于国内领先或先进水平,多年来,学校为国家的"三航"事业做出了突出的贡献。这些在交通运输装备领域很有优势的企业、高校和科研院所为西部的经济发展注入了前所未有的活力。

依据国家的政策规划和产业战略布局，依托西部的这些优势资源和技术，在满足国家军需的条件下，按照市场的运作规律，将航空航天作为西部军地产学研合作技术创新的重点领域之一。

6.2.5 现代医药领域

国家宏观经济政策的支持和西部大开发深入实施的带动下，西部地区医药经济总体运行质量明显好转。西部地区拥有丰富的医药原料和极具特色的民族药业，医药工业历来是西部地区经济增长的亮点。西部各省市对加强医药工业的发展都极为重视，将医药产业作为振兴经济的发展的优势产业之一，予以重点扶持。

首先，西部地区的自然条件、地理位置、历史基础和西部大开发政策为西部地区制药工业奠定了良好的基础，并拥有一批在全行业占有重要地位的骨干企业，工业总产值进入全行业前百名的有 8 家：西安杨森、西安制药厂、西南合成、四川制药、西南药业、四川长征、昆明制药和昆明贝克诺顿。其中西安杨森是制药行业中办得较成功的中外合资企业，曾几次进入全国中外合资工业企业前十名，并曾荣居榜首。经过数十年的发展，制药工业在西部大开发的条件已经具备。其次，西部地区有资源优势。四川、云南、贵州、甘肃等都是中药和植物药大省。如红豆杉、红景天、青蒿、甘草、麻黄，等等。西部地区麻黄草资源丰富，并且右旋体含量高，不仅大量出口，也是国内近年快速发展的伪麻复方制剂的原料。甘草既是重要中药材，也是西药制剂的重要原料，主要产在西北地区。

西部开发是民族医药发展的最好时机，藏医、蒙医、维吾尔医、傣医、苗医、壮医、瑶医、彝医、侗医、回医、土家医等民族医药都有着深厚的历史积淀，民族特色自成体系，其广泛的群众基础，为百姓防病治病、养身保健和中国医药科学的繁荣做出了贡献。全国现有民族医院 132 所，其中藏医医院 57 所，蒙医医院 39 所，维医医院 30 所，其他族医医院 6 所。这些医院和有关的科研、教育机构，90％都分布在西部的重庆、四川、贵州、云南、西藏、陕西、甘肃、宁夏、青海、新疆和内蒙等地方。

生物医药的发展也为西部地区的经济发展注入了新鲜血液，生物技术制药作为 21 世纪最具潜力的高新技术产业，正受到医药界的高度重视，以基因工程技术和生化技术为核心的生物工程制药和系列化制药正成为西部生物医药发展的热点。西南地区有我国 6 大生物制品之一的成都生物制品所，生命科学研究在国内外也具有相当的实力,以成都、重庆、昆明为核心的西南地区生物技术制药产业正在兴起。如成都的血液制品、基因工程药物、蛋白多肽药物,重庆的乙肝治疗性多肽疫苗,昆明的单克隆抗体技术等,在全国都具领先地位,基因治疗、生物信息产业也正起步。与中医药产业相关的中药生物工程技术,如利用现代生物技术对传统中药材现代产业化改造方面也取得了较大进展。

6.2.6 新材料领域

材料是工业的基础,是技术进步的关键,现代新兴技术的兴起是以新材料为支柱的,有的甚至以新材料的出现为先导。没有钢铁,再高明的技术工人也造不出汽车、拖拉机;没有高强度、耐高温的材料,再聪明的科学家也无法把卫星送上天;没有耐腐蚀、耐高压的材料,再勇敢的探险者也不能开发富饶的海洋资源;没有新材料,便没有电子计算机技术,没有当前迅速发展的光通信技术,没有今天的太空技术。因此,有些专家指出,现代化工业的骨头是材料,血液是能源。日本则把能源、材料和信息誉为现代文明的三大支柱。材料种类繁多,据测算目前世界上已有材料40多万种,而且每年以5%的速度增长。综合世界各国新材料技术的发展情况,新材料大致可分为信息材料、能源材料、高分子有机合成材料、复合材料和新型金属材料。

新材料一旦应用,不仅大大促进了科学技术和生产的发展,也使人类的文明生活发生新的变化。从这个意义上说,新材料是科学技术发展的先导。科学技术的发展和人类的进步,也会对材料不断提出新的要求,现在对新一代材料要求大致有以下几点:结构与功能相结合;智能型;少污染;可再生;节约能源;长寿命。根据上述材料发展总的要求,当前材料研究制造的方向是多相复合材料,包括纤维(或晶须)增强或补强的复合材料、第二相颗粒弥散的复合材料、两(多)相复合材料、无机和有机复合材料、无机物和金属复合材料、梯度功能复合材料以及纳米复合材料、生物材料等,它们已成为当前材料研究的重要对象。

新材料作为21世纪三大关键技术之一,是高新技术发展的基础和先导,是发展信息、航天、能源、生物等高新技术的重要物质基础,已成为全球经济迅猛增长的源动力和各国提升核心竞争力的焦点。

在对包括电池新材料、稀土新材料、光电新材料以及纳米新材料等材料在内的中国新材料产业的发展现状和未来趋势进行了分析和预测后,研究结果表明:新材料是发展高新技术的基础,是提升企业和国家竞争力的主力军,随着中国逐渐成为全球制造基地,新材料将越来越显示出它们的潜力,成为支撑中国制造的基础产业。

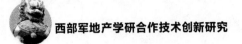

西部在新材料领域具有资源优势,比如宝鸡和攀钢的钒钛材料,包头的稀土材料,重庆的环保材料,西安、成都、昆明和绵阳的生物材料、纳米材料、半导体材料和精细化工材料等。除了这些资源优势,在新材料的研发和生产方面,西部的这些地区也具有明显的优势。在西部的高校中,从事材料研究的重点大学有西安交通大学、四川大学、重庆大学、陕西科技大学、西安建筑科技大学等,这也给西部的新材料提供了良好的研发平台。

西部要重点发展新型复合材料、铸钛合金、稀土永磁材料、陶瓷材料、特种涂料、高性能液晶以及新型建筑材料,满足市场需求;在制造技术方面重点发展非球面光学制造技术,超细粉体加工技术和超长、超高压、超精密制造技术。

新材料的研究和生产,是各国无论在军事还是民用方面发展的重点,也是我国十一五规划重点支持和发展的重点,因此,在西部的军地产学研合作技术创新中,应将其作为重点领域之一着力发展。

6.2.7　环保科技领域

人类的发展历程就是改造自然的过程,特别是在工业革命后,工业的发展对人类文明的促进作用是显而易见的,但是,伴随着人类对自然的改造,不可避免地出现对环境的破坏,当人们以环境为代价换来工业的发展和进步时,才意识到人类的居住环境的重要性,因此环境保护和工业的协调发展是各个国家关心并积极解决的问题。

我国正处于并将长期处于社会主义初级阶段,生产力还不发达,制约发展的一些长期性深层次矛盾依然存在:耕地、淡水、能源和重要矿产资源相对不足,生态环境比较脆弱,经济结构不合理。"十五"时期在快速发展中又出现了一些突出问题:经济增长方式转变缓慢,能源资源消耗过大,环境污染加剧,这就为我国经济发展和环境保护的协调提出了新的课题。

西部大开发,是事关我国现代化建设和中华民族长远生存与发展的重大战略部署。环保领域作为与其他领域共同发展的一种特殊的领域,是以防治环境污染、保护自然生态环境为目的,包括环保技术开发、产品流通、资源利用、信息服务、工程承包等活动,具有一定经济效益的相关领域的总称。它是适应环境保护需求而发展起来的新兴领域,是未来经济发展中最具潜力的新的经济增长点之一。环保领域的发展提高了经济增长的合理性和持续性,从而提高了经济增长的质量,将成为21世纪世界性的主导领域。我国西部地区尽管地域辽阔、资源丰富,但是生态环境遭破坏的程度十分严重。大部分地区森林覆盖率十分低下,例如青海仅为0.35%,新疆为0.79%,宁夏为15.4%,甘肃为4.33%。在西

第6章 西部军地产学研合作技术创新的重点领域、重点产业与重点产品

部环保产业是一项相当弱小的幼稚产业。大力发展西部环保产业一方面可为污染防治提供先进的技术、装备和产品;另一方面可以有效地启动国内市场,促进经济的快速发展。发展西部环保产业是实施西部经济可持续发展战略的重要措施;也是西部大开发的一个非常重要的方面。

在推进西部大开发中,大力开展环保领域研究,发展环保产业对于切实改善西部生态环境,促进西部经济可持续发展具有十分重要的意义。首先,开展环保领域研究,发展西部环保产业是提高西部污染防治能力,防治西部生态环境,实施可持续发展战略的必然要求;也有利于节约资源,减少因环境污染而造成的直接经济损失。当前,西部环保科技和环保产业的落后,是制约污染防治的和生态保护的"瓶颈";西部环境污染已严重成为我国西部经济发展和社会全面进步的重要障碍。大力开展环保领域研究,发展西部环保产业,有利于改善西部生态环境,对实施西部大开发的战略目标和促进西部经济可持续发展具有十分重要的意义。其次,环保产业是最具潜力的新的经济增长点之一;投资环保产业可以扩大内需,拉动经济增长。被发达国家称为"朝阳产业"的环保产业在西部有巨大的现实和潜在市场,完全可以培育成新的经济增长点。投资环保可以扩大内需,如对苗木、肥料、农药、机械的需求;还可以带动旅游休闲等相关产业的发展,如环境优美、空气清新的"农家乐园"能够吸引一大批城市居民蜂涌前往。发展环保产业可以带动西部老、少、边、穷地区的经济发展。这些地区往往越穷越伐,越伐越穷,陷入经济与生态的恶性循环。依靠自己的力量,他们不可能打破循环。外界包括环保投资在内的扶持,既可以缓解当地的环境制约,又带动了整个西部及至全国的经济发展。再次,发展环保产业可提供大量就业机会。如按1997年我国第二产业平均劳动生产率 22 292 元/人标准计算,1998 年环保投资占 GDP 的比例为 1.5%,相应带动 GDP 增加 3 025 亿元,就可以提供 1 350 万个就业机会。而且目前全国从事环保产业的职工不到 200 万人。由此可见,发展西部环保产业对于解决下岗职工的再就业和富余劳动力的就业,也具有十分重要的作用。

改革开放以来,沿海地区的开发已造成严重的环境污染,西部开发必须避免重蹈覆辙,实施环保型开发,开发与环保并进,关键在于开发什么,如何开发。如果盲目开发以至掠夺式开采,我们终将为自己的行动付出代价。结果是资源枯竭,生态恶化,经济发展也无从谈起。而以可持续发展为宗旨,在选择开发的项目上将环境因素放在利润之首来考虑,同时大力推进生态建设和环保项目,我们的生存环境将变得宜人,良好的环境也终将吸引更多资金,促进经济更快更健康地发展。

6.2.8 化工领域

　　发达国家的石化工业已到了工业成熟期,特别是近几年全球的石化生产能力过剩,跨国公司将其发展重点和市场重点逐步转移向亚太地区,中国内地市场正是其重中之重;我国在能源的需求方面,是继日本之后亚太地区的第二大石油需求国,而我国的主产油田如大庆、辽河、胜利等都已进入维持稳产阶段,甚至某些油田出现枯竭的苗头,在此情形下,西部的地区的尤其资源的开发将大大加快,西部石化工业的经济优势也将因此显现出来。

　　西部较大的石化加工企业有16家,主要集中在甘肃、宁夏、新疆、四川、陕西、青海6省区,西部大开发和国家"西气东输"工程将会使得沿线西部省区的石化工业快速发展。以兰州石化公司为代表,在与中国石油和兰州炼化公司进行联合重组后,组建的中国石油兰州石化公司,对本地区石化工业的发展起着重要的推进作用,除中国石油兰州石化公司外,中国石油玉门油田公司、西北永新涂料集团、亚盛集团、金昌化工集团、庆阳化工集团都在西部石化工业中占有重要地位。石化工业是本地区工业的一个重要支柱产业,是未来本地区工业发展的重要依托力量。

　　除了西北的石油化工,西南的天然气化工,也为西部化工的发展起着重要的支撑作用,四川的泸州作为四川省化学工业发展的落脚点和支撑点,具有雄厚的化工基础优势。泸州具有强大而先进的化工生产母体和载体,是目前我国15家大化工基地之一,全国14家精细化工基地之一,国家重要的天然气化工生产基地,亚洲最大的氮肥生产基地,硫铁矿、无烟煤储量和煤气层资源量相当丰富。与泸州毗邻的自贡盐业资源丰富,这些为西部的化工业的发展起到了重要的作用。在西部的格尔木地区和青海的柴达木盆地,钾盐储量丰富,是我国重要的钾盐生产基地。云南的昆阳磷矿和贵州瓮福的磷资源相当丰富,是我国重要的磷化工基地。

　　这些都为西部的化工业的发展提供了基础,在这些优势资源和我国政策的强有力的支持下,西部军地产学研合作技术创新应将其作为重点发展领域之一。

6.2.9 现代农业领域

　　未来10~20年是我国经济社会发展的战略机遇期,也是推进国家农业科技创新体系建设,实现农业现代化,建设社会主义新农村的关键时期。中国农业科学院2006年1月3日向全国农业科技界发出倡议,围绕国家农业战略目标和未来我国农业发展的关键性技术领域，实施《"十一五"农业科技自主创新行动》，联合攻关，大幅度提高农业科技的自主创新能力。

大力开展西部农业领域技术合作，对于加强西部可持续农业实用技术研究，促进西部农业实用化技术的研究、开发与推广，扩大现代农业技术交流和示范，建立可持续农业技术与信息管理系统，提高西部农业科技成果转化率、农业资源的利用率，降低农业自然灾害，改善生态环境，增加农民收入，提高广大农村人口生活质量，具有十分重要的意义。作为我国唯一的国家级农业高新技术产业示范区——陕西杨凌，通过科技成果转化、龙头企业和农高会的带动，对周边地区农民、农业、农村的带动效益已经达到每年100亿元。杨凌示范区已被批准为我国向亚太经合组织开放的十大工业园区之一，全国6个海峡两岸合作试验区之一，而与其同处一地的西北农林科技大学是我国西北地区现代高等农业教育的发源地，学校坚持产学研紧密结合的办学特色，依托杨凌示范区，积极开展科技成果的示范推广和产业化工作。1999年以来，与全国50多个县市地方政府、企业建立了科技合作关系，建立科技示范基地45个、科技专家大院37个，示范推广农畜良种100多个，开发新产品40多种，科技成果推广创造直接经济效益190多亿元。在国内率先提出并积极探索以大学为依托的农业科技推广新模式，受到了国家的重视和支持，为西部农业领域的发展做出了突出的贡献。

西部的农业资源和农业基地的开发和建设，为西部军地产学研合作技术创新提供了条件，因此应该将其作为重点的发展领域之一。

6.3 西部军地产学研合作技术创新的重点产业

西部军地产学研合作技术创新的重点产业就指西部军地产学研合作技术创新的重点行业。也就是在西部军地产学研合作技术创新的重点领域研究探索确定西部军地产学研合作技术创新应该把哪些行业作为重点。根据西部军地产学研合作技术创新的理论、原则和依据，西部军地产学研合作技术创新的重点产业应该是西部的优势产业，国家支持发展的产业，产业链能扩张延伸的产业，具有竞争力的产业，能带动西部经济发展和适宜于西部环境特点的产业。

通过对地方确定的国家级高新区的产业发展方向和西部省区工业增加值前5位的行业的分析，大致可以将以下行业确定为西部军地产学研合作技术创新的重点产业，包括软件业，电子产品制造业，汽车制造业，航空产业，航天产业，有色金属加工业，煤、油、天然气深加工，核能和平利用产业，特色农业，农化工业等（见表6.1，表6.2）。

表 6.1　地方确定的国家级高新区的产业发展方向

高新区	微电子和电子信息技术	材料科学和新材料技术	光机电一体化	空间科学与航空航天技术	生物工程与生命科学技术	能源科学与新能源高效节能技术	生态科学与环境保护技术	农业高效利用与节水灌溉
西安	●		●		●			
宝鸡	●	●	●					
杨陵					●			●
兰州	●		●				●	
乌鲁木齐								●
包头								
绵阳	●			●				
成都	●		●		●			
重庆	●				●		●	
昆明	●	●			●			
贵阳				●				
南宁	●		●					
桂林	●					●		

注：资料来源：《中国西部开发重点区域规划前期研究》。

表 6.2　西部省区工业增加值前 5 位的行业　　　　　　　　　　（单位：亿元）

省份	第一位	第二位	第三位	第四位	第五位
重庆	交通运输设备制造业@ 152.69	电力、热力的生产和供应 44.15	化学原料及化学制品制造业@ 37.29	非金属矿物制品业 32.09	黑色金属冶炼及延压业 29.30
陕西	能源化工@ 303.79	装备制造业@ 133.23	食品工业@ 67.29	有色冶金工业@ 42.50	医药制造业@ 40.79
四川	电力、热力的生产和供应@ 137.69	黑色金属冶炼及延压业 121.01	饮料制造业@ 106.01	化学原料及化学制品制造业 75.48	非金属矿物制品业 68.55
甘肃	石油加工、炼焦及核燃料加工业@ 62.18	有色金属冶炼及延压业@ 61.53	电力、热力的生产和供应 40.76	石油和天然气开采业@ 40.06	黑色金属冶炼及延压业 29.05

第6章 西部军地产学研合作技术创新的重点领域、重点产业与重点产品

续表

省份	第一位	第二位	第三位	第四位	第五位
青海	电力、热力的生产和供应	有色金属冶炼及延压业@	黑色金属冶炼及延压业@	化学原料及化学制品制造业	非金属矿物制品业
	17.52	11.11	7.97	6.07	4.08
云南*	烟草制造业@	电力、热力的生产和供应业@	有色金属冶炼及延压业	黑色金属冶炼及延压业	化学原料及化学制品制造业
	380.38	81.15	41.57	40.34	35.56
广西	电力、热力的生产和供应	农副食品加工业@	交通运输设备制造业	黑色金属冶炼及延压业@	化学原料及化学制品制造业
	68.61	58.36	50.76	28.42	28.19
西藏	非金属矿物制品业	电力、热力的生产和供应	医药制造业@	饮料制造业	黑色金属矿采选业@
	6.94	3.64	3.50	1.90	0.99
内蒙古**	黑色金属冶炼及延压业	电力、热力的生产和供应	煤炭开采和洗选业@	农副食品加工业@	纺织业@
	236.43	163.21	114.73	113.89	102.50
新疆	石油和天然气开采业@	石油加工、炼焦及核燃料加工业	黑色金属冶炼及延压业	电力、热力的生产和供应业	纺织业@
	247.16	53.24	17.53	29.83	13.51
宁夏**	电力、热力的生产和供应	有色金属冶炼及延压业	纺织业	黑色金属冶炼及延压业	非金属矿物制品业
	51.30	50.61	20.50	20.11	16.28

注:*为规模以上工业企业增加值,**为工业总产值,@为特色产业,本表为贵州省统计数据。

资料来源:《中国西部开发重点区域规划前期研究》。

6.3.1 软件业

软件产业是决定21世纪国际竞争力的战略性先导产业,是我国在新经济形势下赶超国际先进水平的最具潜力的朝阳产业,是国际竞争的焦点和战略制高点。

党的十六大报告提出,"坚持以信息化带动工业化,以工业化促进信息化,走出一条科技含量高、经济效益好、资源消耗低、环境污染少、人力资源优势得到充分发挥的新型工业化路子",十七大报告提出"大力推进信息化与工业化融合",

再到十八大报告提出"推动信息化与工业化深度融合",体现了党的政府对信息化与工业化关系的认识进一步深化。作为信息产业核心和灵魂的软件产业,具有高智商、高附加值、高效益、无污染、低能耗的特点,其发展的快慢,发展水平的高低,是直接关系走新型工业化道路的大问题。因此,如何加快西部软件产业的发展,以信息化带动工业化,增创西部经济发展的新优势,是一个重要而紧迫的课题。

在西部软件业的发展中,要重点支持自主的、安全的中文操作系统软件开发,大力支持技术开发平台、数据库管理系统、中文处理系统和网络管理系统等支撑软件的开发与生产。大力开发嵌入式软件与系统。大力支持管理信息系统软件、企业管理软件、工业控制软件、CAD/CAM 软件、金融、财税、商业与保险业软件、信息服务软件、教育娱乐及多媒体软件、网络与信息安全、保密软件的开发生产。开发系统集成软件,增强承担重大系统工程软件开发与系统集成的能力。大力支持信息服务业的发展。积极推广具有自主知识产权和品牌的软件,扩大国产软件的市场占有份额。网络游戏、动漫设计与制作产业、围绕行业信息化所开展的软件定制开发和服务业务、基于互联网的移动商务软件与其他增值服务等将是未来中国软件产业重要方向,将成为软件产业的热点和经济增长点。

西部的软件业的发展主要集中在四川的成都和陕西的西安,在这里,某些专用软件的开发已经可以达到国内甚至国外的先进水平。软件业的发展,会带动西部工业经济的全面发展,因此,在西部军地产学研合作技术创新中,将其作为重点产业最先发展。

6.3.2 电子产业

"十一五"规划提出,信息产业,要根据数字化、网络化、智能化总体趋势,大力发展集成电路、软件等核心产业,重点培育数字化音视频、新一代移动通信、高性能计算机及网络设备等信息产业群,加强信息资源开发和共享,推进信息技术普及和应用。

新一代移动通信在中国飞速发展,数字电视进入千家万户,智能手机拥入广大农村,大数据理论日新月异,大飞机 C919、复兴号高铁、长征系列火箭正在对为人类发挥越来越重要的作用。

另外,"十一五"规划还提出要"加强宽带通信网、数字电视网和下一代互联网等信息基础设施建设,推进'三网融合',健全信息安全保障体系。"这也表明,移动通信、固定通信都将向宽带方向发展,并且今后国家将逐渐推进打破电信业与广电业之间的隔阂。

第6章 西部军地产学研合作技术创新的重点领域、重点产业与重点产品

"十一五"规划对西部电子产业的发展起到了指导性建议。说起西部在发展集成电路产业方面的优势,人才资源可谓得天独厚。这里是全国科技和教育事业最发达的地区之一,具有良好的"人才造血"机制。西部有众多全国著名高等院校,如:西安交通大学、西安电子科技大学、电子科技大学、四川大学、西南交通大学、成都信息工程大学、西北工业大学、西北大学、西安理工大学、西安邮电大学、重庆大学、重庆邮电大学等。其中西安交通大学是教育部五个网上设计单位之一,该校微电子学与固体电子学是国家重点学科。电子科技大学、西安电子科技大学是全国著名的电子类专科院校。西安电子科技大学的电路与系统、微电子学与固体电子学等是国家重点学科,集成电路设计教学专业面广。电子科技大学组建有微电子与固体电子学院,电子科技大学集成电路设计中心、信息产业部大规模集成电路设计重点实验室、专用电路研究室、微电子工艺研究室等教学与科研机构都设在该学院。

西部不但是电子通信人才聚集的地方,西部的电子通信产业的迅速发展也为西部的经济发展写下了浓墨重彩的一笔。重庆成为直辖市几十年来,电子信息产业取得了长足发展。高新技术开发区、南坪和北部新区三大科研生产基地基本形成;软件园、大学科技园和光电子产业园三大园区初具规模。电子信息产品制造业和软件业的工业总产值达到250亿元,年均递增44%;到2005年,信息产业增加值占全市国内生产总值的比例达到7%,信息产业已成为重庆市的主导产业。而四川省电子信息产业则是以电视、DVD等为代表的消费电子类产品,拥有全国最大的彩电基地——长虹,居全国排名第9位,居西部第1位,成为四川国民经济的支柱产业和增长最快的产业之一。四川省把电子信息产业列为"一号工程",争取电子信息产业年增长率在20%以上。同样,电子信息产业也已成为陕西省第一支柱产业,占全省规模以上企业工业总产值的1/4,在全省高新技术产业中,电子信息技术产业产值占64%,成为发展的主导。以集成电路、通信、软件为核心的电子信息产业优势突出,发展强劲,已初步形成具有高成长性和强竞争力的产业集群。集成电路产业聚集了德国英飞凌、美国爱尔、美光、应用材料、西岳电子等40多家企业,正在形成以集成电路设计业为基础、加工制造业(含封装测试)为支撑、异军突起、蓄势待发的集成电路产业集群,2005年产值超过35亿元(含电子元器件)。通信产业形成了以大唐电信、海天天线、华为、中兴、嘉载通讯、西电捷通、宇龙等企业为代表,以NEC、富士通、电信十所、电信四所等研究机构为支撑的通信产业集群,特别是5G技术商用步伐的加快,为西安高新区通信产业带来了新的机遇。2005年营业收入突破15亿元。软件产业发展强劲,集群效应进一步显现。2005年实现营业收入80亿元,有上市企业3家,国家规划布局内重点软件企业3家,年销售收入过亿元的企业9

家,拥有100人以上的企业60家,通过CMM2以上认证企业5家,全区软件及相关产业从业人员2万多人。

政策的鼓励和西部电子产业的优势,为西部军地产学研技术合作创新奠定了基础,因此,西部军地产学研技术合作创新将电子产业作为重点产业来发展。

6.3.3 汽车制造业

汽车工业在国民经济中举足轻重的地位,是由其生产技术特点及其在人们需求结构中的地位所决定的。从产业地位看,汽车工业是最终的消费品,从社会需求量来看,全球轿车年需求量在1 000万辆以上。我们很难找到第二个产品能够在技术密集程度、价格和社会需求方面都达到轿车水平的,这从客观上决定了汽车工业对整个国民经济巨大的带动作用。据统计,世界上50家最大的公司中,汽车公司就占了近20%,其他企业也大都是与汽车工业相关的石化企业和机械企业。另外,不管是在美国、日本、德国等发达国家,还是在多数汽车工业的后起发展国家如韩国、巴西和西班牙,汽车公司往往是这些国家中最大的企业,汽车工业产值一般都占到国民经济总产值的10%~15%。可以毫不夸张地说,汽车工业是现代经济增长当之无愧的主导产业和支柱产业之一。

近半个世纪以来,一种令人叹为观止的现象是,越来越多的汽车像滚雪球般地形成一股能量强大的冲击波,冲击出一片现代化的肥沃土壤,造就了人类历史上最宏大的物质财富。

汽车产业是一个竞争很激烈的行业,它不仅表现在产业上的竞争,而且是现代科技的较量,是技术创新的较量。只有通过市场的力量,带动汽车及零部件产业的发展,鼓励企业积极参与国际竞争,推动汽车产品科技创新带动企业进步,才能有效加快汽车产业的发展进程。

《十一五汽车发展规划》在"十一五"期间,国家财政、国家有关部门可能要花比较大的力气支持汽车制造企业的发展,不排除国家要安排一部分资金投入到这些企业当中来支持发展。大型汽车企业集团,通过"十一五"的发展必须要具备自主知识产权的平台产品研发能力、整车开发能力,重点是平台开发,包括整车的发动机。

作为西部重型汽车制造业的领头羊和建设西部汽车基地的"脊梁骨",陕汽集团的产业优势与国际国内重型汽车"重型化"发展趋势不谋而合,联手世界级发动机制造商美国康明斯合作共同建设与世界技术同步的重型汽车柴油发动机,使其成为国内掌握重型卡车核心技术的制造商之一,产品覆盖军用越野汽车、重型商用汽车、大客车及大客车底盘、重型车桥等类别,旗下陕西重型汽车有限公司生产的15吨以上大吨位载重汽车占到了国内市场份额的35%,军用载重汽车占据95%以上的市场份额,8吨以上重型汽车市场销量排名第五,15吨以上的市场占有率位居第一。2005年销售收入逾50亿元,成为中国汽车业"50家发展最快、成长性最好的企业",综合实力位居"中国机械工业500强"第39位、居陕西省首位。

位于重庆的长安汽车集团是中国重要的汽车生产基地,公司具有140年的建厂历史,为国家常规兵器重点科研、试制、生产基地,通过引进微型汽车技术,开发生产微型汽车及微车发动机,成为全国最大的微型汽车及发动机生产厂家之一,经过多年的发展,创立了一代名车"长安"牌微型汽车和名机"江陵"牌发动机。多次荣获全国和行业各种评比的最高奖项。公司具有机、车生产一体化的优势,是现今国家重点扶持的五家上15万辆经济规模的轿车生产基地之一,目前已发展成为总资产超过100亿人民币的重要汽车生产基地。

汽车产业作为我国的支柱产业,在很长一段时间,我国都会将其作为重点产业给予大力支持,与之相连的产业也会在其带动下得到发展,因此,汽车产业作为西部军地产学研合作技术创新的一个重要方面是不容置疑的。

6.3.4 航空产业

航空工业是关系国家安全和国民经济命脉的战略性产业,是衡量一个国家产业实力的资金密集型产业,具有通用性强、带动性强、平战转换快的特点,是国家重点扶持发展的产业之一。航空工业在经济领域、科技领域的地位都十分重要,无论是发达国家还是一些发展中国家,都把它视为带动国家发展的高科技战略产业,给予高度重视,重点发展。

航空工业的本质是军民结合的,而且只有军民结合才能使航空工业兴旺起来,世界各国莫不如此。"一根筋"搞军机,不仅是宝贵的技术资源的极大浪费,而且军机的发展也会受到影响。一般地说,各国航空制造公司都同时接受军事定货和民用定货,到今天,发达国家的航空公司还要大量依赖政府军事定货以获得技术开发资金,既错开研制周期,又节省研制成本,从而支持了民机开发(例如,最早的波音707就是从美军某型加油机转化过来的),民机的技术标准反过来又有助于提升军机的质量。和平时期军事定货少,发展民机是保持技术制造水平前进的重要手段。更重要的是,发展民用大飞机本身就是潜在的军力储备。民用大飞机是多种军用飞机的技术平台(军事运输、加油、预警、指挥等,这些军机西方不会卖给你),而这些类型的飞机是我国目前所迫切需要的,所以民用大飞机发展起来,本身就是提高我国国防实力。

长期以来,我国的航空工业一直掩藏在"军工"的幕后,总是神秘莫测,外人难窥其全貌。当军工企业也逐步走向市场,当我们终于有机会走出国门考察世界著名的航空企业,当我们在20世纪末21世纪初通过现代的传播媒体亲眼目睹了世界上几次有名的战争,我们不得不对航空工业刮目相看,重新认识、重新定位。

航空产业对国家经济和区域经济发展有几个方面的作用,第一,直接拉动,通过它的机械、冶金、材料、电子,一个飞机不光有材料和发动机,还有很多机载装备,通过它直接拉动。第二,通过间接拉动,对相关产业进行拉动。第三,通过技术传播和扩散带动高新技术产业的发展。另外航空制造业通过航空服务业、航空运输带动我们国家的经济。从航空产业所派生出来的各个方面,包括制造业、航空运输、航空维修等都为军地产学研的技术创新带来了广泛的合作空间。

西部航空工业基地的启动建设,表明国家对发展航空产业的高度重视和支持,为西部真正成为有竞争力的航空产业基地迎来了千载难逢的新的机遇。陕西是我国航空工业大省。通过建立西安阎良国家航空高技术产业基地,快速发展航空产业,既可以发挥西安、陕西乃至西部航空工业的优势,还可以带动陕西乃至西部相关产业的发展,对促进陕西乃至西部整个社会经济的发展,加快西部大开发的步伐,都有着重要的战略意义。

陕西阎良,是我国唯一的集飞机设计研究、生产制造、试飞鉴定和教学科研为一体的重要航空工业基地,为我国航空武器的研制和民用飞机的开发屡建功勋,在我国航空工业发展上的地位举足轻重。航空产业是陕西实现工业化的支柱产业,航空高技术产业将是中国和陕西未来15年提升综合竞争力的突破口。作为我国最重要的航空产业基地,陕西的航空产业配套齐全,以西安阎良为核心,全省拥有航空企事业单位41个,航空产业总资产占全国的1/4,产值占全国的1/5强,航空专业人才总数占全国的1/4,其中有两院院士11人,航空产业发展的综合实力居全国之首。经过40多年的建设发展,陕西已形成较为完整的航空产业配套体系,其主要研发和制造领域除了飞机总体设计、总装制造和飞行试验外,还包括航空发动机、仪表、液压附件、航空电机以及航空计算机、飞行控制等诸多专业。特别是西安阎良地区,航空产业资源最为集中,专业配套齐全,综合环境优越,发展潜力巨大。另外,西部的航空制造企业也为中国航空事业的发展以至世界航空事业的发展做出了积极的贡献。西安飞机工业(集团)有限公司是全国最大的大中型军民用飞机制造企业,先后试制、改进改型近30种型号飞机,交付各种飞机数百架,承担我国新机和改进机90%以上试飞任务的中国飞行试验研究院,是全国唯一的飞行试验研究、鉴定中心,与美国等10多个国家建立着合作关系。此外,西安航空发动机集团公司和我国唯一的集航空、航天、航

第6章 西部军地产学研合作技术创新的重点领域、重点产业与重点产品

海于一体的重点高校"西北工业大学"和 10 多所航空院校等构成了产业体系的强大支撑,共同促进了西部经济的发展。

航空产业在西部的经济发展中起着不容忽视的作用,航空产业的发展,带动了相关产业的发展,如电子信息、新材料、机械加工等,形成重要的产业集群,因此,西部军地产学研将其作为合作技术创新的一个重要产业。

6.3.5 航天产业

航天工业是典型的高技术密集工业,反映着一个国家的科学技术和工业发展的水平。中国的航天与导弹工业已形成比较完整的研制生产体系,产品涉及战略与战术导弹、运载火箭、飞船、卫星和卫星应用系统等广泛的领域。多年来,西部的航天科技工业已取得了举世瞩目的辉煌成就,在军转民、军民结合方面也有了长足的发展,这些都已在国内外产生了深远的影响,赢得了荣誉。目前,面对国家大力开发西部地区的大动态、大趋势,国有资本、东部资本、外国资本、港澳台资本都将向西部倾斜和纷至沓来,中国航天可以利用军地产学研合作的集体智慧与优势,不断壮大科技实力,提高产品研发效率,扩大外引内联的规模,取得良好的经济与社会效益。

位于四川、陕西、贵州、内蒙古、云南等西部地区的航天三线基地都属于科研与生产结合型企业,设施设备与技术手段比较先进、配套,而且比较集中;其科研人员、技术工人的实力比较雄厚,专业技术与工种齐全配套,在西部航天产业和经济发展中肩负着重任并做出了突出的贡献。而在航天系统最具影响并以应用基础研究为主的研究基地之一的西北工业大学航天学院,是我国最早发展宇航技术科技和教育的系科之一,拥有 1 个国家级重点实验室,并建成了 6 个现代化的专业实验室和 1 个研究所,承担了我国"神舟 1 号"~"神州 6 号"的重大科研任务,为系列飞船的成功发射做出了贡献,并受到中国载人航天办公室的表彰。

随着航天技术的发展,航天工业将进入大规模开发和利用外层空间的新阶段。在民用方面,直接为国民经济和人民生活服务的各种应用卫星正向高性能、多用途的方向发展,以获取更大的经济和社会效益;人类将利用宇宙空间的微重力、高真空、无振动和无菌的特殊环境,生产稀有药品、材料,开发新能源;利用空间站、天空实验室、航天飞机和人造卫星,对地球长期进行观测和探测,研究空间环境对生物生命和材料的影响,这将使地球物理学、大气物理学等有关科学研究获得新的发展。在军事方面,军用卫星将朝着多功能和系统化发展,并扩大到战术应用。

"十一五"期间中国航天要加快高新技术产业发展,要将航天由原来的实验

应用型向业务服务型转变,发展通信、导航、遥感卫星及其应用,形成空间、地面与终端产品制造、营运服务的航天产业链。同时,开发大推力的运载火箭,建立对地观测和导航定位卫星系统、民用卫星地面系统,形成航天技术产业链。这个产业链当中,最重要的是加强卫星的应用开发。因为卫星应用的领域很广,它可直接服务于经济建设,服务于提高人们的生活质量以及社会的进步。卫星制造和发射卫星,它的产值和经济效益只占整个产业链的15%左右,所以,加强运营、应用开发和终端产品的制造是大有可为的。

航天产业在中国的军事发展和经济发展中的作用是不言而喻的,航天产业聚集了众多的高新产业,作为高新产业的代表,西部军地产学研合作技术创新肯定要涉足其中。

6.3.6 有色金属加工业

有色金属是国民经济、人民日常生活及国防工业、科学技术发展必不可少的基础材料和重要的战略物资。农业现代化、工业现代化、国防和科学技术现代化都离不开有色金属。例如飞机、导弹、火箭、卫星、核潜艇等尖端武器以及原子能、电视、通信、雷达、电子计算机等尖端技术所需的构件或部件大都是由有色金属中的轻金属和烯有金属制成的;此外,没有镍、钴、钨、钼、钒、铌等有色金属也就没有合金钢的生产。有色金属在某些用途(如电力工业等)上,使用量也是相当可观的。现在世界上许多国家,尤其是工业发达国家,竞相发展有色金属工业,增加有色金属的战略储备。

建国70多年来,我国有色金属工业取得了辉煌的成就,兴建了一大批有色金属矿山、冶炼和加工企业,组建了地质、设计、勘察、施工等建设单位和科研、教育、环保、信息等事业单位以及物资供销和进出口贸易单位,形成了一个布局比较合理、体系比较完整的工业行业。

预计今后20年中,我国经济发展对有色金属的需求仍将处于增长阶段,有色金属工业的规模在现有基础上还会进一步扩大,但总量的增长会逐步趋向平缓,随着市场需求品质的提高,有色金属工业整体结构将发生重大变化。

西部12省区市幅员辽阔,面积686.7万平方千米,约占全国的71.5%,而人口仅有3.69亿人,只占全国人口的28.8%。西部地区矿产资源蕴藏量丰富、品种齐全。在我国已经发现的170多种矿产资源在西部地区均有发现,已探明储量的就有130种。西部地区是中国重要的矿产资源基地,总储量占全国的一半以上,其中,铜、铅、锌、锡、锑、钴等占60%以上,镍占到了90%以上。中国有色金属工业协会会长康义介绍,2004年全国有色金属企业完成固定资产投资

607.5亿元,其中西部地区完成226.6亿元,占全国的37.3%。西部12省区市2004年10种有色金属产量与1995年相比,年均递增速度为12.78%,较全国年均增速高0.31个百分点。"西部是我国重要的有色金属矿产资源保障地区",康义说,西部具有我国主要的几个有色金属成矿带。

近几年来,我国有色金属工业保持强劲增长态势,进一步巩固了全球首位的有色金属生产、消费大国地位。但是,国内有色金属矿产资源已无法支撑快速发展的有色工业经济,有色金属原材料市场呈现全球范围的紧缺局面。西部地区是我国重要有色金属矿产资源生产基地和储备基地,总储量占全国一半以上,周边有色金属资源丰富的国家也正逐渐成为我国有色金属原材料的主要供应方。

我国西部地区地域辽阔,有色金属资源十分丰富。随着西部大开发政策的实施,西部基础设施条件和投资环境有了很大改善,西部地区将成为我国有色金属业发展的重点区域。我国西部地区包括12个省区市,面积为686.7万平方千米,占全国总面积的71.5%。西部地区不仅有色金属资源丰富,而且形成了比较完善的生产体系和工业基础,有色金属矿产资源开发具有明显的优势。

随着我国进入工业化中期阶段后,对资源的需求就会高速增长。西部地区具有有色金属资源优势,合理开发利用西部有色金属资源对于西部大开发乃至全国有色金属业发展意义十分重大。

中国有色金属工业协会会长康义在2005年8月17日青海西宁召开的"中国西部有色金属矿业开发国际论坛"上指出,西部地区是中国重要的矿产资源基地,总储量占全国一半以上。其中铜、铅、锌、锡、锑、钴等占60%以上,镍占90%以上。2004年西部12省区市10种有色金属产量590万吨,占全国的42.21%。其中铜48.6万吨,占全国的23.58%;铝327.4万吨,占全国的47.89%;铅45.7万吨,占全国的25.20%;锌138.9万吨,占全国的55.14%;镍7.4万吨,占全国的99%;锡9.9万吨,占全国的84.62%;锑4.4万吨,占全国的35.41%;镁7.2万吨,占全国的16.83%。2004年西部12省区市6种精矿产量统计生产198.7万吨,占全国的63.90%。其中铜22.2万吨,占全国的35.5%;铅37.9万吨,占全国的63.44%;锌126.6万吨,占全国的73.37%;镍5.8万吨,占全国的92.85%;锡3.9万吨,占全国的60.54%;锑2.3万吨,占全国的43.40%。西部12省区市2004年10种有色金属产量与1995年相比,年均递增速度为12.78%,比同期全国10种有色金属年均递增速度高0.31个百分点;2004年6种精矿金属量与1995年相比,年均递增速度为5.69%,比同期全国6种精矿金属量年均递增速度高1.8个百分点。

据中国有色金属矿产地质调查中心调查,近几年来,在西部几个大型的有色金属成矿带又取得新的勘查突破。在东天山成矿带,新发现土屋-延东铜矿、维权铜矿等大中型矿床,提交铜资源量 426 万吨;在西南三江地区,发现了云南中甸普朗、德钦羊拉、思茅大平掌等一批大中型铜铅锌银多金属矿床,已提交资源量:铜 340 余万吨,铅锌 1 000 余万吨;在滇西北中甸地区,红山-普朗地区是西南三江成矿带斑岩铜矿化富集区,已发现并初步估算铜资源量 250 万吨;在滇西兰坪白秧坪矿带,已控制资源量:银 6 090 吨,铜 40 万吨,铅锌 38 万吨;在滇西南汀河地区,已求得铅锌资源量近 300 万吨;西藏东部昌都拉诺玛,估算铅锌资源量 200 万吨;雅鲁藏布江成矿区,初步控制资源量铜 700 多万吨。很显然,西部不仅已经成为我国有色金属工业的重要生产和矿产基地,而且将成为我国未来最重要的有色矿产资源保障基地。这个战略地位不容置疑。因此,西部军地产学研也将有色金属加工作为合作技术创新的一个重要产业来发展(见表6.3)。

表 6.3 2000 年西部地区有色金属工业总产值、增加值及主要产品产量比重

省份	工业总产值 亿元	比重 (%)	工业增加值 亿元	比重 (%)	铜产量比重 (%)	铅产量比重 (%)	锌产量比重 (%)	铝产量比重 (%)
全国	1 009.3	100.00	212.71	100.00	100.00	100.00	100.00	100.00
西部	315.38	31.26	71.27	33.51	18.99	25.07	32.02	42.46
重庆	16.31	1.62	0.50	0.24	0.63	0.83	0.00	1.09
四川	19.63	1.95	5.18	2.44	0.01	1.69	4.74	1.74
贵州	31.98	3.17	10.34	4.87	0.01	0.36	4.08	9.10
云南	69.92	6.93	15.32	7.20	11.56	12.24	10.05	4.63
陕西	23.98	2.38	5.99	2.82	0.02	1.88	1.74	1.79
甘肃	93.83	9.30	22.39	10.53	6.26	5.85	10.84	9.66
青海	34.51	3.42	6.04	2.84	0.00	0.00	0.57	9.47
宁夏	15.94	1.58	3.13	1.47	0.00	2.16	0.00	3.91
新疆	9.26	0.92	2.34	1.10	0.50	0.06	0.00	1.07

注:资料来源:《中国西部开发重点区域规划前期研究》。

6.3.7 煤、油、天然气深加工产业

煤炭是我国的主要化石能源,也是许多重要化工品的主要原料,随着社会经济持续、高速发展,近年来我国能源、化工品的需求也出现较高的增长速度,煤化工在我国能源、化工领域中已占有重要地位。

我国煤资源相对丰富,是世界上少数几个以煤为主要能源的国家,含煤面积 55 万平方千米,资源总量 55 965.63 亿吨,资源保有量 10 077 亿吨,资源探明率

18%,经济可开发的剩余可采储量 1 145 亿吨。在探明的化石能源储量中煤炭占 94.3%,石油天然气仅占 5.7%,"缺油、少气、富煤"是我国的基本国情。基于我国的能源情况,发展煤化工是我们的必然选择。

我国煤化工经过几十年的发展,在化学工业中占有很重要的位置。煤化工的产量占化学工业(不包括石油和石化)大约 50%,合成氨、甲醇两大基础化工产品,主要以煤为原料。近年来,由于国际油价节节攀升,煤化工越来越显示出优势。因此,目前全国各地发展煤化工热情很高,尤其是在 2004 年 7 月我国投资体制改革以来,国家不再审批投资项目,全国各地拟上和新上的煤化工项目很多,项目规模大小不一,几乎是有煤的地方都要发展煤化工。

煤炭焦化、煤气化-合成氨-化肥已成为我国占主要地位的煤化工业,并于近年来得到持续、快速发展;基于国内石油消费的增长和供需矛盾的突出,煤制油、甲醇制取烯烃等技术引进、开发和产业化建设加快速度,重点项目已经启动;结合当前煤化工业和未来发展新型煤基能源转化系统技术的需求,多联产系统及相关专属性技术研究已被列为国家中长期科技发展重点。

煤化工联产是指不同煤化工工艺或煤化工与其他工艺的联合生产,前者如煤焦化-煤气制甲醇,后者如煤基甲醇-燃气联合循环发电。

中国是一个缺油、少气,而煤炭资源相对丰富的国家,在能源消费结构中,煤炭长期以来一直维持 70% 左右的比例,煤炭在我国 21 世纪能源总消费结构中仍将占居主导地位。同时,石油、天然气、煤炭等资源不仅是主要的能源,也是主要的化工原料,将对化学工业产生重大影响。因此,煤的高效、洁净利用仍然是 21 世纪我国能源和化工领域中的重大课题,煤化工也成为我国化学工业的重要组成部分。

我国煤化工业对发挥丰富的煤炭资源优势,补充国内油、气资源不足和满足对化工产品的需求,推动煤化工洁净电力联产的发展,保障能源安全,促进经济的可持续发展,具有现实和长远的意义。新型煤化工在我国正面临新的发展机遇和长远的发展前景。

全球已探明的天然气总储量为 179.53 万亿立方米。世界上天然气资源最为丰富的地区为俄罗斯的远东地区,其次是中东石油国家,拉美地区的天然气储量也相当可观。全球有目前约有 123 个平均储量达 3.24 亿桶油当量的陆上天然气开发项目,126 个平均储量达 3.44 亿桶油当量的浅水天然气项目(不包括伊朗北方气田和南帕斯气田)。中国天然气探明储量集中则在 10 个大型盆地,依次为:渤海湾、四川、松辽、准噶尔、莺歌海-琼东南、柴达木、吐-哈、塔里木、渤海、鄂尔多斯。中国的陆路和海上气田的开发在近几年能源紧缺的背景下都有较快的发展。

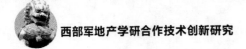

2004年世界天然气产量26 388.5亿立方米,我国天然气产量达到4 076 754.78万立方米,2005年前11个月的天然气产量就达4 456 620.91万立方米,较上年同期增长20.8%,仅从这几个数字天然气产业与市场的发展速度就可见一斑。

我国天然气的输送形式主要是管道运输,其发展基本处于起步阶段,还远未形成覆盖全国的天然气管网。其中最为大型的骨干输气管道是"西气东输"工程管道,覆盖大部分华北和华东部分省市,并带动沿线各城市的城市网管建设。四川、重庆地区已形成南北半环构成的全长1 451千米的环状管道为干线的、比较完整的输、配气管网。其他地区输气管道基本上为气田至用户的直接供气管道。

在东南沿海地区,由于经济发展速度较快,人口聚集程度加大,能源需求的上升速度也较快,以往的能源体系已远远不能满足工业和城市居民的需求。中海油集团开发的LNG项目恰好迎合了这种市场需求,从广东到福建、浙江、江苏LNG项目都相继立项、试点并进一步铺陈开来。其中广东LNG项目将于2006年正式投产运营。

由于国际油价长期居高不下,全球对更清洁能源天然气的需求增长强劲。天然气是21世纪消费量增长最快的能源,占一次性能源的比例将越来越大。2010年全球天然气消费量为3 110亿立方英尺,天然气在一次性能源消费比例为25%,2050年将达到30%,届时天然气将完全取代石油或与石油持平成为第一能源。

我国在天然气的利用方面远低于世界平均水平。全球天然气占总能源消费的24%,而这一比例在我国只有3%,甚至低于印度的8%。未来几年内,我国天然气需求增长将快于煤炭和石油,天然气市场在全国范围内将得到发育。2010年,天然气在能源总需求构成中的比例约为6%,需求量将达到900亿立方米,2020年,需求量将达到2 000亿立方米,占整个能源构成的10%。据此预测的天然气需求量与国内今后潜在的、可生产的天然气产量相比还有较大的缺口。因此,天然气行业具有广阔的发展空间。

煤、油、天然气深加工产业的开发和利用,会为西部的发展和我国能源短缺局面的改善,起到十分重要的战略意义,因此,在西部军地产学研合作技术创新中应将其作为重点产业发展。

6.3.8 核能利用产业

核电站只需消耗很少的核燃料,就可以产生大量的电能,每千瓦时电能的成本比火电站要低20%以上。核电站还可以大大减少燃料的运输量。例如,一座

100万千瓦的火电站每年耗煤三四百万吨,而相同功率的核电站每年仅需铀燃料三四十吨。核电的另一个优势是干净、无污染,几乎是零排放,对于发展迅速环境压力较大的中国来说,再合适不过。

由于石油、天然气和煤的成本不断攀升,目前,世界各国都在打核电的主意。据国际原子能署称,到2004年底,全世界已有440座核电站投入运营,另有26座正在建造之中,还有100多座正在设计之中。其中,中国和印度等发展中国家正致力于建造更多的核电站,而美国的104座核电站,正为全美提供全国总需求的20%电力。

中国核电发展起步于20世纪80年代中期,核电设计工作从20世纪70年代就已开始。国内现有3个核电基地:浙江省的秦山核电基地,5台核电机组;广东大亚湾核电基地,4台核电机组;江苏省田湾核电基地。我国计划开发两个新的核电基地:浙江省三门核电基地和广东省阳江核电基地。

目前我国正在运行和在建的核电站装机容量共有870万千瓦。2003年我国核电发电量达437亿千瓦时。初步设想2020年使核电发电量占到总发电量的4%,装机容量达3 600万千瓦。目前在建和运行的11台机组中,除了自主设计外,还分别采用了法国、加拿大、俄罗斯等国家的技术。

2004年全年全国累计核电发电量达5 000 000万千瓦,截至2005年11月,全国累计核电发电量达4 878 621万千瓦,比2004年同期增长5.7%。但是2004、2005年度我国能源、电力紧缺现象还在持续,利用发展核电来缓解电力紧张是出路之一。

我国对于核电的发展已经开始放宽政策,长期以来,中国官方一直强调要"有限"发展核电产业。而在2003年以来,中国出现了全面性能源紧张。在这种情况下,国内关于大力发展核电产业的呼声日益强烈。高层关于发展核电的这一最新表态无疑是值得肯定的,因为它确立了核电产业的战略性地步,不但对解决中国长期性的能源紧张有积极意义,而且也是和平时期保持中国战略威慑能力的理想途径,可谓"一箭双雕"。

核能的和平利用,对缓解我国资源紧缺、减轻环境污染压力等方面,具有积极的作用,随着我国核电政策的放宽,核能的和平利用将在西部得到大力发展,因此,将其作为西部军地产学研合作技术创新的一个重要产业具有很强的战略意义。

6.3.9 特色农业

特色农业是人们充分利用一定区域内独特的优势农业资源,开发和生产出品质优、价值高、市场竞争力强的农产品及其加工品,具有绿色或无公害特点的特殊农业类型。特色农业以"特""优""名""精""新"等为基本特点,具有更强的市场竞争力和盈利性。因为特色农产品品质好、市场需求量大、竞争力高,当形成区域性规模化生产后,收益显著。特色农产品一般在其盛产区的收入中占有较大份额。发展特色农产品生产,能够兴业一地,富民一方。特色农业是生态农业,要突出绿色或无公害化的特点,客观上需要自然因子对农业生产发挥更大作用,即使相同的农产品品种,在不同区域也表现出较大的品质差异。驰名特产如吐鲁番葡萄、哈密瓜、库尔勒香梨、库车杏、兰州百合等,其品种、品质就表现出显著的地域性。

国家有关部门将在西部逐步建立起七大名优特农产品生产基地,力争用10～15年时间,把西部建设成一个花红草绿、瓜果飘香的特色农业生产区。这七大基地包括:稳定新疆棉区,调整品种结构,提高质量,建设优质棉花生产基地;在云南发展优质甘蔗,在内蒙古和新疆发展高糖甜菜,建设糖料生产基地;在西南地区发展优质柑橘、南方梨、热带水果,在西北地区发展猕猴桃、苹果、梨、葡萄等优质水果,建设水果生产基地;在云南元谋、甘肃河西走廊和青海发展反季节蔬菜、无公害蔬菜和野菜,在新疆发展西瓜、甜瓜,建设蔬菜生产基地;在云南发展高档鲜切花,在内蒙古和新疆发展干花,建设花卉生产基地;在宁夏、甘肃、新疆、青海分别发展枸杞、甘草、红花等中药材,建设中药材生产基地;在云南发展优质烟叶,建设烟叶生产基地。另外,发展畜牧业和农产品加工业也是西部地区农民致富的重要途径。西部地区的畜牧业将加快肉牛和肉羊生产,突出发展奶牛和优质细羊毛生产。加工业形成以粮油制品、肉制品、果蔬制品、饮料制品、中草药制成品等为主,具有地方特色和民族特点的农产品加工体系。

关注"三农"问题既是关注城乡关系的统筹发展问题,也是中国构建和谐社会的基石。2004年2月8日,国务院发布的《关于促进农民增加收入若干政策的意见》中,把增加农民收入问题提到事关13亿人民利益的全局问题、事关全国人民奔小康的战略问题的高度;"十一五规划"又把解决两极分化,缩小贫富差距摆到了突出的位置,将建设社会主义新农村列为五大任务之一,其关于加大农业投入、改善城乡差距的论述,进一步为特色农业产业的发展提供了一个良好的外部环境,由此也带来农业产业发展的美好前景。

这意味着,随着农业发展问题被纳入到国民经济整体规划中去,在"十一五"期间,政府将调整国民收入分配制度和国家财政支出结构,建立对农业的支持和保护体系。今后五年,国家会进一步加大对"三农"投入,新增财力将重点投向农村、农业和农民,而且增长幅度还会大大高于财政经常性收入的增长幅度。

依赖国家这样优惠的政策以及西部农业自身的优势,西部的特色农业在军

第6章 西部军地产学研合作技术创新的重点领域、重点产业与重点产品

地产学研合作技术创新方面将作为重要的产业得到发展。

6.3.10 生物医药及现代中药业

医药技术的高速发展,使生物医药逐渐受到人们的关注,基因工程、生物医药材料、生物技术、中医药产业化等新兴领域正成为我国政策大力扶持的行业。在国家西部大开发和地方政策支撑下,现在西部地区的呼和浩特生物医药产业基地建设已经构建起一系列生物技术、医药工程等产业平台,不仅有效地集聚了此方面高端人才,还迅速推进了生物与医药产业群升级,使开发区成为了国家中西部生物医药产业集聚区和技术制高点。

生物医药产业作为西部地区的新兴特色支柱产业,应该充分利用其独特丰富的野生植物、牲畜脏器等生物资源,采用现代技术,开发生产高技术含量、高附加值的药品和生物制品。重点发展有自主知识产权的国家一类生物医药产品;加大以生物为主要原料的高科技产品的综合开发;发展具有西部民族特色和地区特色的新剂型、新品种。为做强做大西部生物医药支柱产业,还应该积极带动吸引上游、下游各类配套项目的发展,建设生物医药产业集群的计划,形成各具特色、互为补充的从原材料生产、生物研发、提取、加工、生产到销售的产业链条,并不断地拉长和延伸。

生物医药产业重点在基因工程药物与疫苗、控释和靶向制剂、组织工程产品等领域形成产业规模。运用生物工程技术和现代中成药技术改良现有药物品质和传统中草药,开发研制一批具有自主知识产权的高效新药,形成从种植、饮片到新药研制的天然药物产业链。

西部的生物医药产业以四川和陕西为代表,除了生物医药的发展,西部的其他各省依据自身的中药材资源优势,将中药作为医药技术发展的另外一种产业,包括现代中药业以及各具特色的民族医药,如蒙药、藏药、苗药等。随着技术的发展,西部的生物制药和现代中药业将会异军突起,作为西部经济发展的一支重要的产业。

6.3.11 环保产业

我国的环保产业是伴随着环境保护事业的发展而逐步发展起来的,至今已有40多年的历史。1973年全国第一次环境保护工作会议开创了中国的环境保护事业,环保产业也应运而生。20世纪80年代,随着我国经济的快速发展,环境污染日益严重,污染防治工作得到加强,环保产业得到了进一步发展。进入

90年代,随着环境问题日益突出和环境法律法规的不断完善及标准的不断提高,特别是"九五"时期环境保护投入的大幅度增加,环保产业得以较快发展。

随着环境污染的日趋严重,国家对环保治理投入不断上升。"六五"期间,我国的环保投资是150亿元,占GDP的0.5%;"七五"期间的环保投资为550亿元,占GDP的0.67%;"八五"期间增长至800多亿元,占GDP的0.8%以上;"九五"期间的环保投资总额达到3600亿元,占GDP的0.93%。《环保产业发展"十五"规划》预计,到2005年,我国将投资7000多亿元用于生态建设和环境保护,约占同期GDP的1.3%,约占同期全社会固定资产的3.6%。

环保产业不是微利产业,随着国家加大对环保事业的支持以及对市场的有效监管,环保产业将会真正成为国民经济举足轻重的增长点。中国加入世贸组织和北京成功申办2008年奥运会对于中国环保产业发展意义重大。

同时,世贸组织各贸易国设置的"绿色壁垒",正在有效地推动中国出口企业全面开展有关环境管理、生产、安全的认证工作。主动上门向科研单位要环保技术的企业越来越多,外部压力有效地使环保与企业的生存联系起来。

我国国民经济的快速增长,环境保护事业越来越受到社会广泛的重视,环保产业也得到迅速发展。环保产业在我国存在巨大的市场潜力有待挖掘,它是防治环境污染的技术保障和物质基础,同时又能兼顾环境推动经济的发展,环保产业在我国具有广阔的市场前景。

西部生态环境相对来说很脆弱,西部的发展再也不能象发展东部那样,以环境为代价,西部在发展经济的同时,要注重生态环境的保护,环境保护需要更先进的技术,比如工业废气、废水的净化,汽车尾气的净化等方面,目前我国的很多企业由于技术不能跟上或者处理废气废水的成本较高,因此就会出现企业直接将工业废气废水排出的事件,因此,开发我国自主拥有的新技术是环保产业发展的一个方向,因此,西部军地产学研合作技术创新可将其作为发展的重点产业之一。

6.3.12 农化工业

2006年,是我国进入"十一五"的开局年,宏观经济将继续向着预定目标发展,特别是国家关于建设社会主义新农村和稳定粮食增产的政策不会改变。各级政府对"三农"支持力度的加大,极大地调动了广大农民种田的积极性,测土配肥的实施为化肥提供了广阔的市场前景,这些都决定了服务于农的化肥行业的生存空间。总之,国家支持"三农",农民种田积极性空前高涨,农业生产投入大幅增加,将使化肥市场供求关系发生变化;农业经济的持续向好,市场环境的进

第6章 西部军地产学研合作技术创新的重点领域、重点产业与重点产品

一步改善,将为2006年我国化肥行业稳定发展提供有力保障。

我国是化肥生产大国,但不是化肥工业强国。在化肥工业的技术创新上还存在一些薄弱环节,具有自主知识产权的化肥技术和国外化肥强国相比还不是太多。国外化肥技术日新月异、层出不穷的形势将会逼迫着我国化肥工业进行技术创新。特别是生产化肥的原料煤、石油、天然气资源的紧缺,会使得化肥的生产得到制约。为了解决能源与农业生产发展之间的矛盾,就必须加强技术创新的力度,因此,2006年我国化肥工业的技术创新将会全面展开。在一些重要领域如氮肥将重点发展具有自主知识产权的新型煤气化技术、新型净化技术、节能型氨合成技术、水溶液全循环尿素改造技术、尿素改性技术、氮肥联产甲醇、二甲醚等能源化工技术等。磷肥将开发大型磷复肥生产技术、磷肥生产过程中的循环经济技术及低品位磷矿石综合利用工业化技术等。钾肥将重点开发大型化的氯化钾、硫酸钾、硝酸钾生产新技术以及盐湖提锂等综合利用技术。针对中低品位胶磷矿难采、难选问题,开发先进采矿技术和选矿技术;硫铁矿则重点围绕解决硫铁矿制酸过程中副产大量的烧渣,造成环境污染严重问题,开发硫铁矿制酸烧渣综合利用技术,等等。2006年我国化肥工业的技术创新将会掀起高潮。

西部农业的发展,离不开化肥这些农用物资,西部具有生产化肥物资的原料,以及国家发展新农村和技术创新政策的支持,因此,西部的农化工业的发展是西部军地产学研技术合作创新的重点产业之一。

6.4 西部军地产学研合作技术创新的重点产品

西部军地产学研合作技术创新的重点产品就是指西部军地产学研合作技术创新的创新体、客体或者说载体。它既是西部军地产学研合作技术创新的切入点、融合点,又是未来西部军地产学研合作技术创新的结晶体。西部军地产学研合作技术创新重点产品的确定应当在西部军地产学研合作技术创新的重点领域、重点产业内,根据西部军地产学研合作技术创新的理论、原则和依据进行选择。

6.4.1 半导体材料、关键元器件、芯片、软件和高端电子产品

西部的半导体产业无论过去的发展,还是未来的规划,都体现出立足现有基础、因地制宜的特点。四川半导体产业的定位将是一手抓设计、一手抓半导体封

装。集成电路设计人才充足的西安,更是做出了"依托西安人才智力和技术装备的比较优势,优化配置科技资源和产业资源,建设集成电路设计产业化基地,大力发展集成电路设计产业"的重大抉择。

芯片是电子产品的核心部件,把握芯片智能设计,就掌握了电子产业发展的最核心技术。在西部的西安、成都、重庆等电子产品发展较快的地区,在电子领域产品的研究和开发上与国际多家电子厂商进行着合作,为西部的电子芯片研发和制造培养着越来越多的尖端人才。根据西部的资源优势和产业特点,西部应优先发展芯片设计与芯片应用业,并在条件许可的情况下,发展封装业,以两头带中间。就设计业而言,西部有两个国家集成电路设计产业化基地,西部的集成电路设计企业已有30家左右,在一些新产品的开发方面已走在了全国的前列,并积累了一批具有自主知识产权的集成电路产品。如开元微电子公司的CMOS系列视觉芯片,还有西安交大数码公司的HDTV芯片、深亚公司的2Mbsp异步映射及同步SDH专用芯片、西安华西IC设计中心的专用ASIC电路、西安大唐电信公司的系列交换机专用芯片和宽带接入芯片、亚同公司的16位MCU、联圣科技公司的信息家电芯片和电子书芯片、西安中芯公司的射频芯片、重庆西南公司的GSM/CDMA手机基站中频收/发专用集成电路芯片等。据不完全统计,仅西安地区高等院校、科研院所、科技企业中,拥有自主知识产权的各类集成电路项目已达200余种。

IT行业,特别是软件产业的蓬勃发展更是提升中国企业核心竞争力、帮助企业获得更多业务机会的关键。众所周知,软件开发是软件行业的基石和原动力,软件开发能力影响着企业、乃至整个软件产业的核心竞争能力,更是关系到中国软件企业能否在全球市场竞争中赢得业务机会至关重要的因素。西安更是西北软件行业发展的龙头。西安软件园吸引了众多国内、外知名软件厂商进驻;开发了许多深受企业认可软件产品,培养了具有国际一流水平的软件开发人才群体,进一步推动了西安软件产业的发展。

在高端电子产品领域,西部要着重发展数码产品,如数码相机、MP4、笔记本电脑、等离子电视等消费类电子产品。

西部要充分利用军用电子与通信技术以及光电技术,充分发挥国防军工有关研究院所、重点实验室的功能,抢占技术和市场的制高点。重点发展光电信息元器件、设备仪器制造和现代物流管理、企业内部信息管理等方面的系统集成产业,开发军民两用的应用软件和面向各行业的现代化管理水平;要加大计算机及其相关产品、现代通信系统和卫星应用设备、民用雷达以及光电系列产品等方面的开发力度,加速产业化的进程。

6.4.2 稀土产品开发

中国为世界稀土储量最高的国家,提供的稀土产品占世界需求量的一半以上。全世界稀土产品应用消费量约12万吨,美国约占25%,西欧约占24%,日本约占12%,中国属稀土资源大国,逐步将发展成为稀土应用消费大国。稀土在全球范围内都数稀缺资源,只有中国、澳大利亚、美国、印度等国家,而中国又占据了83.2%的份额,主要分布在内蒙古和四川。内蒙古自治区正在包头建设稀土工业园,前期投资近20亿元,四川政府也在采取积极措施开发稀土产品。

稀土产品主要有稀土精矿、稀土化合物、混合稀土、抛光粉及永磁体等,可用于冶金机械、石油化工、玻璃陶瓷、汽车工业等传统领域。稀土,素有"工业味精"之美誉,目前已被冶金、电子工业、能源交通、玻璃陶瓷、染纺皮革、医药、环保、农林牧业等领域广泛应用并取得显著效益。

6.4.3 军用和民用重型汽车、微型轿车

在军用车辆产品方面,陕西重型汽车有限公司是我国唯一指定装备我军的重型军用越野汽车生产基地(建国50周年大阅兵的军用卡车、武器牵引车就是其生产的)。西安骊山汽车制造厂是国家重点汽车生产厂家,原为中国人民解放军第3402工厂,军内大二型企业,是部队装备车辆的主要生产厂家。

在民用重型汽车产品方面,陕西重型汽车有限公司也是我国唯一进入欧洲市场的重卡生产企业,目前该公司拥有德龙F2000、奥龙S2000、斯太尔S98三大系列,1 000多个符合国家法规要求的品种,可满足各种长、短途运输,国家重点工程及特殊作业环境的要求,产品线包括牵引、载货、自卸等各种类型。2004年,陕汽以其高成长性被评为中国汽车工业50家成长最快企业之一,在15吨以上重卡领域连续三年保持全国销量第一。近几年来,陕西重汽在产品上注重更新换代、坚定不移的实施双优工程,取得了持续、快速增长的良好势头,其产品品牌有陕汽—斯太尔、奥龙、德龙F2000等系列,每款产品都以领先的技术、优异的性能、先进的工艺、完善的服务,深受各地区用户的喜爱,成为中国重卡市场耀眼的一颗明星,其15吨以上重卡市场占有率居全国第一,不但畅销全国,还畅销亚、非、欧洲等国家,出口累计230多辆,被誉为中国第三代重卡的领航者。重庆重型汽车集团有限公司致力于技术改造,以市场为先导,消化吸收国外先进技术,高起点、高质量地开发适应市场需求的新产品,开辟、占领了更加广阔的市场。近年来,企业共有30多项新产品(整车或总成)获得了国家级或部、市级新

产品奖。企业生产的重型汽车由单一的军品发展成为拥有红岩、斯太尔两大品牌 12 大系列 400 多个品种、装载质量吨位涵盖 5～25 吨(牵引车可达 60 吨)的重型汽车家族。其中具有国际 90 年代先进水平的红岩 CQ4161、CQ4261 大功率牵引车的问世填补了国内空白;新开发的 CQ19T、CQ26T、CQ4160T6 系列和 CQ24 系列 56 个车型,满足了市场对环保型汽车的需求和国家对汽车轴荷的要求;新开发的 CQ12、CQ14 系列共 33 个车型的"红岩小旋风"和 CQ16、CQ18、CQ24 系列 112 个车型的"红岩猛士"经济实用车成为企业新的经济增长点。而在民用重型汽车的配件方面,陕西法士特齿轮有限责任公司则是中国最大的重型汽车变速器生产基地和齿轮出口基地。

悠久历史,铸就品质内蕴。在微型轿车生产方面,西部重庆的长安集团经过多年来的发展,已经成为中国最有价值的品牌之一,是中国产销量最大的汽车及发动机一体化制造企业,产品丰富,实力雄厚,拥有年产汽车 40 万辆、发动机 36 万台的生产能力,已累计向市场投放各款长安汽车 100 余万辆,公司多年保持了全国微车行业第一、汽车行业第四的地位,现已跻身世界汽车品牌前 20 位。主要产品有长安牌微型汽车、长安奥拓牌微型轿车、长安铃木系列轿车、长安福特牌系列轿车等。另外,陕西的比亚迪汽车有限公司(原西安秦川汽车有限公司)作为中国新兴轿车生产企业,也快速成长起来。

6.4.4 军用飞机、民用支线飞机

加快发展支线航空,是我国全面建设小康社会的迫切需要,对改善我国中西部地区交通运输条件具有十分重要的意义。我国西部地区 12 个省、市、区拥有国土面积 685 万平方千米,占全国的 71.5%,山高沟深,地广人稀,但历史古迹、文化遗产、自然风光等旅游资源丰富。不方便的地面的交通条件成了限制当地社会、经济发展的重要因素,不少旅游胜地"藏在深山人未识"。相比较而言,支线机场比建公路、铁路地面交通建设投资少、建设时间比较短,而且可以克服地面山川、河流给地面交通系统带来的种种不便,有效保护西部脆弱的生态条件,很快形成方便、快捷的运输通道。通过发展支线航空,尽快改善中西部地区交通条件,加强地区间人员往来,帮助不同地区经济融合,促进中西部地区的经济、旅游发展,具有深远意义。

我国支线航空的发展对我国航空工业是一个机遇,经过 60 多年的发展,已经形成了庞大的工业基础,已经能够生产运-7、运-12、ERJ-145 等多种型号的支线飞机,有的还批量出口国外,目前正在加紧研制拥有自主知识产权的先进涡扇支线飞机 ARJ 系列,以满足中国市场对支线飞机飞行性能、舒适性、经济性的

第6章 西部军地产学研合作技术创新的重点领域、重点产业与重点产品

特殊要求。政府将支持航空公司优先选用国产支线飞机,这样既可降低航空公司引进飞机的成本,又能促进我国航空工业的发展。在西部,西飞集团是国内唯一民用支线客机(100座以下)生产厂家,由西飞国际负责生产飞机零部件,西飞国际并且替波音、麦道、空中巴士、德航、加空、法航这些全球主要客机制造商生产各种飞机零部件。西飞集团是中国西安飞机工业集团的核心企业,是中国航空工业总公司所属科研、设计、生产、制造一体化的大型飞机研制、生产企业,我国大中型军民用飞机设计制造定点基地,国家一级企业。多年来先后研制了近30种型号的飞机,生产制造了近20种型号的飞机,销售飞机数百架。

同时西飞集团也是我国生产军用飞机的重要基地,主要产品有轰六系列飞机,为我国国防事业做出了突出贡献。

中航工业第一飞机设计研究院是全国唯一的、实力最强的大中型军民用飞机设计研究院,是中国"飞豹"的总设计单位。该研究院先后成功地完成了10多种军民用飞机的改进改型及自行设计任务。

6.4.5 航天飞行器、航天动力、航天材料

航天飞行器是航行于太空的飞行器,包括发送航天飞行器的运载火箭、人造卫星、空间探测器、宇宙飞船、航天飞机、各种轨道空间站。

世界10大主要航天中心,我国有2座,其中在我国西部的酒泉航天发射中心成功发射了我国的首次载人飞船——神舟五号,接着在两年后,又成功发射了载人飞船——神舟六号。"神舟"飞船6次成功发射的实践表明,中国载人航天发射场已成为世界上最先进的发射场之一,完全可以满足未来空间站建设的需要。我国空间站的建设,早已纳入载人航天发射场设计框架,发射场目前就已具备发射10吨空间站的能力。

航空航天材料包括金属材料、无机非金属材料、高分子材料和先进复合材料四大类,按其使用功能又可分为结构材料和功能材料两大类。航空航天材料既是研制生产航空航天产品的物质保障,又是推动航空航天产品更新换代的技术基础。

因此,西部的航空产品要依托陕西航天067基地、四院和重点研究所以及绵阳九院(中国工程物理研究院),把发展军用航天技术和民用航天技术紧密地结合起来,瞄准国际航天高技术水平,加快固体高能推进剂研究,为我国新一代战略导弹和卫星发射提供大推力的航天动力。

6.4.6　钼、镍、钛金属加工

有色金属与国防联系紧密,钼、镍、钛等金属是制造先进武器不可缺少的原料。钛工业为作为发展潜力巨大的朝阳产业,前景十分广阔。

宝鸡有色金属加工厂,是国家"三五"期间以"902"为工程代号,为满足国防军工和尖端科技发展而创立,现已成为世界上屈指可数的以钛为主,钨、钼、钽、铌、锆、铪等稀有金属加工材并存的金属材料加工、销售、科研开发型企业,历经40年的发展,被誉为"中国钛城",中国最大的以钛及钛合金为主的专业化稀有金属材料生产、科研基地,公司"秦峰"牌产品广泛应用于国内外的电子电器、电光源、金属加工、原子能、玻璃、纺织机械、化工、石油、医疗、陶瓷、光学仪器、航空航天等领域,国内的市场占有率达到85%以上。曾先后取得重大科技成果439项,获国家、省部级科技进步奖68项,获国家优质产品金奖3项,银奖4项,省部级优质产品奖21项,有36种主要产品的质量达到国际先进水平。工厂取得了ISO9002质量体系认证,取得了美国波音公司麦道分部、法国宇航局、英国罗尔斯-罗伊斯公司等多家国外大公司的质量认证,产品已打入国际航空用钛领域,"宝鸡钛"在国际市场上占有重要的一席之地。

6.4.7　黄金勘探、加工

西部地区黄金产量占全国产量的比例已达30%。充分发挥西部产金区黄金资源丰富的优势,加大西部产金区黄金资源的勘探开发力度,使黄金产业进一步成为西部经济发展中的一个新的增长点。西部地区大部分省(区)的黄金产量有大幅增长,并且不断发现新的资源。例如,贵州省黄金企业生产的矿产金由2000年的1.62吨增长到2005年的4.72吨,在全国黄金生产总量中的比例由1.02%增长到2.11%,并且还有3座大型黄金矿山正在建设或扩建之中。云南省黄金企业生产的矿产金在全国黄金生产总量中的比例也由1.5%增长到2.59%。据不完全统计,目前,西部地区的黄金产量占全国黄金产量的比例已接近1/3。80年代中期以后,随着我国向西部开发的速度加快,产金地已遍及云南、贵州、四川、陕西、甘肃、青海、新疆、西藏等省(区),逐步形成了"滇、黔、桂"和"陕、甘、川"两个金三角。

国家有关部门正在积极研究起草黄金工业的"十一五"发展规划和黄金工业产业政策。这两份政策性文件将为我国黄金工业实现可持续发展,加快黄金工业结构调整和产业升级起到积极的作用。

我国将加大黄金地质勘查力度,计划今年新增黄金储量650吨,以保证黄金工作的持续发展,其中将充分发挥武警黄金部队的作用。同时,鼓励和积极引导技术创新,更多地利用国外黄金资源。我国2005年黄金勘探初步统计新增黄金资源/储量620吨,较上年净增120吨,同比增长24%。其中,黄金矿山地质勘探新增资源/储量410吨,武警黄金部队新增资源/储量60吨,其他新增资源/储量150吨。技术创新带动难选冶金矿资源开发,一些大型企业目前已掌握了世界上处理难选冶金矿的全部技术工艺,其中拥有自主知识产权的细菌提金技术达到国际领先水平,原矿焙烧技术取得重大突破,我国1 000余吨保有难选冶金矿储量将逐步得到开发利用。

此外,黄金开发技术的重大发展也是使西部成为采金热点地区的原因之一。之前,尽管西部地区黄金储量不低,但产量却不高,原因在于这里的黄金资源大多属于难处理资源,受选、冶等技术的限制,始终未能得到大规模开发。近几年,黄金的采、选、冶技术有了突飞猛进的发展,尤其是难处理黄金资源的处理技术取得了突破性的进展,为开发西部地区非常丰富的黄金资源提供了技术上的支持。目前,仅贵州省黔西南州就有难处理黄金资源的三大预氧化技术落户,大大促进了当地经济发展。

6.4.8 煤产品

近几年来,由于国际石油价格的不断攀升,以煤为原料的化学工业逐步地显示出竞争优势,以神华集团为代表的一批煤制油和煤制烃工厂开工建设,拉开了中国新能源崛起的序幕。目前,中国炼焦、煤变油、煤气化制合成氨、甲醇等煤化工业呈现快速发展,煤炭液化、甲醇制烯烃、二甲醚、煤化工联产等新型煤化工技术研究与工业化正在启动发展,引进和开发自主知识产权技术将成为我国煤化工业发展的重要支撑,未来20年,煤化工行业将是我国能源行业重要的发展方向,我国将成为世界最大的煤化工业国家。

目前,我国煤化工行业发展现状如下:

1. 炼焦产品

当前,中国炼焦工业技术已进入世界先进行列,新建的大部分是技术先进、配套设施完善的大型焦炉,炭化室高6米的大容积焦炉已实现国产化,2004年机械化焦炉生产的焦炭约占焦炭总产量的70%;干熄焦、地面除尘站等环保技术已进入实用化阶段;化学产品回收能力加强;改造装备简陋、落后的小型焦炉,淘汰土焦及改良焦炉的进展加快。注重煤焦油化学产品,集中深加工和增强焦炉煤气的有效利用,是焦化工业综合发展、提升竞争能力的重要方向。对布局较为集中的大型炼焦企业,应在焦油深加工、剩余煤气的利用方面统筹规划,以实现规模化生产和高效、经济生产。

2. 煤变油

煤直接液化、间接液化的产品以汽油、柴油、航空煤油、烯烃等为主,产品市场潜力巨大,工艺、工程技术集中度高,是中国新型煤化工技术和产业发展的重要方向。目前,国内已完成高分散、直接液化、加氢液化催化剂的实验室开发,该催化剂具有添加量低、催化效果好、生产成本低、显著提高油收率等优点,达到国际先进水平。在开发形成"神华煤直接液化新工艺"的基础上,建成了投煤量6吨/天的工艺试验装置,于2004年10—12月进行了溶剂加氢、热油连续运转和23小时投料试运转,打通了液化工艺,取得开发成果。适合中国煤种、煤质的CDCL直接液化新工艺的基础研究和工艺开发已启动进行。煤化油技术的大规模推广与商业应用,将给国人带来三重好事:第一,在国际油价高涨的情况下,煤化油技术将让国内民众享受到平稳的油价。第二,煤化油技术的应用同时将拓宽新能源与新能源技术创新的渠道,让中国在某一领域走在国际前列,也将为中国开拓其他新能源带来新的启迪。第三,煤化油技术将给中国解决能源安全问题带来新思路。石油是当今工业和军事的血液,但其有限性是一个越来越严峻的事实,如果某一个国家率先推出新能源,它将把竞争对手甩在身后。

3. 煤基甲醇

甲醇是重要的基础化工原料,其下游产品有:醋酸、甲酸等有机酸类,醚、酯等各种含氧化合物,乙烯、丙烯等烯烃类,二甲醚、合成汽油等燃料类。发展甲醇下游产品是未来发展方向。煤基甲醇是煤化工的又一重要方向。煤炭是国内生产甲醇的主要原料,煤基甲醇产量约占总产量的70%以上。今后甲醇消费仍然以化工需求为主,需求量稳步上升;作为汽油代用燃料,主要方式以掺烧为主,局部地区示范和发展甲醇燃料汽车,消费量均有所增加。预计几年后中国国内甲醇生产、消费量将达到平衡,国内生产企业之间、国内甲醇与进口甲醇之间的竞争将日趋激烈,降低生产成本对市场竞争显得更为重要。

4. 煤气化-合成氨

通过煤气化-合成氨制造化肥,是煤化工的又一途径。受国内石油和天然气资源制约,以煤为原料生产合成氨是今后发展的方向,预计占到60%以上。与建设大中型合成氨建设配套,煤气化技术也取得较大进步和发展。新建煤气化技术有水煤浆、干煤粉气流床气化,用于中小型化肥厂改造的流化床煤气化,加压固定床煤气化。中小型固定床间歇煤气化技术所占比例正在逐步减少。国内先进煤气化技术研究开发近年来也有进展,四喷嘴水煤浆气流床气化技术正在进行工业示范,预计2005年完成Kt级工业运行试验;干煤粉气流床气化技术正在进行试开发中;加压流化床气化技术正在进入工业开发。国内煤气化技术的发展将为煤基合成氨产业提供国内知识产权的技术支持,推动合成氨产业技术的全面进步。

5. 煤化工联产

煤化工联产是指不同煤化工工艺或煤化工与其他工艺的联合生产,煤化工联产是今后产业进步的方向。它的意义是:可以回收、利用废弃或排放的资源或能源,同时实现污染治理。如废渣制建筑材料,废气燃烧或转化生产电力、热力等。还可以通过集成、优化不同工艺,提高整体效率和效益,如化工合成与联合循环发电联产。同时,灵活生产和适应市场需求,如生产电力、热力与生产液体燃料联产。中国现阶段发展的煤化工联产是以煤基发动机燃料或化工品为主要目标的产品,以生产过程中的废、余物为原料或燃料,生产电力或热力作为工厂自用而不是当作产品销售,实现企业经济目标和社会综合效益的最优结合。

6.4.9 石油产品

石油炼制生产的汽油、煤油、柴油、重油以及天然气是当前主要能源的主要供应者。我国 1995 年生产了燃料油为 8 000 万吨。目前,全世界石油和天然气消费量约占总能耗量 60%;我国因煤炭使用量大,石油的消费量不到 20%。石油化工提供的能源主要作为汽车、拖拉机、飞机、轮船、锅炉的燃料,少量用作民用燃料。能源是制约我国国民经济发展的一个因素,石油化工约消耗总能源的 8.5%,应不断降低能源消费量。

石化工业提供的氮肥占化肥总量的 80%,农用塑料薄膜的推广使用,加上农药的合理使用以及大量农业机械所需各类燃料,形成了石化工业支援农业的主力军。

石油化工是材料工业的支柱之一。金属、无机非金属材料和高分子合成材料,被称为三大材料。全世界石油化工提供的高分子合成材料目前产量约 1.45 亿吨,1996 年,我国已超过 800 万吨。除合成材料外,石油化工还提供了绝大多数的有机化工原料,在属于化工领域的范畴内,除化学矿物提供的化工产品外,石油化工生产的原料,在各个部门大显身手。

现代交通工业的发展与燃料供应息息相关,可以毫不夸张地说,没有燃料,就没有现代交通工业。金属加工、各类机械毫无例外需要各类润滑材料及其他配套材料,消耗了大量石化产品。全世界润滑油脂产量约 2 000 万吨,我国约 180 万吨。建材工业是石化产品的新领域,如塑料关材、门窗、铺地材料、涂料被称为化学建材。轻工、纺织工业是石化产品的传统用户,新材料、新工艺、新产品的开发与推广,无不有石化产品的身影。当前,高速发展的电子工业以及诸多的高新技术产业,对石化产品,尤其是以石化产品为原料生产的精细化工产品提出了新要求,这对发展石化工业是个巨大的促进。

石油产品主要有以下品种:汽油是消耗量最大的品种。汽油主要用作汽车、摩托车、快艇、直升飞机、农林用飞机的燃料。商品汽油中添加有添加剂(如抗爆剂四乙基铅)以改善使用和储存性能。受环保要求,今后将限制芳烃和铅的含量;喷气燃料,俗称航空汽油,主要供喷气式飞机使用。柴油广泛用于大型车辆、船舰。由于高速柴油机(汽车用)比汽油机省油,柴油需求量增长速度大于汽油,一些小型汽车也改用柴油。对柴油质量要求是燃烧性能和流动性好。燃烧性能用十六烷值表示越高越好,大庆原油制成的柴油十六烷值可达68。高速柴油机用的轻柴油十六烷值为4255,低速的在35以下。燃料油,用作锅炉、轮船及工业炉的燃料。商品燃料油用粘度大小区分不同牌号。石油溶剂,用于香精、油脂、试剂、橡胶加工、涂料工业作溶剂,或清洗仪器、仪表、机械零件。润滑油从石油制得的润滑油约占总润滑剂产量的95%以上。除润滑性能外,还具有冷却、密封、防腐、绝缘、清洗、传递能量的作用。产量最大的是内燃机油(占40%),其余为齿轮油、液压油、汽轮机油、电器绝缘油、压缩机油,合计占40%。商品润滑油按粘度分级,负荷大、速度低的机械用高粘度油,否则用低粘度油。润滑脂,俗称黄油,是润滑剂加稠化剂制成的固体或半流体,用于不宜使用润滑油的轴承、齿轮部位。石蜡油,包括石蜡(占总消耗量的10%)、地蜡、石油脂等。石蜡主要作包装材料、化妆品原料及蜡制品,也可作为化工原料产脂肪酸(肥皂原料)。化工设备石油沥青,主要供道路、建筑用。化工设备石油焦,用于冶金(钢、铝)、化工(电石)行业作电极。

6.4.10 天然气产品

目前天然气化工发展方向是将天然气首先转化为合成气,然后再以间接(通过合成甲醇或二甲醚)或直接的方式制备合成液体燃料,比如合成汽油、二甲醚,合成乙烯和丙烯、丁二烯等其他低碳烯烃,或者合成低碳混合醇,合成乙醇、乙醛、乙酸、乙酸乙酯等。以最低的经济成本,将天然气转化为合成气,在一定程度上左右着天然气化工的发展进程。

我国天然气制合成气有两种方法。除宁夏石化总厂和兰州石化总厂最近将渣油非催化空气氧化法制合成气改成天然气非催化空气氧化法外,其他以天然气为原料的制氢、合成氨和甲醇工厂都采用蒸汽转化法。而蒸汽转化法缺点是反应需要外供热量大,同时热损失也大,最近反应产物含有大量蒸汽,需要通过变换反应或者冷凝分离。另外设备投资很大,除了合成氨工厂,对大部分其他化工产品不是很适合。因此尽快开发新型天然气制合成气工业化技术尤为必要。

当前国外这方面技术主要有:一是将蒸汽转化和非催化部分空气氧化法结合,即用放热的非催化部分空气氧化反应热量供应吸热的蒸汽转化反应来达到自热平衡,丹麦托普索公司已经拥有这样的工业化技术。二是以天然气(烃类)-蒸汽-氧-催化剂组成流化床制备合成气。据了解,目前美国埃克森公司已处于工业化阶段。三是以天然气-CO_2-氧-催化剂组成固定床制备合成气。这三种工艺技术代表了未来天然气制备合成气发展方向。

以得天独厚的天然气资源为依托,天然气化工已成为重庆化学工业的重点行业。目前,全市以天然气为主要原料的企业30余家,原料用天然气年需求12亿立方米,占重庆地区总产气量的1/4左右。其中合成氨用气8亿立方米,乙炔用气2亿立方米;以天然气为原料直接生产的化工产品有50种以上,天然气产品商品总量达220万吨,工业总产值超过25亿元,约占全市化工总产值的40%。

重庆化肥工业中使用天然气为原料的企业有18家,总产值占天然气化工总产值的60%。主要化肥产品有合成氨、碳铵、尿素、氯化铵、磷铵、硝铵等各类化肥及化工产品共180万吨以上。其中,建峰化工总厂年产30万吨合成氨、52万吨尿素装置达到全国大化肥先进水平。

基本有机化工原料行业是天然气化工的又一重要产业,占化工总产值的17%,占天然气化工总产值的40%左右。主要产品有甲醇、苯胺、甲胺、醋酸、氯甲烷等,并可通过深加工,生产出各类精细化工产品。重庆天然气化工产品中,甲醇、乙炔、甲烷氯化物、氢氰酸、聚乙烯醇、醋酸等在国内占有比较重要的地位,其装置规模和技术水平居国内领先地位。四川维尼纶厂的3万吨/年乙炔装置是国内唯一的天然气乙炔装置,技术水平已达到国际水平;两套10万吨/年甲醇装置也是国内目前最大的天然气制甲醇装置;该厂与英国BP公司合资建成的甲醇羰基合成15万吨/年醋酸装置,是国内规模最大、技术最先进的装置;聚乙烯醇的产量占全国产量的20%,技术水平已达国际先进水平。重庆永川化工厂年产1.5万吨新工艺炭黑、2 000吨氢氰酸装置,重庆长风化工厂年产1.4万吨苯胺等天然化工装置,均处于全国先进水平。重庆天然气深加工中的甲胺、苯胺、二硫化碳、氢氰酸等已广泛用于农药、染料中间体、橡胶助剂、医药产品等。随着天然气化工的进一步开发,这些产品的品种和数量将逐年增加。

中石化集团在利用天然气催化空气部分氧化制合成气方面已经取得成果,可以带动化工产品如甲醇、合成汽油的开发,如果实现工业化,可以达到投资省、产量高、成本低的目标。

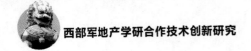

现代石油化工的标志是炼油和乙烯工业体化。以天然气代替石油,由天然气直接制备乙烯是近20年来工业界一直追求的方向,现已取得进展。最突出的是天然气氧化偶联直接制备乙烯,但是离工业化生产还有距离,比如催化剂的选择性和反应实际乙烯得率低的问题尚未解决。不过通过合成气制备乙烯已经具备工业化试验条件,尤其通过合成气先转化成甲醇,再转化为乙烯,已经具备工业化生产条件,关键是目前经济上尚无法同石油裂解制备乙烯相比。为此建议先集中力量,攻克天然气催化空气部分氧化制合成气难关,保证最大限度降低制造合成气成本,以此带动天然气制备乙烯工业的发展。

这里说的液体燃料,特指合成汽油和二甲醚。其技术解决方案在于三个方面,一是天然气制合成气的技术;二是浆态床费托合成技术;三是新型催化剂开发。其中,第一个最关键,只有第一个解决了,能开发出具有经济竞争力的新型天然气制合成气工业生产方法,才能显示实际意义。长远看,用天然气制合成汽油,是一种非常有前途的新型基础能源工业,因为制得的合成汽油,不含硫、芳烃和重烃。

目前天然气制芳烃技术受到重视。据悉,清华大学开发成功一种新工艺,并开始工业化准备。它首先合成苯,并副产氢气来合成氨,氨经氧化后变成NO_2,NO_2直接和苯反应生成硝基苯,硝基苯再由副产氢还原生成苯胺。这种新工艺可大大降低苯、硝基苯和苯胺的生产成本。这一新工艺如果实现工业化,如同开发了新型天然气制合成气工业生产方法一样,具有里程碑意义。

6.4.11 核能利用产品

核能和平利用产业是一个以众多学科为基础发展起来的综合性战略产业,就其本身的专业技术而言,它包括了核反应堆、核燃料循环、同位素与辐射、核废物处理、核安全与防护等技术。就其产品而言,又包含了高效能源技术、电子与信息技术、光机电一体化技术、新材料、生物技术、环保技术等非核高新技术。一个国家核能和平利用技术的水平是衡量其综合科技实力的重要标志之一。核能和平利用产业对国民经济发展、国防建设和人民生活水平的提高起着重要的作用。我国核能和平利用产业是在核军工的基础上逐步建立起来的,经过几十年的发展,已经形成了比较完整的产业体系。西部的核能和平利用,主要是核电的生产,而核电作为清洁的能源,大大减少了废气排放量,减少了温室效应。对我国以及西部的生态环保和经济建设做出了积极的贡献。

在经过长时间的调整改革之后,包括核电、核燃料和核应用技术三大支柱产业在内的中国核工业正迎来一个难得的加快发展的重要机遇。我国核工业的战略规划已经纳入到国家总体规划之中。党中央、国务院对核工业的发展更加重视,做出了新的战略决策,核电从"适度发展"进入到"加快推进"的新阶段,核燃料、核技术应用也有了初步的规划和计划。

核电发展的大好形势也对核燃料工业的发展提出了更高的要求。要同核电的发展相配套,核燃料生产的能力和规模要比目前翻两番。

6.4.12 农产品

西部地区尤其是黄河流域具有悠久的农业生产史,几千年的农业生产积累了丰富的农业生产经验,其中很多方法一直沿用至今,仍是非常有效的实用技术;改革开放40多年来,西部地区得到了很大的发展,我国西部地域辽阔,土地面积占全国的一半以上,耕地面积占全国的27.7%,草地面积占3/5,物产丰富,水资源年均总量占全国的46.6%,加上丰富的光照资源,具有开发多种特色农产品的潜力,一些发达国家不适宜种植或缺少的产品均可在我国西部开发生产,这些地区的农民很少使用化肥和农药,生产的果药材或其他野生资源产品只要在其生产过程中加强引导和规范,特色农业的生产规模很快就能形成,这些都为西部特色农产品开发提供了很好的条件。

实施西部大开发决策以来,西部地区紧紧抓住机遇,对农业结构进行了大幅度调整,特色农业取得了较大发展,西部各省市区在对农业发展的规划中,都把特色农业的发展提到了议事日程。如新疆农业的重点转向棉花、畜牧业、特色林果园艺以及在此基础上的农产品加工业;宁夏农业发展的方向是特色绿色食品产业;甘肃农业在玉米、马铃薯、酿酒原料、瓜果、西红柿、百合、油橄榄、无公害蔬菜、牧草以及畜牧业等特色农副产品方面具有比较突出的资源优势,并提出要大力发展玉米淀粉、洋芋淀粉、干型葡萄酒、果汁饮料、番茄酱、啤酒大麦、啤酒花、油橄榄以及草畜乳等特色农畜产品的深加工;内蒙古把牛奶、羊绒、牛羊肉、马铃薯等特色农畜产品及其加工业以及草业和特色种养业作为特色农业发展的重点,等等。可以说,西部地区已经初步形成了完全不同于东部地区的现代农业体系、中部地区的粮油生产体系的特色农业体系,其特色农产品在国际和国内市场上的竞争力正在不断提高。

西部地区棉、糖、果、菜、花、烟、蚕、药等经济作物品质好、产量高,应逐步变资源优势为商品优势。另外应大力发展畜牧业。加快发展肉牛和肉羊生产,突出发展奶牛和优质细毛羊生产,并把推广优良品种作为调整西部地区畜牧业生产结构的主要措施。其次,发展农产品加工业。西部地区丰富的农产品资源和即将大力改善的交通、能源、通信等基础条件,为发展农产品加工业提供了良好

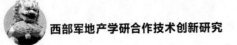

的条件。要走优质名牌的路子,逐步形成具有地方特色和民族特色的农产品加工体系。

6.4.13 医药产品

在医药大省云南,云南医药股份公司、云南白药集团、昆明制药集团、盘龙云海、昆明积大、滇虹、特安呐、灯盏花、白马、英茂公司10家制药企业成为了云南省医药产业的领头雁。全省发展的天然药物重点是三七系列、云南白药系列、灯盏花系列、蒿甲醚系列以及民族药、特色植物药和昆虫药五大类药品。其中三七皂甙、灯盏花素、天麻素、血塞通、宫血宁、青蒿素、昆明山海棠、小儿麻痹疫苗、甲肝疫苗、抗癌药顺铂、卡铂等都是科技含量高、社会经济效益好的中药、植物药、贵金属络合药和新生物制品品种。昆明制药生产的复方蒿甲醚已在49个国家和地区被授予发明专利,在80个国家和地区获得药品注册,成功进入国际市场,被世界卫生组织在全球推广。复方蒿甲醚是我国按照国际标准开发、拥有自主知识产权的一种青蒿素类复方药物。

四川省的医药产品在继续保持地奥心血康、洁尔阴、三勒浆等全国畅销名牌产品的市场优势的同时,要进一步加大对生物医药产业的科技开发力度,开发生产更多的科技含量较高的生物工程医药产品,并加快其产业化进程。比如四川省有独立知识产权的卷曲霉素生产技术、四川联大生物系成熟的人工培养螺旋藻技术及其保健食品技术开发,等等。

贵州省以十大地道药材,即天麻、杜仲、石斛、吴茱萸、何首乌、半夏、黄柏、黄精、天冬、南沙参为原料的"全天麻胶囊"等具有贵州特色的中药产品的开发和"六大苗药",即艾纳香、观音草、淫羊藿、头花蓼、米槁、刺梨为原料的民族医药的开发成为贵州省医药产品的发展方向。

西安利君制药股份有限公司(西安制药厂)是一个具有80多年制药历史的老企业,1938年10月创建于陕甘宁边区,曾经为抗日战争和解放战争的胜利以及边区人民的救死扶伤做出过突出贡献。西北地区规模最大、品种最多、效益最好的国有制药基地。其产品利君沙是新一代大环内酯类抗菌消炎药,用于各种炎症,尤其适用于青霉素类和头孢类过敏及耐药患者。在美国、日本、欧洲等许多国家和地区被广泛应用。

西安近代化学研究所下属西安康复制药厂具有原料药及其中间体研制与生产和新型制剂研制与生产能力。现有五种剂型,其中硝酸甘油片是其依托先进的计算机自动控制硝化甘油原料生产线及硝酸甘油片研制方面的经验所生产,产品质量的各项指标已达到USP23版标准,有效期达三年(药典会批准,国内独此一家),近年来又承担和研制了高难度、高水平的合成科研项目,如环丙胺、环丙羧酸、乙基哌嗪、2-氯-4,5-二氟苯乙酮、氟苯咪唑、4,7-二羟基异黄酮、褪黑激素等20余种技术和产品,多数已完成中试,可以批量生产。其中环丙胺中试技术等获1996年部级二等奖,主导产品硝酸甘油片行销全国,且占全国80%的产量和销量,该产品获陕西省兵工局科技进步一等奖、陕西省科技进步三等奖及国家三委一部军转民高技术出口产品优秀奖。

6.4.14　环保产品

西部要以优势产品和技术为纽带,加强产学研联合和产业结构的调整重组,逐步形成若干个跨行业、跨地区,以军工企事业单位为骨干的国际知名的环保产业集团。要根据国内外市场需求和自身的技术优势大力推进三废资源化和绿色产品的发展规模;重点发展城市垃圾处理设备、水污染治理设备、空气污染治理设备及汽车尾气三元净化催化器、噪声与振动治理设备、环境监测仪器等。

陕西已在高新技术开发、消烟除尘脱硫、水体污染净化、资源节约与综合利用、高效节能锅炉等领域形成五大优势。

6.4.15　钾、磷肥产品

磷肥行业:开发低品位磷矿利用技术,经过选矿充分利用贫矿,提高矿石品位,降低硫酸消耗。发展高浓度磷复肥,提高磷资源利用率。在硫酸装置上推广稀酸净化、两转两吸、污水封闭循环等技术,提高硫转化率,降低环境污染。推广硫酸余热利用技术,回收低温热能,降低生产成本。

磷肥的行业的发展重点是高浓度基础磷肥,尤其是P_2O_5含量高的磷肥品种,主要是磷酸一铵、磷酸二铵。2010年,高浓度磷肥占磷肥总产量的60%以上。

钾肥行业的发展重点是盐湖卤水直接提取硫酸钾技术。硫酸盐型盐湖卤水既含有钾又含有大量的硫酸根,如果利用适当的技术直接从盐湖中提取出硫酸钾,大大降低硫酸钾的生产成本。钾肥行业重点调整无氯钾肥的比例,发展硫酸钾,适当发展硝酸钾等新品种。2005和2010年,无氯钾肥基本满足国内需求。中国最大的钾肥生产企业青海盐湖集团年生产能力40万吨,由于受资源条件的限制,国产钾肥仅占总消费量的7%。

第 7 章
促进西部军地产学研合作技术创新对策建议

西部地区分布着大量的军工企业,特别是在陕西、四川、重庆、甘肃、贵州等省市军工企业众多,对促进西部地区区域经济发展起到了重要的作用。在国家国防投入不断增加的大环境下,西部地区的军工企业又面临着一次更大的历史机遇与挑战。但是,当前西部地区军工企业在与地方企业、大学、科研院所合作技术创新方面还存在着许多问题。只有加强西部地区军地合作,走产学研合作技术创新的发展道路,才能充分发挥军工企业和地方企业各自的比较优势,实现"军民融合"。这样,既能够将大学的科技成果快速的推广和应用到军地企业中去,实现科技成果的快速转化,又能够拉动了地方经济发展,实现军地合作的双赢。为了更好地促进西部军地产学研合作技术创新的发展,我们认为应做好加强西部军地产学研合作技术创新组织领导、建设西部军地产学研合作技术创新平台、完善西部军地产学研合作技术创新金融支持政策;鼓励非公有企业参与西部产学研合作技术创新;支持西部军工单位建立现代企业制度等项工作。

第 7 章 促进西部军地产学研合作技术创新对策建议

7.1 加强西部军地产学研合作技术创新的组织领导

《中共中央关于制定国民经济和社会发展第十三个五年规划的建议》中提出,要建立国家和各省(自治区、直辖市)军民融合领导机构。国务院有关部门和军队总部加强沟通协调,建立了多种形式的工作协商机制。产学研合作创新是企业与大学、科研机构为了共同实现创新目标而形成的合作交流活动。产学研合作是生产、科研、教育不同分工系统在功能与资源优势上的协同与集成化。

西部军地产学研合作是西部军工企业集团与地方企业、高等院校、科研院所三方组织为了市场需求和共同利益联合起来,按照市场机制,采取多种方式方法所进行的科研开发、生产营销、咨询服务等经济合作活动。西部军地产学研合作可以充分发挥军地产学研各方组织的技术、资源优势,各取所需,在合作的过程中获取协同效应。

军地产学研合作技术创新是一项复杂的系统工程,它不仅仅是一个技术过程,而是产学研合作各方相互博弈的过程。合作能否达成并取得预期收益,取决于多种因素:一是军地产学研各方技术、资源方面的互补性问题。军地产学研各方合作的前提就是各取所需,优势互补。只有军地产学研合作各方技术、资源方面存在互补性,各方合作才有可能进行。二是军地产学研合作面临的市场风险、技术风险问题。在合作谈判时,技术供给方往往把技术需求方资金投入的强度作为技术成功的依据,而技术需求方则以技术成功的概率作为确定投资强度的依据,这使得合作创新的谈判很艰难,会产生一定的交易成本。三是军地产学研合作双方的信任程度问题。在合作谈判签约完成后,合作各方往往根据对方能否履约的信心,来决定自己方实际投入资源的多少和进度。若各方在合作过程中不能建立一种互信的关系,就有可能导致合作项目的流产。四是军地产学研各方信息沟通的有效性问题。合作各方会由于信息不对称、信息扭曲等因素的存在而导致道德风险难以避免。例如,合作创新中的技术供给方对预期成果的技术过程、技术含量、技术价值等有更直接的了解,而技术需求方则对此了解甚少;技术需求方拥有更多的市场信息,而技术供给方多数则远离市场。信息的不对称,既是各方合作的基础和前提,也是各方合作的难点。

根据目前军民分离的管理体制,为促进西部地区军工部门与地方企业、高等院校、科研院所的合作,实现合作各方资源的优势互补,保证西部军地产学研合作和技术创新活动的顺利开展,首要的任务就是要加强西部军地产学研合作技术创新的组织领导。

7.1.1 构建西部军地产学研合作技术创新的组织机构

强有力的组织机构是西部军地产学研合作技术创新计划目标实现的根本保证。我国现行的国防科技工业中的科技管理体制主要是采取军民分离的方式。军用科技工业和民用科技工业完全分离,自成体系。军工企业、科研院所归属于各自上级军工集团管理,最终服从国家科工委的直接控制。地方企业、科研院所归属于地方政府管理,军地双方彼此在先进技术上各自研发,以致技术在相互转移的路径和时间拉长,导致技术开发进展缓慢。由于上级主管部门不同,加大了西部军地产学研合作的难度。为了更好地协调三大集团之间的关系,平衡军地产学研合作各方利益,建立高效的西部军地产学研合作技术创新组织机构具有重要的意义。例如,2015年,甘肃省为适应军民融合上升为国家战略的新形势,成立了由省委、省政府、省军区主要领导担任组长、副组长,由省委办公厅、省政府办公厅、省发展改革委、省国动委综合办等18个部门和单位为成员的甘肃省军民融合发展工作领导小组。其主要职责是贯彻落实中央关于推动军民融合深度发展的方针政策、决策部署和规划计划,研究确定甘肃省推动军民融合深度发展的重点领域、重点项目、重大事项和重要政策,协调军民融合规划编制实施有关问题。推进落实地方支持驻甘部队建设和协调驻甘部队支持地方经济建设的相关事项。

第7章 促进西部军地产学研合作技术创新对策建议

1. 建立西部军地产学研合作技术创新组织机构的重要性

(1)有利于促进军地产学研合作各方信息的传递,加快推进西部军地产学研合作技术创新。产学研合作技术创新的实质是充分发挥各自专有知识上的比较优势,优势互补、资源共享,实现新知识的创造、转移和扩散。由于我国现行的军民分割的科技管理体制限制了不同地区、不同领域知识的结合,延缓了合作技术创新的速度。所以建立高效的西部军地产学研合作技术创新组织机构有助于形成创新的网络体系。从而促进军地产学研合作各方信息的传递,加快推进西部军地产学研合作技术创新。

(2)有利于规范军地产学研合作技术创新项目的运行管理,将更好地促进军地产学研合作的顺利进行。规范军地产学研合作技术创新项目的运行管理,将有效地提高合作技术创新项目的资金使用效率,缩短合作技术创新项目的研发周期,及时纠正合作体存在问题,最终更好地促进军地产学研合作的顺利进行。

(3)有利于促进军地产学研合作各方选择适当的产学研合作技术创新模式。军地企业和高等院校、科研院所合作的具体形式多种多样。一般说来,一种合作模式之所以存在总有其优点,当然也会有不足之处。因此,选择恰当的产学研合作技术创新组织模式,是创新计划运行机制的一个重要方面。合作技术创新组织机构根据创新内容、创新目标、参与单位间的交易成本大小以及创新过程中知识流通和技术成果转移等因素来选择最佳合作技术创新模式。提高军地产学研合作技术创新效率。

(4)有利于组织完成军地重大项目的联合攻关。合作技术创新组织机构要充分发挥其职能,对涉及国家战略利益和国家安全的关键技术、基础共性技术或中长期投资、社会效益显著的重大技术创新项目实施给予扶持,加大产学研联合开发工程的实施力度,进行军地产学研联合攻关。在技术引进、技术创新、技术改造等方面集中人力、物力、财力,争取尽快取得突破性进展,解决行业技术升级的关键技术问题以及重点国产化装备的项目。

2. 建立西部军地产学研合作技术创新组织机构的基本思路

借鉴西方发达国家的经验,结合我国西部的实际情况,建立军地产学研合作技术创新组织机构的基本思路是建立起由政府牵头,企业参与,军民结合的组织机构。具体包括两大类,一类是跨省区的西部军地产学研合作技术创新组织机构,另一类是西部各省区的军地产学研合作技术创新组织机构。

(1)跨省区的西部军地产学研合作技术创新组织机构的建立。2017年1月22日中央军民融合发展委员会成立,全面统筹经济建设和国防建设有了坚实有力的组织保障,但从目前来看,军地产学研合作如何与中央军民融合发展委员会对接,西部跨省区的部门职责如何定位等,还没有形成具体的政策制度。西部跨省区的军地产学研合作技术创新组织机构命名为西部军地产学研合作技术创新委员会。委员会是计划的最高组织,其主席为国务院西部地区开发领导小组办公室主任,成员由各省国防科工办、地方政府、部分军地企业高层主管、高等院校及科研机构的有关领导组成。委员会负责西部地区重大产学研合作技术创新问题的决策、指导、检查和监督。在委员会下设4个分支机构,具体为战略与发展委员会、行政管理委员会、监督审查委员会以及人才培育和技术转移委员会。

战略与发展委员会成员由部分军地企业高层主管、产学研各界专家组成,并依专业成立各专业委员会。其主要职责是制定中长期发展战略,拟定研究发展方向、重大课题和经费预算,并将计划管理委员会的决议转化为具体实行方案。

行政管理委员会下设财务、人事、法律部,公共关系部,招投标管理部,主要职责包括组织的财务会计、人事、公共关系和法律事务等;还包括招标管理,与参与的当事人签订合作研发协议,就合作的模式提出建议,明确合作创新的组织模式、参与单位,规范研发成果的归属与分享。

监督审查委员会成员由军地企业高层主管、大学和研究机构的专家以及地方政府机构的代表共同组成,下设计划成果评审部、运行监督部和内部审计部。其主要职责有对申请计划(或项目)的评审,并决定研究计划(或项目)接受与否;对创新成果评审;监督计划的运作;监督管理计划进度;组织进行内部审计;对组织的工作成效进行评价等。

人才培育和技术转移委员会成员由军地企业、大学和研究机构的专家以及地方政府机构的代表组成,下设人才交流培训部、知识产权部、技术转移部。主要职责在于人才交流和培育;合作创新成果的推广与转移;知识产权保护与应用。

(2)西部各省区的军地产学研合作技术创新组织机构的建立。西部各省区的军地产学研合作技术创新组织机构的组成要由政府有关部门、重点科技军地企业、高等院校、科研机构的相关人员组成,在职能上要发挥好产学研各环节间的纽带和桥梁作用,为各类科技成果转化和吸纳提供活动场所,定期公布军地企业急待解决的技术难题,协助高等院校、科研院所选择研究课题,或接受军地企业委托组织科研攻关、开发新产品,协调解决合作过程中的矛盾和问题,为科技成果转化提供科学论证和优质服务。以陕西为例,西北工业技术研究院(工研院)的组织机构。工研院实行理事会领导下的院长负责制,下设行政事业中心、技术研发中心、技术转移中心、国际合作中心、资金扶持中心和培训服务中心6个部门,并成立专家委员会为工研院的发展提供智力支持。

理事会(会员大会):工研院理事会(会员大会)由政府相关部门各大军工集团、相关企事业单位及高等院校等组成。理事会是西北工业技术研究院的决策机构,负责决策工研院的发展战略、政策制定、发展领域、资金管理等重大问题。

工研院采用理事会制,吸纳省内各大高校和省内军工企事业单位参加。除工研院的发起单位外,其他会员每年缴纳会费,工研院为会员提供市场信息、技术成果、技术升级、技术咨询、管理咨询、项目策划以及相关的培训等服务。逐步形成投资者、会员、社会三个层次的技术推广体系。

专家委员会:拟由覆盖技术、经济产业、公共政策等相关领域的学者、专家组成,负责对工研院的发展提供信息及咨询,专家委员会直接向理事会负责,专家委员会可设专门委员会。

行政事业中心:西北工业技术研究院行政事业部是综合性办公室,集文件传递、信息管理、日常行政、后勤、财务等于一体。

技术研发中心:技术研发部主要负责技术研发支持平台和成功培育转化平台的工作。主要完成科技项目的组织策划、技术集成、技术成果的发现、评估与推荐工作。

技术转移中心:技术转移中心主要负责项目及资金运作平台的工作,主要任务是负责工研院内成果转化基金的筹措、运作、管理,培育可以商业化的技术和创业企业,以及工研院对外技术成功转让管理工作及项目招投标工作。

国际合作中心:加强国际科技合作,负责引进国外技术、人才与资本。建设有利于国际学术交流与合作研究的开放环境,建立高层次人才联合培育及研究基地,开展高水平的国际合作科研项目。加大吸引外资、外技的力度,推动陕西省工业化进程。

7.1.2　规范军地产学研合作技术创新项目的运行管理

加强合作研发项目运行管理是项目成功的保证。项目研发经费由监督审查委员会管理。经费依政府、企业确定的比例按项目进度分步投入,并加强对合作研发项目经费运用的审计。一般来说,政府出资或补助的研究成果所有权属国家,使用权下放给参与企业,任意企业都可以有偿使用,付费的金额也不会很高。但实证研究发现,若专利权为政府所有,其最后商品化的比例并不高。我们认为,可以根据技术的特性和政府与企业出资的比例,规范研究成果的归属和分享。对于共性技术,政府可以控制技术所有权,这样有利于技术的转移和扩散。对于关键性技术或易成为厂商的核心技术的研究成果,技术所有权可优先转让给参与企业。

在项目的实施过程中,应定期对项目的进展情况进行评估,并根据评估结果采取不同的调整措施。一是自我对于存在问题不大的项目,由合作体自己采取措施;二是对于存在问题较为严重,非合作体自身能够解决的,由有关部门与合作体共同采取针对性措施;三是采取暂停项目或更换研发单位等强制性措施予以校正。

7.1.3 选择适当的合作技术创新发展模式

军工企业集团和高等院校、科研院所的合作模式有多种。一般说来,每一种合作模式都会有优缺点。选择恰当的产学研合作技术创新模式,是创新计划运行机制的一个重要方面。

合作创新模式与创新内容、创新目标密切相关。参与单位间的交易成本大小以及创新过程中知识流通和技术成果转移也是影响组织模式的重要因素。因此,组建合作创新组织时应当根据合作的内容、合作各方的特点和具体的环境特点等来选择最佳方式。通常有政府推动型、合作方式的主建型、合作方式的联建型和合作方式的共建型4种模式。①

政府推动型是指政府组织的一种旨在解决科技和经济发展中重大问题的大规模联合行动。政府推动型产学研结合模式的特征:由政府搭台,财政出资引资,经多渠道筹集资金,以设立开发基金的方式对产学研联合体进行投资,提供初始经费。主要支持高风险、高投入且符合当地经济和社会发展需求及产业结构合理的公益型或尖端型的科研项目。

合作方式的主建型是指以企业或高校或科研院所一方为主,其他方为辅的合作模式。可分为企业主建型、高校主建型。大学创办经济实体,大学科技园是这一模式的典型代表。

合作方式的联建型指保持大学、科研机构、企业拥有原有体制的条件下,为实现科技成果转化利用各自的要素占有优势,分工协作共同实现一项技术创新过程的行为。这种模式更强烈地表现为功能互补的优势。

合作方式的共建型是指由产学研的三个主体共同出资、建立一个共同独立新实体的合作模式。它利用高校和科研机构的科技人才优势,企业的设备、资金、市场和生产管理优势,共同创办高新技术的经济实体。

计划管理委员会决定具体的研究计划后,应设置各个计划的计划总协调者,其下设开发项目的项目经理。项目经理负责与参与合作创新应该单位联络,并与合作单位商定采取的组织模式。我们认为,对于军方重大项目应该采取政府推动型产学研合作技术创新模式,对于军方的一般项目应该采取合作方式的共

---

① 王晓云. 产学研结合模式研究[J]. 理论界,2005(5):235.

第7章 促进西部军地产学研合作技术创新对策建议

建型产学研合作技术创新模式,对于各省的重大项目应该采取合作方式的联建型产学研合作技术创新模式,对于各省的一般项目应该采取合作方式的联建型产学研合作技术创新模式。

7.1.4 组织重大技术的产学研联合攻关,加大产学研联合开发工程的实施力度

国务院西部地区开发领导小组、国防科工办以及地方政府要充分发挥其宏观调控职能,对涉及国家战略利益和国家安全的关键技术、基础共性技术或中长期投资、社会效益显著的重大技术创新项目,可由战略和发展委员会出面组织实施或给予扶持,加大产学研联合开发工程的实施力度,进行军地产学研联合攻关。在技术引进、技术创新、技术改造等方面集中人力、物力、财力,争取尽快取得突破性进展,解决行业技术升级的关键技术问题以及重点国产化装备的项目。

7.2 加快建设西部军地产学研合作技术创新平台

加快建设西部军地产学研合作技术创新平台对于促进西部地区经济的快速发展具有极其重要的意义。本节主要介绍合作技术创新平台的定义,从宏观层面分析西部军地产学研合作技术创新平台的构成,并在此基础上从微观层面具体分析西部军地产学研合作技术创新平台的构建。

7.2.1 合作技术创新平台的内涵

1999年,美国竞争力委员会在一份《走向全球:美国创新形势》的研究报告中提出创新平台的概念。其内涵主要是指创新基础设施以及创新过程中不可或缺的要素,包括人才和前沿研究成果的可获得性,促进理念向创造财富的产品和服务转化的法规、会计和资本条件,使创新者能收回其投资的市场准入和知识产权保护等。

区域技术创新平台是指某一区域中一系列共享要素的集合,包括知识、信息、技术、人才、政策及其相互联系。它包括物质性的公共设施与公共组织,以形成一个有利于提出原创性理念、进行研究开发、科技成果转化、收集创新信息、交

流与扩散的共享平台。①

西部军地产学研合作技术创新平台是指西部军地产学研合作各方拥有的一系列共享要素的集合,包括知识、信息、技术、人才、政策及其相互联系。它包括物质性的公共设施与公共组织,以形成一个有利于合作研究开发、科技成果转化、收集创新信息、交流与扩散的共享平台。创新平台就其实质而言是合作技术创新活动的支撑系统,是把创新从理念引向实践的一个重要途径。

7.2.2 西部军地产学研合作技术创新平台的构成

1. 决策平台

决策平台是为了保证产学研合作技术创新的顺利进行所建立的对于技术成果的研究目标、研究方式以及最终成果的扩散分享的管理组织。管理组织应由参与产学研合作技术创新各方代表组成,共同参与管理,其主要目标任务就是要设置合理的组织管理方式,确立合作技术创新的研发过程、最终目标以及对合作研发成果的知识产权的安排等。

2. 研发平台

研发平台是为了实现产学研合作技术创新所共享的设计方法、工艺技术、关键制造技术、大型的仪器设备以及实验基地等的全面整合。其具体包括大型具有基础性的公用科研设施平台和科学试验平台。基础性的公用科研设施平台是为产学研合作技术创新提供给参与各方的科技文献资源、科学和工程数据库、社会科技资源、科技基础数据中心等共享资源。科学试验平台是为产学研合作技术创新提供给参与各方共享的大型实验设施、仪器设备以及基础设施。通常情况下科学试验平台可以设置在技术创新中心、大学、军地企业和科学实验室组成的试验基地中。

3. 信息平台

信息平台是合作技术创新的基础支撑系统和工作平台。2010年国务院、中央军委《关于建立和完善军民结合寓军于民武器装备科研生产体系的若干意见》明确提出"在符合国家安全保密规定的前提下,拓宽信息发布渠道"的要求,要积极推动相关部门分类、分级发布武器装备发展需求和任务信息,为民用企事业单位参与武器装备科研生产基石提供信息服务。建立政府公共信息服务平台,为政府、军队、军工及民用企事业单位的信息交流合作提供支撑。技术创新需要集成管理创新的观念,设计、制造和销售过程中所需要和所产生的全部数据,以建

---

① 吴国林. 区域技术创新平台研究[J]. 科技进步与对策,2005(1):162-164.

立数据库管理系统。通过信息平台实现数据的收集、交换、共享和处理，从中发现重要的创新信息和市场机会。

信息平台可以将分散在西部地区中各个军地企业、政府部门、大学、行业中的信息，以及隐含在企业与外界包括供应商、经销商、最终顾客、社会媒体等各种机构和群体交流中的信息进行编码化，促进创新过程中区域信息的交流以及各企业之间、企业与外界之间的信息交流等。信息平台中包括网上展厅和电子商务平台或网站，以方便国内外各种信息的收集、处理与发布。电子网络平台在不涉及保密内容的条件下同地方政府的产学研联合电子网络对接，实现军地双方的资源共享。目前，该平台建设已取得初步成果。2015年1月，全军武器装备采购信息网正式上线运行，成为军工企事业单位、优势民营企业产品和技术信息的重要汇集渠道。网站开设有装备采购需求、政策法规、民参军指导、采购公告、集中采购、企业名录、产品技术、装备知识、服务指南等栏目，面向社会公众、民营企业、军队装备采购部门、军工集团等用户全面开放，可实现军队装备采购需求信息发布、企业产品和技术信息推送、军地需求对接、信息动态监测等功能。

4. 科技中介服务平台

科技中介服务平台借助网络信息平台，为合作技术创新各方提供咨询、检索、申请、评估、审批、交易、招聘、培训、融资、交流的多种功能的联合服务平台。其中，咨询服务为军地企业提供人力资源、发展战略、市场营销等方面的企业管理咨询；项目评估为军地企业提供项目风险分析、经济分析、技术分析；交易服务为军地企业提供技术交易、产权交易等中介服务；融资服务为银行融资和导入风险投资提供中介服务；培训服务为企业提供质量管理培训、电子商务培训、企业家培训、员工素质培训、特殊技能培训、国际营销培训等服务。科技中介服务平台由行业协会、产品检验中心、质量认证中心、行业技术俱乐部、特定的原材料和部件供给网络、资产评估组织等中介服务机构组成。科技中介服务平台对促进西部军地合作技术创新具有重大的促进作用。2017年1月8日，中国国防工业企业军民融合产业联盟在北京宣布成立。该联盟将建立军转民与民参军、技术创新与成果转化、产业促进、金融服务和国际合作五大服务平台，促进军民资源双向转移、良性互动。

7.2.3　西部军地产学研合作的产业技术创新平台建设现状

从微观上看，西部军地产学研合作技术创新平台主要指西部地区产业技术创新平台，大力推进对西部经济社会发展带动作用强、技术集中度高、体现国家竞争力的高技术基础核心产业和战略性新兴产业平台建设,具体包括航空技术创新平台、航天技术创新平台、核工业技术创新平台和船舶工业技术创新平台等。

1.航空技术创新平台

西部地区在我国航空产业体系中占据了相当重要的地位。目前,在西部地区航空产业分布较集中的各个省份均相继建立了航空技术创新平台。

在全国航空产业中,陕西航空产业的总资产约占1/4,年产值占1/3,综合实力占1/3,在全国各省市区中居于首位。2004年8月国家发改委批准建立西安国家航空高技术产业基地。拥有大量具有高新技术的研发单位踊跃进入基地。其中包括代表国内最高水平的中国第一飞机设计研究院,该院曾先后完成轰-6系列、运-8系列、运-7系列、"飞豹"等10多种军用、民用飞机的改进、改型和独立设计等任务,先后获得国家科技进步奖17项;两个军用、民用飞机制造基地和一个无人机研发制造基地,基本形成了两个专业配套比较齐全的大、中型飞机制造体系;中国飞行试验研究院,其拥有如亚洲最大的惯性试验台、亚洲最大的联合电炉、自动钻铆机、大阳极化生产线等先进的仪器设备;有航空发动机、飞控、机载计算机、飞机"黑匣子"和航空电源、燃油系统附件及雷达等相对完善的航空产业体系;飞机结构强度研究所,4个国家重点实验室,20多个省部级重点实验室和一批工程技术研究中心。目前,基地集中了各类中高级航空科技教学、工程技术人才,具有高级职称的达7 600多人,其中两院院士13人,航空科研实力雄厚。"十一五"期间,西安国家航空高技术产业基地将投入120亿元,依托陕西省强大的航空工业基础,借助中国著名的飞机城——西安阎良良好的产业优势资源,搭建起我国航空产业发展的平台。

成都作为我国西部地区重要的中心城市和国家航空战略产业基地之一,也是我国航空工业重要的研制生产基地。四川成都航空产业拥有以成飞公司、成都飞机设计研究所、成发公司、中国航空燃汽涡轮研究院、成都航空仪表公司等一批高水平的航空航天科研院所和试验基地,形成了大批技术雄厚、设备精良的航空制造企业和配套企业,开发、研制、试验试飞了较强的歼击机、航空发动机、机载设备等高新武器装备。以成飞集团为例,成都飞机工业(集团)有限责任公司占地500多万平方米,现有职工15 000多名,其中,有中国工程院院士1人。公司工程技术、管理人员约占职工总人数的1/3以上。先后研制生产20多个型号的军机数千架,公司资产总值50多亿元。集团公司拥有一批代表世界先进航空制造水平的高新设备,新技术、新工艺、新材料广泛应用于产品的设计制造过程,是国家"CIMS应用领先奖"企业;公司建立了一套与国际接轨的质量管理体系,通过了第三方的认证、注册;公司生产的军机曾先后获得全国科学大会奖、国家金质奖、国家授予的大型复杂武器金牌;生产的汽车模具获得了中国汽车工业科技进步二等奖,生产的包装机械获得了中国国际包装技术展览会金奖,生产的洗涤设备获得了国家银质奖;并成为国际民机部件转包生产优秀承包商。2006年底,中国一航与成都市签署战略合作协议决定在四川成都建立空天高技术创新园区,标志着中国航空工业在成都的发展进入了一个新的阶段。"十一五"期间,中国一航将累计在蓉投资120亿元,依托成都的航空产业建立的空天高技术创新园区,将推动我国西部地区航空工业实现跨越式发展。

2. 航天技术创新平台

西部地区在我国航天产业体系中占据了相当重要的地位。航天产业分布较集中的陕西、四川、贵州、内蒙古、云南以及甘肃等省份均相继建立了航空技术创新平台。以陕西西安为例,西安航天产业科技资源优势明显,拥有中国航天科技集团公司第四研究院(航天动力技术研究院)和第六研究院。其中第四研究院是我国承担固体火箭发动机设计、研制、生产和各种试验的高科技专业研究院,也是国防科工委批准的第一批国家重点科研生产统筹规划建设单位之一。目前由院本级、研究所、工厂、经营性公司以及其他附属单位构成,在职职工近9 000人。四院拥有国际宇航科学院院士1名,中国科学院院士1名,国家级专家、省部级有突出贡献专家40多名及一个国防科技重点实验室。在举世瞩目的载人航天工程中,四院研制生产的逃逸发动机出色完成任务,其民用产品覆盖国民经济多个领域,涉及市政、环保、交通、机电、化工等行业,取得了良好的经济效益和社会效益。中国航天科技集团公司第六研究院是我国大型液体火箭发动机研制中心,是我国航天科技工业惯性器件研究、设计、生产基地。下属陕西航天动力高科技股份有限公司是以航天军工流体技术(包括液体、气体)和惯性导航技术为核心技术,以从事系列民用产品的设计、开发、生产和销售为主营业务的技术密集型公司。公司通过吸收和组织各类优秀人才,研制、开发出一系列具有国内、国际先进水平的产品,科技含量高、附加值高,经济效益、社会效益显著,已成功应用于石油、化工、机械、电子、交通、能源等诸多领域。公司的一体化智能型IC卡燃气表、特种泵、金刚石工程钻机等产品属国家级重点新产品或国家火炬计划项目;钣金冲焊型液力变矩器获得全球最大的液力传动厂家德国ZF公司在中国唯一颁发的"质量放行通知书";光机电一体化设备获得法国科技质量监督评价委员会颁发的"向欧盟市场推荐产品"证书。现已有11项产品获得国家实用新型专利。2005年,国家发改委批准成立西安韦曲航天科技开发区。依托中国航天科技集团公司第四研究院和第六研究院的资源优势,"十一五"期间,中国航天科技集团与陕西省、西安市将累计投资100亿元进行科技攻关和工程化开发,尽快建成具有国际水准的西安韦曲航天科技开发区这一高新技术产业基地,带动我国西部地区航天产业实现跨越式发展。

3. 核工业技术创新平台

高技术产业发展"十一五"规划明确指出加快发展先进核能。西部地区分布着众多的核工业技术研究所和核工业公司。以四川为例,位于成都的中国核动力研究设计院和核工业西南物理研究院具有较强的科技实力。中国核动力研究设计院是我国从事核反应堆工程研究、设计、试验、运行和小批量生产的综合性基地,是融科学研究和工程设计于一体,以研究设计核动力为主,带动其他多类反应堆相关技术的设计研究的国家战略高技术研究设计院,是中国核动力工程的摇篮。现有中国科学院、中国工程院院士4人,研究员、高级工程师600余人,中级技术人员900余人,有1 100多项成果获得国家和省部级奖。建院以来,已形成包括核动力工程设计、反应堆运行和应用研究、反应堆工程研究、核燃料和材料研究、同位素生产和核技术应用研究等完整的研究设计体系,下设4个研究所、3个专业研究和服务中心、90多个实验室(其中2个国家级重点实验室)和1个设备制造厂,设施先进,在我国先进能源研发体系中占有重要的地位。核工业西南物理研究院是一个多学科应用基础性研究院。该院是我国目前最大的受控核聚变研究基地,主要从事磁约束受控核聚变与等离子体物理研究及其相关技术的开发应用研究。现有中科院院士1人、研究员65人、高级工程师及副研究员245人、中级科技人员427人。研究院下设聚变科学所、应用技术所等五个所及四个公司,共有18个研究室和一个重点开放实验室,并设有等离子体应用中心、低温超导中心和计算中心。该院拥有一大批先进的实验仪器和设备以及机电设备厂等科研辅助系统,担负着科学研究、民用技术开发和人才培养三项任务。2001年底,全院共获得4 000多项科研成果,获国家级奖20项,获国防科工委与省部级科技进步奖482项,发表论文1 720多篇,已培养出119名硕士和30名博士。

当前,在国家大力推进科技创新建设的重要时期,西部地区要充分利用自身所拥有的国防科技资源优势,结合西部地区地方工业特点,打造核工业技术创新平台,从而促进军地产学研合作技术创新。

4. 船舶工业技术创新平台

西部地区分布着众多的船舶工业技术研究所和船舶工业公司。陕西省、重庆市分布较为密集,陕西省拥有西安精密机械研究所、热加工工艺研究所和船舶档案馆,重庆市拥有重庆船舶工业公司。西安精密机械研究所隶属于中国船舶工业总公司中国舰船研究院。所部设在西安市,下设9个专业研究室,在昆明设有分部创建于1958年,全所现有职工1 600人,其中高级工程师近300人,工程师近400人,助理工程师400余人,拥有国内外先进设备3 000多台(套),中外文图书53 000多册。在上海设有工作组。该所在机电一体化高新技术产品的开发方面具有较强的优势。该所承担并完成了多项国家重点型号研制任务,获重大国家级科技成果奖25项,省部级科技成果奖36项。已通过国家鉴定的YTQ液压推靠器、高温高压小流量柱塞泵等21项成果,达到了国外同类产品的技术水平。

重庆船舶工业公司隶属于中国船舶重工集团公司,是集船、机、仪、电、基础件生产于一体的军民结合的船舶及船舶配套产品重要科研和生产基地。截至2009年,公司下属独立法人企业15家,包括船舶制造厂1家、船舶动力配套生产厂7家、舰船仪表厂5家、辅助设备制造厂1家、风力发电设备公司1家,公司总资产45亿元,主要生产设备2万余台(套),高精尖设备近1 000台(套);有各类专业技术人员近6 000人,有高级职称的技术人员700余人,其中享受国家级政府津贴的专家50余人。公司陆续从德国德马吉公司、海勒公司,瑞士夏米尔公司,美国惠普公司、哈挺公司等国际著名设备生产厂家,引进了一批军民两用的先进设备,形成了10余条先进的专业化生产线。公司先后有100多项产品被国家评为优质产品,获得金奖、银奖、科技成果进步奖等荣誉称号。

在国家大力推进科技创新建设的重要时期,地方政府依托当地的国防科技资源优势,积极开展军地产学研合作技术创新,并相继建立船舶工业合作技术创新平台。西安依托西安精密机械研究所、西安电子科技大学等各单位建立航海工业园区,重庆以重庆船舶工业公司为主体成立大型风力发电装备研制和关键零部件设计开发的专业高新技术企业基地。重庆船舶工业的发展目标是:努力成为我国海军舰船配套设备最大的后方供应基地、中国最强的船舶动力配套产品开发生产基地以及中国装备制造业最具特色的基地之一,并建设成为重庆市"军转民"和装备出口的重要示范基地。实现"321"发展目标。即"翻三番、展两翼、超百亿"。"翻三番"即以2000年9亿元产值为基数,在2004年翻一番,超过20亿元,在2010年翻二番,超过60亿元,在2015年翻三番,超过100亿元;"展两翼",即发展现有产品和新产品两大板块,到2010年超50亿元和10亿元,到2015年超60亿元和40亿元;"超百亿",即在2015年工业总产值超过100亿元。

7.2.4　加快西部军地产学研合作的产业技术创新平台建设

充分利用西部地区所拥有的航空科技资源优势,加快军地产学研合作的产业技术创新平台建设,必将促进西部航空产业的产学研合作技术创新,从而带动区域经济的发展。以航空技术创新平台建设为例,笔者认为,加快建设大型飞机制造技术创新平台,主要应该做好以下几方面的工作。

1. 地方政府要加强科学规划和政策引导

根据西部地区各省市航空科技资源的分布情况,重点建设西安阎良国家航空高技术产业基地和成都空天高技术创新园区。以西安阎良国家航空高技术产业基地为例,在国家发改委批准建立西安国家航空高技术产业基地后,地方政府应当尽快推动和政策引导,并组织专家认真研究建设西安航空产业研发、人才培养、装备生产、整机制造、零部件加工和航空服务为一体的产业集群,帮助产业集群的健康发展,发挥其对周边地区的辐射带动作用。

2. 加大资金的投放力度,推动航空高技术产业基地的建设速度

2016年7月,《关于经济建设和国防建设融合发展的意见》印发,提出扩大引入社会资本、积极引导经济社会领域的多元投资服务国防建设等。根据西部地区各省区市的实际情况,在产业基地建设初期,加大资金的投放力度,尽快建立起配套的基础设施平台,完成国家、省部级重点实验室和一批工程技术研究中心的搬迁工作,形成军地产学研各部门的积聚效应,为合作技术创新提供物质保障。2016年,成都市为着力突破"民参军"机制创新和"军转民"开放创新,印发了《成都市促进军民融合产业加快发展的若干政策措施》,被称为"军民融合十条"。将设立由市本级出资5亿元,筹措社会资本参与,总规模达到20亿元的军民融合产业投资基金。

3. 加快网络信息平台建设

加快西部地区内部网络信息平台建设,努力实现西部地区内部的网络信息共享,消除了西部地区内部的空间分离,从而促进西部的产学研合作。在不涉及保密的情况下,实现军地各企业单位的网络资源共享,这将进一步加强军地交流,促进产学研合作的深入进行。

4. 建立起高效的科技中介服务机构,建立军民两用技术孵化基地

建立高效的科技中介服务机构,搞好产学研的联合,跟踪国家重点科研院所、高等院校的科研动态,争取联合开发、委托研究、兴建专业孵化器、科研开发基地、中试基地以及股份制企业等形式建立双边、多边技术协作机制,既灵活有效地开辟重要科研成果项目的来源渠道,又建立起优势互补、利益共享、互惠互利、风险共担的产学研紧密结合的新机制,加速航空技术的产业化。

第 7 章 促进西部军地产学研合作技术创新对策建议

7.3 完善西部军地产学研合作技术创新金融支持政策

产学研合作技术创新是一种探索性的创新活动,是科技活动的延伸,也是企业市场经营活动的一种形式。产学研合作技术创新同其他技术创新活动一样,需要金融支持。足够的资金投入是完成合作创新活动的基本保障。

当前,我国西部军地产学研合作技术创新的主要模式有两种,一是军工企业集团、科研院所与地方高等院校的合作模式;另一种是地方企业单位(包括非公有企业)、大学与军工科研院所的合作模式。前一种模式的资金来源主要依靠国家的科学计划项目基金,后一种模式的资金来源是合作各方的自有资金(主要是地方企业的资金)。对于大多数的科研机构和地方高等院校来说,自身并不具备自我转化的资金能力和实力。对于地方企业来说,面对承担高风险的巨大压力,往往对很多军民两用的高新技术成果望而却步。对于大多数科技成果的转化工作,企业愿意承担部分风险,而不愿承担全部风险,虽然地方政府每年都安排有部分资金用于实施产学研合作技术创新,但在庞大的社会需求下又显得不足,数量有限。资金短缺这一瓶颈严重制约西部军地产学研合作技术创新的进一步发展。因此,加强金融支持对于西部军地产学研合作技术创新的开展就显得尤为重要。

7.3.1 建立完善风险资本的投融资机制

风险投资是指投资者出资协助具有专门技术而无自有资金的技术创业者进行创业,投资者以获取股利和资本利息为目的,并承担创业阶段的失败风险。风险投资的一般运作模式是由个人或企业出资成立一个风险投资公司,再由风险投资公司发起组织相当数量的包括养老基金、社会保险金在内的风险投资基金,向处于创业期和成长期的有发展潜质的中小高新技术企业投资,以参股的形式组成新的风险企业,技术人员可凭借其技术和对企业的贡献大小占有一定的股份。风险投资的兴起,不仅弥补了商业银行对风险较大的高技术企业投资不足的缺陷,促进了高科技及其尖端科技产业的发展,也带动了世界经济的整体发展。

1. 建立和完善风险资本的融资机制

对于西部地区一些高科技的产学研合作项目,由于政府直接投入科技项目经费有限,不能够从根本上解决资金问题,限制了这部分高科技的产学研合作项目的研究。因此,加大力度引入风险资本,才能够彻底解决资金瓶颈。

目前,我国风险资本主要是通过政府直接投入建立的风险投资公司,它能够很快组建起来投入运营,满足国内众多高科技项目的需求。但是,由于以国家资本为主的风险投资公司存在许多运行机制上的弊端,在实际的运营过程中出现了较为严重的问题,风险投资的失败率偏高。例如,1985 年由国家科委设立的中国新技术创业投资公司的最终破产说明由政府直接参与风险投资的方式是行不通的。另外,以色列也曾在 1991 年由政府投资建立了的风险投资基金,这个基金可投资本的数量有限,只有 3 000 万美元,效果也不好。实践证明由政府拨款建立风险投资基金或风险投资公司显然是不符合市场经济运行规律的。

在西方发达的市场经济条件下,国外风险资本主要是通过民间资金投入建立的风险投资公司。通常情况下,这种风险投资公司规模比较大,拥有较多的风险资本,公司的融资能力也较强,能够按照市场规律去规范运作。因此,这类公司和我国同类公司相比风险投资的成功率较高。国外较为成功的风险投资公司类型为有限合伙公司,有限合伙制投资基金至 1995 年已占风险投资总额的 81.2%。[①]

借鉴国外成功的风险投资公司的筹集方式,结合我国的具体特点,笔者认为我国风险资本主要应通过民间资金建立风险投资公司这种方式来提供的。公司的组织形式可根据当地的具体情况采用股份有限公司、有限合伙公司、中外合资风险投资公司、有限责任公司等多种类型。具体来说,风险投资公司可以通过公开上市、定向募集、发行债券、吸收外资等多种形式筹集资金,同时应允许、鼓励工商企业、银行、信托公司、保险公司等金融机构及企业、个人参股风险投资公司,以壮大风险资本规模。这种风险资本筹集机制将有效地解决单纯由政府提供资金的弊端,建立起多元化的投资主体,使风险投资公司产权结构更为清晰,有利于建立科学合理的法人治理结构,适应市场机制的需要。

当前在国家大力倡导"寓军于民,军民融合"的大背景下,中央、地方政府及国防科工委等相关部门应该尽快推出一系列促进民间资本进入国防军工领域的相关文件、细则。在此基础上,可专门针对我国西部军地产学研合作技术创新项目建立专门的风险投资公司,采取引入政府部门、各大军工企业集团、金融机构、科研机构以及地方各级各类企业、大学、个人等社会各方资金联合组建的办法,创建西部军地产学研合作技术创新风险投资公司。资金主要投资于西部军地产学研合作技术创新项目,项目主要向军民两用的高新技术产品靠拢,积极鼓励军

---

① 吴迪. 上市融资:实现国防科技工业产权多元化[J]. 中国军转民,2005(6):49-51.

第7章 促进西部军地产学研合作技术创新对策建议

技民用和民技军用的新产品开发。另外,政府应采取税收优惠、资金担保、财政补贴等措施引导资金向西部流动,充分调动民间及海外投资者的积极性从事军地产学研合作技术创新的风险投资。特别强调的是,政府资金的介入占有一定的股权只是在投资方向等方面起引导作用,并不是说干预公司的具体经营决策。

2. 建立和完善风险资本的投资机制,扩大风险投资的规模

根据风险投资的运作特点,风险投资基金或风险投资公司应采用股权运作方式注入风险资本,通过对风险企业持股并可以不同程度地参与企业的决策,从而能够享受风险企业成功所带来的高额回报,也能够尽早防止因风险企业亏损而减少损失。政府应在政策上支持风险投资基金获得企业的优先股并享受附加的优惠条件,如企业一旦失败,基金有权优先获得该企业的资产和技术。

在当前的经济转轨时期,我国风险投资规模不足的原因之一是相关法律制度的缺失。收购、兼并的相关法律制度的不完善,使风险投资基金或风险投资公司通过股权转让等方式来运作受到了制约,限制了风险投资公司的风险资本进入。同样地,当风险投资公司或风险投资基金在进行股权运作涉及国防军工领域的产学研合作技术创新时,受国家政策制约通常不会让风险投资公司或风险投资基金占有的股份超过50%。这样当资金不足的矛盾再次出现时,产学研合作就不能继续。

风险投资的成功率也是制约我国风险投资规模的重要因素。风险投资的成功率取决于风险投资公司的决策能力,而风险投资公司的决策能力取决于风险投资公司自身制度建设。清晰的产权、完善的公司治理结构、优秀的职业经理及良好的激励约束机制都将提升风险投资公司的效率。良好的企业内部制度必将建立起风险投资的综合评价体系、风险投资的政策体系,制定科学的评估程序,形成科学合理的科技成果风险转化的评估机制,完善风险资本的投资机制。

因此,解决我国风险投资规模不足的办法就是完善相关的法律制度,引入规范的风险投资公司。对于我国西部军地产学研合作的高科技项目来说,我们认为借助风险投资基金来进行是最佳选择之一。如前所述,风险投资机构介入国防军工领域要受到相关政策法律的制约。如果当军地产学研合作的高科技项目的资金需求超过50%,这样股权转让将超过50%,国家持股是否允许低于51%的控股地位将决定西部军地产学研合作的高科技项目是否能有效地进行下去。针对此类问题西方国家有很多成功经验可以借鉴,即政府取消军工企业集团的绝对控股要求,例如法国为了吸引其他企业、投资机构甚至民营企业和社会公众对军工企业的投资,促进其投资主体多元化和股权分散化,国家持股可以低于51%,法国对汤姆逊公司私有化改造中,就是通过保留监控权继续保持对公司的控制。英国的国有军工企业虽然不是第一大股东,但政府颁布法令,规定国家股

为"金股"(就是对于董事会的重大决策,国家拥有否决权,以免重要的军工企业被国外股东所控制,对国家安全利益构成威胁),英政府通过"金股"保持对英国航空航天公司和罗尔斯·罗伊斯公司的重大决策否决、干预股份流向、限制外国企业过多介入和评估公司管理机构等权利,这实际上也是一种相对控股措施。我国一批军地产学研合作技术创新企业如果能采取国家相对控股的改制方法,既不至于对这些企业的战略发展方向失控,又有利于军工企业借鉴民营企业或其他企业先进灵活的管理理念和经营方法,推进管理机制、生产经营机制、资产运作方式的深度革新,从而进一步促进风险投资公司或风险投资基金进入发展前景较好的军地产学研合作技术创新企业。

7.3.2 建立完善多层次资本市场

资本市场是利用市场机制发挥资源配置的功能。资本市场既是企业集团融资的重要场所,也是风险投资基金或风险投资公司套现退出的重要场所。对于西部军地产学研合作技术创新企业来说,风险投资基金或风险投资公司只是在创新企业发展初期风险较大时为其提供资金支持,为获取超额收益。创新企业发展中期,企业的利润率就会相对降低,当然风险也随之降低。一方面风险投资基金或风险投资公司为追逐超额利润就想放弃该企业;另一方面该企业因为壮大之后有了较为稳定的利润吸引了越来越多的不愿承担较大风险的其他资金。资本市场的建立使市场供求双方得以顺利交易,实现其在市场中进行资源配置的功能。多层次资本市场的建立既为能够承担不同风险能力的投资者创造了投资机会,又为军地产学研合作技术创新企业的进一步发展提供了资金支持,同时也使风险投资基金或风险投资公司得以顺利退出。2016年,成都市为着力突破"民参军"机制创新和"军转民"开放创新,印发了《成都市促进军民融合产业加快发展的若干政策措施》,被称为"军民融合十条"。将设立由市本级出资5亿元,筹措社会资本参与,总规模达到20亿元的军民融合产业投资基金。因此,建立完善支持西部军地产学研合作技术创新的多层次资本市场具有重要的意义。

1. 改造西部上市公司,利用主板市场获取资金支持

我国的证券市场为上海证券交易所和深圳证券交易所开设,这两个市场均为主板市场。由于历史原因,这两个市场存在较多问题。在新一届政府领导的关心下,我国证券市场进行了具有革命性的股权分置改革,在集体攻关后逐步纠正了以前的错误认识,找到了证券市场的发展方向,完善了上市公司的股权结构,解决了历史遗留问题,这将为证券市场充分发挥其市场资源配置功能奠定坚实的基础,同时也必将使其具有更为强大的融资能力。

第 7 章 促进西部军地产学研合作技术创新对策建议

主板市场对上市公司的要求是非常严格的,只有达到证券交易所的要求才能够上市交易,实现企业的跨越式发展。截至目前,西部地区在主板市场上市的公司总数约 240 家,占全国比例仅约 16%,上市融资较少。这严重制约了西部地区的发展。

通常对于高层次的产学研合作技术创新企业\为联合攻关而组建的较大型联合体企业以及有条件的高等院校高新技术产业区由于其规模较大,容易满足目前可主板市场对上市公司的要求,故建议加快西部地区上市公司的 IPO 进程,涉及一些大型军民两用产品的研制、开发、生产的项目进行的产学研合作,通常是在大型军工企业集团与地方科研机构、大学开展合作技术创新,充分发挥大型军工企业集团的优势,结合地方科研机构和大学的特点,在地方政府的大力支持下组建大型股份制公司,证监会、证券交易所等相关主管部门应该给予西部地区上市公司更多的倾斜政策鼓励其通过主板市场上市交易。例如,对于类似于西飞国际、航天动力、长安汽车、贵航股份和中国嘉铃等军工企业也应给予一些优惠条件,优先进行企业资产的整体注入,充分利用主板市场通过配股、增发、发行可转换债券等各种创新方式进行融资,帮助西部军地企业集团公司实现跨越式的发展。

2. 成立股份制合作技术创新企业,争取进入中小企业板市场

2004 年 6 月 25 日深圳证券交易所中小企业板正式成立。中小企业板市场对上市公司的要求是较为严格的,只有达到深圳证券交易所对中小企业板市场的要求才能够上市交易。通常对于较高层次的产学研合作技术创新企业,可通过股份制改造或直接成立为股份制公司再经过证监会的审核后在中小企业板上市交易。

由于中小企业板市场成立时间不长,目前对上市公司的要求还比较高,在一定程度上限制了一些创新型中小企业通过资本市场进行融资,限制了中小企业进一步发展速度。因此,应大力推进中小企业板制度创新,包括适当降低上市门槛,缩短公开上市辅导期,简化核准程序,加快科技创新型中小企业上市进程。同时,为了保证上市的中小企业能够持续给投资者带来较为稳定的回报,加强上市后的监管尤为重要,必要时启动退市机制,保证中小企业板市场长期、稳定、健康发展。及时获得证券市场的融资,加快军地产学研合作技术创新的速度。

对于西部地区来说,军地产学研合作技术创新模式中地方中型企业、大学与军工科研院所之间开展的产学研合作技术创新。这一类模式发展的最大问题就是资金短缺,由于大学以及军工科研院所融资能力相对较差,地方中型企业除了依靠银行信贷外只能依靠自有资金。因此,此类模式下成立的产学研合作技术创新企业虽然能够持续经营,但是资金问题严重制约其进一步发展速度。中小

企业板正式成立为这一类企业提供了一条通过资本市场进行融资的途径。

中小企业板市场成立为中国的风险投资公司提供一条通过资本市场退出的途径。风险投资公司通常为分散风险往往同时投资若干个高科技企业,据统计,其中20%～30%完全失败,60%受挫,只有10%～20%获得成功。风险投资公司通常将这些步入成熟期的高技术公司股权及时套现,才能弥补前期亏损,并为下一个风险投资对象提供运作的资金。中小企业板的成立为中国的风险投资公司提供一条通过资本市场退出的途径。

因此,大力推进中小企业板市场一方面能够解决我国中小企业的资金困难,尤其是西部地区的中小高科技企业的资金不足问题,另一方面为风险投资公司提供一条通过资本市场退出的途径,完善了其退出机制。同时,为能够承担不同风险的投资者提供了更多的投资机会,优化了整个市场的资源配置。

3. 大力推进中小企业军地产学研合作技术创新进入股份转让市场

当前,我国正在积极探索推进高新技术企业股份转让工作。今年初,政府启动了中关村科技园区未上市高新技术企业进入证券公司代办系统进行股份转让试点工作,这一市场的推出将更进一步完善了多层次资本市场体系。

股份转让市场必将提高高新技术创新型企业的融资能力。从股份转让试点工作的有关文件内容来看,试点范围为中关村科技园区未上市高新技术企业,这说明进入市场的门槛低,能够提高高新技术创新型企业的融资能力。

股份转让市场使风险资本的退出途径进一步扩大。原有的风险资本的退出只能通过中小企业板市场进行,但是中小企业板市场的进入门槛较股份转让市场高很多,许多未能进入中小企业板市场的高新技术创新型企业的风险资本较难退出。

股份转让市场作为创业资本市场的基础部分,可以为国内中小企业板市场以及境外创业板市场输送经过市场净化和检验的优质上市公司资源,促进中小企业板市场的良性发展。

当前,我国相继出台了一系列配套政策鼓励非公有制企业进入国防军工领域,发挥其在市场经济条件下机制灵活的优势,形成对原有军工企业的竞争。对于西部军地产学研合作技术创新模式中地方小企业(含非公有制企业)、大学与军工科研院所之间开展的产学研合作技术创新来说,股份转让市场进一步加强了企业的产权流动性,这更有利于地方小企业(含非公有制企业)明晰产权,规范管理以及同其他相关单位交流合作,完善其内部。因此,地方小企业(含非公有企业)、大学与军工科研院所之间开展的产学研合作技术创新模式将受惠于股份转让市场的发展,可以预见,这种产学研合作技术创新模式将在未来占据较大比例。另外,加快建设股份转让市场的同时,政府应逐步允许具备条件的西部军地产学研合作技术创新型企业优先进入代办系统进行股份转让。这必将大大地促进西部军地产学研合作技术创新的快速发展。

7.3.3 扩大西部企业债券发行额度

对外公开发行债券是合作技术创新企业的一条重要的融资渠道。债券融资不仅可以改善企业财务状况和资本结构,获得财务杠杆利益,还可以督促企业形成符合国际惯例的治理结构,加速与国际接轨。同时,发达的债券市场还可以为不能上市的中小企业和高新企业提供一条资本市场融资渠道,通过保证资金的到期偿还提高企业的再融资能力。

我国企业债券市场规模小、筹资少、品种单一。且近些年来,在各种融资手段中,企业债券融资呈下降趋势。针对我国企业债券市场的现状,为满足西部地区合作技术创新企业的再融资需要,我们应逐步放宽债券发行主体,扩大发行范围,增加债券种类,实行利率市场化,债券发行过程中应减少政府干预,更多地发挥市场配置资源的作用。改革现有的企业债券监管模式,推行中小企业债券发行核准制,放宽中小企业债券资金的使用限制和上市交易限制,在有条件的地区开设柜台交易市场。对于军方重大的产学研合作技术创新项目应给予重点扶持,优先审批其企业长期国债,保证重点项目的资金来源;对于一般的产学研合作技术创新项目应给予扶持,优先审批其企业短期国债,保证项目的资金来源。总之,需要通过改革与创新,发展壮大我国企业债券市场,为技术创新型企业提供强大的支持。①

7.3.4 建立国家西部科技发展银行

2010年,由中央军委和国务院共同颁布的《关于建立和完善军民结合寓军于民武器装备科研生产体系的若干意见》明确提出"加快推进金融产品和服务方式创新,积极拓展融资渠道,为军民结合产业发展提供金融支持。"促进西部军地产学研合作技术创新,建立以财政投资为主的股份制国家西部科技发展银行是一个比较好的途径。国家西部科技发展银行的主要业务品种为吸收社会存款,发放西部地区的科技贷款(主要是贴息贷款)。贴息部分来自于政府财政支持,或者由国家担保机构如中国经济技术投资担保公司提供担保。西部科技发展银

---

① 唐绪兵,钟叶姣. 论我国技术创新的金融支持[J]. 财经理论与实践,2005(5):65-68.

行除了主要对西部技术创新型企业提供科技贷款外,还可以利用自己的独特优势,开展技术创新成果的吸纳与转化、技术转移中介、技术信托投资、技术贸易等相关业务。特别是目前很多企业资金缺乏,无力购买技术创新成果,西部科技发展银行则可以通过贷款方式,或者与企业组建技术与资金合股形式的公司,联合开发产品,以达到技术创新转化为生产力的目的,从而推动西部军地产学研合作技术创新的发展。

7.4 支持鼓励非公有制企业参与西部军地产学研合作技术创新

我国国防科技工业起步是按照苏联模式建立起来的,长期以来形成了军民分割、相对独立的国防科技工业生产体系。这种封闭的生产体系严重制约了我国国防科技工业的发展。西部地区拥有大量的国防科技工业企业,长期以来依靠国家的计划任务从事军品的生产经营,军工产品技术创新速度慢,科技含量低,市场竞争力较弱。由于国防科技工业建设领域处于垄断格局,企业还能正常运转。民品生产部门由于其技术水平、管理水平、市场意识、创新能力等方面问题,在激烈的市场竞争中败下阵来,使得国防科技工业企业整体效益差,军转民工作遇到较大阻力。

党的十九大报告明确提出要"形成军民融合深度发展格局,构建一体化的国家战略体系和能力"。在国防科技领域,军民融合的核心就是打破国防科技工业的封闭性,把国防科技工业的发展建立在整个国家的科技发展和国民经济基础之上,建立起"小核心、大协作"的格局。推动军地产学研合作正是响应党中央号召建立军民结合、寓军于民新体制的有效手段。军地产学研合作包括两个主要方面,一是国防系统的产学研各方与地方国有及国有控股企业等部门的合作,二是国防系统的产学研各方与地方非国有企业等部门的合作。由于国防科技领域的大多产品涉及保密等问题,因此在军地产学研合作中主要以国防系统的产学研各方与地方国有及国有控股企业等部门的合作方式来进行。但是,近几年的经济数据显示,非公有制经济对国民经济的贡献呈现逐年递增的局面。相反,国有经济对国民经济的贡献反而略有下降。大量的非公有制企业不能进入国防领域限制了国防科技工业的发展。

2005年3月出台的《国务院关于鼓励支持和引导个体私营等非公有制经济发展的若干意见》,打破了长期以来国防科技工业建设领域的垄断局面,标志着非公有制企业能够正式进入国防科技工业建设领域,参与军工科研生产任务的竞争,参与军民两用高技术开发及其产业化。对于西部地区国防科技工业来说,非公有制企业的进入为西部地区国防科技工业的发展增添了新的活力。支持鼓励非公有制企业进入将引入竞争的市场经济环境,使西部军地产学研合作技术创新的发展模式进一步丰富和完善,这将进一步促进西部地区国防科技工业的快速发展。因此,支持鼓励非公有企业参与西部军地产学研合作技术创新具有重要的意义。

7.4.1 非公有制经济的发展、非公有制企业壮大为其参与创新创造了条件

1. 非公有制经济的发展促进了地方经济的繁荣

改革开放以来,非公有制经济在国家的转型与发展中做出了贡献。从我国的实践来看,非公有制经济已经成为地区经济发展的主体,对地区经济增长贡献巨大。地区经济增长率差异表明,地区非公有制经济越发达,经济增长率就越快;地区非公有制经济越不发达,经济增长率就较缓慢。从各地区发展来看,地区经济发展总体水平与质量同非公有制经济的发展成正比。部分地区非公有制经济已逐渐成为财政收入的主要来源。在浙江省的温州市,非公有制经济占GDP总值的85%;在杭州,非公有制企业纳税总额达140.82亿元,占全部税收收入的70.77%;[1]在欠发达地区,部分非公有制经济创造的GDP也在65%以上,上税额占县级财政的50%以上。非公有制经济的发展,缩小了地区和城市间的发展差距,为各地区实现现代化奠定了基础。非公有制经济促进了地区经济的腾飞。

从2005年统计公报看,2005年我国全年全部工业增加值76 190亿元,比上年增长11.4%,其中私营企业比上年增加25.3%,外商及港澳台投资企业比上年增加16.6%,[2]远远超出了全国平均水平。改革开放事实证明,非公有制经济已经从作为我国社会主义市场经济的补充转变为我国社会主义市场经济的重要组成部分,为国家的经济发展和社会持续稳定起到了积极作用。

2. 非公有制企业的快速发展为其参与西部军地产学研合作技术创新创造了条件

我们知道,非公制经济的快速发展来自于非公有制企业的快速发展。在短

---

[1] 张显忠. 关于非公有制经济发展的几点思考[J]. 中共云南省委党校学报,2005(4):110-111.

[2] 国家统计局网站.

短的40年中,非公有制企业在市场经济激烈的竞争环境下从无到有迅速成长,逐步适应了市场规律,形成了自身的比较优势,在许多方面已经远远超出了还在封闭条件下的国防科技工业企业和地方国有企业。具体表现在以下几方面:

(1)部分非公有制企业具有较强的科技创新能力和较高的技术水平。在激烈的市场竞争中,部分非公有制企业勇于创新,在民用领域已经发展成为地方龙头企业,产品技术水平、科技含量部分已达到国内、国际领先水平。例如,四川的力帆实业(集团)有限公司历经14年的艰苦奋斗,已迅速发展成为融科研开发、发动机、摩托车和汽车生产、销售的大型民营企业。2005年,力帆集团实现销售收入73.2亿元人民币。截至2006年7月,力帆集团拥有一个国家级技术中心,已获国内外专利3 286项,其中力帆520获得专利181项,居汽车行业第一。力帆独立开发的90(100)电启动、立式100(110)型发动机为全国首创,在中国摩托车工业史上具有里程碑的意义;力帆在国内首先开发出V型双缸250发动机;首家开发出具有自主知识产权的摩托车电喷技术、水冷技术和多气门技术。力帆每年以3~6个发动机产品投入市场,其发动机品种之多居全国之首。力帆的实用新型专利"发动机燃烧室"被评为"2004年中国国际专利技术与产品交易会组织委员会"金奖。①

(2)非公有制企业具有较强的市场意识。非公有制企业的快速发展的一个重要因素是具有较强的市场意识。在我国社会主义市场经济条件下,非公有制企业能够根据市场需求组织生产,并能够主动去建立营销网络,扩大产品销售,在完善其售后服务的同时,还利用其网络优势进一步去探求市场的新需求以改进或再开发新产品,从而扩大市场份额,实现规模扩张,最终占有市场(非公有制企业真正做到了以市场为导向,利用其灵活的经营机制获得成功)。例如,浙江温州的德力西集团就是从最初的5万元资产发展成现在拥有50亿资产的大型非公有制企业集团,德力西积极推进网络营销,先后建立了总部营销中心、省级销售总公司、地市级分销公司三级销售与管理体系,在全国各地组建了18个物流中心,设立1 500多个营销网点。温州的营销精英与德力西品牌优势巧妙嫁接,以品种规格齐全、价格优惠、配送及时、服务优良为特点,在市场上赢得了良好的信誉。德力西还积极开辟国际市场,频繁参与全球性交流,先后在香港成立了贸易公司,在美国成立了投资公司,在50多个国家与地区设立了总代理。德力西的外贸出口额,自1995年以来,一直蝉联全国同行第一位,成为商务部重点出口名牌,中国最大低压电器出口基地。②

---

① http://www.lifan.com/gb/shownews.asp?docid=3571&parentid=371.
② http://www.delixi.com/companyinfo/aboutdlx/aboutdlx.asp.

第7章 促进西部军地产学研合作技术创新对策建议

(3)部分非公有制企业具有灵活的经营机制和较为科学的管理模式。灵活的经营机制和较为科学的管理模式是企业成功的重要保证。相对于国有企业来说,非公有制企业具有灵活的经营机制和较为科学的管理模式。在我国社会主义市场经济条件下,非公有制企业能够根据企业的发展状况在不同的发展时期选择不同的组织形式和管理模式以适应其自身生产经营的需要。在发展过程中,非公有制企业逐步形成了较为科学规范的企业制度。例如,浙江温州的德力西集团就是根据市场的变化,利用其较为灵活的经营机制调节生产占据了市场。德力西集团能够根据企业的发展状况在其发展的不同阶段采取不同的组织形式。在1984—1990年间,企业规模小,采取合伙制企业运作,依靠"以质取胜"的经营方式和灵活的经营机制在温州市电器行业内脱颖而出。在1990—1994年间,企业先后建立了几个新公司,通过对同行小企业进行兼并联合,于1993年成立了浙江德力西电器实业公司,按总厂式模式进行管理。在1994—1998年间,经营模式从总厂管理模式发展为集团化管理模式。1994年5月正式组建了德力西集团公司。1998年后,公司通过资本运营公司先后在全国范围内进行资本大重组、产品大联合、技术大提高、市场大拓展,打破了所有制界限,形成了股份合作制、公司制以及非公有国有混合所有制经济管理模式。这些推动了公司的发展,促进了经济的繁荣。①

因此,快速发展的非公有制企业参与西部军地产学研合作技术创新必将推动西部地区国防科技工业的快速发展。

7.4.2 支持并鼓励非公有制企业参与创新,有利于建立军民融合、寓军于民新体制

近几年来,国家和军队在开放武器装备科研、生产、采购等方面,先后颁布了一系列政策法规,为民营企业进入军品市场营造了良好环境。截至2014年,获得武器装备科研生产许可证的民营企业已有700多家,有近1 000家的优势民营企业参与了科研生产活动。这些民营企业进入武器装备采购范围,对于提升武器装备质量,促进产品创新发展等都将产生重要的"鲶鱼效应",对于提高武器装备的质量水平发挥着重要的推动作用。在美国参加国防科技研究和军工生产的工业公司占美国公司总数的1/3以上。美国90%的军品订单都被私营工业公司获得,这些公司几乎囊括了所有的飞机、导弹、空间武器和电子设备以及其

---

① http://www.delixi.com/companyinfo/aboutdlx/aboutdlx.asp

他主要类型现代化尖端武器的生产。① 这表明美国非常重视国防科技工业与广泛的民用高科技工业的结合,通过这种方式建立统一的国家国防工业基础,提升国家国防工业的基础能力。在我国,支持与鼓励非公有制经济参与国防科技工业建设的政策,将提高非公有制经济与国防科技工业领域的兼容性,从而推动国防科技工业加快建立军民融合、寓军于民的新体制。具体包括以下几方面:第一,支持并鼓励非公有企业参与西部军地产学研合作技术创新,拓宽了寓军于民的范围,即将寓军于民的范围从原来的国有经济领域扩展到包括了非公有制经济在内的整个国民经济领域;第二,支持并鼓励非公有制企业参与西部军地产学研合作技术创新,将寓军于民的手段由原来的军转民或部分国有企业的军转民,扩大到整个国民经济的军转民能力的建立;第三,支持并鼓励非公有制企业参与西部军地产学研合作技术创新,将原来国防科技工业行业内由政府主导的合作创新深入到有非公有制经济参与竞争的由市场机制主导的改革。因此,允许与鼓励非公有制经济进入国防科技工业,将推动西部军地产学研合作技术创新,推动国防科技工业改革向广度与深度快速发展,提升国防经济与国民经济的军民兼容性。从而早日建立起军民融合、寓军于民的新体制。

7.4.3 支持鼓励非公有制企业参与创新的措施

制约非公有制企业参与西部军地产学研合作技术创新的因素有很多,主要包括大国防观念淡漠、法律规范约束强、资金约束以及中介服务体系的不完善等。因此,支持鼓励非公有制企业参与西部军地产学研合作技术创新的建议措施应该包括以下几方面:

1. 积极宣传引导,转变观念

2014年5月,解放军原总装备部、国防科工局、国家保密局联合印发《关于加快吸纳优势民营企业进入武器装备科研生产和维修领域的措施意见》,对改进"民参军"现行准入管理制度、消除准入壁垒、建立准入协调机制、简化工作程序、降低准入门槛等方面提出了具体举措。在支持鼓励非公有制企业参与西部军地产学研合作技术创新的过程中,政府要广泛开展动员工作,积极宣传引导,转变观念,真正树立起建立"大国防科技工业"的概念。所谓"大国防科技工业"就是打破国防科研生产体系的封闭性,以国防科研生产的产品为核心,实施基于系统集成的生产体系,建立起"小核心、大协作"的网络化格局。"小核心"就要求把军工的总装、设计开发、检测装备、关键核心配套件,由核心企业来做。"大协助"就

---

① 陈其霆,李宗植,李兵. 国防军工企业改革模式选择[J]. 军事经济研究,2004(3).

是一般的配件面向全国放开,通过资格证来核准,同时要把国防工业建立在整个国民经济发展的基础之上。而不能将国防科技工业的概念局限于目前的国防科技工业行业,更具体地说,不能认为只有十大军工集团及其所属的企业及科研院所属于国防科技工业,而必须将所有与国防科技工业产品研发与生产相关的企业及科研院所都视为国家的国防科技工业基础。尽管树立"大国防科技工业"的提法已有些年头,但此前因为非公有制经济进入国防科技工业领域还是空白,实际上并未有真实的"大国防科技工业"。随着国务院相关规定的出台,将有越来越多的非公有制经济逐渐进入国防科技产品研发与生产的形式,"大国防科技工业"必须使国防科技工业管理部门与采办部门,乃至全社会都在这一观念上达成共识,并通过媒体及其他舆论宣传,使这一观念真正尽快进入思想,付诸行为,落到实处。

2. 清理完善相关法规,尽快出台非公有制企业参与国防科研生产的实施细则

党的十八大以来,党中央、中央军委就推进军民融合深度发展做出了重要战略部署,并将法治在推进军民融合深度发展中的地位提升到了新的高度,提出"加强军民融合式发展战略规划、体制机制建设、法规建设。"过去关于国防科技工业产品在相关的科研、开发与生产的法规中,有相当一部分是针对行业制订的。为了适应非公有制经济进入国防科技工业建设的需要,就必须尽快对现有的法律法规进行进一步清理。其中包括:涉及过去禁止非公有制经济进入的条款或人为抬高非公有制经济进入壁垒的条款应该立即取消。如1988年《中华人民共和国私营企业暂行条例》第12条规定"私营企业不得从事军工、金融业的生产经营";2004年8月修改过的《中华人民共和国公司法》第64条规定"国务院确定的生产特殊产品的公司或者属于特定行业的公司,应当采取国有独资公司形式。"过去针对国防科技工业行业的某些政策性优惠条件,应该同时无条件地给予开发与生产同类军品的非公有制企业,体现公平原则。只有这样才能吸引更多的非公有制企业的进入。在国防产业的税收政策中,不是仅仅按照最终产品来确定税率的,而通常以企业的"身份"来确定是否免税。尽管一些民企事实上已经承担了部分武器装备的科研和生产,但在土地税、流转税和增值税等方面仍和过去一样,并没有得到应有的减免,使得他们同军工企业竞争者相比,处于相对劣势的地位。

我国军民融合法规制度已有了长足的进步,但从实现军民融合深度发展的战略目标来衡量,也还存在一些不够完善的地方,如有的法规制度缺失、部分体制机制陈旧与时代发展不符的问题,等等。在进行清理原有与新精神有抵制的法律法规的同时,国防科技工业的相关主管部门还需要补充出台大量的促进非

公有制企业进入国防科技工业的新法则。这个需要制定的实施细则中,要按照党的十九大精神,以习近平新时代中国特色社会主义重要思想为指导,以提高管理能力为目标,开展观念创新、体制创新、机制创新和方法创新。非公有制企业进入国防科技工业具体包括以下几方面的内容:第一,平等准入的标准建立与执行。尽快向社会公布非公有制经济申请进入国防科技工业的相关领域、条件及程序。在初始阶段,可以选取有意向的非公有制企业举办相关培训或以"政策说明会"的形式,主动或具体提供非公有制企业进入国防科技工业领域的路径与渠道。第二,非公有制企业享受公平待遇的实现途径。加快开放国防科技工业的相关领域,制定的相关政策、法规中不再区分企业的性质是国有军工或非公有制企业,充分利用市场竞争机制,以招投标的方式进行军品采购,实行优胜劣汰,使公有制企业与非公有制企业处于同一起点。第三,投融资渠道的确立与执行。制定相关政策,加快金融业的改革,逐步完善企业的投融资渠道,尤其是建立并完善风险投资机制以解决非公有制企业中的高科技公司的融资困境。另外,相应的配套实施细则还应该包括监督管理的办法与执行;政府职能的转变和调控;责任与合法权益的界定和保护;素质提高要求与退出规则等。

在当时条件下,原国防科工委组织开展鼓励支持和引导个体私营等非公有制经济参与国防科研生产的工作,离不开国务院其他有关部门和军队系统的大力支持和配合。相关管理部门要通力合作,使制定出台的规定可行和有效,期望在较短的时间内快速推动非公有制企业进入军工,促进西部军地产学研合作技术创新,从而提升国防科技工业的综合实力。

3. 严格执行许可证制度,加快合规非公有制企业参与西部军地产学研合作技术创新

原总装备部依据政府采购法的有关要求,于2003年12月出台了《中国人民解放军承制单位资格审查管理规定》,面向全社会开展装备承研承制单位资格审查工作。这些面向全社会分类管理的武器装备科研生产许可制度,在保持国家对武器装备科研生产控制力的同时,开放非公有制经济进入武器装备科研生产领域参与竞争,对于打破军民界限起到了积极的促进作用。目前,民口企业参与武器装备科研生产已初步形成规模。截至2013年底,已有1 800余家企事业单位得到了许可证,其中民口单位约占40%。当然,由于国防需要的特殊性,对国防科技工业产品研究、开发与生产条件也提出了某些特殊要求。在许可证管理方面,要把好市场准入关,但市场准入标准仅是针对以上特殊要求,而非特别针对非公有制经济进入国防科技工业的市场准入。相反,针对不同所有制经济进入国防科技工业的标准上,应该严格按国务院此次支持引导个体私营等非公有制经济发展若干意见的要求,不能人为抬高非公有制经济的标准,即对不同性质

第7章 促进西部军地产学研合作技术创新对策建议

的所有制经济进入国防科技工业在准入条件上平等对待。应该本着公正、公平、公开的原则,对凡是能承担军品任务的企业一视同仁,竞争择优。具体来说,对于劳动密集型军品领域,由于不是国防科技工业的主体部分,而且非公有制企业有很大的竞争优势,所以不必设置太多的关卡,应该让其充分竞争;而对于技术密集型军品领域,由于这部分是国防科技工业的主体,对国家安全的影响较大,因此,要慎重制定这部分的非公有制企业准入制度。在确保进入非公有制企业的安全性和先进性的同时,还应该对其自主创新能力进行评估。如果只是单纯地引进国外生产线就能进入军品领域,无疑会加大国防科技工业对国外的高技术依赖。

当前,在把好市场准入关的同时,应该加快对有条件的非公有制企业进入的审批与许可证发放速度。一方面,客观条件允许这么做,即符合进入国防科技建设领域的非公有制经济性质的企业已累积了一大批;另一方面,加快许可证发放速度,有利于非公有制企业加快进入国防科技工业领域,发挥其优势,促进非公有制企业与原有国防科技工业之间开展有效的竞争合作,提高其运作效率。在市场的调节下,对优质企业形成有效的激励,使他们愿意为西部国防科技工业基础建设方面进行更大的投资。

4. 建立和完善社会中介服务体系,积极推进非公有制企业参与西部军地产学研合作技术创新的速度

国务院《关于鼓励支持和引导个体私营等非公有制经济发展的若干意见》的出台,为吸纳和利用民用高科技资源参与军品科研生产铺平了道路。建立和完善国防科技工业中介服务体系,将为通向这条大路培养出引领者[19]。国防科技工业中介服务体系对于促进非公有制企业进军西部军地产学研合作技术创新具有重要的作用。当前,制约我国非公有制企业进入西部军地产学研合作技术创新的一个重要原因是缺乏完善的社会科技中介服务体系。长期以来军地双方处于各自封闭独立的系统中,要使军地产学研合作技术创新得以持续,一方面依靠我国的和平利用军工技术协会建立军民互动的信息发布平台和军民资源动态信息库,向军地供求双方提供准确及时的各种技术信息、市场信息。通过这个平台定期向军工企业介绍地方企业的发展,定期向地方企业提供民用技术的项目指南,以此来促进军地合作。另一方面,服务机构还需要为产学研各方提供技术咨询、融资咨询、法律咨询等相关配套服务,提升其服务水平,从而推动非公有制企业规范、有序地进入国防科技工业,走军地产学研合作技术创新道路,为国防科技和武器装备发展服务,为发展军工经济服务。

总之,建立和完善社会中介服务体系,既要加强硬件建设,增加资金投入建立完善服务平台,又要加强软件建设,提高企业管理水平和服务人员的专业服务

技能。通过快速及时的信息传递,积极推进非公有制企业参与西部军地产学研合作技术创新。

7.5 支持西部军工企业建立现代企业制度,为军地产学研合作技术创新奠定基础

为推动国防科技工业军民融合深度发展,2017年10月9日,国防科工局组织召开的座谈会,讨论《国防科技工业全面深化改革总体方案(征求意见稿)》和《关于推进国防科技工业军民融合深度发展的若干政策措施建议(征求意见稿)》,并提出意见建议。这些法规政策对于我们搞好国防科技工业军民融合发展具有重要指导意义。近年来,具有雄厚实力的西部军工企业积极探索加强与地方的合作,在产学研合作技术创新领域取得了一些成绩。由于国防科技工业体制问题,虽然西部军工企业也进行了相应的股份制改造,但仍没有建立起适合市场经济规律要求的现代企业制度,在较大程度上制约了西部军地产学研合作技术创新的进一步发展。因此,笔者认为要大力支持促进西部军工企业建立现代企业制度为军地产学研合作技术创新奠定基础。

7.5.1 现代企业制度的相关概念

2010年国务院、中央军委在《关于建立和完善军民结合寓军于民武器装备科研生产体系的若干意见》明确提出"按照现代企业制度的要求,完善公司法人治理结构"的要求,提出除关系国家战略安全的少数企业外,要以调整和优化产权结构为重点,通过资产重组、上市、相互参股、兼并收购等多种途径推进股份制改造。现代企业制度,是一种以公司制为主体,以建立企业法人制度为核心,以产权清晰、权责明确、政企分开、管理科学为基本特征,与现代市场经济和社会化大生产相适应的企业制度。它包括现代企业产权制度、现代企业组织制度和现代企业管理制度三个方面。其中,产权制度是现代企业制度的基础,组织制度是现代企业制度的核心,管理制度是现代企业制度的重要内容。

7.5.2 西部军工企业在建立现代企业制度中存在的问题

1. 西部军工企业的产权问题

(1)西部军工企业产权结构单一,多元投资主体尚难形成。西部军工企业由

第7章 促进西部军地产学研合作技术创新对策建议

于其所处的国防领域存在军事机密泄露等国防安全问题,在企业进行股份化改造过程中,一直以来进展缓慢。截至目前,大量的进行股份化改造的企业也主要涉及军工企业的民品部分或军民两用产品,纯军品部分还很少。截至2015年6月,我国军工集团公司资产证券化率约42%,与国外军工企业70%~80%的水平相比,证券化潜力还有很大。上市的有军工概念的股份公司多为实际军工企业集团的一小部分,真正掌握军工企业上市公司的大股东仍然是国有大股东。因此,从军工企业的产权结构来看,产权主体单一,"一股独大"的现象仍然较为普遍。据不完全统计,国有军工企业的国有股东占有60%以上的股权,处于绝对控股地位。单一的产权结构不利于企业建立现代企业制度,只有投资主体的多元化才能建立起真正意义上的现代企业。

(2)西部军工企业产权关系不清,产权主体缺位。几年来,我国曾试图通过将政府国有资产所有权管理职能与社会经济管理职能分开,对西部军工企业实行股份制改造。2015年9月,国务院印发《关于国有企业发展混合所有制经济的意见》,提出了国有企业发展混合所有制经济的一系列要求和实施措施,针对军工行业,界定了国有独资和绝对控股的范围。2015年11月,国务院又出台了《关于改革和完善国有资产管理体制的若干意见》,该意见是《关于深化国有企业改革的指导意见》的配套文件,明确了改革和完善国有资产管理体制的总体要求和主要措施等。但实践证明,虽然这些改革使产权清晰的程度有所提高,但仍离市场经济要求的产权清晰程度相差很远。目前,国家作为全民财产终极所有者的代理者,委托国有资产管理局作为国有资产的代理者,名义上负有保值增值的责任,但实际上并不向国家交纳利润的义务。国资局委托国有资产经营公司作为企业的投资主体,名义上在扩大再生产领域内是保值增值目标责任的具体承担者,但实际上对投资决策正确与否并无约束机制。国有军工企业及其股份制厂长、经理或董事、总经理是国有企业保值增值任务的实际执行者,但实际上他们对企业盈亏责任并无激励和约束机制,事实上他们只对上级领导负责。因此,这种产权关系一方面没有真正实现国有资产所有权和经营权的分离,造成政企不分;另一方面多层委托代理关系造成西部军工企业的产权主体缺位现象,企业各级领导的不作为。这些因素都制约了西部军工企业的快速发展。

(3)西部军工企业产权流动困难。产权流动是西部军工企业建立现代企业制度的内在要求。西部军工企业在资产流动和资产重组过程中还存在着许多矛盾和问题。首先,西部军工企业由于其在国防领域的特殊地位,在其进行产权流动和企业购并的过程中多为政府参与决策,而非企业自主决定。由于政府的办事效率低下,使得在进行产权交易和企业购并的过程中增加交易成本,甚至会出现腐败现象。这就表现为政府行为取代了市场行为。其次,产权交易市场的不完善造成要素流动困难。西部军工企业在进行产权交易和企业购并时,均需要通过产权交易市场来实现。在我国虽然已经建成了部分产权交易市场,但是在大多数情况下只有少量的交易,涉及军工企业进行股权转让的相关交易还非常少。因此,产权交易市场的不完善造成西部军工企业要素流动困难,影响了军工资源的合理配置,已成了要素重组、产权流动和资产流动的"瓶颈"。

2. 西部军工企业法人治理结构存在的问题

公司治理,是指所有者,主要是股东对经营者的一种监督与制衡机制。即通过一种制度安排,来合理地配置所有者与经营者之间的权利与责任关系。公司治理的目标是保证股东利益的最大化,防止经营者对所有者利益的背离。其主要特点是通过股东大会、董事会、监事会及管理层所构成的公司治理结构的内部治理。以股东大会为中心的公司治理结构的假设前提是股东大会的有效运作和股东大会权力在公司权利体系中的主导地位。

我国公司治理结构设计主要以股东大会为最高权力机关,实行股东大会、董事会、经理的管理体系与股东大会、董事会、监事会的监督体系并重的双重体系。股东大会在我国公司治理结构中居于中心地位。

我国西部军工企业是由国有企业改制而来,公司股权结构过度集中,股东大会掌握在少数国有股东手中,不能切实履行其权力机关的职能。尽管公司董事会在公司决策中已开始发挥作用,但由于董事会的组成规则、董事会的产生规则,以及董事的权力与责任等方面制度的不健全,使公司董事会很难严格履行自己的职责。企业的经理与董事会成员高度重合,多为改制前的厂长或总经理,原有的董事会与经理层之间的委托代理关系不复存在。他们并不对国有资产的保值增值负责。为谋取个人私利和企业中的某些小集团利益,他们甚至肆意侵吞,占为己有,造成大量的国有资产流失。同样地,在现行公司治理结构的设计中,监事会对董事会和经理层的监督是确保公司利益的关键机制。但由于监事会本身的权力不充分、职权有限,监事会的组成人员缺乏专业技术等原因,不能发挥应有的决策、监督和制衡作用。多数企业的监事会成员为原企业的工会干部,这使监事会普遍流于形式,公司董事、经理的违法经营事件的频繁发生,企业法人的治理结构很不规范。①

3. 政府的行政干预使其法人治理结构中的制衡机制进一步失灵

政府为了防止国有资产流失,在无法直接管理企业的情况下,要监控其下级代理人;而信息不对称、国有股转让及退出的限制,迫使政府依然掌握着西部军工企业最重要的人事任命权和资产经营决策权,其结果表现为西部军工企业公

---

① 曾明强. 论国有企业改革与建立现代企业制度[J]. 社科纵横,2005(2):74-75.

司治理过程中行政干预的痕迹过强,各级部门负责人只对上级负责,而不对企业负责,加剧西部军工企业的法人治理结构中的相互制衡机制进一步失灵。

4. 外在因素制约西部军工企业建立现代企业制度

目前,我国西部军工企业冗员较多。据不完全统计,西部军工企业冗员约占在职职工总数的1/3左右;企业的社会负担过重,企业因自办学校、医院和用于社会公共事业建设的资金支出巨大;企业的不良资产比例高,由于技术进步较快,厂房、机器、设备更新速度慢等原因,造成企业不良资产占总资产比例比较高;资金缺乏,市场体系有待完善。企业的融资渠道单一,几乎完全依靠于国有商业银行。国有银行对西部军工企业的约束虽然有所增强,但其联系还没有真正地市场化。债券市场的欠发达、股票市场的不完善、产权交易的不畅通、职业经理人市场的缺失以及一些配合外部监控方式的中介组织(如会计师事务所等)的独立性较差、信誉度较低严重制约西部军工企业建立现代企业制度。

7.5.3 西部军工企业建立完善现代企业制度的对策建议

1. 以投资主体多元化为突破口,大力推进西部军工企业产权制度改革

西部军工企业实现投资主体多元化,形成多元股东结构、多元产权形态,不仅有助于建立规范合理的法人治理结构,在企业各利益主体之间形成制衡机制,而且能够引入社会资源参与国防建设,有助于减少政府风险,降低政府成本。

西部军工企业产权主体多元化将形成利益主体多元化,使各利益主体之间发生内在的而非外部施加的相互制衡机制,从而有利于把要素的贡献与利益的分配联系起来,并通过利益和风险机制促进有效竞争和产权主体间的优胜劣汰,使社会资源的配置更加优化。

西部军工企业产权主体多元化将促使政府摆正与企业的关系,使政府使用经济手段而不是用行政命令影响企业经营活动,以保证企业按照市场经济的规律运作,充分行使法人财产权,为实现自身独立的发展目标,追求利益最大化和规模经济。

西部军工企业产权主体多元化必然要求国家作为出资人,由重视所有权变为注重收益,从而审慎选择经营者。产权主体多元化必然要求政府制定相应的法律,且社会财富依法分配,使资本要素组合在体现利益均沾、风险共负的原则基础上而更具有社会化性质。

西部军工企业产权改革应根据实际情况具体分析,对于绝大多数放开搞活类和军民分立后的民品企业的股份制改造问题,要打破行业和区域限制,采取国有企业相互参股、非国有资本参股或控股、合资新建、引入新的投资者等多种形

式,改制成为混合所有制企业,实现投资主体多元化;对于以生产民品为主或不再安排军品任务的企业,国有资本可以通过股权转让、兼并、出售等形式,退出市场前景暗淡、资本回报率低的行业和企业,逐步实现产业集中;对于重点保军企业在进行军民分立、主辅分离后进行的股份制改造问题,应区分不同情况。凡是涉及国家专营的核材料企业和少数重点军品总装企业的军品核心部分,目前宜采取国有独资公司的形式,对于其他重点保军企业则应该分别改制为国有相对控股的有限责任公司或股份有限公司,大力引入非公有制企业进入,但要求非公有制企业要经过严格的审批,获得相关的许可证,在保证国家控制力的基础上,实现投资主体多元化。

2. 完善西部军工企业的法人治理结构

为了建立有效的法人治理结构,西部军工企业应当采取以下措施以实现权利的制衡,形成相关各方良好的激励约束关系。

制定完善的公司章程,明确股东会、董事会、监事会和经理层的权责关系,使其有效行使决策权、监督权和执行权,确保企业内部约束机制协调运转、有效制衡。股东会的主要职责在于讨论通过股份公司的重大决议。董事会的工作重点在于公司战略管理方面,而经理层的主要职责在于执行董事会的决议和进行日常经营。监事会的主要职责在于对董事会和经理层的监督。经理层对董事会和监事会负责。董事会要求经理层遵循其决议执行,监事会要求经理层在业务执行过程不损害企业利益。

优化董事会、经理层和监事会的组成和责权利制衡机制。西部军工企业的董事会应由以下几部分人员构成。具体为大股东和公司经理层的人数占董事会成员的2/3以下,独立董事占董事会成员的1/3以上。在选拔程序上,要保证外部董事的独立性,这种组成结构有助于解决内部人控制问题,同时借助外部独立董事帮助企业做出科学决策。

西部军工企业的董事长和总经理必须分设,总经理应该在人才市场上进行公开招聘选取,同时要建立健全经理人的激励约束机制。具体来说,建立一套科学的、行之有效的经理人业绩评价体系对经理人进行考核,使其真正担负起企业资产的保值增殖责任。在设计激励约束机制时,一要注意经理人的收入应和业绩挂钩,积极推进多元化的经理人年薪制。二要注意报酬结构多元化,注重考虑股权或者期权激励。对业绩优秀、能力突出的经理人,适当提高经理人退休离职后的收入待遇,如提高年薪报酬结构中股票收入或股票期权收入等。三要积极主动建立经理人行为的内部约束机制,通过工会、职代会等形式确定企业经营者收入获取方式,并将隐性收入、灰色收入等不合理收入控制在最低限度。

西部军工企业的监事会应包括部分外部监事人员,充分保障监事的独立性。

在监事的选拔程序上,一般要遵循被选拔者与被监控对象相分离的原则。应当由股东或股东大会下属的提名委员会提名,并由股东大会选举通过。这样有助于加强监事会的监督作用,有利于减小"内部人控制"的危害。

3. 建立健全市场体系,完善社会保障制度

政府要建立健全市场体系,完善社会保障制度。首先,加强资本市场的建设,积极培育成熟活跃的股票和债券市场等直接融资市场,以改变目前国有企业过分依赖国有银行的间接融资方式。其次,规范各种市场的中介机构行为,特别是为社会提供鉴证服务的会计师事务所等中介组织。最后,政府要进一步建立与完善社会保障制度。逐步向社会化养老、医疗保险和失业保障制度过渡,从而大幅度减轻或解除西部军工企业社会负担,促进西部军工企业发展壮大,为军地产学研合作技术创新奠定基础。

第8章

促进西部军地产学研合作技术创新的重大举措

当前和今后一个时期是中国特色军民融合创新发展的重要战略机遇期,也是军民融合由初步融合向深度融合过度,进而实现跨越发展的关键期,西部地区应牢牢把握这一难得的历史机遇,全面推进军地产学研合作,展现新作为,作出新贡献。找准西部军地产学研合作技术创新的切入点、切入途径、重点领域与重点产品,只是为西部军地产学研合作技术创新打下了良好基础,要促进西部军地产学研合作技术创新健康快速发展,还须采取一些重大举措。而建设关中、成渝、南贵昆军地融合综合配套改革经济区,就是其中重大的举措。

第 8 章 促进西部军地产学研合作技术创新的重大举措

| 8.1 建设意义与总体思路 |

  区域差异大、发展不平衡是我国的基本国情,区域发展战略是经济社会发展战略的重要组成部分。党的十九大报告从我国区域发展新形势和新任务出发,明确提出了实施区域发展的战略布局。在西部关中、成渝、南贵昆地区,建设三大军地融合综合配套改革经济区,是实际工作者与研究者基于西部军地高新技术产业发展经验①与我

---

  ① 目前西部不仅有国家和省区市高新技术产业开发区,而且有具有比较优势的国家和省区市军民两用高技术产业基地,如西安阎良航空高技术产业基地、西安国家民用航天产业基地就是国家级军民高技术产业基地。这些基地,大都依托国防科技工业企业建设,以军民两用高技术产业为主,因此我们称之为军民高技术产业基地。这里将军民高技术产业与地方高新技术产业合称为军地高新技术产业。军地高新技术产业创新发展,有力地促进了地方科技经济和国防科技工业自主创新能力的大幅度提高,提供了军地开发区与基地创新发展模式的经验支持。

国天津、上海、成渝等地"试验区"经验[①]不约而同提出的、比较相近且趋于一致的对策建议,其旨在形成西部区域生产力科学发展、国防科技工业"寓军于民"的产业高地,形成区域经济与国防经济合作创新、充满活力、辐射带动作用强劲的动力之源(或按照系统科学概念称之为"波动因素"),使西部进一步为区域经济、国防经济及其二者的协调发展,不断做出新的更大的贡献。因此,研究其建设意义与总体思路很有必要。

8.1.1 建设意义

关中地区是西北地区(陕、甘、宁、新、青、内蒙)的经济核心区,成渝地区、南贵昆地区是西南地区(渝、川、滇、黔、桂、藏)的经济核心区,关中、成渝、南贵昆地区共同构成西部经济发展的核心区域。这三个核心区域的共同特点是其生产力的国防科技工业优势与工业产业的国防科技工业特色。在此三者为主的经济核心区,集中了西部军地高新技术产业开发区(基地、园区),即军民两用高技术产业基地和园区、地方高新技术产业开发区和园区等。但是,无论是关中地区、还是成渝地区,或是南贵昆地区,都缺乏综合性基地。这里所说的综合性基地,具体是指中央给于具体政策和财政支持的综合配套改革试验区,如 2006 年的上海浦东开发区综合配套改革试验区、天津滨海新区金融改革试验区及 2007 年的由四川和重庆跨省区设立的成渝统筹城乡协调发展综合试验区。借鉴经验,西部可在西安宝鸡咸阳渭南、重庆成都德阳绵阳及南宁贵阳昆明三个军地高新技术产业带,结合国家与区域"高新技术产业带""农业科技示范区""统筹城乡协调发展综合经济区"等的建设,建设三个军地融合综合配套改革经济区。从而,对西部军民高技术产业、区域高新技术产业以至整个产业发展,发挥个体与整体相结合、积极而重大的促进作用。

西部要通过区域产业结构优化升级来缩小与发达地区的差距,通过国防科

[①] 中央 2006 年赋予上海浦东开发区综合配套改革配套实验区、天津滨海新区金融改革试验区的新概念,2007 年又批准四川和重庆跨省区设立成渝统筹城乡协调发展综合试验区。这是创新发展模式,促进产业结构优化升级,转变经济增长方式的重大举措。学习上海浦东开发区、天津滨海新区和成渝地区经验,西部可在国家级高新技术产业开发区、国家级军民高技术产业基地为主的区域,军地高新技术产业区域、重庆成都及德阳绵阳、南宁贵阳昆明三地区,建立以军地融合、高新技术出合作互动为特征的综合配套改革经济区,称作综合配套改革经济区更妥些。这些地区,还有国家和地方建设的高新技术产业开发区、军民高技术产业基地以至"高新技术产业带""农业科技示范区"和"统筹城乡协调发展综合试验区"等基础条件,有利于形成现代产业体系。

技工业转型升级以赶超先进国家军事工业,必须要有创新发展的思路。由于西部自然环境和经济发展地域差异较大,省与省(区)之间、省(区)内的市与市之间、产业与产业之间,发展很不平衡,内在经济联系历来都有相对独立性,试图单打独斗、单兵长驱直入,或者整个区域要以相同的速度发展,都是不切合实际的。无论是世界发达国家的发展过程,还是我国沿海地区的率先发展,都呈现了统筹资源,重点行业、产业、地区率先发展,同时带动其他行业、产业、地区共同发展的特点,这是一种经济非均衡发展的客观规律。遵循这种规律,必然会逐步达到全面协调可持续、统筹兼顾,取得积极、明显的效果。

西部的关中地区、成渝地区、南贵昆地区,相对于其他地区,拥有诸多优越的发展条件,国防科技工业及其相关工业比较集中。相对于其他产业,拥有明显的比较优势。关中、成渝、南贵昆地区,城镇连绵,区域科技产业与国防科技工业系统科技产业密集,区域国防科教实力雄厚,集聚着所在省份最主要的社会经济资源,因均位于西部大开发重点建设的经济带上,又可通过新亚欧大陆桥连通我国东中部和中亚、南亚、欧洲等地区和国家,加快关中、成渝、南贵昆等地区的建设,促其率先建设军地融合综合配套改革经济区,发挥国防科技经济优势提升高新技术产业,进而带动促进产业结构优化升级,是符合西部经济发展的空间形态和西部大开发、国防科技工业构建"大国防"格局的部署,增强关中、成渝、南贵昆地区和军地高新技术产业对西部的辐射带动作用,实现西部经济与国防经济又好又快发展的重大战略抉择;是充分发挥关中、成渝、南贵昆地区全部或部分列为国家高技术产业基地、国家高新技术产业开发带,统筹城乡协调发展综合经济区、农业科技示范区和星火产业带科等科技经济优势,加快区域产业结构优化升级与国防科技工业转型升级,在较短时间内取得国内外市场竞争优势的迫切要求;是面临当今世界范围内经济结构调整的挑战和机遇,拿出西部区域与产业的"白菜心"参与国际分工与合作,增强区域产业与军事工业竞争力的重大举措。关中、成渝、南贵昆地区的军地高新技术产业率先发展,必将对西部经济与国防经济发展做出重大贡献,对实施西部大开发战略和国防科技工业构建"大国防"格局具有重要现实意义和深远历史意义。

8.1.2 遵循原则

培育和充分发挥军地高新技术产业优势、以高新技术产业的发展和扩散促进产业结构优化升级,应遵循正确的原则,有切实科学的思路。

1. 遵循经济非均衡发展的客观规律

经济非均衡发展的客观规律要求发展经济:必须建立重点区域经济持续快

速、自主性增长的良性机制,实现优势区域率先跨越发展,确保经济高效率增长;坚持以关中、成渝、南贵昆军地融合综合配套改革经济区及其重点开发区域为核心区域提高城镇化水平,促进城市建设和产业集聚,增强中心城市辐射功能,加快军地高技术产业发展,加快西部工业化和城镇化进程。

2. 坚持军民高新技术产业和区域的发展与扩散

为此,应当加快发展现代产业体系,大力推进信息化与工业化融合,促进工业由大变强,振兴装备制造业,淘汰落后生产能力;尽快提升高新技术产业,发展信息、生物、新材料、航空航天、海洋等产业;积极发展现代服务业,提高服务业比例和水平;不断加强基础产业基础设施建设,加快发展现代能源产业和综合运输体系。

3. 坚持扩大国内需求特别是消费需求的方针

促进经济增长由主要依靠投资、出口拉动向依靠消费、投资、出口协调拉动转变,由主要依靠第二产业带动向依靠第一、第二、第三产业协同带动转变,由主要依靠增加物质资源消耗向主要依靠科技进步、劳动者素质提高、管理创新转变。

4. 坚持可持续发展

加快建设现代基础设施网络,加强生态环境建设和保护,提高人口素质,转变经济增长方式,努力建立以资源节约、环境优美、法制完善为基础的经济发展空间。

5. 坚持军地融合与区域经济协调发展

加强高新技术产业基地与开发区、中心城市、行业和地区之间的联合与协作,促进重点突破、整体推进,增强区域竞争实力和发展后劲。

8.1.3 基本设想

围绕加快转变经济发展方式、促进产业结构优化升级的目标,切实贯彻落实科学发展观,以体制创新、机制创新、制度创新和技术创新为动力,充分发挥国防科技工业优势提升高新技术产业,以高新技术产业开发区、军民高技术产业基地为产业高地,以关中、成渝、南贵昆军地融合综合配套改革经济区及其重点开发区域为产业核心区域,通过高新技术产业的全面扩散与辐射,以点(高新技术产业基地组成的一个个产业高地)串线(关中、成渝、南贵昆军民结合综合配套改革经济区及其重点开发区域)、以线带面(西部三大一级区域与九个二级区域),对内整合优势、构建行业和区域经济协作体系,对外扩大开放、拓展资源与市场空间,加快发展现代产业体系、现代能源产业与综合运输体系、现代服务业,推动区域产业结构优化升级和国防科技工业转型升级,使经济总量、结构和技术水平、综合竞争实力迈上新台阶,实现西部经济又好又快发展。

8.1.4 产业推进层次

建设军地融合综合配套改革经济区的产业推进,分以下三个层次:

1. 产业高地——军地高新技术产业基地(开发区、园区等)

加快建设军民高技术产业基地(园区)和高新技术产业开发区(园区)、经济开发区、农业高技术经济区,形成军民两用高科技产业和区域高新技术产业开发高地,使之成为国防经济与国民经济持续强劲增长的基础性力量、推动结构调整和转变发展方式的主导力量、提高自主创新能力的重要基地以及探索中国特色新型工业化道路和自主创新道路、建设创新型国家的先行者。

2. 产业集聚发展区域——关中、成渝、南贵昆军地融合综合配套改革经济区及其重点开发区域

发挥高新技术产业高地的集聚效应,带动中小城市、中小企业的工业化水平。按照加大自主创新、发展高新技术、推进产业化、提升产业规模的思路,加快发展核能、航天、航空、电子、兵器制造、船舶等领域等高精尖技术的民用化转化,形成对军品能力具有骨干支撑作用、对国民经济具有带动作用的高技术产业群。开展高新技术产业与传统工业多层次、多方面、多途径的互动融合,构建资源合理流动、互动协调发展的产业格局;对传统产业如纺织、机械、建材、冶金、有色金属等进行根本性地技术改造,加快信息技术的应用;提升医药、电子、信息、光电一体化等发展潜力大的行业的工业化的信息水平,改造传统产品,增加产品附加值,增强产业竞争力;以规模化发展、提高资源配置效率为目标,按照产品和技术相似性原则,采取兼并、收购、资产划转等方式,在若干领域造就一大批专业化企业集团。

3. 产业辐射带动区域——西部三大九小区域产业优化升级、国防科技工业转型升级

关中、成渝、南贵昆军地融合综合配套改革经济区,对西部三大九小区域产业发挥辐射带动作用,促进产业推进和产业结构演进,全面提高经济发展能力和发展水平。

8.2 建设军地融合综合配套改革经济区生产力基础与路径趋向

军地融合综合配套改革经济区建设需要一定的生产力作为基础,也需采取正确的实施路径。这是建设军地融合综合配套改革经济区必不可少的两大要素。

8.2.1 关中、成渝、南贵昆地区建设军地融合综合配套改革经济区的生产力基础分析

关中、成渝、南贵昆地区,在西部区域内整体经济实力雄厚,具有较强的国防科技工业和装备制造业实力,是西部(以至全国)重要的农业生产基地,科技、文化、金融、商贸中心及对外联系的重要平台。西部的关中、成渝、南贵昆地区,是我国"一五""二五"和"三线"建设时期重点布局建设地区,国防科技工业和装备制造业具有较强实力。关中地区的军地高新技术产业地区规模以上工业企业数、资产总额和工业总产值分别占西北地区的20%、21.3%和21.8%,形成了汽车及零部件、电气机械、通信设备、电子元器件、工程机械、机床工具、航天、航空、兵器、船舶、核工业等较为完善的工业体系,重型汽车、挖掘机、数控机床、电子元器件、石油钻采、支线飞机、军用飞机,都代表着我国装备制造和国防科技工业的水平。2002年,成渝地区规模以上工业企业资产和工业总产值分别占西南地区的40%和47.6%,其中,重型机械、军用飞机、电子信息、汽车、核工业和其他军事工业研制在全国占有重要地位。广西、贵州、云南的军地高新技术产业开发区、基地和园区,集中在南贵昆城市带,其共同特点是,绝对多数的国防科技经济生产力分布在以省会城市为主的经济带,形成了各具特色的科技城、空天城、电子城、飞机城、航天城和军民两用工业园区,[①]成为西部省份高新技术产业的中坚力量,其聚集效近些年在区域高新技术产业发展、武器装备研制中已逐步凸现出来。在西部,建设关中、成渝、南贵昆综合配套改革经济区,还有着如下一些重要前提条件。

1. 作为改革发展经济区和最强劲区的高新技术产业开发带,创造了建设关

---

① 国家高技术产业基地授牌大会在京举行[N].经济日报,2008-03-02.

第8章 促进西部军地产学研合作技术创新的重大举措

中、成渝、南贵昆军地融合综合配套改革经济区的区域科技经济条件

西部有13个高新区,其中建立在直辖市和省会城市的8个,建立在非省会城市的5个。按所在省(区、市),陕西3个,四川、广西各2个,重庆、云南、贵州、甘肃、内蒙、新疆各1个。高新区已成为西部高新技术产业发展的先行区、新体制新机制的经济区、现代化城市建设的示范区、经济社会发展的最强劲区和重要增长点。特别是西安、成都、重庆等城市的8个高新区,是全国53个国家级高新区的重要组成部分。西安、成都、重庆高新区在1994年以来综合指标一直位居国家级高新区前列,成为国家级高新技术产业标准化示范区和我国要率先建成的世界一流高科技园区。特别应注意的是,在陕西省的杨凌国家级农业高新技术产业示范区,在成渝的统筹城乡协调发展综合经济区,皆是我国唯一。这表明,西部高新区集聚的关中、成渝、南贵昆高新技术产业带,已经并将更好地发挥高技术产业高地作用,在西部以至全国产生较大影响。令人欣喜的是,西部高新产业超常发展且呈强劲态势,带来了高新产业区域及其周边经济社会的重大变迁与变革。

2.处于全国领先地位的军民高技术产业基地,创造了建设关中、成渝、南贵昆军地融合综合配套改革经济区的国防科技经济条件

原国家国防科工委主管部门和西部省份重视国防科技经济"军民结合、寓军于民"战略的实施,重视发挥国防科技经济优势促进区域科技经济发展,军工民品和军民高技术产业基地迅速发展,处于全国领先地位,引领我国国防科技工业和国防科技工业集中省份军民高技术产业发展新趋势。关中平原已形成西安阎良国家航空高技术产业基地、西安国家民用航天产业基地等国家级军民高技术产业基地,以及西安军民两用技术产业电子元器件基地、西安航空发动机基地、西安新城科技产业园、西安精细化工基地等以军工大企业为核心的军民高技术产业基地。四川省建立的"成(都)绵(阳)德(阳)高新技术产业带",提出了"发挥优势,突出重点,强化创新,加强集成"的发展思路。成绵德地区已经形成了经济、科技和生产力布局的相对优势,成都、绵阳两个国家高新区以及德阳高科技产业园区的建设和发展,已成为四川重要的高新技术产业化基地,并在电子信息、生物技术、新材料、机电一体化、航空航天、激光和核技术等高新技术领域形成相对优势。重庆"十五"期间明确提出,要充分发挥国防工业在汽车摩托车工业中的骨干作用和高新技术产业中的带动作用。在2003年制定《关于加快推进新型工业化的决定》中,重庆又提出要加快建设包括军事装备及军民两用技术在内的4个国家级研发生产基地。2004年,重庆市委、市政府出台的《关于加快区域科技创新体系建设的决定》,进一步明确要争取建成国家级军民融合科技示范园区。《重庆市科技中长期发展纲要》和"十一五"科技发展规划,都对军民融合

作了专题部署。重庆《关于加强技术创新、发展高科技、实现产业化的实施意见》《促进科技成果转化条例》等一系列有关促进经济、社会及科技发展的政策措施中,均对推动军民融合、发展军民两用技术做出了明确规定。

3. 军地高新技术产业的互动合作、创新发展,提供了建设关中、成渝、南贵昆军地融合综合配套改革经济区关于行政体制与机制创新方面重要而成功的经验借鉴

促进军地科技经济资源聚集效应得到充分发挥的关键,是军地互动合作、创新发展体制与机制的形成。近年来,以国防科技工业为核心的军民高技术产业基地与地方高新技术产业开发区,无论在体制建设上,还是在资源的互通互补、发展的互动合作上,也都探索和总结出一系列成功做法,值得借鉴。一是产业链形成并不断壮大,产业发展较快。二是开放军地产业信息服务平台,并继续鼓励支持军地产学研单位合作组建新的信息服务平台,实现人才、技术、资金等优势资源互补共用。三是整合军地研发力量,加快实施自主创新战略。西部省份及其各级政府充分发挥国家重点实验室、技术研究和行业测试中心的科技、人才优势,大力提高原始创新能力、集成创新能力和引进消化吸收再创新能力。同时,借助国家和区域力量,选择军民两用项目,组建军民两用技术产业企业。四是发挥军地合作优势,合力打造名牌。五是逐渐形成产业集群,省(区、市)周边卫星城镇呈现崛起态势。

4. 军地高新技术产业创新发展对区域自主创新能力的大幅度提高,提供了建设关中、成渝、南贵昆军地融合综合配套改革发展经济区必须的科技支持

国防科技工业企业自主创新和军地融合地方高新技术产业开发区的发展,大大强化了国防科技工业企业和区域自主创新能力。以陕西为例,据不完全统计,省域已有企业孵化器28个,其中国家级科技企业孵化器9个(包括4个大学科技园);生产力促进中心44家,其中国家级生产力促进中心3家;高校和科研院所科技成果转移中心34家;产学研型工业研究院2家。以孵化器、大学园、产业基地为主体的科技产业孵化能力建设、以生产力促进中心为主体的科技中介服务机构建设、以风险投资和技术产权交易为主体的投融资体系建设,构成了创造科技创新的良好氛围,有效地促进了科技成果转化。

5. 区域经济社会改革发展的巨大成就与良好态势,奠定了建设关中、成渝、南麦昆军地融合综合配套改革经济区最基本与最重要的经济社会基础

近几年来,西部省份国防科技工业总产值以至经济总量连年攀升,生产总值和财政收入持续大幅度增长,工业对经济增长的主导作用突出,支柱产业的支撑作用明显,经济运行质量提高,自主创新步伐加快,重点项目建设成效显著,区域协调发展势头强劲,改革开放和经济建设取得重大进展。关中、成渝、南贵昆地

区装备制造业、高技术产业增势迅猛,会展经济蓬勃兴起,现代服务业快速增长,辐射带动作用明显增强,保持了率先发展的好势头。以交通为重点的基础设施建设取得重大进展,现代中药、生态旅游等绿色产业快速发展,进入工业化和城市化的加速期,呈现出若干重点领域突破发展的新趋势。能源化工基地建设卓有成效,进入跨越发展的新时期。启动实施科技创新工程,知识产权创新体系初步建立,科技进步对经济增长的贡献率达到40%以上。西部经济社会的改革发展及其巨大成就与良好态势,极其有利于创新发展模式,是建设关中、成渝、南贵昆军地融合综合配套改革经济区最基本与最重要的基础。

8.2.2 建设关中、成渝、南贵昆军地融合综合配套改革经济区的路径趋向

建设关中、成渝、南贵昆军地融合综合配套改革经济区,对西部省份高新技术产业开发区、示范区与军民高技术产业基地来说,个体和整体效应都是非常重大的。根据国内外发展经验,特别是原国防科工委提出的发展民用产业的政策措施,在对以往研究成果进行总结的基础上,我们认为关中、成渝、南贵昆军地融合综合配套改革经济区可采取以下建设途径:

1. 树立大力加快形成军民结合高技术产业集群和产业带的指导思想

国家国防科工局和西部省份,对建设军地融合综合配套改革经济区,应有明确定位:综合推进军地科技经济融合,加快体制机制创新和对外开放进程,在5～10年时间率先建成完善的社会主义市场经济体制,不断提高军地高新技术产业区域综合实力、创新能力、服务能力和国际竞争力,进而在带动西部发展、推进西部区域经济振兴、促进东中西互动和全国经济协调发展中发挥更大的作用,为全国发展改革提供经验和示范。为此,深入贯彻落实科学发展观,坚持"军民结合、寓军于民"方针,紧紧围绕深入推进西部大开发进程与实施国防科技工业转型升级战略,加强政府引导扶持,创新体制机制,完善互动合作平台,创造良好发展环境,加快形成军民结合高新技术产业集群和产业带,实现国防科技经济与地方科技经济的融合发展。在此指导思想下,应坚持军地融合原则,发挥军地科技经济优势和资源优势,大力发展高新技术产业;应坚持市场导向原则,以企业为主体,面向国际国内两个市场,大力开发适销对路产品,做强优势企业、做大优势产业;应坚持科技创新原则,依靠科技进步引领高新技术产业发展,加快科技成果转化,增强企业自主创新能力,提高核心竞争力;应坚持体制机制创新原则,支持国防科技工业企业、科研院所改革,建立现代企业制度,与市场经济接轨。

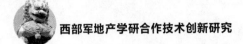

2. 明确发展的重点领域、项目及龙头产业

在民用航空产业,应积极参与大型飞机的研制,争取更多的研发配套任务;重点推进新支线飞机、新舟系列飞机、大运飞机和无人机的研制和生产,加快改进改型,扩大生产规模,提高市场占有率;加快通用飞机、公务机的开发研制,尽快形成新的系列机型,满足市场需求;提升航空发动机、飞机起落架、各类机载设备等航空关键零部件和系统的研发、制造、集成能力,满足主机发展需要;加强与国内外航空企业的合作,扩大转包生产的种类和规模。同时大力发展飞机维修、飞行培训、航空运动和旅游博览等航空服务业,着力培育航空配套产业,延伸产业链条,拓展产业领域,加快产业聚集。在民用航天产业,以国家载人航天工程和月球探测工程为重点,加强先进推进技术的研究,加快液氧/煤油发动机系列化研制,加快发展卫星有效载荷、空间计算机等星载设备和卫星地面应用设备,促进以卫星通信广播、卫星导航、卫星遥感为核心的卫星应用产业发展。发挥航天特种技术优势,大力发展特种泵阀、液力变矩器、防雹火箭、覆铜板、柔版印刷设备、智能仪表和重大工程自动化控制系统等民用产品,壮大航天技术应用产业。在核能和核技术应用产业,应优先支持核燃料扩能改造工程,加快核燃料加工设备国产化进程。大力发展核电设备、核仪器、核医疗设备及核非标设备制造,不断扩大市场份额。在民用船舶动力制造产业,应加快舰船动力制造技术的引进消化吸收,突破制约大功率柴油机关键件生产的瓶颈,提高国产化率,扩大舰船用中低速大功率柴油机的研制生产能力,大力开发船用辅机、陆用电站及核电站应急机组等新型产品,形成系列化、规模化发展格局。在新能源、新材料产业,通过引进国外先进技术,大力开发兆瓦级风力发电设备。以市场需求为牵引,积极开发太阳能硅片、太阳能电池极板、太阳能 LED 照明、碟式太阳能热电系统等产品,着力培育太阳能利用产业。加快炭纤维、炭、炭复合材料、陶瓷基复合材料、TFT 液晶显示材料、超纯超细硅微粉、新型无氟制冷剂等新材料的研制生产,促进产业化发展。在特色化工及化工生物设备制造产业,应发挥在特色化工领域的研发生产优势,大力发展精制棉、纤维素醚类衍生物、醋酸纤维丝束、各类催化剂、绿色无公害农药等化工产品。整合军工和地方民爆产业资源,着力发展无梯、安全、无污染的新型民用爆破器材,促进产品更新换代。围绕能源重化工基地建设,加强加氢反应器、精馏塔、闪馏罐、反应系统、结晶系统、特种压力容器等装置的研制,为石油化工、天然气化工、煤化工、盐化工等提供大型成套设备。在制冷设备及新型纺织机械产业,应大力发展空调压缩机、工业空调、车船用空调等制冷设备,提高市场竞争力。大力发展剑杆织机、喷气织机、高速并条机、气流纺纱机等新型纺织机械和电子控制系统、纺机电机等纺机配件,扩大市场份额。

第 8 章 促进西部军地产学研合作技术创新的重大举措

3. 制定切实科学的支持引导政策

省市政府每年应安排一定的项目引导资金支持军民两用产业发展。对国防科技工业专项资金支持的军民两用技术开发项目与产业化项目,地方政府要给予配套资金支持;对军地重大科技专项与重大产业化项目、军民结合技术改造项目和军民结合产业基地建设,可优先列入西部省份科技振兴工程、装备制造业等专项计划,给予资金扶持。鼓励在西部的军工企事业单位收购、兼并省内地方企业。对被整体收购的国有企业原有不良资产,按有关规定可予以核销,对非经营性资产准予剥离。在收购、兼并、重组过程中涉及存量划拨用地的,所获土地收益纳入预算管理,实行收支两条线,按规定经批准后可用于职工安置;涉及存量土地、房屋转让中的有关费用按照西部省份现行的有关政策给予减免。大力支持军民结合产业的集聚发展,政府在提供一定资金支持的同时,最大限定地实施税费征收优惠政策,最大限度地鼓励军地企业增加研发投入和技术改造投入。积极引导民间资金和国际资本投入西部省份军民结合高技术产业,发展军民两用技术交易市场,帮助军民结合企业拓宽融资渠道。

4. 应有可操作性强、实施效果好的措施

首先是加强组织领导。协调国防科技工业主管部门,共同成立真正能够负起领导协调军地融合综合配套改革重任的经济区工作领导小组,可通过改建现有的军地融合协调领导小组成立。目的在于进一步加强对军地融合工作的领导,统筹省区市军民结合产业发展,统筹军民结合产业区域社会发展,协调解决国防科技经济与地方科技经济互动发展中的重大问题。在国防科技工业相对集中的地市要设立相应机构,具体负责本地军工民用产业与地方经济发展的衔接,做好政策引导、产业规划、项目安排、资金扶持等方面的协调服务工作。应高度重视加强战略合作,积极促进西部省份与军工集团公司的战略合作,建立和完善促进西部省份军队高新技术产业发展的长效机制。省区市军地融合领导小组办公室必须积极加强与战略合作伙伴的沟通联系,省区市有关部门理应全力配合,创造条件,努力争取更多的重大军民结合项目落户西部。国防科技工业部门和单位,应协调省区市政府把军民结合产业发展纳入区域国民经济和社会发展规划,统筹安排,特别应做好与国防科工部门和各军工集团公司的产业规划衔接工作,共同推进实施。重视并进一步搭建和完善军地融合产业发展平台,大力支持国家级高技术产业基地、省级产业园区建设,形成对省区市属的工业园区发展具有明显带动作用的产业集群和特色产业园区。积极支持科研开发工作,发挥其集成创新和引进消化吸收再创新、经济发展研究等作用,推进军民两用高技术成果的转化和产业化。想方设法鼓励、支持和引导非军工单位参与军品科研生产任务竞争和项目合作。省区市国防科技工业主管部门,应切实做好军品供需衔

接和武器装备科研生产许可管理等工作,建立军民两用技术、专家人才和科研设施数据库,及时发布各类需求信息,促进军民科技产业资源的自由流转与优化融合。国防科工和省区市有关部门,应进一步强化服务意识,提高工作效率和服务质量,对军地融合企业发展中的生产要素需求予以优先保障,为军地融合产业发展创造良好环境。

8.3 关中、成渝、南贵昆军地融合综合配套改革经济区建设方案

提出关中、成渝、南贵昆军地融合综合配套改革经济区建设方案,是非常利于关中、成渝、南贵昆军地融合综合配套改革经济区建设的。基于这种思想认识,本节将试图提出一套关中、成渝、南贵昆军地融合综合配套改革经济区建设方案,目的是为相关部门提供决策参考。

8.3.1 优势整合与整体推进

1. 加快经济区建设,增强核心带动作用

实施"区内多园"战略。关中、成渝、南贵昆军地融合综合配套改革经济区建设,要实施"区内多园"战略。扩大综合性国家高技术产业基地、国家级高新区、示范区和经济技术开发区以及省级开发区的规模,强化功能,完善设施,增强集聚能力,形成经济区高新技术产业发展的支柱。国家高技术产业基地、高新技术产业开发区,以建成国内一流、中西部最强、最大的高新技术产业创新城为目标,全面加快基地和开发区的国家级大学科技园、国家级环保产业园、软件园、产业园、创业园等产业园区的建设进程。基地、开发区坚持"产业以工业为主、企业以外资为主、产品以出口为主、致力于培育和发展高新技术产业"的方针,吸引更多的国内外知名企业入区,建成市场占有率高的园区,带动周边园区发展。区域性开发区要加快科技创新园和新兴产业园建设,重点抓好招商引资,吸引国内外知名企业入区合作。在陕的杨凌农业示范区要发挥国家级农业大学科技园的作用,加快周边周至、扶风等产业园区建设,加强对西部地区空间扩散和辐射带动作用。

增强产业集聚能力。以科技和体制创新为动力,带动基础设施建设,完善服务功能,创造良好的发展环境,加大招商引资力度,凝聚先进生产要素,增强产业孵化能力和产业集聚水平。国家级基地、开发区要加快建立与一区多园相适应

第8章 促进西部军地产学研合作技术创新的重大举措

的发展机制,继续保持强大的产业集聚能力,形成持续的发展后劲。区域性开发区,要尽快实行"封闭管理,开放运行",加大招商引资,有效集聚产业,真正发挥创新源和辐射带动作用。

整合基地、开发区优势。各类基地、开发区、产业园区要有机协调,整合发展优势,明确主导产业,突出发展重点,加强分工合作,真正把分散的区、园组合成有序竞争、有效合作的高新技术产业带,使其成为在全国具有领先优势、在国际上有影响的高新技术产业化基地和科技、人才高地。

2. 优化城乡结构,建设城镇群

西部必须从全面切实推进西部产业结构优化升级出发,以"寓军于民"为切入点,充分发挥关中、成渝、南贵昆军地融合综合配套改革经济区在区域开发中的作用,以重要交通干线连接主要中心城市、重点资源开发地区,走"翔式道路",重新构建西部地区的重点开发空间构架。按照西部新的空间发展战略,有机协调大中小城市和小城镇的发展建设,形成空间布局合理,规模结构科学,中心城市功能互补,小城镇有序发展,有力支撑西部社会经济发展的城镇群。

省会都市圈是省区市城镇群的中心,包括主城和地州市所在地及一些县级市。这些区域是西部地区经济最发达、人口最稠密、新兴产业最集中的城市集群。要进一步加强基础设施建设,改善人居环境,提高发展质量,增强城镇功能,促进特大城市与周围卫星城镇的有机结合,提升整体发展水平和实力。中心主城要进一步强化集聚能力,提高集聚效益,建成高新技术产业、现代服务业、科技教育发达,旅游业繁荣,交通通信便捷,适宜人居的现代都市区。主城外围要加快卫星城镇建设,增强经济联系,建设一批功能明确、特色突出的中小城市。

对于以省会都市圈为中心,沿铁路延伸,由地州市中心城市和小城镇聚集而形成的铁路沿线城镇连绵带,要打破条块分割,按经济内在联系和资源合理配置的客观要求,统筹安排产业和重大项目,合理规划农业、工业、市场、生态、旅游等各类功能区,明确各城镇的功能定位,促进大中小城市有机结合,带动以县城为主的小城镇的发展。把铁路沿线建设成城镇密集,各城市、小城镇特色鲜明,互为支撑,整体实力强,城镇化水平高的西部地区最发达的城镇连绵带。

3. 增强城市功能,优化产业布局,培育西南成渝经济区、南贵昆经济区特色产业群

西南地区重点开发骨架主要由以下交通干线连接而成:起始于重庆的成渝铁路(和长江上游沿岸线)—成昆铁路—贵昆铁路—川黔铁路线,再回到重庆市,构成"9"字型的圆圈;由南昆线和黔桂线——南宁至防城和北海线构成"9"字的尾。"9"字型把全国一级轴线长江上游沿岸线和南贵昆地区连接起来,使西南地区形成完整、贯通的空间开发网络。同时,"9"字型的尾向西南直通北部湾沿岸

的北海、防城两大港口，也可和湛江港、海南各港口便捷连通，把内陆腹地和西南出海口连接起来，形成西南出海大通道。

"9"字型骨架的顶部是西南经济核心区——成渝军地融合综合配套改革经济区，有利于通过"9"字型骨架传导成渝地区对广大西南地区的辐射和带动作用。同时，"9"字型圆圈的顶部处于全国发展布局轴线——长江沿岸线的西段，即长江上游沿岸，向东可直通长江中下游和长江三角洲地区；圆圈的底部以贵昆铁路为主轴，是贵昆—湘黔—浙赣铁路东西大动脉的西段，横穿云贵高原，向东直通湘、赣、沪、浙、闽一带，是南贵昆军地融合综合配套改革经济区主要建设地。这两方面都有利于"9"字型骨架与东中部地区的联系，融入全国布局战略中去。

"9"字型骨架不仅把重庆、成都、昆明、贵阳、南宁5个城市连接起来，而且使南充、泸州、乐山、宜宾、自贡、攀枝花、六盘水、曲靖、玉溪、遵义、百色、兴义、柳州、钦州、防城、北海等地区性中心城市成为网络上的重要"节点"。更重要的意义在于，不仅有利于发展形成以重庆、成都为核心的"成渝城市圈"和以昆明、贵阳、南宁为核心的"南贵昆城市圈"，而且将两大城市圈紧密地连接起来。

"9"字型骨架连通了西南地区最主要的矿产资源和旅游资源重点开发地区。一是把攀枝花铁、矾、钛、锂、稀土等多种矿产重点开发地区，川南天然气及多种非金属资源重点开发地区，贵州中东部磷、铝、煤等资源重点开发地区，黔西、滇中东煤、铁、有色金属及非金属重点开发地区，北部湾海底矿产富集区等五大富集矿产与重点开发地区联结起来。二是经过了川西岷江、大渡河、金沙江水能资源集中开发地区与红水河、南盘江水能资源富集区两大水力资源集中开发地区。三是把广西自然风景与民族风情旅游区，川西自然风景与人文景观旅游区，三峡自然风景旅游区，滇中、滇西自然生态与民族文化旅游区四大重要旅游地连接起来，这对于带动西南地区的资源开发、产业发展，将发挥积极作用。

4. 增强城市功能优化产业布局，培育西北关中经济区特色产业群

倒"9"字型空间开发骨架主要由以下交通干线连接而成：起始于西安，经陇海线—包兰线（宝中线可直接连接陇海线上的宝鸡至银川）—西包线再到西安市，构成倒"9"字型的圆圈。倒"9"字型的尾就是兰新铁路线。倒"9"字型的圆圈把黄河中游联成一个整体，倒"9"字型的尾向西北边疆直通我国西北内陆口岸，把西北广大腹地和内陆边疆出口口岸紧密联系起来。

有八百里秦川之称的关中平原和号称塞上江南的银川平原、河套平原，都被串接在了倒"9"字型的圆圈上。其中，西北经济核心区——关中军地融合综合配套改革经济区，位于倒"9"字型圆圈的顶部，有利于把西北经济核心区和广大地区紧密连接起来，发挥关中军地融合综合配套改革经济区对整个西北地区的辐射带动作用。同时，倒"9"字型圆圈南面顶部正处于全国发展布局主轴线之

第8章 促进西部军地产学研合作技术创新的重大举措

一——陇海铁路沿线上,向东可直通中原、山东及全国各地;倒"9"字型圆圈的北面顶部处于京包—包兰铁路沿线,是西北地区直通华北、京津地区的又一重要通道。两条东西大通道把倒"9"字型重点开发骨架和东中部地区紧密联系,有利于更紧密地融入全国战略布局之中。

倒"9"字型的圆圈连接了西安、咸阳、宝鸡、渭南、天水、兰州、白银、中卫、青铜峡、石嘴山、银川、东胜、包头、呼和浩特、榆林、延安、铜川等黄河中游大中城市。该区在"十一五"期还要修建东通太原、石家庄、北京,西至中卫的东西向铁路干线,"十一五"后期还要修建西安经平凉至中卫的铁路线。今后这一地区将形成五横三纵的铁路交通网络和发达的高等级公路网络,把区内20多个大中城市紧密联结起来,在黄河中游地区形成中国最为重要的城市圈之一。

倒"9"字型骨架连接了西北地区最主要的资源开发重点地区。包括①准葛尔盆地石油天然气、风能、太阳能资源重点开发地区;②塔里木盆地和吐哈盆地石油天然气、风能、太阳能资源重点开发地区;③白银多种有色金属重点开发地区;④宁夏能源重化工与钽、铌、铍稀有金属重点开发地区;⑤内蒙中西部煤炭及天然气能源资源重点开发地区;⑥内蒙中部稀土及非金属矿产资源重点开发地区;⑦陕北和渭北能源重化工重点开发地区;⑧秦岭有色和贵金属重点开发地区等八大矿产资源重点开发地区和西北地区主要的农业、生物资源开发地区。同时,陇海—兰新线也构成了以古文化、民族文化、自然风光等为主的"古丝绸之路"黄金旅游线,为该地区发展旅游等第三产业创造了良好条件。

8.3.2 产业发展与结构升级

1. 发展高新技术,壮大新兴产业

2017年12月,国务院办公厅印发《关于推动国防科技工业军民融合深度发展的意见》明确提出了"推动军工服务国民经济发展,发展典型军民融合产业,培育发展军工高技术产业增长点,以军工能力自主化带动相关产业发展"的要求。要通过建立产业孵化基地、专业产业园区和实施重大科技产业化项目等多种方式,选择具有比较优势的产业领域优先发展,努力将高新技术新兴产业发展成为经济区的主导产业和重要的经济增长点。

信息产业要重点建设五大生产基地:一是在数字化家电产品领域,突出数字化高清晰度彩电及智能化冰箱等新型家用电器的开发生产,积极推进数字化高清晰度彩色显像管、显示管、投影管、光引擎产业化进程,培育数字化三维虚拟播室、等离子显示器(PDP)等产业;二是在电子元器件领域,重点发展片式元器件、电力电子器件、新型传感器件、压电陶瓷器件、光电子器件产业,建成新型元器件生产基地;三是在移动通信及网络设备生产领域,重点抓好移动交换系统更新换代、CDMA移动通信系统及终端、网络路由器等产品产业化,积极推进移动通信系统更新换代及产品的研发进程;四是在计算机硬件设备生产领域,以彩色显示器为突破口,以为整机配套为方向,做大做强外围设备;五是在军工电子领域,以军事需求和民用需求为目标,提高水平,扩大规模,实现军民融合,促进民品发展。

软件产业要以国家级西安软件园为基地,重点抓好CAD、CAM、工业过程控制、管理信息系统、信息服务、金融财税、医疗、教育、娱乐及多媒体、信息安全保密与病毒防治等九大应用软件。进一步发展技术开发平台、数据库管理、中文信息处理、网络通信等四大类支撑软件。建立软件工程研究中心,建成世界知名的软件加工与出口基地。

先进制造与自动化产业应以重大电力成套装备、光机电一体化、数控系统及装备、工业过程自动化等领域为重点发展方向,力争在数控机床、输变电控制设备、配电过程自动化系统、新型建筑机械、计算机集成制造、光通信器件等领域有所突破。积极推进数控加工中心、大型输变电成套设备、智能仪表、新型压缩机、模具快速成型、宽幅振动压路机、新型风机泵、磁光电流互感器等高新技术项目的产业化,加快敏捷制造环境下产品开发与设计技术、系统集成与优化技术、先进制造工艺与装备技术的研发步伐。

现代医药与生物工程产业要重点开发创制药物、现代中药、生物医药及制品、新型医疗器械等产品,在基因工程药物、现代中药产业化关键技术等方面力争有重大突破。抓好红霉素系列药物及利君沙针剂、维奥欣片剂、脂质体应用技术、血液分析仪专用试剂、生物芯片、人工虎骨粉、畜禽基因工程疫苗、重组蛋白技术、中药标准提取物及中成药标准制造技术等产业化项目。力争加快新型化学合成药物、控释与缓释技术、中药传统饮片改良技术医药生产控制技术的研发和产业化进程。

新材料产业其重点是开发高性能金属材料、功能材料、复合材料和结构材料。通过自主开发研究与引进国外先进技术及关键设备相结合,力争在一些重点关键新材料的制备技术、工艺技术以及节能、环保和资源综合利用技术上有突破性进展。抓好阴罩带钢、金属纤维及其制品、片层化独石式变压器用压电陶瓷、液晶材料、稀土材料、单晶铜材、钛材、铌钛合金材料等产业化项目的建设,重点研发微电子、光电子材料。将关中建成具有较大规模和较高层次的新材料研发与生产基地。

对于先进环保产业,重点是开发油、气、水、煤污染治理的控制装置、新型工艺及换代产品。加快清洁生产技术、生态环境预警防治技术、水生物处理技术、

第8章 促进西部军地产学研合作技术创新的重大举措

大气生物处理技术、大气污染防治技术、固体废弃物处理技术、生物治污技术的研究开发和成套技术的产业化进程。实施大气污染和水污染治理,加强对产生污染的领域、行业改造,重点在水泥和化肥制造行业,推广干法水泥和加压硫化床粉煤气化制合成气技术。抓好氟里昂替代物、无磷环保液体洗涤剂及专用助剂、无铅汽油添加剂、无公害农药、干式TRT技术等重大项目,加快锌空气电池、太阳能电池、清洁燃料汽车关键部件和醇类汽油的研发和产业化步伐。

航天产业重点是开发小卫星、卫星通信、导航与定位技术、卫星信息传输及综合应用系统,进一步发展防雹增雨火箭、火箭人工降雨、飞机人工降雨等高新技术和产品。

2. 加快推进农业现代化,繁荣农村经济

在保证粮食生产稳定安全的基础上,充分发挥杨凌现代农业技术对西部的辐射、示范、带动作用,加快国家关中星火产业带建设,以果业和畜牧业产业化经营为突破口,推动农业产业化进程和农村经济结构调整,确保农民收入的持续增长。

(1) 利用现代农业技术改造传统农业。依托杨凌,推进农科教结合,建立起高新技术向农村、农民转移和扩散的传递机制。利用现代生物、信息等技术,以旱作农业、设施农业、良种繁育、基因工程、节水灌溉、秸秆利用、病虫害防治、植物化学、新型栽培、农副产品深加工等领域的科研开发和高新技术产业化为重点,抓好节水灌溉工程技术成套装备、基因疫苗工程、小麦育种、胚胎工程、新型植物营养注射助剂技术、高效低毒无残留农药、玉米杂交良种工程、新型高效植物生长调节剂、秸秆生物肥料、优果示范工程、农副产品深加工等项目建设。利用先进的生产工艺和方法,改造传统农业,全面提高农业综合技术水平。

(2) 以农业产业化经营为主线,提高农业组织化程度,培育壮大主导产业。以西部国家大型商品粮生产基地和国家优质小麦、大米、玉米等生产基地建设为契机,稳定提高粮食综合生产能力,推广新品种,生产优质专用小麦、大米、玉米,满足现代食品加工业的需要。全面实施优果工程,发展生态果园和出口基地,搞好产品转化加工和综合利用,不断拓宽国内外市场。大力发展以肉牛羊、奶畜为主的节粮型牲畜,加快高产优质奶牛扩繁技术的推广应用和畜禽疫病防治体系建设,扩大鸵鸟等特种养殖规模。在稳定发展大路菜的基础上,提高土地利用率和蔬菜质量,扩大蔬菜设施栽培面积,大力发展反季节蔬菜,重点提高精细、名特优和无公害蔬菜。

(3) 加快农业产业化龙头企业发展。围绕粮食加工和果业、果汁、乳业企业等一批规模大、效益好、管理水平高、带动能力强的龙头企业,建设原料基地,在投融资、新技术开发和市场开拓上给予扶持。按照"多元投入,择优扶强,制度创新"的发展思路,鼓励和引导多种所有制经济参与农业产业化经营,以资本为纽带,重点发展股份制和股份合作制企业,鼓励农民以出资入股等多种形式发展龙头企业。各类龙头企业要为农民提供信息、技术、流通等方面的服务,逐步建立和完善与基地、农户之间风险共担、利益共享的利益机制,增强辐射带动作用。

(4)引导农民建立各类合作经济组织,提高农民进入市场的组织化程度,扶持发展各类行业协会和农民专业合作经济组织,发挥其在联合农户、保护农民利益、沟通市场信息、组织产品运销方面的重要作用。

(5)延长农产品加工链条,提高农业生产的附加值。以果业、畜牧产品加工为重点,大力发展农副产品加工业。引导乡镇企业向农产品加工业转移。运用先进工艺、技术改造传统的农副产品加工业,新上一批科技含量高、有市场前景的精深加工项目。

(6)完善农业社会化服务体系,为农业发展提供保障。鼓励和支持社会各方面力量参与农村社会化服务,引导科研、教育单位与企业"联姻",走产、学、研相结合的路子,为农民提供全方位的服务。建立健全各级农技推广体系,为现代农业生产提供技术支持。建立高效、准确的农业信息收集、整理和发布系统,及时为农民提供市场信息。发展农业职业技术教育和培训,不断提高农业劳动者素质,培养适应市场经济要求的新型农民。

3. 以信息化带动工业化,改造提升传统产业

机械装备、食品加工、纺织、建材、有色金属、能源、化工等传统工业是西部地区工业的主体,是加快推进工业化的重要支撑。要加紧用以信息化为代表的高新技术和先进适用技术对其改造,提升传统工业的技术和规模水平,并以此带动其他相关产业、产品和企业,形成特色鲜明的经济区产业群。

机械装备制造业要走自主创新与技术引进、合作开发相结合的路子,加快先进的信息装备技术、数控加工技术、工业自动化技术、环保技术、网络化制造技术等在生产、管理和营销中的应用,提高装备制造业的信息化水平。以飞机制造、输变电设备、工程机械、机床工具、汽车及零部件等有比较优势的产品为重点,同时抓好工业自动化仪表、制冷设备、轻工机械等具有较好基础的产品改造升级,使机械装备制造业真正成为高新技术的重要载体,提升机械装备工业的整体实力。

输变电设备应以西电东送750 kV输电线路和±500 kV直流输电线路配套输变电设备为载体,重点发展800 kV级高压开关、电力变压器、电抗器、高压电瓷、复合外套避雷器、复合绝缘子以及500 kV输变电设备小型化和智能化项目。

工程机械重点是发展适用于治沙、造林、西气东输、军用等方面的大吨位液

第 8 章 促进西部军地产学研合作技术创新的重大举措

压挖掘机、装载机、高原性推土机；开发铁路道渣、大坝干硬性混凝土摊铺设备、大型节能环保沥青混合料搅拌设备。建设年产 500 辆 PC-400 型大吨位液压挖掘机项目、350 台沥青混凝土铺机项目、150 台稳定三合土拌和机、年产 1 000 台装载机等项目。

汽车及零部件应优先发展适应高速公路需要的重型车、重型载重车和豪华大客车，支持高档医疗车和运钞车等专业汽车扩大规模。零部件重点发展变速器、汽车车桥、半轴、盘式制动器、轮胎螺栓、车用蓄电池等产品。抓好一批重大重点项目。小轿车制造应走与国外同行业大集团合作的路子，引进资金，引入品牌，实行规模化生产。

机床工具要以提高数控化率为方向，优先发展以数控磨床、电火花成型机床为代表的精密数控机床系列和以精密复杂刀具、精密功能部件为主体的工具和功能部件产品，研制开发柔性制造单元和柔性生产线成套设备、汽车工业及其他产业专用机床等。重点建设高效数控磨齿机、高速主轴、滚动直线导轨以及滚珠丝杠、柔性制造单元和自动生产线、复杂刀具扩能等项目。

飞机制造要加强与国内外大型企业的合作，抓好大型飞机研制，进一步拓展飞机零部件转包生产领域，抓紧开发生产新一代支线客机、专用微型飞机和机载设备。重点建设波音 737-700 垂尾、舱门转包生产技改、飞机发动机盘环内航空零部件技改、650MN 多向模锻水压机生产线等项目。

食品加工业要紧紧抓住国家推进农业产业化，实施农副产品深加工示范工程的机遇，依托龙头企业和名牌产品，推广生物、信息、环保等先进适用技术，提高产品的技术含量和附加值，促进食品工业的待化升级。重点发展果蔬加工、乳制品、肉制品、饮料制品、方便食品等。

果汁加工应重点发展苹果、梨、猕猴桃等果品的深加工。加快浓缩果汁行业的整合，开发冻干果片、果粉，发展饲料、果胶等产品。把经济区建成我国规模最大、综合实力最强的果品生产基地。

乳品加工业重点是支持银桥等名牌产品的扩产改造，采用现代灭菌技术、保鲜技术、生物发酵技术，优先发展液体奶、活性乳酸奶等产品。进一步提高婴幼儿、老年人以及特殊人群需要的配方奶粉的产量和质量。

肉制品应以多品种、精加工、小包装为方向，大力发展卫生、方便、风味独特的分割肉、冷却肉、中式风味低温熟肉制品和清真牛羊肉食品。

饮料制造业要提高苹果酒、猕猴桃干酒、葡萄酒和果汁饮料的品质和规模，扩大啤酒市场占有率，加快白酒的香型改进，使传统名优产品再创辉煌。

纺织工业要围绕增加品种、提高质量、扩大出口、增进效益，加快经济区内纺织企业的技术改造，提高装备技术水平，以棉纺及印染为重点，积极发展产业用纺织品和适应市场需求的服装产品。加快行业改组,促进行业整合,积极吸引外资、中东部资金参与重组,实现产业升级。

棉纺织及印染应提高清梳联、精梳机、无梭织机等新型技术装备的比例,使50%以至更多的纺纱设备达到国内先进水平,精梳纱比例超前。重点发展无梭布和印染后整理产品。

服装及产业用纺织品则应重点培育名牌服装生产企业,支持民营中小企业开发蓬盖类材料、栽培基材、医疗卫生保健材料、工业用材料、建筑材料、环保材料、包装材料、汽车内饰材料等产业用纺织品,使之成为纺织工业新的经济增长点。

建材工业应走大规模、高起点的路子,调整水泥结构,发展新型建材。同时积极引进国内大型企业投资,支持大公司大集团的发展。按照节约并合理利用资源,加强环境保护的要求,加速淘汰落后工艺,关闭不符合国家产业政策的小水泥企业,优化生产布局。到2015年使经济区建材工业形成结构优化、布局合理、节能环保、竞争能力较强的产业格局。

应大力发展新型干法水泥,在石灰石资源富集地区建设大型熟料基地。有资源的地方重点支持2~3家大公司和企业集团发展新型干法水泥生产线。坚决淘汰湿法窑、中空窑等落后工艺。不再新建日产2 000吨以下的水泥项目。同时,大力发展散装水泥和商品混凝土搅拌站,推广矿渣和粉煤灰超细粉磨。

要以环保、节能、利废为重点,加快使用以粉煤灰、煤矸石等工业废渣为原料的生产技术,推进非粘土类空心制品、混凝土砌块、轻质板材和复合板材等新型墙体材料的发展。因地制宜发展新型建材产品。

有色工业应以钼、钛、铝、铅、锌等产品为重点,围绕提高品质、节能降耗和环境保护,加快现有采、选、冶、加生产工艺的技术改造,推广应用坑内矿山无轨开采技术、选矿厂预选抛废技术、多碎少磨、多段磨矿新工艺等先进采矿技术,湿法冶金和生物冶金技术,大型预焙阳极电解槽生产电解铝技术等,提升技术水平。发展钛材深加工、锆合金管材、层状金属复合材、钼深加工和铝及其深加工等产品。抓好铜川铝厂改造、宝鸡有色金属加工厂钛材及层状复合材深加工、金堆城钼业公司钼产品深加工等项目建设。

能源工业要以煤炭、电力为主,通过结构调整,巩固提高能源工业。煤炭工业要统筹规划,引入新机制,适时开发新矿区,重视改造有发展潜力的老矿区。压缩高硫煤产量,限制、淘汰落后生产能力,关闭资源枯竭、布局不合理、达不到基本安全生产条件的煤矿。电力工业要通过"以大代小",优化火电的机组结构、技术结构,建设高参数、高效率、调节性能好的大型燃煤机组。

化学工业要以煤化工、精细化工为重点,稳定化肥生产,发展复合肥、有机钾

第8章 促进西部军地产学研合作技术创新的重大举措

肥、腐殖酸有机液肥等新型有机肥料。采用先进的气化、脱硫、脱碳技术及合成气直接合成二甲醚技术发展甲醇、二甲醚等深加工产品。精细化工要推广生物技术、新型高效隋馏、氧化、硝化、磺化、氟化、还原等先进技术,发展专业化程度高、附加值高的技术密集型产品,逐步淘汰合成氨中的水洗悦碳、常压变换等落后生产工艺。

4. 大力发展现代服务业,健全完善市场体系

以市场化、产业化和社会化为方向,重点培育和发展旅游、现代物流、金融保险、信息服务业等现代服务业。充分运用现代经营管理方式和电子信息技术改造传统服务业,提高技术含量和整体水平。

(1)旅游业。旅游业应分阶段、有步骤地建设文物古迹文化旅游区,尤其要加快世界文化遗产级人文景观建设,丰富展示形式,提升景观品位。合理开发自然旅游资源,重点建设对中华民族传统文化有代表性的重要自然景观旅游区。通过重大重点项目建设,逐步形成具有不同经济区特色的自然景观格局。积极开发观光度假、民俗风情等专项旅游和集科普性、趣味性、参与性为一体的现代文明景观旅游,使农业科技示范区、军工特色高技术产业基地、高新技术开发区、西安卫星测控中心、"航天城""飞机城""科技城"等尽快形成旅游新热点。

为了加快经济区精品旅游线路建设,形成以省会城市为中心,四向辐射的旅游线路。西部应积极构建旅游销售网络,改进宣传促销方式和服务手段,加快与国际旅游业接轨。同时,还应加强配套服务体系建设,提高综合接待能力,形成"食、住、行、游、购、娱"协调发展的新格局。

(2)现代物流业。现代物流业要以建立和完善物流运输网络体系为重点。西部应依托国际机场,发展国际航空货运和航空快递,拓展航空过境、中转和直达运输等各类服务,进一步开辟国际大都市直达航线,形成以航空港为中心、连接国际、辐射西部的航空物流网络。要充分发挥铁路枢纽优势,推进铁路仓储、装卸、包装、销售、信息的一体化经营,加快建立铁路快捷货运网络体系。要建设多形式、多业态的商贸流通体系,引进新型商贸业态,重点推广连锁经营、特许经营、物流配送、代理制、会展经济等现代营销方式。推进电子商务业,建设电子网络商品交易体系。拓展服务领域,发展信贷消费、租赁消费、服务消费。发挥传统商贸业优势,改造、提升现有专业市场和批发市场,高水平地创办一批大型综合商社,发展具备信息化、标准化管理条件的商贸新型业态,使其从传统的交易方式、管理手段向现代信息管理、物流化发展,实现有形市场与无形市场有机结合。建设综合性仓储超市、购物广场,对大型农副产品、工业消费品和生产资料批发市场进行改造,培育和发展辐射中西部地区乃至全国的专业批发市场,促进第三方物流企业的发展。完善农村市场体系,培育具有较强专业化水平的经营

实体,引导农产品直接进入大型批发市场。

(3)金融保险业。主要是拓展经济区省会城市资本、证券、保险市场,建立健全金融、保险和风险投资体系。发展地方金融机构,吸引外资银行、保险、财团和国内区域性、政策性、股份制银行在省会城市和中心城市设立分支机构,形成各类金融机构并存、适度竞争、稳健经营的金融体系。适度发行城市公益性基础设施彩票。发挥农村信用社融资能力,发展产业投资基金、创业投资基金和西部开发投资基金。加快发展证券和产权交易市场,支持优势产业中的优秀企业上市,搞好上市公司重组。在发展传统保险业的同时,努力开辟保险新业务,增加保险新品种,培育多元化保险体系。

(4)新兴服务业。主要是做好"三个"发展:

1)发展信息服务业。通过培育一批专业从事信息服务的企业和组织,开展信息提供服务、信息技术应用服务和接入服务,推动网上服务业。为此,应运用现代技术建设信息交换平台及公众信息平台,制定政府及各行业数据共享标准,开发经济、科技、教育、环境、人文、旅游等信息资源,加强数据库和信息系统建设,强化公共信息共享;建立以政府信息为主系统,其他信息为子系统的综合性信息系统,促进电子政务、电子商务、智能交通、地理信息等信息资源的数字化、宽带化、综合化、智能化和个性化应用,努力提高信息质量和水平;开发信息精品,拓展信息服务新领域,促进信息服务业的规模化、正规化和商业化。

2)发展会计、咨询、法律等各类中介服务机构,规范中介行为,促进服务业市场化和社会化,加大服务业所需人才特别是市场、外贸、金融、信息咨询等人才的培养力度,改进用人机制,提高服务水平。

3)发展社区服务业。鼓励社会力量投资兴办社区服务实体和服务项目,使社区服务业走向产业化。西部应拓展社区服务新领域,建立起面向社区老年人、儿童、残疾人、贫困户、优抚对象等特殊群体的社区救助,面向社区单位的社会化服务和面向下岗职工的再就业工程。发展壮大社区医疗、社区文化、社区保险、家政服务等,促进社区服务市场化、家庭服务社会化和家政服务公司化。发展家庭送餐和餐饮连锁经营,培育一批方便城乡居民生活的餐饮企业。加强服务业设施和网点建设,鼓励创办各种便民、利民的社区服务企业。

(5)教育文化产业。主要抓好两方面工作:

1)加快高校产业发展。通过扩大高等学校办学自主权,增强办学活力,壮大教育规模。可采取多元化吸纳资金,加快高校基础设施建设,充实办学条件;大力发展来华留学生教育;加强高校与企业的联合,新建一批校企联合研究开发中心、技术成果转化中心等,来推进学校后勤社会化,形成适应高校改革和发展需要的后勤保障系统。

2）发展文化产业。大力培育文艺演出业、电影音像业、文化信息业、文化娱乐业、艺术教育业、文化旅游业、民间艺术业等产业。努力抓好广播电视信息网络股份公司、电影业股份有限公司、报业集团公司、出版集团公司、发行集团公司等产业集团的组建和运营，增强市场竞争力。

8.3.3　改革创新与对外开放

1. 加快管理体制的改革与创新

（1）继续推进以基地、开发区体制创新，防范向旧体制的复归。按照精简、效能和"小政府、大社会"的原则，体现基地、开发区管理机构"特""精""活"的特色，强化管委会的综合管理职能，消除园区内条块之间、条条之间、块块之间互不隶属、各自为政的局面。明确基地、开发区及管委会的法律地位，把改革创新的体制优势、政策优势和服务优势转化为法制优势，保障基地、开发区"行使一级政府经济管理权限和部分社会事务管理权""封闭管理、开放运行"，真正发挥出市场化改革的试验和示范作用。通过建立和完善土地储备制度，运用国有土地使用权招标、拍卖出让等方式，进行基地、开发区建设机制的创新，提高基地、开发区建设的市场化程度，并以此吸引区内外各类资金投入，提高基地、开发区建设速度和质量。

（2）强化政府公共职能，实现政府职能的根本转变。经济区的中心城市政府，要坚持社会主义市场经济观念，打破行政壁垒和条块分割，适应市场经济和加入世贸组织的要求，按照"缩小范围、规范程序、改变方式、完善监管"的原则，继续开展行政审批制度改革，加快政府职能转变，为园区企业制度改革提供帮助，为园区和城市内外构筑一体化要素市场、建立各类资源互通共享机制提供支撑，促进科技与市场、科技与资本的有机结合，促进科研开发产业化进程和辐射效应的发挥。

（3）构建制度化的区域经济一体化协调组织和各基地、开发区及各类科技园区的协商制度，协调各园区政策行为，形成共同遵守的区域公约和法规，营造无特别差异的政策环境。省区市成立协调指导小组，下设产业规划、技术指导、招商引资、政策协调等功能性小组，负责拟定和督促落实"一线两带"总体发展规划和政策措施，指导地州市制定和实施产业发展、招商引资和相关措施。充分发挥经济区市长联席会议的作用，配合经济区协调指导小组协调跨园区或跨地区发展问题，如重点高新技术的协同攻关，统一规划实施交通、信息高速公路等基础设施项目建设、生产生活等社会保障制度改革的行政协调等。将产业结构调整从行业性调整转向空间结构调整，强化经济区经济一体化的基础条件。要充分发挥社会团体、民间组织、行业组织和市场力量等非制度化协调机制在经济区经济一体化发展中的推动作用。

2. 加速科技成果产业化的机制创新

(1)促进科技向现实生产力转化。以重大科技产业化项目为重点,以资本为纽带,以科技成果及工程化开发为核心,以上游科研单位和下游生产企业为主体,通过组建股份制公司等途径,把科研单位、工程中心、生产企业联合起来,促进技术优势向生产力的转化。加大对高新技术产业化资金支持力度。按照规模经济的发展要求,组建一批产学研、科、工、贸一体化的大型科技企业集团,培育壮大一批市场容量大、科技含量高、附加值高、带动性强、经济效益好的拳头产品,形成若干能够支撑经济区和省区市经济社会持续发展的新兴支柱产业,增强经济区对省区市经济发展的带动和辐射作用。

(2)促进不同领域、不同层次技术的交流和整合。加强航天航空、电子信息等国防科工高新技术产业与地方经济的融合,加快军工技术向民用领域的转移,提高国防科工的"扩散效应"。注重适用技术的开发,以产业关联度大、市场前景好和关系国民经济发展全局的技术领域为主,对传统产业改造中的共性技术和关键技术进行攻关,推动传统产业的改造。制定产业振兴计划,鼓励社会和个人以有形或无形资产参与传统产业改造。

(3)推动科研院所向研究开发企业转制。以自办、联办、改制、控股、参股、兼并、租赁、承包、"院所联合""所企联合"等多种形式创办科技型企业或科技企业集团。科学界定科技企业的产权关系,推进产权主体多元化,形成更多的具有自主知识产权和较强竞争能力的市场主体。

(4)建立以企业为主体的技术创新体系。企业要积极加强与科研机构的联合、合作,对高等院校、科研院所与企业建立各种形式的联合开发机构,对科研机构进入企业或企业集团,给予政策支持。大力推进企业技术创新基础设施建设,强化企业对创新技术的跟踪分析,实施"企业技术创新工程",着力提高大中型企业的研发能力。把自主研发与引进、吸收消化国外先进技术结合起来,实现核心技术、关键技术在较高水平上的发展,使企业直接抢占新技术和新产品的制高点。

(5)大力发展科技型中小企业和民营科技企业。建立科技型中小企业和民营科技企业创业服务中心。构建相应的创业资本市场,盘活国有资本、调动民间资本、引进国际资本,建立科技成果产权交易体系、科技型企业产权重组以及风险合理分担的企业信贷与担保体系,大力发展风险投资,建立和完善风险资本退出机制。

(6)加快创新人才培养。建立多层次、多功能教育培训基地,培养创新型人

第8章 促进西部军地产学研合作技术创新的重大举措

才,全面提高经济区创新创业人才素质和水平。实施"柔性人才政策",培育更为灵活的引才、用才、留才机制,不求所有,但求所用。建立、完善科技人才和企业家的激励机制,实行劳动力、技术创新成果、生产要素共同折股分配和股权、期权奖励制度。

3.深化企业制度改革,激活市场主体

适应市场化要求,加快建立和完善现代企业制度,大力推进规范化的公司制改造,使经济区国有大中型企业全面建立现代企业制度。把改制、改组、改造和加强管理有机结合起来,以产权多元化为突破口,优化企业组织结构、所有制结构、资本结构,健全责权统一、运转协调、有效制衡的公司法人治理结构,全面推行独立董事、外部董事制度,继续深化企业内部"三项制度"改革,建立科学的企业经营者选拔任用制度,真正做到"产权明晰、权责明确、政企分开、管理科学",使企业真正成为市场竞争主体。按照所有权、管理权、经营权三分开的原则,以出资人到位为核心,探索建立权责明确、保值增值的国有资产管理体制和营运机制。坚持"有进有退、有所为有所不为"的方针,加速国有资产从一般竞争性领域和行业有序退出,使优良资产和有限资源向优势产业、企业和优秀经营者集中。积极探索通过国际招标方式引入外资对大型企业进行改组改造的有效途径,推进企业重组,以市场为导向、名牌产品为龙头、资产为纽带,打破行业、地域和所有制界限,着力培育一批主业突出、核心竞争力强的国际知名企业集团。大力推动企业技术进步,调整和优化产品结构,促进产业优化升级。

(1)西部应放开搞活国有中小企业,大力发展科技型、服务型中小企业,引导中小企业向"专、精、特、新"的方向健康发展,积极培育一批"小型巨人"企业。

(2)西部要大力发展非公有制经济,鼓励非公有制企业参与交通、市政、环保等行业的建设和经营,促进非公有制经济向高新技术和现代服务业等领域扩展,支持非公有制企业通过参股、控股、兼并、收购、租赁经营等形式参与国有资产重组,引导非公有制企业实现产权、体制与机制的创新,建立规范的运作机制和科学的管理制度。通过推动非公有制企业再创业,实现从速度规模型向速度效益型转变、劳动密集型向技术密集型转变、产品初加工型向产品深加工增值型转变,步入规模化生产、集约化经营和科学化管理的轨道,培育一批"参天大树"。

4.推进招商引资工作,提高对外开放水平

要把招商引资作为加快经济区建设的重中之重,把各基地、开发区作为招商引资的主战场,改革投融资体制,扩大引资领域,创新融资方式,改善投资环境,努力使经济区招商引资和对外开放取得突破性进展。

(1)改革投融资管理体制。按照"谁投资、谁决策、谁受益、谁承担风险"的原则,逐步放宽项目审批权限,减少审批环节,加强服务和法制监督,转变坐地审批项目为走出去把投资商引进来,积极做好重大项目的包装、推介、宣传工作。

(2)进一步扩大投资领域。鼓励投资者投资于高新技术产业、交通、能源、水利、市政、环保、旅游等基础设施建设和生态环境建设。鼓励以独资、合资等多种形式依法勘察、开采除油气以外的各种矿产资源。推进金融、保险、电信、商贸、旅游、卫生、中介服务以及其他服务业的对外开放,允许兴办中外合资会计师事务所、律师事务所、工程设计公司和其他国家开放领域的企业。

(3)探索利用外资的新形式。采用项目特许权、运营权与收益权融资,吸引投资者以 BOT、、TOT 等形式参与建设和经营。组织"短、平、快"项目,大团组与小分队相结合,采取多种形式,定期或不定期地到沿海地区及国外进行推介,促使招商引资经常化、日常化、规范化。要努力解决好"筑巢引凤"和"引凤筑巢"的关系,充分发挥企业在对外开放中的主体作用,实现从政府招商为主向企业招商为主转变。充分利用国际互联网及招商代理制等新手段、新方式,降低招商成本,提高招商质量。对外商与非公有制经济合资合作的项目,享受与国有企业合资合作项目同等待遇。

(4)加强国内横向联合和协作,吸引东资西进、东企西进、东智西进。充分利用国家鼓励投资西部地区的各项优惠政策,发挥开发区招商引资的窗口作用,吸引和支持东部企业、富余民间资本和优秀企业家以投资办厂、参股控股、收购兼并、技术转让、租赁承包等方式到西部地区投资发展。不断创新国内区域间横向联合方式,形成全方位、多层次、宽领域横向联合和协作体系。

(5)构建综合性的国际国内投资贸易促进网,动员全社会力量进行招商引资。经济区有关省份地方政府及基地、开发区有关部门都要建立自己的招商引资队伍。建立国际国内客户资料库,向国内企业和海外客户提供查阅海内外商情的信息场所和中介咨询服务。修订和完善鼓励引介外商投资的激励政策,落实引介报酬规定。

(6)创造良好的发展环境。以创造优美环境、培育优秀人才、买行优质服务为着力点,营造更具吸引力和竞争力的投资环境。深入持久地开展投资环境专项整治活动,继续清理和废止一切不适应世贸组织规则的地方性法规、规章、政策。减少审批事项,规范审批程序,实行行政共事制和服务承诺制,以及首问负责制、引导办理制、限时办理制,对确需保留的审批事项逐步做到网上审批、一厅发证。整顿和规范执法行为,坚决制止并严肃查处地方、部门庇护违法行为和执法犯法、"吃拿卡要"等违纪违法案件,大力整肃信用秩序,建立和完善企业与个人的信用评估及监督体系。实行投资环境评价和责任追究制,尽快制订地区内投资环境综合评价体系,并列入各部门的责任目标和干部政绩考核内容,每年开展一次投资环境治理情况评价考核,将结果通过媒体向全社会公布。

8.3.4 联动发展与辐射带动

1. 加强关中、成渝、南贵昆军地融合综合配套改革经济区的有机整合与相互协调

加强关中、成渝、南贵昆军地融合综合配套改革经济区的有机整合与相互协调,达到互援、互补、互联、互动、互强和增强整体实力的目的,主要包括以下几方面:

(1) 国防科技产业领域。关中以航天动力、航空、兵器制造为主,成渝以航天、核工业等军事工业为主,加强三地区的联合合作,既有利于在相同领域加强优势整合、统筹发展、提升水平,也有利于在差别领域合理分工、有机协调、相互补充、整体做大。以关中、成渝、南贵昆地区为主体,以兰州、贵阳等为辅,共同建设我国现代国防科技产业基地,壮大我国国防实力,为把我国建设成为国防科技产业强国做出贡献。

(2) 装备制造业领域。关中、成渝、南贵昆地区在装备制造业发展中有很大的互补性。成渝地区主要在汽车及摩托车整装、重型机械、环保设备、电视机整机、电信装置等方面具有优势,关中主要在机床工具、高压输变电设备、动力机械、通信设备、电子元器件、汽车零部件及重型车、软件产业等方面具有优势。三地区之间有条件在多层次上实行研发和制造的分工与合作,加强有机整合,以军转民、军民融合为动力机制,以交通运输设备、机床工具、通信设备、动力机械、电气设备、工程机械、计算机软件、仪器仪表、轻工机械、矿山机械、农林机械等装备制造为主,联合打造我国内地现代装备制造业基地,使成渝-关中地区成为与东北地区并列的我国现代装备制造业的"三个极",为把我国建设成为全球现代装备制造强国做出贡献。

(3) 科技教育领域。成渝地区高等院校主要在口腔医学、交通运输、金融学、技术经济及管理、基础数学、应用数学、原子与分子物理、机械设计及理论、车辆工程、精密仪器及机械、生物医学工程、电力系统及其自动化、电工理论与新技术等重点学科上具有优势,在生物工程、高分子化工、口腔医学、光纤通信、声、光、电、仪表等高科技研发领域形成较强实力。关中地区在电气工程与自动化、管理科学与工程、企业管理、计算数学、构造地质学、生理、生物医学、固体力学、机械制造及其自动化、材料学、热能工程、动力机械及工程、流体机械及工程、制冷及低温工程、电机与电器、高电压及绝缘技术、微电子学与固体电子学、电磁场与微波技术、通信与信息系统、计算机应用技术、飞行器设计、航空宇航制造工程、环境工程等重点学科上有明显优势,在电子信息、机电一体化、生物及现代农业技

术、新材料和高效节能等科研领域形成重要实力。三地区要扬长避短,发挥各自优势,加强科研机构、高等院校、专业技术培训、科技产业化等方面的联合合作,努力形成聚合实力,扩大对国内外的竞争与影响力,共同打造国家西部高技术产业和科技教育服务基地。

(4)农业产业化、现代化方面。有机整合和充分发挥成渝、关中的农耕与农业资源和农业科技优势,加强农业科技推广与示范,加快推进农业产业化经营,探索现代农业经营机制,率先推进农业现代化,建成西部现代农业示范区和国家重要的现代农业基地。

2.充分调动和发挥关中、成渝、南贵昆军地融合综合配套改革经济区对西部产业结构优化升级的核心带动作用

根据关中、成渝、南贵昆地区的社会经济及区位特点,按照全面推进"翔式道路"要求,关中、成渝、南贵昆军地融合综合配套改革经济区,应该发挥以下辐射服务与带动作用。

(1)科技辐射与技术装备。充分调动和利用关中、成渝、南贵昆地区的科研、教育和企事业单位集聚的科技创新能力和人才实力,最大限度地满足西部产业结构优化升级的科技和装备需求。成渝、关中的现有科技力量,除了具有较强的自我研发能力外,最重要的是提供了一个对内对外加强联合研发、交流的平台。如果能够积极地、有效地运用好三个途径,就一定能够起到对西部产业结构优化升级的辐射带动作用:一是加大科技投入力度,加强关中、成渝、南贵昆地区的自我创新研究;二是以关中、成渝、南贵昆地区为主体,组织、带动西部地区各主要城市的科研力量,加强联合攻关和多种组合的合作研究;三是加强与东中部地区和国际科技力量的联合、合作及成果交流。重点要在以下十个方面加大科技成果供给和推广应用,为国防科技工业转型升级和区域产业结构优化升级提供技术与设备支撑:一是农林牧和矿产资源开发与西南石山区、云贵石灰岩区、北方黄土区、西北干旱半干旱荒漠地区、青藏高寒区水土保护;二是农林牧生产与加工基地建设与亚热带、温带生物资源再生培植、良种繁育、濒危保护和绿色产品开发;三是农林牧资源有效成分提取、多元素综合利用、深加工生产工艺、有机或绿色食品及绿色化工产品开发、生产标准化体系建设;四是多种伴生矿综合开发、多元素矿物质分离提取、矿产资源多价值利用、复杂地质条件下采矿、矿产资源深加工工艺、绿色环保型生产工艺、生产集群的公共设施共享与技术配套;五是农林牧矿产资源开发及加工中的清洁生产技术、"三废"处理与循环再利用技术、低耗少排高效节约技术、安全生产技术、循环经济体系构建中的技术配套与标准化建设;六是国防科技工业现代尖端技术与军转民开发,精密机床、仪器仪表、航空、航天、汽车、电力设备、电子元器件、计算机软件、工程机械、矿山专用机

第8章 促进西部军地产学研合作技术创新的重大举措

械、农林牧专用机械及其自动化、智能化、环保型产品研制;七是西部特种环境条件下的工程建设和加工生产设备与工艺技术开发;八是农林牧生产与矿产开采及其深加工生产体系、产业集群和循环经济发展中的信息化技术、软件支援技术开发;九是电子政务、电子商务、远程信息技术,现代物流、金融、通信、医疗、建筑、设计等现代技术手段和信息化管理技术;十是在西部地区发展环境条件下,协调国防科技工业和区域产业结构优化升级模式与人力开发、促进人的全面发展和最大限度满足居民现代物质与精神生活需求的关系。

(2)教育和人才服务。建设军地融合综合配套改革经济区,现代人才是关键。一方面要采取走出去和引进来相结合的方式培养和引进所需人才,另一方面要形成西部地区以关中、成渝、南贵昆地区为核心军地融合的教育和人才培养体系。关中、成渝、南贵昆地区加强对西部产业结构优化升级的教育和人才服务,重点要在以下方面取得突破。一是根据科技创新重点方向的需要,加强专业科技人才培养。关中、成渝、南贵昆地区要充分发挥高等教育实力较强和科研院所密集的优势,面向西部产业结构优化升级的科技需求,加强高等教育的教学、教材改革和专业设置调整,引导国家一流科研院所和大型企业集团内设研发机构结合科技攻关,加大急需科技人才的培养力度。积极培养尖端科技和重大技术攻关所需的高科技人才,加快培养大批能够解决生产与工程建设一线技术难题和实用科技推广所需的实用型技术人才。高度重视科技人才的继续教育,特别是要重视从实践一线专业骨干中培养大批既懂科研又懂管理的现代复合型人才。以各种方式带动各省市对各类各层次科技人才培养,最大限度地满足对各行各业各层次科技人才的需要。二是积极发展远程在职专业技术教育。建立以成渝、关中为核心的远程在职专业技术教育网络,充分利用关中、成渝、南贵昆地区高等教育和专业技术教育资源,加快发展涵盖各市(区、县)的远程在职专业技术教育,特别要重视对在职中低层次技术人员和职工的专业技术培训,广泛提高劳动者技术素养。三是加强教育人才的培养。西部地区急需一大批各地方用得上、留得住的在校教育、在职教育老师和教育管理人才,特别是要加强两个方面:一方面是具有奉献精神的农村九年义务教育人才的培养;另一方面是具有现代观念和知识的生产经营一线的在职专业技术教育人才的培养。必须以成渝、关中为主要基地,联合各个省(市、区)会城市,加强高等师范教育和专业技术师资培养,改变农村基础教育和生产一线专业技术培训师资缺乏的局面。

(3)金融、融资与物流服务。国家应注重发挥关中、成渝、南贵昆地区银行和各类金融机构相对集中的优势,引导关中、成渝、南贵昆地区资本市场发育相对较快的势头,在西部地区率先对关中、成渝、南贵昆地区加大金融对内对外开放的力度,加快建立健全多层次、多元化资本市场的步伐,使关中、成渝、南贵昆地

区成为西部产业结构优化升级的金融中心。主要目的:一是加强对三个经济核心区产业发展的金融融资支撑;二是在于积极构建经济核心区面向整个西部地区的金融融资服务机制和能力。由于优越的区位所决定,关中、成渝、南贵昆地区不同程度地处于西部物流中心的地位。特别是关中地区,位处第二亚欧大陆桥的中段,基本是西北各省区通向东中部地区的必经之地,也是华北、东北通向西南的通道。其中,西安、宝鸡、咸阳、重庆、成都都是全国重要的陆、空交通枢纽和通信枢纽。两地区充分利用铁路、公路、航空、通信等物流、人流、信息流通道和中枢,积极发展现代物流产业,必将对西部地区社会发展进程产生明显推动作用。关中、成渝、南贵昆地区必须进一步加强交通、通信通道和枢纽设施建设,加快用电子商务等现代技术和手段装备物流产业,用现代体制和机制改造物流管理方式,提高物流产业现代化水平,增强为西部广大地区的服务功能。

(4)充分发挥军民高技术产业基地的作用。加快国防现代化、增强国防实力、建设世界一流军事工业强国是我国面临的迫切任务。同时,我们必须认识到,在当前及今后相当时期内,我国必须继续坚持在中西部地区建设我国完整的现代国防科技工业体系的基本布局建设方针。这是充分利用现有国防科技工业基础,避免重复建设和另搞一套,又快又好地发展现代强大国防科技产业的必然选择,也是在国家纵深地区建设更具安全、可靠的国防科技产业体系的需要。国家应该进一步加大对以关中、成渝、南贵昆地区为主体,包括兰州、贵阳等地国防科技工业建设改造的投入力度,支持加快建立军转民、军民融合、寓军于民、以民养军的国防科技工业发展的新型机制,增强科技研发能力,构建庞大的国防科技产业集群,提高国防科技工业现代化水平,建立世界一流的现代国防科技产业体系和集约化研制基地。目前,关中、成渝、南贵昆地区主要的装备制造实力,都是来源于国防科技工业的军转民改造。反过来,装备制造业和民用生产实力的壮大,对国防科技工业又明显形成有力支撑。在关中、成渝、南贵昆地区积极发展装备制造业,不仅是充分发挥现有装备制造业优势的需要,也是军民结合、寓军于民,增强国防科技工业实力的要求。这应该成为我国现代装备制造业和现代国防科技工业发展的一个重要战略思想。国家应该在全国装备制造业布局建设中,对关中、成渝、南贵昆地区给予积极支持,并引导其加强与东中部地区和国外著名企业集团、科研机构的联合、合作,加快推进关中、成渝、南贵昆地区装备制造业的机制创新、技术创新和结构优化升级,重点发展飞机及零部件、汽车及零部件、原动力机械、机床工具、电气设备、通信设备、计算机软件、工程机械、仪器仪表、矿业专用设备、农林牧专业设备、轻工机械,支持关中、成渝、南贵昆地区建设成为在全球有影响的我国现代装备制造业基地。

第8章 促进西部军地产学研合作技术创新的重大举措

3. 两个"9"字型重点开发空间骨架的相互连接与互动发展

(1) 两个"9"字型骨架的相互连接。西部地区有两条南北向交通大动脉,一是自北而南纵贯内蒙古、陕西、四川、重庆、贵州、广西的西包—西康—襄渝(安康—重庆段)—川黔—黔桂南北铁路大通道,它北起包头,经榆林、延安、西安、安康、重庆、遵义、贵阳、柳州、南宁,直通西南出海口北海、防城港;二是自北而南纵贯宁夏、甘肃、陕西、四川、云南的包兰(银川—兰州段)—陇海(兰州—宝鸡段)或宝中(银川—中卫—宝鸡)—宝成—成昆南北铁路大通道,它北起银川,经中卫、青铜峡、兰州、天水、平凉、宝鸡、绵阳、德阳、成都、攀枝花、昆明,最后仍可经南昆铁路直通西南出海口北海和防城港市。这两条南北向交通大动脉将西北和西南"9"字型的两个圆圈夹持在中间,并连接起来,在西部构成一个跨越南北的"目"字型构架,使西部的南北两大地区通达方便,联系更加紧密。同时,"目"字型骨架把西部地区黄河中游城市圈、成渝城市圈和南贵昆城市圈等三大城市圈连成一片,形成中国西部庞大城市群。另外,把西北内陆对外出口和西南海上对外出口连接起来,实际上构成"第二亚欧大陆桥"的又一个分支,而该分支的价值正在于贯通了整个西部地区,对于西部地区西进中亚、东欧,南下东南亚和太平洋具有重要意义。

(2) 南北连接促进互动发展。两大南北交通大动脉连接关中、成渝、南昆贵三个军地融合综合配套改革经济区、两个"9"字型重点开发骨架,有利于南北两大区域在经济社会发展和优势资源开发利用中相互补充、相互支援、统筹规划、有机整合,促进整体发展。

1) 有利于关中和成渝地区互补互济,共同发展。分析认识南北重点开发骨架的连接、联通关系,对于促进关中、成渝两个军地融合综合配套改革经济区的联合合作、互补互济,带动西部大开发,提升西部地区产业结构优化升级具有重大意义。

2) 有利于秦巴山区、四川盆地、云贵高原、滇南雨林四大生物资源富集区的优化布局、优势整合、共同开发。青藏高原以东、巫山-雪峰山以西,北至秦岭、南至西双版纳,地跨北、中、南亚热带和热带北部边缘,加之地形错综复杂,成为中国大陆生物资源最为丰富多样的地区。加强西北、西南两个"9"字型重点开发骨架的联结和贯通,把这一地区完全置于西部重点开发骨架构成的整体网络之中,就有利于和有条件对这一连片区域的生物资源开发利用进行科学区划、统筹规划、因地制宜、优化布局、合理开发。一是可以按北亚热带、中亚热带、南亚热带不同气候和地形特点,因地制宜地对良种繁育、濒危保护、栽植管理、病虫防治、仓储保鲜、加工处理等重大科研活动进行统筹安排、统一组织、分类推广实施。二是有利于对全区生物种植、生长的自然环境、地理条件进行科学的地域划分,统一规划、集中建设一批各具优势、特色明显的集约化、规模化连片种植与加工生产基地,以产业化经营、工业化方式、现代化手段、市场化机制,加快促进生物资源开发利用从农业领域向工业、服务业领域延伸。三是利用西北内陆口岸和西南出海口岸两大国际市场通道和陇海、长江东西通道,统筹构建国内外市场网络,共同开拓市场销售,协同打造各具特色的优质产品品牌,积极参与全球产业分工和扩大占领国内外食品市场。四是这里是黄河(中游)、长江(上游)流域水土保持、生态建设的重点地域,加强相关省市区的联系和配合,对整个区域的生物多样化保护、濒危生物品种救护、退耕还林、水土保持等,进行统筹规划、统一布置、集中力量实施,联手解决重点问题,形成生态建设共同体。总之,通过对这一集中连接生物资源富集地区的统一规划、统筹开发、联手实施,完全有可能使这一地区成为中国最大的、世界著名的生物生态保护区、生物资源开发利用示范区、绿色产业和绿色食品生产区,建设世界著名的科技型、标准化果类(干、水果)、畜牧、茶叶、花卉、蔬菜、山林特鲜品生产和深加工生产基地,建设世界最大的现代中医药"药谷"。

3)有利于南北两地区优势矿产、能源资源的统筹开发、合理调剂、综合利用和配套生产。北部的煤炭、石油、天然气资源得天独厚,南部的多种金属矿产资源极为丰富,南部水条件较好、地表土层稀薄,北部土层深厚、水条件较差。通过南北两个军地融合综合配套改革经济区、两个"9"字型骨架的有机联接,完全可以根据各种矿产开采、运输和综合利用的特点,在资源调配和物流上实行北煤南运、北能南下、南矿北运、南水北调等,在生产建设上采取因地制宜、扬长避短、资源互换的方式,实施南北地区优势资源和环境要素的综合调配使用和一体化开发建设,有条件同时共建南北两大生产基地,如:北方就近煤油气开发地建设、电力、冶金、化工等能源转化和载能产业基地,南方就近金属矿产地建设高耗能冶金、化工产业基地。这样,南北将联合建成中国最大的能源、冶金、化工生产基地。同时,在产业结构优化升级过程中,南北完全可以加强有机协作,积极发展多种资源、伴生矿物、废气排放物中有用物质的有效分离提取、综合利用和循环再利用,共建"翔式道路"主导下的科技型、质量效益型、环保型、人文型资源产业发展示范基地。

4)有利于共建西部旅游网络。南至西双版纳,北至内蒙、新疆,是我国少数民族文化、地方风土人情最为丰富多彩的地区,可在统一规划、合理布局的基础上,建设风格独具、特色各异的多种民族文化和风土人情开发与观光区,打造西部民族文化和风土人情研究开发、旅游观光链。同时,自然风景南北呈带状递

第8章 促进西部军地产学研合作技术创新的重大举措

变,加上地形复杂多变,并造就了太白、华山、峨嵋等几十座国内外著名风景文化名山,有条件打造北至北温带荒漠、草原,南至北热带雨林,串接著名大山大川的自然风景旅游路线,建成世界最为壮观的多样化自然风景旅游区。

4. 西部南北城市圈对柴达木盆地与雅鲁藏布江谷地的有机联系和联动开发

南北两个"9"字型空间骨架都具有向青藏高原地区延伸的条件,有利于加强黄河中游城市圈对以西宁为中心的柴达木盆地地区开发的辐射和带动,有利于加强成渝和云贵城市圈对以拉萨为中心的雅鲁藏布江谷地及横断山区开发的辐射和带动。

(1)加大黄河中游城市圈对柴达木盆地的有机联系和联动开发。黄河中游城市圈通过兰州"节点",沿兰青铁路和高等级公路向柴达木盆地延伸,实现紧密连接,促进现代文明向青藏高原的传播,带动柴达木盆地及其周围资源的开发。

1)通过黄河中游城市圈与柴达木盆地的连接,带动黄河上游水利、矿产、能源资源开发和生态保护。包括:有计划、有步骤地开发青海、甘肃黄河干流的水力资源,建立黄河上游水电、蓄水、养殖、旅游一体化产业开发基地和生态保护地区;统筹调配、合理利用青藏高原地表水资源,建设青藏高原生态调水、工程调水工程,加强对北方地区的水源供给;加强区际联合合作,加大资金、人才、科技投入力度,积极开发柴达木盆地钾盐资源,加快开发青藏高原风能和太阳能资源,建设中国西北钾盐化工基地和可再生战略能源后备基地。

2)加强黄河中游城市圈对青海地区的科技、教育、人才和装备支持。主要包括:利用以关中地区为主的黄河中游城市圈的装备制造实力和科研实力,加大对柴达木盆地资源开发及深加工的科技攻关和专用设备研制;青海省和关中诸城市、兰州等建立青海人才联合培养基地,加大对青海专业技术人才、经营管理人才的培育力度,建立关中、兰州与东中部地区对青海的人才支援机制。

(2)加大成渝和云贵城市圈对雅鲁藏布江谷地的有机联系和联动开发。成渝城市圈和南贵昆城市圈分别通过成都和昆明"节点",沿川藏、滇藏交通线(公路、航空)向雅鲁藏布江谷地延伸,实现相互紧密连接,将成为促进现代文明向青藏高原传播和带动雅鲁藏布江谷地、横断山区资源开发的重要通道。

1)通过加强成渝、云贵城市圈与雅鲁藏布江谷地的连接,带动藏南、藏东南地区的优势资源开发和区域综合发展。主要包括:积极培育和适度开发青藏高原丰富的生物资源,发展藏药、高原畜牧等地域特色经济;积极开发雅鲁藏布江谷地地热能、风能、光能等可再生能源资源,建立我国藏南地区可再生战略能源后备基地;促进跨区、跨国联合实施藏东南、横断山区生物、水能、旅游等资源的综合开发利用;加快推进横断山区多金属矿产资源富集区的资源勘探和合理开发利用。

2)建立成渝、云贵城市圈和全国支援西藏开发建设的有效机制。主要包括：继续加强实施全国援藏计划；建立西藏和成渝、云贵地区联合开发优势矿产、能源和加强生态保护的有效机制，并带动与相邻国家联合开发发展；加大对西藏的科技推广、教育发展和人才培养的联合合作，以及建立有效的支持机制；针对藏南、藏东南资源开发、产业发展、生态保护的需要，联合加强专项科技攻关和专用设备研制、供给。

第 9 章

打造西部军地产学研合作技术创新的良好环境与文化氛围

军工经济在西部地区比例很大,对地方经济的影响举足轻重。同时,西部民口的企业、高等院校、研究院所等科研单位在基础研究和应用研究开发方面具有较强的研发能力。这一切都为西部军地产学研合作技术创新提供了坚实的基础。技术创新是从研究开发到生产实现的一个复杂过程,是一项系统工程。这一工程涉及科研单位、生产企业、产品消费单位及它们之间的互动协作,而且更需要有有利于创新能力培育的各种环境,即技术创新是一个在制度、组织和文化环境中进行的活动。为此,西部军地合作技术创新需要良好的制度、政策、法律、人才、科技环境和文化氛围的保证和支持。

9.1 西部军地产学研合作技术创新的制度环境建设

制度创新是影响技术创新的必不可少的催生因素。制度环境之所以对经济增长和发展具有关键作用,是因为它规定着创新主体参与市场的规则以及提供了这些规则运行的基本条件。"好"的制度从不同的着眼点出发维护着市场运行的公平或效率;"坏"的制度则总是企图强化利益集团的利益。西部军地产学研合作技术创新滞后的原因是多方面的,制度环境建设落后是根本性原因之一。因此,在建立"军民结合、寓军于民"的国防科技工业新体制的过程中,要想发挥西部军地产学研合作技术创新在西部经济发展中日益重要的作用,要想真正成为科技创新的主体,加快制度创新尤为重要,要把制度环境优化作为西部军地产学研结合的持续动力。

9.1.1 建立适应西部军地产学研合作技术创新的新体制

经过40年的改革开放,西部地区社会主义市场经济体制初具规模,而国防科技工业则是在计划经济体制下建立起来的,因而从总体上看,军民独立、军工系统内部的条块分割、自成体系、自我封闭、重复分散现象并没有真正改变。目前,军民分割、军工垄断仍是阻碍军地两大创新体系融合的主要障碍因素,军地

第9章 打造西部军地产学研合作技术创新的良好环境与文化氛围

产学研合作技术创新的主要障碍在于军工体制的封闭性和垄断性,在于其体制和机制。军民两大创新体系长期分离,从培育军地企业创新能力的角度看,这不利于整合军地科技资源、构建军民融合的科技创新体系,也不利于培育军地企业不断创新以满足军民两个市场需求的能力。因此,要建立适应军地合作技术创新的新体制,推进军民分割体制向"军民结合、寓军于民"的新体制转型。

当前,国家经济与社会改革、国防和军队改革双双进入了攻坚期、深水区,涉及深层次利益关系和体制结构,深刻性、复杂性前所未有,难度之大也前所未有,建立适应军地合作技术创新的新体制,一是要解放思想,转变观念,充分利用地方的科技成果完善国防科技工业的技术创新体系,改变军工部门自成体系、专业分工过细、机构和资源重复支配的现状;二是通过军地的合作和交流,引进地方的先进经验和管理方法,加快竞争机制的培育,提高面向市场、进入市场和驾驭市场的能力。通过引入竞争,从根本上搞活军工企业;三是随着西部地区的开发开放,应打破军地、部门、地区之间的界限,发展横向联合,以项目为主导,以资金为纽带,按照自愿原则,以各种形式强化军地军转民技术和军民两用技术的创新,实现国防科技的发展;四是建立科学的评价机制和有效的监督机制,破除行业和地区壁垒,以绩效为中心进行科学评价和严格管理,促进军地管理水平的提高。

9.1.2 转换经营机制,建立现代企业制度

西部军地产学研合作技术创新的重要内容之一是尽快转换经营机制,按照建立社会主义市场经济的要求,以加快建立现代企业制度为重点,通过与市场接轨,逐步渗透到地区经济、国家经济和国际经济领域之中。

西部地区的军工企业大部分建于"三线"建设时期,由于历史原因,目前多数企业陷入困境,企业亏损面大、包袱重。当前,国家和西部各省市先后出台了多种优惠政策,加大对西部国有企业改革和资产重组的支持力度,如简化在西部地区的投资审批程序,调整取消与国家西部开发不相适应的地方和行业政策,这无疑有助于西部军工企业的结构调整,为企业的脱困和改革提供了空间。

1996年,国家科委会同国有资产管理局出台了一系列文件,提出科技企业要按照"谁投资、谁所有"和"鼓励改革、支持创业"的原则客观公正地进行产权界定,并对若干具体问题作了明确规定。界定产权不是终极目的,真正的目的在于引导科技型企业以产权界定为基础,完善企业制度,为未来发展奠定坚实的法律基础,从而为其发展壮大提供制度保证。2014年3月2日,国防科技工业局全面深化国防科技工业改革领导小组成立并召开第一次会议。会议审议通过了

《领导小组工作规则》和《领导小组办公室工作规则》，研究了国防科技工业全面深化改革有关工作，部署后续任务并提出了明确要求。会议强调，当前国防科技工业改革已进入"深水区"和"啃硬骨头"的阶段，国防科工局责任重大，使命光荣。2017年11月出台的《国务院办公厅关于推动国防科技工业军民融合深度发展的意见》中明确提出，"除战略武器等特殊领域外，在确保安全保密的前提下，支持符合要求的各类投资主体参与军工企业股份制改造。"提出，按照完善治理、强化激励、突出主业、提高效率的要求，积极稳妥推动军工企业混合所有制改革，鼓励符合条件的军工企业上市或将军工资产注入上市公司，建立军工独立董事制度，探索建立国家特殊管理股制度。军地企业的结合可以实行"以国有独资为主、多种资产经营和产权形式并存"的方式，强化产权制度的创新，积极吸纳民间资本和国外资本，建立规范的法人治理结构。如少数在国内同行业中处于领先地位的军工企业，可以产品总体为龙头，充分引入地方资源形成联合体，进而组成资产纽带联结的企业集团；而对于自身能力较弱的军工企业，则要加盟地方的龙头企业组织集团，进行配套生产；有的企业则可利用区位优势，出让土地、设施和技术，让地方企业牵头或控股，在当地组织产品的生产经营，"不求拥有、只求所在"，提高军地资产的运营效益。

9.1.3 引入竞争机制，发挥市场配置资源的基础性作用

军工体制的封闭性、垄断性是建立"军民结合、寓军于民"创新体系的主要障碍。因此，西部军地产学研合作技术创新，必须引入竞争机制，把民口科技力量体制灵活的优势和创新能力引入军工体制，形成落实"军民结合、寓军于民"、深化改革的动力源泉。

竞争机制的本质是优胜劣汰，公平公正，发挥市场资源配置的基础性作用。竞争机制是创新的最根本动力。2015年9月8日，国防科工局和原总装备部联合公布了新版武器装备科研生产许可目录。新版许可目录分核武器与军用动力、军用航空器等11大类，共755项，与2005年版许可目录相比减少约2/3。我国武器装备科研生产许可制度建设从1999年开始启动。原国防科工委分别于2000年、2002年、2005年发布了三版许可目录，此次修订是在2005版目录基础上进行的，力度之大超出过往。许可管理范围的大幅缩小，对于推动军工开放，加快吸纳优势民营企业进入军工装备科研生产和维修领域，推动军民融合深度发展具有重大意义。西部军地产学研合作技术创新引入竞争机制，能够充分激发参与研发单位的积极性，促使它们通过竞争逐步树立创新、创新、再创新的市场理念，提高其自主创新的能力，并把创新作为发挥自身优势、增强竞争实力

和提高经济效益的企业发展战略选择。不仅如此,只有通过竞争,科技资源才能得到有效配置,国防工业所需技术可以从民用研发单位通过市场优选进来,使民有经济有机会参与军工企业竞争,参与某些国防建设项目。

西部军地产学研合作技术创新,针对军民分离、军工垄断格局,引入竞争机制,应深化国防科技体制改革,依托社会大协作统筹科技资源,按照"小核心,大协作"的思想,打破军地部门界限、行业界限、所有制界限,打破部门利益束缚,营造公开、公平、公正的竞争环境。如对非公有制经济的"民进军"问题,在确保国家政治和国防安全需要前提下,应积极稳妥引导和鼓励非公有制资本进入国防科技工业建设领域,形成公有制为主体、多元化的资本架构;允许非公有制企业按照有关规定参与军工科研生产任务的竞争;允许非公有制企业参与军工企业的改组、改制、改造。

随着"军民结合、寓军于民"的新体制的逐渐形成,竞争机制的作用也开始凸显。我军装备管理体制调整后,中央军委制定的《中国人民解放军装备条例》及其配套的下位条例,明确地规定了装备研制实行合同制,通过招标或竞争性谈判等方式择优选择装备研发单位;装备采购视情况采用公开招标采购、邀请招标采购、竞争性谈判采购、单一来源采购、询价采购等多种采购方式。这就在很大程度上消除了制约竞争的法制性障碍。

9.2 西部军地产学研合作技术创新的政策法律环境建设

军地两大科技创新系统融合,事关国家安全和经济建设全局,必须体现国家意志,由国家高层统筹规划,统一部署。因此,建立军民融合的国家创新体系的总体思路是:政府引导,改革推动,发展两用技术,增强创新能力。因此,五部军地产学研合作技术创新,政府的政策和法律是其强有力的环境保证。

9.2.1 政策环境建设

西部军地产学研合作技术创新,应发挥政府的主导作用,通过政府进行引导、协调、统筹,利用经济、法律和行政手段为其创造良好的政策环境。党的十八届四中全会做出《全面推进依法治国若干重大问题的决定》,对全面依法治国做出全面部署。《中央军委关于新形势下深入推进依法治军从严治军的决定》也明确提出"全面提高国防和军队建设法制化水平"的目标。军民融合作为全面推进依法治国依法治军的重要组成部分,如果这方面不抓紧就难以适应法治时代发展的要求。军民融合统筹国民经济发展和军队建设,在具体行业、具体部门对接过程中,必然要依据一定的标准、程序、要求来组织实施,如果这方面法规制度不完善,必然会导致各种各样的问题,这样难以发挥军民融合的作用。

西部地区是国防工业的重要基地,各地政府应把军地产学研合作技术创新、发展高新技术产业作为西部新的增长点和跨越式发展的切入点,对重大科技项目,要重点扶持,强化管理,确保实施;要制定明确的产业政策,大力发展军民两用技术,推动地方传统产业改造和产业升级;将当地军工企业发展和地方经济发展总体规划相结合,使二者协调发展;探索军工企业和地方企业的产业重组路径,大力推进股份制改造,建立多元化、多层次的投融资体系;利用军地各自的优势,共同营建军民两用技术高科技园区和国防科技虚拟园区;对军地合作技术创新中出现的问题和矛盾进行协调;完善相关法律法规,逐步减少乃至消除民用企业竞争军品的制度壁垒;在国防科技重要规划和国家科研规划之间要统筹协调,优化配置,互通信息。

政府应在国家法规的框架下,在税收、金融、投资和人才等方面为西部军地产学研合作技术创新提供更为积极和灵活的政策支持。以财政税收政策为例,从财政政策来看,国家应增加对西部贷款的支持力度,通过延长贷款期限、增加信贷方式、增设金融机构等一系列措施,扩大西部军地企业的融资渠道;国家应实行规范的财政转移支付制度,增加对西部地区的财政补助,为西部军地合作技术创新、成果产业化提供良好的资金保障。在税收政策来看,国家应向西部地区倾斜,特别是向军民两用高新技术的发展和产业化倾斜,只要进入高科技园区,或者经过评估被认定为高新技术的项目,即可得到企业所得税的减免优惠政策。如上海规定一般的高新技术成果转化项目,实行"三年两减半",而拥有自主知识产权成果的则是"五年三减半";深圳市也在税收减免、进口生产设备关税减免等方面做出统一和明确的规定,为科技产业化提供了宽松、统一的外部环境。

9.2.2 法律环境建设

随着经济体制和科技体制改革的深入,我国技术创新的法制建设得到了极大发展。党的十八届四中全会通过的《中共中央关于全面推进依法治国若干重大问题的决定》把"加强军民融合深度发展法治保障"纳入中国特色社会主义法律体系之中,充分反映了军民融合法规制度在整个国家法治体系当中的重要地位和作用。我国先后颁布了《中国专利法》《技术合同法》《标准化法》《科学技术进步法》《农业技术推广法》《促进科技成果转化法》《关于加速科技进步的决定》

第9章 打造西部军地产学研合作技术创新的良好环境与文化氛围

和《反不正当竞争法》等法律法规,为技术创新提供了法律保障。

习近平同志在十二届全国人大三次会议解放军代表团全体会议上的重要讲话中,明确指出"军民融合发展还存在一些突出问题,主要是思想观念跟不上,顶层统筹统管体制缺乏,政策法规和运行机制滞后,工作执行力度不够"。因此,推进军民融合深度发展,迫切需要构建职责明晰、执行顺畅、监督有力、运行有效的法规体系,破解军民融合发展"根"上的问题。当前,国防科技工业发展过程中,随着"军民结合、寓军于民"的新体制的逐渐形成,同时也面临着一些重大问题,诸如,如何向参与军品科研生产的民用、民营企业投资,如何处理好国家控股、保障国防资产不流失和促进经济发展等问题都要推出具体的措施。此外,军地产学研合作技术创新的知识产权、专利等问题,在理论和实践上还需要不断完善,比如军工的科研成果,是国家投入,成果应归国家所有,但这会影响创新人员的积极性,不利于创新活动的开展。要深入研究解决的重大问题,必须进行法律环境建设。

2017年10月9日,国防科工局组织召开的座谈会,讨论《国防科技工业全面深化改革总体方案(征求意见稿)》和《关于推进国防科技工业军民融合深度发展的若干政策措施建议(征求意见稿)》,并提出意见建议。2017年《国务院办公厅关于推动国防科技工业军民融合深度发展的意见》明确提出,"完善相关配套法规和政策制度,不断健全军民融合法律法规体系,进一步引导、规范、保障国防科技工业军民融合深度发展。"这对于我们消除了制约竞争的法制性障碍,搞好军地产学研合作法治建设具有重要指导意义。

|9.3 西部军地产学研合作技术创新的信息环境建设|

科学技术的飞速发展和信息时代的到来,国家提出了"以信息化带动工业化、以工业化促进信息化"的战略,信息化程度的高低从某种程度上决定着一个国家经济发展速度的快慢以及能否持续发展。西部信息环境的建设,成为促进西部经济发展的一个非常重要的方面。同时随着以机械化为特征的传统军工向以信息化为特征的现代军工的转变,信息环境对西部军地产学研合作技术创新的影响也日益重要。与发达国家相比,我国信息化建设还存在欠缺,西部地区信息化的发展更是滞后。因此,必须大力进行西部信息环境建设。

9.3.1　加强信息环境建设的政策支持

在推进信息技术建设方面,市场经济发达国家政府的做法很值得我们借鉴。他们不仅通过立法,而且还充分利用行政手段,加强信息化建设。德国政府1999年制定了"德国21世纪的信息社会"的行动计划,重点推进信息技术在教育领域和工业部门的应用。该计划在德国使全社会认识到信息技术和互联网在经济、教育、文化及个人发展方面的重要意义。政府与经济界的合作增强了政府与企业的交流,可以调动更多的资金促进互联网的发展,同时也使企业认识到发展教育、文化和互联网的重要性。

准确、及时、周密的科技信息和咨询服务是国外企业技术创新的成功之举。欧盟借助遍及各成员国的230所欧洲信息中心网络和分布在中东欧和地中海国家的20所欧洲信息员中心以及覆盖40个国家拥有300多名顾问的合作伙伴搜寻网络(partner-search net works)为企业提供有关欧盟事务的专业知识,来实现新技术和新成果的传递、交易、转化。在推动信息社会发展的进程方面,美国政府将"信息高速公路"建设作为政府的施政纲领,消除限制,倡导竞争,积极推动网络基础设施的建设。与此同时,企业网也拥有越来越多的智能化。

2015年4月16日,工业和信息化部发布的《军民融合深度发展2015专项行动实施方案》明确提出,发挥好国家军民结合公共服务平台作用,为"军转民""民参军"、产业发展等提供及时权威的信息服务。因而推进西部信息化建设应该明确政府主导、市场运作的原则,在加强政府统筹规划的同时,以市场化运作来加快信息化建设。作为一项社会系统工程,西部信息化建设应根据西部地区的实际,建立以政府为引导,技术服务机构为桥梁,资本市场为支撑的技术市场,打破地区市场分割,建立西部地区信息共享的技术交易网络,规范交易规则;针对信息交流重点环节,制定不同的信息交流规定,对信息交流的意义、目的及需要交流的内容、时间、方式等做出详尽的规定,尽可能地规范化和程序化。应充分发挥西部政府统筹规划、宏观调控、组织推进、政策导向的作用。

9.3.2　加强西部信息网络建设

要充分发挥信息交流的作用,就要加强西部军地的信息网络建设。一方面要加大资金投入,加强信息网络建设;另一方面要加强科学管理,让其充分发挥效力。

1. 加强信息网络建设

当前,首先应在西部地区建立和完善一个面向军地产学研合作技术创新、非盈利性的信息网,按照统一规划、规范运作的方针,专门向企业传播技术信息和技术知识,促进企业间的技术合作和企业网络的发展。引导企业分工协作和向专业化方向发展,从而在技术创新和成果转化上强化其优势,向不同行业、不同层次的企业提供不同形式的科技信息服务,以满足企业技术创新的需要;还可以建立城市的信息网络平台,充分组织和利用社会各方资源,收集企业、科研院所、高校有关技术供求的信息,使这一平台成为沟通供需双方的"信息高速公路",为产学研合作技术创新信息共享提供服务。

原国防科工委组织军工集团和中科院联合实施"西部军工信息化建设促进西部地区经济信息化建设工程",其主要内容:一是在3～5年实现西部军工企业管理信息化,使西部军工信息传送方式发生革命性变化,使信息流动速度大大加快,实现西部军工与国内外的信息双向交流和信息共享,使西部军工掌握大量的知识资源;二是在5～10年内使西部军工实现信息化带动产业化,通过优化升级,实现工业化和信息化同时并举的发展新模式;三是组织全国军工的力量,利用军工自身的计算机、通信、自动化、网络等方面的优势,以军工自己的信息化建设促进西部地区的信息化建设,支持和鼓励大力发展信息服务业,特别是网络服务业。大力推进省(市)合作,实现军工经济和地方经济信息化共同发展。

正是基于对信息化的充分认识和理解,信息产业部在日前召开的全国信息产业工作会议上明确提出必须继续推进国家信息化重大工程建设,引导和推动企业加快信息化建设步伐,结合实际发展电子商务,推动建设面向行业、区域的企业信息化支撑服务平台,积极推动中小企业信息化。所以,西部军地双方应积极探索有益的形式,加快构建为军地产学研合作技术创新服务的综合性信息平台。

2. 加强信息网络管理

信息交流的网络平台建立以后,要想让其发挥效能,网络的科学管理十分重要。加强信息网络的管理,首先要建立相应的规章制度及安全措施,加强信息交流的日常管理,保证网络安全高效地运行。其次要组织专业人员开发适合产学研合作流程的信息管理软件,保证信息采集、存取、加工、查阅和传递交流,特别是信息的加工结果要科学、全面、清晰易懂,能满足政府、企业、高校等不同使用者的需要。信息交流的基础是要有全面真实的信息。为此,要设立信息中心作为信息集散地,加强信息的收集、加工、发布和传递,提高信息质量。信息中心要按照既定的信息交流规定,尽可能多地收集各类信息,比如省内外、区内外和国内外的政策、法律、法规、企业的建议、民众的建议等。

9.3.3 增强信息公开的透明度

信息化发展的一个重要目标就是为社会服务,让更多的人享受到信息通信技术的先进性。因此,信息化发展不应该是针对特殊领域或是大公司、大企业,对基础领域、大众领域的信息化建设也同样必须重视。除了涉及国家、企业机密以外,要求一般信息应尽可能地利用各种手段进行公开。增强信息的透明度,一方面扩大了信息交流的范围,使信息在社会范围内得以共享;另一方面在公开透明的环境中,也可利用各方面的监督规范其工作。

增强信息的透明度的最好方式是建立网站。另外,也要积极同电视、报纸、杂志、广播等媒体合作,扩大信息交流的范围和影响。

综上所述,通过建立和完善各种措施,夯实信息交流的工作基础,加强政府、企业、高校之间的交流以及与国际间的信息交流,发挥信息网络的服务功能,必能更好地适应新形势,为西部军地的合作建立信息平台,促进西部经济的发展。

9.4 西部军地产学研合作技术创新的融资环境建设

良好的融资体制是西部军地企业规模化、高质量发展的重要条件。目前,地方在融资平台方面已有不少创新实践。2016年9月5日,国华军民融合产业发展基金创立大会在京举行,这是央企创新发展基金中的第一个产业发展基金,因而具有重要示范意义。然而,西部在筹措资金时,存在诸多尚待解决的问题,诸如吸引投资的环境条件较差,如交通、通信、环保等硬件基础设施不足;同时西部的开放意识、人才资源等软环境与东部相比差距更大;西部资本市场的发育不完善,融资渠道不够畅通,一些企业的资信程度不高;地方性政策、法律和法规不健全。为此,应加强西部军地产学研合作技术创新的融资环境建设。

9.4.1 建立多元融资渠道,为企业发展提供资金保证

1. 加速建立和完善西部风险投资体系

发展风险投资市场,多渠道筹集风险资本,是未来军地科技企业合作的有效形式。一般地,发展风险资本投资有政府启动型和民间发动型两种形式,而以民间发动型为根本方向。我国西部军地风险投资能否真正发展壮大,取决于风险

投资民间发动机制是否形成。从西部的现实发展来看,有几种资金来源将是构成西部地区风险投资的基础。第一,国外风险资本。这将是西部风险投资发展的一支重要推动力量,它们一方面能引来直接投资形式的国际资本,并带来国外先进的创业投资管理经验;另一方面,它们能沟通与国际资本市场、高新技术市场的联系渠道,便捷地获取国际创业市场的信息。第二,西部开发建设公债。第三,上市大公司或金融机构投资入股。目前,国内许多知名大企业都已成立各自的风险投资公司,它们都具有资金、管理、专业技术、市场网络等方面的优势,具有向邻近产业链扩展的趋势,并经常有并购的倾向。第四,民有民营投资基金。民间资金将成为基金的主要购买者。第五,社保或保险基金。美国风险投资来源中,养老基金是最主要的资金来源,占51％,其次是基金会和捐赠基金,再次是银行和保险公司。这些风险筹资方式都可以为西部军地灵活采纳。

2. 加快建立创业板市场

创业板市场的建立对于军地科技型企业的发展具有重要意义。在创业板市场,科技型企业将成为上市公司的重要部分,将有效地解决其融资问题。目前,地方科技企业做得较好,而军地合作的企业则刚刚起步。国内主板市场对上市企业的规模与盈利要求较高,因此,西部地区首先应积极组织利用海外创业板市场,以海外企业板市场为纽带,实现国际资本与国内优质企业资源的嫁接。这样,不仅有效地解决了企业的融资问题,而且国外创业板市场给国内风险企业带来的经营理念、治理机制、管理模式和国际声誉等方面的收益必将远远大于其融资收益。

许多国家的经验都表明,一个活跃的创业板市场对于科技企业的发育、成长和风险资本的退出具有极其重要的意义。随着更多的军地科研院所企业化,企业的创新能力将会大大提高,成为西部军地技术创新一支不可忽视的力量。因此尽快建立第二板股票市场,有利于这些军地高科技企业的发展,更有利西部经济的崛起。同时,在国家政策指导下,西部应拓宽筹资渠道。如设立西部产学研合作技术创新的专项基金;发行西部开发长期国债;西部地区各省市还可以自行设立科技创新基金,对军地共建的军民两用高技术产业化园区和工程技术开发中心予以相应支持。

9.4.2 强化政府服务职能,引导投资健康发展

1. 规范政府管理行为,加强服务

在推动科技的发展中,政府的主要作用应体现在为企业的服务上,也就是要着重于各种市场机制的完善,各类基础设施的建设,促进企业与高校、科研院所

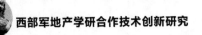

的合作,维护知识产权等。政府要转换职能,强化服务意识,提高行政水平,发挥政府部门的各类信息优势和公共服务渠道,多方面为企业提供政策、法规、信贷、市场信息、咨询、管理、技术人才和培训等各种服务。确实做到有法必依、执法必严,创造一个公开、公平、公正的环境,为西部军地经济的发展保驾护航。

2. 建立科技中介组织,加快军地科技产业的发展

通过搭建平台促进科技中介机构与高校、科研机构、国防部门及其他中介机构的联合与协作,通过广泛协作,一方面使科技中介机构能够及时掌握军地双方的需求,迅速组织、协调相关企业的研发、生产;另一方面也能够与法律、会计、资产评估等服务机构和投融资机构协调配合,为军地技术创新提供综合配套服务。

9.5 西部军地产学研合作技术创新的知识产权保护环境建设

知识产权是无形资产,其主体是智力成果。保护知识产权就是鼓励创新,公平配置资源,提高产业整体竞争力,增强社会效益。知识产权制度作为产权制度的一个重要组成部分,其宗旨在于激励发明创造,促进科技、经济的发展。实践证明,知识产权制度是产生技术创新的最为重要的手段,它极大地推动了技术创新活动。只有全面规划军地产学研合作技术创新的知识产权问题,才能在国防建设、地方经济建设等重大基础技术、高新技术和先进技术领域取得突破性进展,促进西部军地的技术进步和经济整体水平的提高。

知识产权制度的建立和发展程度与地区经济发展有密切关系,经济越发达的地区知识产权数量越多。1985—2003年,累计专利申请数量排在前6位的地区是广东、上海、北京、浙江、江苏和山东等经济比较发达的地区,而经济欠发达的西部地区的知识产权数量较少。知识产权制度环境和保护程度成为地区竞争的一个重要因素。

当前,西部地区知识产权制度和环境还面临诸多挑战。首先,运用和保护知识产权的意识不足。有相当一部分企业内部没有建立知识产权管理制度和管理部门,既存在侵犯他人知识产权的问题,又不知如何利用知识产权来保护自己合法权利的问题。其次,知识产权的配套制度和市场环境有待改善。一是信用制度不健全,社会信誉不足,假冒伪劣产品和侵犯他人知识产权的现象还比较严重;二是竞争秩序不健全,存在一定程度的地方保护主义;三是缺少维护知识产权公平竞争的法律保护。针对这些问题,西部军地产学研合作技术创新的知识产权保护不是被动地保护已有的知识产权,而是要积极地建立、完善和利用知识

第9章 打造西部军地产学研合作技术创新的良好环境与文化氛围

产权制度,提高军地企业、产业和整个西部地区的竞争力。要以促进自主创新能力、提高地区竞争力为目标,加强知识产权的基础设施建设,增强全社会创造、保护和利用知识产权的能力,促进西部地区经济的协调发展。

9.5.1 现阶段西部军地知识产权保障体系的战略选择

加强知识产权保护对技术创新尤为重要。只有充分保护知识产权,才能充分地激发科研人员的创新热情和活力。一是健全保护、利用知识产权的制度和市场环境,为实施知识产权战略提供制度保障;二是健全组织体系和协调机制,明确政府各部门在知识产权管理中的职责,建立政府部门与企业之间的沟通渠道,为实施知识产权战略提供组织保障;三是以提高整体竞争力为目标,完善从创造、保护到利用知识产权各个环节的配套制度和政策体系。

9.5.2 西部地区知识产权的建立应以解决地区重点问题为目标

西部地区广阔,经济发展不平衡,知识产权的运用和实施能力尤其不平衡,差距较大。西部地区的知识产权要根据地区发展以及知识产权管理和保护中存在的主要问题,在国家知识产权法规的基础上,制定具有针对性的、可操作的知识产权政策措施。以陕西省为例,2005年,陕西省召开了全省高校、科研院所、企业知识产权工作座谈会,就"如何提高知识产权的数量和质量,在关键领域拥有自主知识产权"问题,提出了明确要求和具体建议。随后,陕西省知识产权局通过召开全省知识产权管理部门工作座谈会、全省专利代理机构座谈会等一系列座谈会,深入基层调研,了解全省专利申请及专利技术产业化情况,围绕如何提升专利申请量,提出了一些具体措施,鼓励提升专利申请量,推动知识产权"进园区、进企业、进高校、进院所"的"四进工程"在全省全面开展。2017年2月,国家知识产权运行公共服务平台军民融合(西安)试点平台正式上线。该平台将通过开展军民融合知识产权运营特色业务,促进军民资源共享、军民供需对接、军民互动发展。军民融合(西安)试点平台设有交易市场、智慧商城、运营服务、大数据中心等4大核心板块,推动国防专利解密与普通专利跟进保护无缝衔接,完善普通专利参与军品研发生产机制,促进知识产权"军转军、军转民、民参军"。

9.5.3　提高知识产权保护意识

我国政府高度重视知识产权的宣传普及工作,以此提高公众的知识产权保护意识。"十五"期间,通过各种渠道,加大了各级企事业单位的知识产权培训力度,广大公众的知识产权意识逐渐提高。各行业积极开展各类知识产权研讨和高峰论坛活动。从 2004 年开始,将每年 4 月 20 日至 26 日确定为"保护知识产权宣传周",利用报刊、电视、广播、互联网等各种媒体,通过举办研讨会、知识竞赛以及制作公益广告等多种形式,在全社会开展知识产权保护宣传教育活动,初步形成尊重劳动、尊重知识、尊重人才、尊重创造的良好社会氛围。

9.5.4　加大知识产权保护的执法力度

知识产权保护工作涉及多个行政部门和司法机关,为此,第一,要推行行政和司法"两条途径、并行运作"的知识产权保护模式,加强领导、明确责任、协同配合。要在《国家保密法》的基础上研究制定出《军民融合企业保密办法》,从维护国家安全、保守国家秘密的角度出发,制定完善的定密工作程序。第二,健全知识产权保护体系,优化创新环境。进一步整顿和规范市场秩序,坚决打击制假售假、商业欺诈、盗版和假冒专利等知识产权侵权的违法行为。第三,进一步完善行政执法程序,依法公正、高效地调处知识产权纠纷。第四,积极发挥跨部门执法协作机制和区域协作执法机制的作用,打击和防范群体侵权、反复侵权行为。第五,制定和完善有关知识产权行政执法的规章和知识产权侵权判断标准,切实加强保护知识产权。第六,加强与知识产权法律法规相配套的政策研究和制定工作,特别是制定扶持自主知识产权成果产业化的政策,增强法律法规的可操作性,完善知识产权地方法规建设。

9.5.5　加强知识产权人才的培养

首先,根据科技创新的需要,适时增加专业代理人数量,以满足专利申请数量继续增加和占领更多市场的需要。其次,要加强知识产权工作者的培训,在专利申请及其流程中,知识产权工作者的水平较高。但是,在专利侵权分析特别是专利发展战略、法律基础知识、外语等方面比较薄弱。因此,在对其进行常规培训的同时,可以采用引进来、走出去的方法加强上述培训工作。

第 9 章 打造西部军地产学研合作技术创新的良好环境与文化氛围

9.6 西部军地产学研合作技术创新的科研成果转换环境建设

目前,西部军地产学研合作技术创新的科技成果转化还面临一些阻碍因素。一是观念陈旧,尚存在条块分割现象。由于原有军工部门自我封闭,行业分割、本位主义思想依然存在,阻碍了推广转化工作的深入进行和发展。军工企业的积极性明显没有地方企业高,军工老大思想较严重。二是力量分散,表现在推广工作的人、财、物使用上的分散以及各部门、各单位之间互不往来,信息资源没有充分分享,这是军地科技成果推广工作面临的最大阻碍。

9.6.1 加大政策引导力度,强化成果转化的政府行为

西部企业面临着"上台阶""二次创业"的新形势,其中发展快的企业有调整产品结构面向高科技产业发展的取向,中等发展水平的大量企业,在市场竞争压力下需要提高产品的技术含量,增强产品的竞争力。西部地区曾建成诸多的三线工厂和军工企业,尤其是军工企业以其科技力量在西部独占鳌头,因此,尽快开发这些历史资源,实施军地结合战略,使其科技优势形成产业化,开发和制造名优高新技术产品,打开与国内外市场的贸易渠道,建立广阔的国内外市场就显得十分迫切。政府是国防科技的投资者以及国防科技成果的唯一所有者和管理者,因而,政府在科技成果转化中的作用至关重要,只有政府出面才能开展和加速国防科技成果转化工作。在这方面美国政府的一些做法值得我们借鉴。二战后,美国政府一直较重视军工科研成果转为民用,大量的国防科技和管理人才转入民用企业,对发展民用科技做出了重要贡献。20 世纪 60 年代,美国政府曾将大批军事科研资料解密,结果促进了美国电子工业的发展;80 年代,里根政府更强调军转民对加强美国科技实力的重大意义,实行军工科研资料解密,利用军事科研成果生产军民两用产品,并向私人企业转移科研情报和科研人才。可以说,美国的科技进步以致新经济的产生和发展,都是与美国国家经济政策鼓励国防科技成果转化有密切关系的。

政府在国防科技成果转化方面应起的主要作用是制定适当的国家宏观经济政策和创造一种大力促进经济发展的环境。政府可利用采购法令、规章、规范、贸易与税收政策及其购买能力,帮助国防工业迈向理想目标。政府也可在关键军民两用技术方面有选择地进行投资。政府在成果转化中起到主导作用,集中

表现为：政府通过制度创新，制定促进成果转化的政策法规并建立完善的转化体系，以指导军地技术转让工作，帮助国防部制定有关技术转让政策，鼓励军事科研单位加强同外界尤其是工业界的联系，加强信息交流，军民结合，积极开发军民两用技术，同时引导政府国防科研单位投入军用技术商业化过程。这既满足未来国家安全需求，又增强国家经济实力，从而形成经济发展的不竭动力。

9.6.2 建立西部军地科技工业成果转化中心

依托"一带一路"战略，积极探索金融、保险、物流、通信等服务领域和境外中资企业的军民融合，加快建设一批设施一流、特色鲜明的军地科技工业成果转化中心，通过军地科技成果推广转化、网络信息平台的建设、与各省市的科技交流与合作以及重大共性技术的推广转化研究等方面来促进军民两用技术的推广和应用，带动国防经济和地方经济的发展。

（1）树立创新观念，加强成果推广网络体系的建设。利用互联网信息平台，整合军地合作的高新技术成果资源，构筑科技成果信息网，并在网上发布，为技术成果顺利转化提供中介服务，为地方经济和国防科技工业发展提供全方位的服务。

（2）积极组织成果展示与交易。根据原国防科工委提出的"政府搭台，主体实施，中介服务，目标多赢"的工作原则，军地应突破隶属关系的限制，整合科技资源，实现资源择优配置。国防科技工业为支持西部大开发"量身打造"的参展项目，成为历次重庆高交会的亮点。

（3）加大军地合作技术创新力度，促进人才、资金等多层次、全方位的交流与合作，实现国防科技与区域经济的互通、互补、互动、互赢，与时俱进，开拓创新，为科技强军和经济发展继续提供强大动力。

9.6.3 建立西部地区军民两用高新技术孵化基地

打破集团界限，组织若干路大军，利用西部军工三线搬迁后遗留的场地（如中国核动力研究设计院搬迁成都后留在乐山的基地），或搬迁到新地址后没有支柱民品的军工企业，或今后不再承担军品又没有支柱民品的军工企业为基础，由主办单位共同投资，用3～5年时间，在西部地区军工比较集中或具有重要的军品任务的省、区、市各建一个军民两用高技术孵化基地，其主要任务是为军工单位和科技人员提供场地和各种优惠的条件和良好的服务，对军民两用高新技术进行中试或进行产品的商业化、市场化。具体实施方式可以是：主办单位与有关

第9章 打造西部军地产学研合作技术创新的良好环境与文化氛围

省、区、市合作进行选点论证;利用国务院关于实施西部大开发若干政策措施中有关军转民产业化项目优先安排立项的政策,申请立项和建设;组织专家对申请进入孵化基地的项目进行论证;选定项目,进孵化基地孵化,并规定孵化时间;监督检查。

1. 加强转化场所建设,增强成果转化的吸纳能力

成果转化的主体在企业,建设好企业的转化场所显得尤为重要。应该把企业的科研机构作为主要转化场所加以建设与管理,加强成果的转化、吸纳,使科技成果的转化取得实实在在的经济效益,这是促进经济发展的重要举措。

2. 加强企业科研机构建设,提供成果转化渠道

企业科研机构是科技成果转化为生产力的直接渠道和途径,是企业实行技术引进、消化、吸收的基地。把企业科研机构建设作为优化成果转化环境的主要方面抓实抓好。一是支柱产业龙头企业、集团企业、重点企业都要建立企业科研机构;二是抓科研机构的规范运转,把课题研究与大专院校、科研院所建立产学研联合体作为主要内容加以考核督查。就企业科研机构建设,政府专门制定意见,加大建设力度。

3. 共建产学研联合体,加速成果转化进程

西部军地高校众多,企业与大专院校、科研院所共建成果转化场所,形成产学研联合体,是加速成果转化进程的最有效途径。鼓励和支持企业通过多种形式与科研院所、高等院校开展合作,借助高层次、深层次横联,促进成果转化。可以通过技术入股、联合研制、长期合作、引聘人才带成果等方式与大专院校、科研院所建立产学研联合体,转化科技含量高、附加值高、连锁效应大的高新技术成果。实现产学研等方面优势,形成一股强大的技术创新力量。产学研合作是世界各国成功创新的基本经验,也是我国企业技术创新的成功经验。

2005年12月,原陕西省国防科工委依托西北工业大学组建了西北工业研究院,依托西安交通大学组建了西安工业研究院。这两个研究院以政府为引导,有高校参与,军地企业结合,通过技术集成、再创新,从而形成一批高科技项目,在促进军工企业发展的同时,也为地方经济发展服务。不仅如此,陕西国防科工系统还和地方政府合作,建立了航空(阎良)、航天(韦曲)、电子(电子城)等三大基地,这些措施既推进了西部军地产学研合作技术创新的进程,也有力地促进了"军民结合,寓军于民"新体制的形成。

9.6.4 注重配套联动效应,确保成果转化的成功率

科技成果转化为现实生产力的过程,是一项十分复杂而庞大的系统工程,它

既涉及科技成果本身是否协同配套的问题,又涉及政策、体制、管理、人才、市场等社会诸多方面能否协同运作的问题。2016年,国务院办公厅印发《促进科技成果转移转化行动方案》明确提出,"建设国防科技工业成果信息与推广转化平台,研究设立国防科技工业军民融合产业投资基金,支持军民融合科技成果推广应用。梳理具有市场应用前景的项目,发布军用技术转民用推广目录、'民参军'技术与产品推荐目录、国防科技工业知识产权转化目录。实施军工技术推广专项,推动国防科技成果向民用领域转化应用。"我们应在科技成果转化为现实生产力的需求、基础、人才、投入等方面注重配套联动,保证成果转化的顺利开展。

1. 掌握需求,选择性对接

企业对新技术、新成果的需求是强烈的,并且具有吸纳新技术的实力和能力。政府要了解企业尤其是支柱产业龙头企业的技术需求,及时征集并分类汇编成册,发至相关的大专院校、科研院所,寻"姻"求"缘",利用各类技术交易活动,积极寻找对口技术供给。同时,抓好信息传递与交流,供技术需求企业选择。通过举办信息发布会、编发技术信息等方法传递信息,把平时收集到的信息有针对性地传递给相关企业,供企业选择对接。

2. 夯实基础,高起点引进

作为成果转化主体的企业,基础条件对成果转化关系很大,同样的科技成果在不同的企业转化会产生不同的经济效益。因此,应注重对企业基础条件的创造,使转化后的成果能迅速实施,重大科技成果能尽快形成产业化、规模化。同时注重技术含量高、成熟、先进成果的引进,使转化取得较好的效益、效果。

3. 激励人才多角度转化

做好成果转化工作,必须调动从事这项工作的人员积极性,对于科技人员,给予鼓励和支持。对重大成果的转化,采取公开招标方式,择优选定课题负责人,并由课题负责人优化组合,择优用人;对引进的高新技术成果所需的紧缺专业人才,不惜重金招才纳贤。

9.6.5　建立适合西部军地企业需要的政府采购制度

政府采购是推动西部军地产学研合作技术创新发展的重要手段。政府采购可以起到促进军地科学技术成果产业化的作用,起到市场拉动的作用,为科学技术成果产业化提供导向作用,从而形成良性循环。在我国加入WTO后,政府采购更是支持国防工业经济的有效方式,也是国家经济安全的重要保障。

根据当前西部地区军地产业化和政府采购现状,要进一步完善现有的采购政策,要探索建立和加强技术采购。需要借鉴国外政府采购促进技术创新和高新技术成果产业化方面的成功的经验和作法,改进和完善政府采购制度。

目前的政府采购没有充分考虑地区产业发展的需要。政府采购政策应当从单一的节约财政支出、防治腐败转变到优化资源配置、促进技术创新和提高国家竞争力方面来。根据当前西部军地企业发展和科技成果产业化的政策采购现状,政府采购应当对国防科技发展及其产业化起到有益的导向作用。对于西部军地合作技术创新企业而言,政府采购的支持作用最主要的不在于已经形成的产品销售,而在于支持其持续不断的创新能力。这种方式在国际上已是普遍做法,并且正成为政府采购的一个主要方向和趋势。如美国等发达国家的许多军事采购和航天等高技术领域基本上是技术采购性质的,因而对高科技有巨大的促进作用。

9.7 西部军地产学研合作技术创新的文化环境建设

要实现西部军地经济的持续发展,必须重视文化环境建设,营造良好的文化氛围。改革开放以来的实践证明,民营科技企业的大发展,高新技术的产业化,都深深地受到社会文化环境的影响,社会文化环境对技术创新的影响占各种因素影响程度的30%～50%。因此,西部军地产学研合作技术创新必须建设良好的文化环境,倡导积极的创新、创业文化,营造良好的文化氛围。

9.7.1 在全社会进行创新教育

由于历史、地理、文化等方面的原因,西部的发展落后于东部。同时,中国几千年来自给自足的自然经济所形成的淡薄名利、规避风险、无为而治、清心寡欲等传统文化使广大科研人员安贫乐道,缺乏创业和创新激情。因此,西部军地产学研合作技术创新首先要在全社会进行创新教育,营造一种积极的创业文化环境,摒弃传统文化中小富则安,谨小慎微,不求无功、但求无过等不利于人的潜能发挥的评价标准和落后习俗,更新人们的市场观念、风险意识等,努力营造宽松、自由、兼收并蓄、鼓励个性发展和创造的文化氛围,激发人们的聪明才智,要在全社会范围内培养和树立创业和创新精神。

9.7.2 培育企业创新文化

企业文化是一个企业全体员工共同认可并遵守的价值观念。随着竞争的更加激烈,企业文化日益成为企业根本性的竞争优势,它是一种制敌于无形的柔性武器。技术创新是在企业特定的创新文化背景下进行的,企业创新文化是一个有利于创新活动的价值观念、行为准则等,是激发创新活动的精神家园。充满创新活力和激情的企业都有其个性鲜明的企业创新文化,如 3M 公司,其"切勿随便扼杀任何新的思想""只有容忍错误才能进行革新"的创新理念,使该企业以创新而著称,并取得巨大成功。大家熟悉的联想集团,其文化本质上就是创新文化。柳传志总裁提出的经营理念是"吃着碗里的,看着锅里的,种着田里的",体现出强烈的创新意识。而正是这种创新理念才使联想获得国内电脑市场排名第一的市场份额,取得惊人的经济效益。因此,西部军地产学研合作技术创新,也应该在研发单位营造一种有利于技术创新的文化氛围,以企业创新文化引导研发人员树立"一切为了强军富国"的核心价值观,保持和发扬老一代军工人"献出青春献终身,献完终身献子孙"的崇高奉献精神,并弘扬军工文化的奉献精神,培育创新能力,使创新文化内化于心,激发员工的积极性、创造性,使其聪明才智得以发挥,从而使技术创新成为企业持久发展的核心竞争力。

9.7.3 文化环境建设中应避免的几个误区

由于对技术创新的认识不清,在实践中,人们往往容易走入以下几个误区。

1. 技术创新是自主创新过程,应完全依赖自己

技术创新包括原始创新,也包括集成创新,还包括引进、消化、吸收再创新。通过借鉴、吸收、消化别人已有的先进技术,为我所用,可以使我们的创新站在一个较高的起点上。因此,人们应转变观念,只要创新形成的知识产权、核心技术掌握在我们自己的手里,都应该属于创新。

2. 创新不允许失败

创新本身就是一种对未知的探索,具有一定的不确定性,有时与冒险联系在一起,具有一定的高风险,因而失败应该成为创新过程的一个重要组成部分,并逐渐为人们所接受和理解。因此,在西部军地产学研合作技术创新过程中,要营造良好的自主创新环境,形成一种允许失败、宽容失败的氛围,不以成败论英雄,鼓励创新。不允许失败,不能宽容失败,必然会压抑甚至扼杀创新精神。只承认成功,不允许失败,不鼓励冒险的文化观念,难以培养科研人员的创新和创业精

神。在这方面,西部应借鉴东部省份和国外的经验。如深圳政府明确规定,改革创新方案未达到预期效果或造成损失,只要程序符合规定,可以免于追究责任;又如在美国硅谷,即使创业失败,创业者也可以很快找到自己的新位置,一个创业者的几次失败会被当成可贵的经验,而失败的创业者会被各企业争相雇用。

3. 只有大企业才能进行技术创新

在技术创新过程中,有人片面地认为,只有大企业才能进行技术创新,小企业没有创新能力。其实,一个国家整体创新能力的增强,不仅仅依靠为数不多的大企业来支撑,中小企业的自主创新能力同样不能忽视。只有千千万万个各类企业的自主创新能力得到提升,才能提高整个国家的创新能力。

9.7.4 提高公众科学文化素质

日本、韩国创新战略的成功乃至日韩经济的高速发展,一个重要的因素在于日韩教育的普及及国民教育水平的提高。日韩的经验告诉我们,培育创新文化,必须提高全民的科学文化素质。因此,推动西部军地产学研合作技术创新,必须进一步弘扬求真务实、开拓创新的科学精神,要进一步加强科学技术普及,提高全民族科学文化素质。只有通过创新文化建设和科学普及工作的长期努力,大幅度提高全民科学文化素质,才可能形成有利于科技创新的良好文化氛围和制度保障,为我国科技的可持续发展提供强有力的支撑。

1. 重视基础教育

当前,首先应当保证基本普及九年制义务教育和基本扫除青壮文盲,近年来中央对西部地区的"两补一免"和 100 亿元的拨款将极大改善西部地区农村的办学条件,解决贫困学生的上学问题。使未来西部的建设建立在人力资本积累普遍提高的基础上。

2. 完善教育体制和创新人才培养模式

我国现行的教育体制和人才培养模式已不适应新形势和新任务的需要,必须形成以创新精神为核心的全面素质教育,使学生掌握广博知识,为创新能力的培养奠定基础。2018 年,习近平同志在两院院士大会的讲话中强调,"要营造良好创新环境,加快形成有利于人才成长的培养机制、有利于人尽其才的使用机制、有利于竞相成长各展其能的激励机制"。《国家中长期科学和技术发展规划纲要》中已经明确提出要实施全民科学素质行为计划,要采取各种措施鼓励公众特别是青少年积极参与科普创新学习活动和实践活动,把培养公众创新能力作为科学技术普及的最终目标,并应从这一高度,依靠科技界和教育界的专家队伍，会同各类社会团体、科技和教育机构、学校、社区和大众传媒，共同协作开展工作，营造有利于科技创新的良好社会氛围。如果上述政策真能落到实处，那么，这无疑将为青少年科学素质和创新意识的培养营造一种良好的社会氛围，也将是创新型国家一块最坚实、最长久意义上的基石。

3. 树立终身教育的观念

为了保证每一个劳动者都能及时学习和掌握工作所需要的新知识、新技术，仅仅依靠义务教育、学历教育等"一次教育"显然是不够的，必须实行"终身教育"，真正实现十六大报告提出的要"造就数以亿计的高素质劳动者，数以千万计的专门人才和一大批拔尖创新人才。"

9.8 西部军地产学研合作技术创新的人才环境建设

目前，由于工作环境艰苦、科研人员待遇低等原因，使得我国大多数军工企业都不同程度地面临着人才短缺和流失问题，也使军工企业的高技术研发与企业承担的大量国家尖端技术极不相称。这种情况在西部地区也不例外。人才的匮乏与流失，制约着企业的科研创新能力。因此，西部军地产学研合作技术创新还必须进行人才环境建设。

针对国防科技工业的现状，要解决现存的人才问题，应构建灵活的战略人力资源管理模式，从人才的招聘、培训开发、绩效管理、薪酬制度等环节，给研发人员提供施展才能和创新的空间。

9.8.1 利用国家人才激励政策，稳定西部军地技术骨干人才

人才是科学技术第一生产力的载体，也是西部军地产学研合作技术创新的基本源泉。习近平同志指出，"创新驱动实质上是人才驱动""为了加快形成一支规模宏大、富有创新精神、敢于承担风险的创新性人才队伍，要重点在用好、吸引、培养上下功夫"。要采取特殊措施和各种方式为西部军地产学研合作技术创新营造一个宽松的有利于人才稳定和引进的政策环境。西部地区各级政府对科技人才在工资待遇、住房、户口以及子女入学等方面都应给予政策支持，西部军地在配合国家实施优惠政策、创造良好用人环境的同时，也要积极出台一系列具

第9章 打造西部军地产学研合作技术创新的良好环境与文化氛围

有军地合作特色的挽留人才、吸引人才、激励人才和培养人才的措施，比如提高补助、实行学术带头人年薪制、激励技术人员技术入股等一系列具体政策，并加以贯彻实施，充分调动西部军地人才的创新积极性，稳定科技人员和骨干人员，为西部军地产学研合作技术创新提供专业技术人员和管理人才。

9.8.2 实施西部军地人才培养计划

(1) 为西部军地培养一支立足于当地的人才队伍，包括军民两用高技术创新和开发人才、新兴专业技术人才、现代企业信息管理高级人才，等等。如北京理工大学就提出"立足国防、面向全国、服务地方"的口号，积极参与西部地区经济、文化、社会的全面发展。他们与陕西省、四川省的许多企业、研究院所建立了产学研联合体，合作开展科学研究、开发中试及高新技术长期化工作。从1997年开始，学校先后在西安、四川绵阳地区启动人才培养工程，已经培养工程硕士近400人，为西部企业培养了大量高级专门人才。

(2) 对西部军地企业现有专业技术人才的结构进行改造和再教育、再培训，补充、提高新知识、新技术。

|9.9 西部军地产学研合作技术创新的良性互动环境建设|

西部军地产学研合作技术创新的良性互动不仅要通过引入竞争来促进互动，还要在互动的基础上加强军地合作，建立健全能够促进互动的协调机制。

9.9.1 建立西部军地产学研合作技术创新的区域平台

只有融入区域经济，军工企业的军转民、民转军和开发军民两用技术才能获得地方政府的有力扶持，才能融入地方的经济建设中。同时，西部地方政府只有对中央军工企业敞开区域市场，共同开发寓军于民的技术和产品，才有利于实现西部地区产业结构的优化升级。因此，军工企业要破除"条条"观念，主动融入西部经济；西部地方政府要"不求所有但求所在"，主动把军工企业纳入地方经济。双方在区域经济的空间形式下共同研发和推广军民两用技术，使其成为西部经济发展的主导产业和支柱产业。

9.9.2 完善西部军地产学研合作技术创新的科技协调体制

构建国防科技与民用科技的共同发展,实现科技信息、公共数据、技术专利等资源从基础研究、应用研究开发到产品设计制造的全过程的军民共享,是建立军地合作科技管理体制的重要手段,也是建设军民结合、寓军于民的国防科技创新体系的重要条件。为此,一要将国防科技和民用科技的重大计划和项目对全社会开放,鼓励国防科技机构承担民用科技任务,民用科研机构承担国防科技任务。二是建立和完善军民两类科研基地和科研基础设施向全社会开放的协调机制,向军民机构开放国家各种条件平台,如各种实验室及研究中心等,建立军民共用的科技基础设施。三是对现有的军民两用技术成果进行分类整理,建立军用、民用资助创新信息的共享平台。通过对军民科技资源的统筹、协调和集成,实现军民技术需求的互通和创新成果的双向转移,使它们尽快转化为现实的生产力。

9.9.3 建立西部军地产学研合作技术创新的企业平台

企业是技术创新的主体,由于历史的原因,这个主体目前尚处于军民分割状念,要通过政府宏观调控的协调机制,加大军转民、民转军两用技术开发基金的投入;要对国防科技企业与民用科技企业一视同仁;要通过培育技术市场、发展技术贸易的方式,促进国防科技企业与民用科技企业的技术合作与交流,共同利用研发资源,逐步建立能够同时开发军民高技术的一体化企业平台。

参考文献

[1] 王德禄.区域的崛起:区域创新理论与案例研究[M].济南:山东教育出版社,2002.

[2] 科学技术部专题研究组.我国区域自主创新调研报告[M].北京:科学出版社,2006.

[3] 陈秀山.中国区域经济问题研究[M].北京:商务印书馆,2005.

[4] 薄一波.若干重大决策与时间的历史回顾[M]:上卷.北京:中共中央党校出版社,1991.

[5] 李青.区域创新视角下的产业发展:理论与案例研究[M].北京:商务印书馆,2004.

[6] 张维迎.博弈论与信息经济学[M].上海:上海人民出版社,1999.

[7] 刘世庆.中国西部大开发与经济转型[M].北京:经济科学出版社,2003.

[8] 张克俊.我国高新科技园区建设的比较研究[M].成都:西南财经大学出版社,2005.

[9] 胡树华.产品创新管理[M].北京:科学出版社,2000.

[10] 童秉枢.产品数据管理(PDM)技术[M].北京:清华大学出版社,2000.

[11] 连玉明,武建忠.中国发展数字地图[M].北京:中国时代经济出版社,2006.

[12] 倪鹏飞.中国城市竞争力报告[M].北京:社会科学文献出版社,2005.

[13] 王雨生.中国高技术产业化的出路[M].北京:中国宇航出版社,2003.

[14] 陈劲,王飞绒.创新政策:多国比较和发展框架[M].杭州:浙江大学出版社,2005.

[15] 林海.中国科技园区区域创新能力论[M].北京:中国经济出版社,2000.

[16] 连玉明,武建忠.中国国力报告[M].北京:中国时代经济出版社,2005.

[17] 刘卫东,樊杰.中国西部开发重点区域规划前期研究[M].北京:商务印书馆,2003.

[18] 果增明,丁德科.中国国家安全经济导论[M].北京:中国统计出版社,2006.

[19] 李清,李文军,郭金龙.区域创新视角下的产业发展:理论与案例研究[M].北京:商务印书馆,2004.

[20] 中华人民共和国教育部.高等学校中长期科学和技术发展规划[M].北京:清华大学出版社,2004.

[21] 中国科技发展战略研究小组.2002中国区域创新能力报告[M].北京:经济管理出版社,2003.

[22] 中华人民共和国国务院新闻办公室.2004年中国的国防[M].北京:新星出版社,2004.

[23] 查尔斯Ⅰ琼斯.经济增长导论[M].北京:北京大学出版社,2002.

[24] 多梦西 伦纳德 巴顿.知识与创新[M].北京:新华出版社,2000.

[25] 张克俊.我国高新科技园区建设的比较研究[M].成都:西南财经大学出版社,2005.

[26] 王成军.基于TH的大学、产业、政府关系研究[D].浙江:浙江大学,2003.

[27] 辛爱芳.我国产学研合作模式与政策设计研究[D].南京:南京工业大学,2004.

[28] 高得佑.知识分享之研究:以交易成本为观点[D].高雄:台湾义守大学管理研究所,2002.

[29] 魏非.浙江产学研合作创新机制研究[D].浙江:浙江工业大学,2003.

[30] 陈瑞莲.论区域公共管理研究的缘起与发展[J].政治学研究,2004(1):75 – 84.

[31] 刘艳.论东部产业集群对西部开发的影响[J].经济问题探索,2004(1):22 – 25.

[32] 彭海珍,任荣朋.环境成本转移与西部可持续发展[J].财贸研究,2004(1):19 – 23.

[33] 杜人淮.国防工业与中国区域经济的协调发展[J].经济研究参考,2005(48):29 – 35.

[34] 国防科工委科技与质量司.搞好国防科技与区域经济发展相结合[J].国防科技工业,2004(2):4.

[35] 张国有.主力集团的战略趋向和中国企业的战略选择[J].北京大学学报,2005(1):84-91.

[36] 林季红.企业战略联盟价值创造的机理分析[J].中国经济问题,2005(1):61-65.

[37] 游光荣.加快建设军民融合的国家创新体系[J].科学学与科学技术管理,2005(11):8.

[38] 朱庆林,史艳.纳入式发展:国防建设与经济协调发展的基本途径[J].军经济研究,2006(1):8-11.

[39] 周九常.论知识分享[J].图书情报知识,2005(1):28-32,42.

[40] 林慧岳,李林芳.论知识分享[J].自然辩证法研究,2002(8):43-46,55.

[41] 谢康,吴清津,肖静华.企业知识分享:学习曲线与国家知识优势[J].管理科学学报,2002(2):14-21.

[42] 张振刚.论知识创新战略的基本模式、本质过程及其概念框架[J].科学管理研究,2003(3):1-4.

[43] 钟红英.隐性知识特性及表现形式分析[J].湖南社会科学,2005(3):125-126.

[44] 杨栩.我国产学研合作发展及问题研究[J].经济师,2003(3):17-18.

[45] 陈力,鲁若思.企业知识管理中的知识分享机制[J].中外科技信息,2001(11):42-46.

[46] 李景正,赵越.论知识创新与知识组织、知识管理[J].情报科学,2000(10):902-912.

[47] 蔡翔,韦秀仙,龚艳平.关于知识创新研究中的几个问题的探讨[J].研究与发展管理,2001(3):26-29,53.

[48] 连燕华,马晓光.我国产学研合作发展态势评价[J].中国软科学,2001(1):6.

[49] 杨慧敏.高校在技术创新中的地位和作用[J].科技管理研究,2003(4):85-87.

[50] 李焱焱,叶冰,杜鹃.作产学研合作模式分类及其选择思路[J].科技进步与对策,2004(10):98-99.

[51] 甘志霞,吕海军.从军民融合的战略高度推进国家创新体系的建设[J].中国科技论坛,2004(2):4.

[52] 魏兰.关于军民两用技术发展问题[J].军民两用技术与产品,2004(9):3-6.

[53] 杜人淮.军工企业参与西部大开发的策略[J].航天工业管理,2005(4):20

299

-23.

[54] 张经强.高校产学研合作中的若干问题及思考[J].技术与创新管理,2006(1):92-94.

[55] 苏世彬,黄瑞华.联盟知识产权专有性与知识共享性的冲突研究[J].研究与发展管理,2005(5):7.

[56] 卢燕,汤建影,黄瑞华.合作研发伙伴选择影响因素的实证研究[J].研究与发展管理,2006(1):52-58.

[57] 甘志霞.建立军民结合的国家创新体系的知识产权激励机制[J].科技管理研究,2006(9):178-179,185.

[58] 胡树华,汪秀婷.产品创新平台的理论研究与实证分析:PNGV案例研究[J].科研管理,2003(5):8-13.

[59] 胡树华.面向产品创新的管理集成[J].中国软科学,2000(4):3.

[60] 丁德科.陕西军民结合产业基地发展透析[J].中国军转民,2007(4):48-49.

[61] 陆海霞.对我国科技成果产业化的思考[J].管理科学文摘,2005(3):17-19.

[62] 梁顺霞,初军威,杨雨.中关村科技园区军民融合实证研究[J].国防技术基础,2006(1):37-40.

[63] 杨越.积极推进军地经济相互融合共同发展:访陕西省国防科工委党委书记吴新成[J].国防科技工业,2007(5):26-27.

[64] 易安,燕子.发展创投,促进科技产业化[J].中国科技投资,2007(3):51.

[65] 国家"十一五"科学技术发展规划[J].中国科技信息,2007(4):6-9.

[66] 王东武.论科技风险投资中的风险与防范[J].科技创业月刊,2006(1):70-71.

[67] 唐曙光.我国科技成果转化中的体制创新对策[J].湖南社会科学,2007(2):18-20.

[68] 梁顺霞,初军威,杨雨.中关村科技园区军民融合实证研究[J].国防技术基础,2006(1):37-40.

[69] 吴向前,王莺."军民一体化"科技产业链初探[J].国防科技,2006(4):19-23.

[70] 黄秀珍.借鉴他国经验完善国防科技工业军民结合机制[J].军事经济研究,2006(2):26-28.

[71] 徐顽强.我国高科技园区发展中的突出问题及对策分析[J].中国软科学,2005(8):23-27,32.

[72] 李波.日本大学产学研合作现状及其启示[J].河西学院学报,2004(4):87-89.

[73] 王晓云.产学研结合模式研究[J].理论界,2005(5):235.

[74] 骆品亮,余林徽.我国产学研合作的制约因素及其政策研究[J].上海管理科学,2004(6):57-59.

[75] 祝阿牛.产学研结合形式的探讨[J].黑龙江高教研究,2004(4):35-36.

[76] 魏艳,李郑民,杨迅周,等.区域创新体系中产学研合作对策研究[J].地域研究与开发,2004(3):53-57.

[77] 崔彩周.我国产学研合作现实存在的问题与可行对策初探[J].特区经济,2005(2):192-193.

[78] 解学梅,隋映辉.科技产业集群:值链及其实现途径[J].科技管理究,2005(9):4.

[79] 何云.加快航天高新技术产业园建设,构建军民结合产业化发展平台[J].国防科技工业,2003(8):24-26.

[80] 吴迪.上市融资:实现国防科技工业产权多元化[J].中国军转民,2005(6):49-51.

[81] 唐绪兵,钟叶姣.论我国技术创新的金融支持[J].财经理论与实践,2005(5):65-68.

[82] 张显忠.关于非公有制经济发展的几点思考[J].中共云南省委党校学报,2005(4):110-1118,79.

[83] 游光荣.积极推进国防建设和国家经济建设相互促进、协调发展[J].中国军转民,2005(10):3.

[84] 余建平.论政府在技术创新中的作用[J].经济师,2005(7):75-76.

[85] 聂晓夫.建立寓军于民新机制助推西部经济腾飞[J].中国军转民,2005(1):2.

[86] 叶涛.自主创新呼唤政策机制的创新[J].中国军转民,2005(4):9-10.

[87] 任培民.国防科技企业知识产权战略研究[J].北京理工大学学报,2005(10):9-12.

[88] 贺亚兰.发挥优势为西部大开发提供科技与人才服务[J].北京高等教育,2000(10):33-34.

[89] 刘颖.国防科技成果转化中政府的作用[J].经济师,2003(5):25-27.

[90] 袁玮.提高公众科学文化素质,营造有利于创新的文化环境[J].天津科技,2004(4):36-37.

[91] 姜澄宇.办好西北工业技术研究院,搭建军民结合的自主创新平台[J].国

防科技工业,2006(6):40-42.
- [92] 钱平凡."民参军"是提升我国国防科技工业国际竞争力的重要途径[J].中国军转民,2005(2):2.
- [93] 成森.发展社会中介服务推动"民参军"[J].中国军转民,2005(2):2.
- [94] 曾明强.论国有企业改革与建立现代企业制度[J].社科纵横,2005(2):74-75.
- [95] 黄新华.从现代产权理论看国有企业产权制度改革[J].鹭江职业大学学报,2003(2):10-14.
- [96] 丁德科.陕西军民结合产业基地发展透析[J].中国军转民,2007(4):48-49.
- [97] 丁德科,巨栓科.适应市场:"三线"省份发挥国防科技潜力的着力点[J].军事经济学院学报,2005,12(2):35-37.
- [98] 陈其霆,李宗植,李兵.国防军工企业改革模式选择[J].集团经济研究,2004(3):35-36.
- [99] 曹伟,王珂,朱建业.论美国军用与民用工业基础的一体化发展趋向及其内因[J].中国科技论坛,2002(4):64-68.
- [100] 姚佐平.产学研合作创新机理研究[J].中国高校科技与产业化:学术版,2006.
- [101] 原长弘.国内产学研合作学术研究的主要脉络:一个文献述评[J].研究与发展管理,2005(4):98-102.
- [102] 戴治平.产学研合作是企业创新发展的有效途径[J].现代企业教育,2006(21):52-53.
- [103] 李晓西,张琦.中国区域收入差距分析及政策建议[J].改革,2005(2):47-55.
- [104] 石火学.产学研结合的典型模式述评[J].高等教育研究,2000(3):65-68.
- [105] 石良平,高菁.论国家技术创新体系[J].上海社会科学院学术季刊,2002(4):5-14.
- [106] 罗炜,唐元虎.国内外合作创新研究述评[J].科学管理研究,2000(4):42-50.
- [107] 吴祖垲.科研体制"头重脚轻"制约成果转化[J].科技信息,2005(4):22-23.
- [108] 黄坡,陈柳钦.产业集群与企业技术创新[J].新疆社会科学,2006(6):26-32.

[109] 科学技术部,国家计委,国家经贸委,等.中药现代化发展纲要[J].世界科学技术-中医药现代化,2002,4(6):7-9.

[110] 政策法规.中华人民共和国国民经济和社会发展第十一个五年规划纲要[J].中华人民共和国全国人民代表大会常务委员会公报,2006(3):18-61.

[111] 佚名.国务院公布西部产业重点[J].城市质量监督,2001(10):19.

[112] 李善同.未来区域发展呈现十大趋势[N].经济日报,2004-04-05(8).

[113] 徐蓉.国家高技术产业基地授牌大会在京举行[N].湖南日报,2008-03-02(A01).

[114] 于凤坤.新规出台 创投"松绑"[N].科技日报,2006-03-24(12).

[115] 陈杰.国务院批复天津滨海新区综合配套改革试验总体方案[N].人民日报,2008-03-21(1).

[116] 王芬.加强制度环境和文化环境的建设为企业自主创新构建良好平台[J/OL].国家信息中心中经专网,2004-01-05.

[117] 徐冠华.国家创新体系全面推进[ED/OL].中国科学院院网,http://www.cas.cn/xw/zjsd/200906/t20090608_641847.shtml,2003-01-09.

[118] 广西"十一五"规划重点发展十大产业集群[J/OL].新华网广西频道,2005-11-17.

[119] 2006年全省科技工作要点[R].西安:陕西省科学技术厅,2006.

[120] 第七届中国重庆高新技术交易会[R].重庆:重庆市人民政府办公厅,2006.

[121] JW Beard. Accelerating Your Business to Web Speed. New York: Mcgraw-Hill, 2001.

[122] Jan G Lambooy. Knowledge and urban economic development: an evolutionary perspective. Urban Studies, 2002(5):1019-1035.

[123] Robertson, Thomas and Gatignon, Hubert. "Technology Development Mode: A Transaction Cost Conceptualizations". Sarategic Management Journal, 1998(19):515-531.

[124] Sakakibara, Mariko. Heterogeneity of Firm Capabilities and Cooperative Research and Development: An Empirical Examination of Motives. Strategic Managemenh Journal, 1997(18):143-164.

[125] Cyert, Richard M and Goodman. Pauls S. "Creating Effective University-Industry Alliances:Organizational Learning Perspective". Organizationa

Dynamics,Spring,1997.

[126] Bouroche,Myriam A,"Technology Exchange in the Information Age. A Guide to Successful Cooperative R&D Partnerships". SRA Journal,Summer,1999.

[127] Ingham, Marc and Mothe, Caroline, "How to Learn in R&D Partnerships?". R&D Management,1998.

[128] Cyert,Richard M and Goodman,Paul S. Creating Effective University – Industry Alliances: An Organizational Learning Perspective. Organizational Dynamics, Spring,1997.

[129] Chen Chung Jen. The effects of environment and partner characteristics on the choice of alliance foams. International Jonah of Project Management,2003(21):115–124.